Die Photographie in der Kriminalistik

Eine Einführung
in die photographischen Arbeitsmethoden der naturwissenschaftlichen Kriminaluntersuchung

Von

Dr. jur. Dr.-Ing. Heinrich Tetzner
Rechtsanwalt am Landgericht Traunstein

1 9 4 9

WALTER DE GRUYTER & CO. · BERLIN

Archiv-Nr. 249948

Druck: Dr. F. P. Datterer & Cie., Freising

Vorwort.

Das wichtigste Teilgebiet des Zweiges der angewandten Physik, für dessen Abtrennung als selbständiges Arbeitsgebiet ich im folgenden eintrete und für den ich in Analogie zu den allgemein gebrauchten Ausdrücken „Gerichtliche Medizin" und „Gerichtliche Chemie" die Bezeichnung „Gerichtliche Physik" (1) vorschlage, ist die Kriminalphotographie. Schon seit langem ist die wissenschaftliche Photographie als „objektives" Ausdrucks- und Forschungsmittel für die Kriminaltechnik unentbehrlich.

Eine vertiefte Kenntnis dessen, was die modernen photographischen Verfahren forensisch leisten können und wo ihrer Anwendung Grenzen gesteckt sind, ist daher für jeden, der mit der Aufklärung strafbarer Handlungen zu tun hat, unentbehrlich. Schon der reifere Student sollte sich im Rahmen der allgemein geforderten kriminologischen Ausbildung, deren Hauptthema ja die Behandlung der naturwissenschaftlichen Kriminaluntersuchung sein muß, einen Überblick über diese Fragen erarbeiten. Wer die kriminalistische Alltagspraxis kennt, weiß, daß auch heute noch die Heranziehung photographischer Untersuchungsverfahren nicht selten aus Unkenntnis versäumt wird (Walcher, Gerichtlich-medizinische und kriminalistische Blutuntersuchung, Berlin 1939, Seite 2).

Im deutschen Schrifttum fehlt eine das Gebiet systematisch behandelnde neuere Darstellung.

Ich habe daher versucht, unter Hervorhebung des Grundsätzlichen und unter Betonung der naturwissenschaftlichen Zusammenhänge die zahlreichen photographischen Arbeitsmethoden der modernen naturwissenschaftlichen Kriminaluntersuchung mit gelegentlichem Hinweis auch auf Probleme, die nicht eigentlich der Kriminaltechnik angehören, aber für diese im Einzelfall einmal wichtig sein können, zu beschreiben. Dabei habe ich bewußt die physikalischen Gesichtspunkte, die mir als Physiker am geläufigsten sind, in den Vordergrund gestellt. Meine eigenen Forschungen sind bei Darstellung und Kritik der einzelnen Arbeitsverfahren mit verwertet. Sie werden dem Sachkundigen auch ohne besondere Herausstellung kenntlich sein.

Das Buch wendet sich zunächst an den Fachmann, es bringt deshalb überall ausführliche Literaturangaben auch des ausländischen Schrifttums. Ich möchte aber weiter mit meiner Arbeit einen nützlichen Beitrag zur Heranbildung des kriminaltechnisch interessierten deutschen Naturwissenschaftlernachwuchses leisten, dem das Buch eine gedrängte, wissenschaftlich zuverlässige Einführung in die Arbeitsverfahren und Probleme des bereits sehr in die Breite gegangenen Gesamtgebietes der Kriminalphotographie geben soll. Daher war ich bemüht, möglichst oft die besonderen Fragestellungen und Lösungswege der Kriminalphotographie in den Zusammenhang der allgemeinen naturwissenschaftlichen Arbeitsmethoden einzugliedern und, entsprechend der

(1) oder (entsprechend den Wortbildungen Kriminalbiologie, Kriminalpsychologie usw.) „Kriminalphysik".

historischen Entwicklung, aus ihnen heraus abzuleiten. Der mit der Materie befaßte Nichtfachmann soll in dem Buche eine verständliche und anschauliche Darstellung des Stoffes finden. Dem Juristen will das Buch insbesondere den Weg zum Sachverständigen aufzeigen. Darüber hinaus soll es dazu anregen, die einfachen Verfahren noch mehr in die tägliche Praxis einzuführen, wobei allerdings nachdrücklich vor unkritischer Verwendung von Lichtbildern, die oft „lügen", und vor dilettantischer Anwendung von Verfahren, die nur der Fachmann beherrscht, gewarnt werden muß. Seelig hat das in der von ihm bearbeiteten Neuauflage des Großschen „Handbuchs für Untersuchungsrichter" eindringlich betont. Ganz allgemein muß sich eben bei der Zusammenarbeit von Juristen und Naturwissenschaftlern zwar jeder auf das Gebiet des anderen begeben, auf dem fremden Gebiet aber bescheiden sein (Exner, Kriminalbiologie in ihren Grundzügen, Hamburg 1939, Vorwort).

Die ausführlichere Behandlung der Stereophotographie und der photogrammetrischen Verfahren rechtfertigt sich durch die auffallend geringe Verwendung dieser so wichtigen Hilfsmittel in der deutschen Kriminalpraxis, die sich bei Festlegung des Tatortbefundes noch vielfach mit Ausmessung durch das Meßband (oder gar mit Schrittmaß!) und primitiver, skizzenhafter Zeichnung begnügt. Das ist um so unverständlicher, weil die Einführung moderner stereophotogrammetrischer Verfahren zur Aufnahme insbesondere von Verkehrsunfällen auch für den Zivilprozeß sehr wertvoll wäre. Denn meist läuft ja neben dem Strafverfahren ein Schadenersatzprozeß, bei dem oft große Beträge auf dem Spiele stehen: es ist also da die selbständige Klärung des regelmäßig verwickelten Sachverhaltes erneut nötig. Die objektive und stets wiederholbare Rekonstruktionsmöglichkeit an Hand stereophotogrammetrischer Tatbestandsaufnahmen wird deshalb nicht nur das Strafverfahren erheblich ökonomischer gestalten und die Zahl falscher richterlicher Entscheidungen vermindern, sondern auch Zivilprozesse oft vereinfachen oder eine außergerichtliche Einigung über den Schadenersatzanspruch fördern. —

Den Firmen Jenaer Glaswerk Schott & Gen., Ernst Leitz, Wetzlar, „Lifa" Lichtfilterfabrik in Augsburg, Heinrich Wild, Heerbrugg (Schweiz), Zeiss-Aerotopograph G. m. b. H. und Carl Zeiss, Jena danke ich für ihr Interesse an meiner Arbeit und für die Zurverfügungstellung wertvollen Abbildungsmaterials auch an dieser Stelle verbindlich. Mein besonderer Dank gebührt auch dem Verlage, der das Erscheinen des Buches trotz aller Schwierigkeiten dieser Notzeit ermöglicht hat.

Fehling (Chiemgau), am 22. September 1948.

Heinrich Tetzner.

Inhaltsübersicht.

Einleitung 1

Kriminalphotographie als Teilgebiet der „Gerichtlichen Physik" — Wichtigste deutsche Literatur — Beweiswert von Lichtbildern — Photographie des Sichtbaren und, von steigender Bedeutung, des Unsichtbaren — Photographie als Spurensicherungsmittel und als Spurensuchmittel — Benutzung der unterschiedlichen Eigenschaften von lichtempfindlicher Schicht und Augennetzhaut durch die wissenschaftliche Photographie. Einteilung der kriminalistischen Anwendungen der Photographie im Anschluß daran — Bildformat — Rechtsfragen.

I. Kapitel

Anwendungen der Photographie in der Kriminalistik, bei denen das latente Bild durch sichtbare Strahlung hervorgerufen wird

A. Einbildphotographie

1. Anwendungen, bei denen nur die Fähigkeit der lichtempfindlichen Schicht, die Eindrücke „dokumentarisch festzuhalten", benutzt wird

a) Allgemeines 17

Das Lichtbild als Mittel der Darstellung und als „Beweis zu ewigem Gedächtnis" — Vergleich der verbrecherischen Arbeitsmethode durch Lichtbilder — Haltbarkeit von Negativen und Kopien.

b) Identifizierung von Personen (erkennungsdienstliche Personenaufnahmen) und Sachen. Tataufnahmen 19

Geschichtliches zur „Verbrecherphotographie" — Bertillons Arbeiten — Kinematographische Verfahren — Versuche, auf Grund des Augenhintergrundes zu identifizieren; photographische Probleme dabei — Identifizierung von Sachen — Tataufnahmen.

c) Photographie des Tatortes 24

Übersichtsaufnahmen; Aufdeckung von „Situationsfehlern" — Weitwinkelobjektive — „Zeiss-T-Optik" — Panoramakammern — Vorsatzlinsen.

d) Einbildphotogrammetrie 27

Allgemeines — Grundlagen der Bildmessung — Heindls „Quadrat" — Bertillons und Eichbergs Vorschläge — Spezialkammern — Kritik und Verbreitung der Einbildphotogrammetrie in der Kriminalistik — Genauigkeit; Wichtigkeit der Schrumpfungsfreiheit des Materials.

e) Spurenphotographie 36

Notwendigkeit photographischer Spurensicherung — Werkzeug- und Schartenspuren — Schußwaffenidentifizierung — Vergleichsmikroskop — Abdruckverfahren — Spuren in Höhlungen — Proportionale Vergrößerung von Spuren — Wert der „deskriptiven" Photographie für die Kriminalistik — Photographie anderer Tatspuren, insbesondere Fingerabdruckphotographie — Spezialkammern — Photographie von glänzenden Gegenständen und von Spuren auf durchsichtiger Unterlage — Poroskopie — Lupenaufnahmen.

f) Vergleich von Formen durch das Lichtbild . . . .

Deckung der Negative — Photomontage durch Übereinanderkopieren oder Aufkopieren eines Rasters — Vergrößerung und Verkleinerung.

g) Lumineszenzphotographie und Photographie von Chemielumineszenz

aa) Lumineszenzphotographie (Anregung der Leuchterscheinung durch elektromagnetische Strahlung)

α) Allgemeines . . . .

Grundsätzliches über Anregung von Lumineszenz — Wert der kriminalistischen Lumineszenzphotographie — Ausbleichung des Untersuchungsgegenstandes durch intensive UV-Bestrahlung.

β) Technik der Photographie sichtbarer Lumineszenz . . . .

Belichtungszeit, Aufnahmematerial — Optik, Filter und Lichtquellen (Temperaturstrahlung und Gasentladung) — Lumineszenzmikrophotographie.

γ) Anwendungen . . . .

Schwarz-Weiß-Photographie — Lumineszenzfarbphotographie.

bb) Photographie von Chemielumineszenz

h) Vervielfältigung von Urkunden . . . .

Kontaktphotographie (Durchleuchtungsverfahren und Reflektographie) — Luminographie — Optische Verfahren.

i) Dokumentation (Mikrate) .

2. Anwendungen, bei denen die Fähigkeit der lichtempfindlichen Schicht, geringe Helligkeitsunterschiede deutlich zu machen, benutzt wird . .

Grundsätzliche photographische Möglichkeiten — Problem häufig bei der Urkundenuntersuchung — Wesentlichste deutsche Literatur über photographische Urkundenuntersuchung — Weber-Fechnersches Gesetz — Nachweis geringer Helligkeitskontraste durch lange Belichtung und durch Verzerrung der Helligkeitskontraste beim Arbeiten auf dem nichtlinearen Teile der Schwärzungskurve — Pringsheim-Gradenwitzsches Verfahren — Becquerel-Effekt — Bourinskys Additionsmethode — Diapositivmethode — Chemische Verstärkung — Betrachtung des Negativs in der Aufsicht statt in der Durchsicht — Pigmentverfahren — Photographie bei streifender Beleuchtung — Kritzspuren u. dgl. — Isohelie.

3. Anwendungen, bei denen die von der spektralen Empfindlichkeit unseres Auges abweichende Empfindlichkeitskurve lichtempfindlicher Schichten im sichtbaren Spektralbereiche und ihre Fähigkeit, Mischfarben in ihre Komponenten zu zerlegen, benutzt wird . . . . . .

Grundsätzlicher Unterschied der Arbeitsverfahren zum Nachweis geringer Helligkeits- und Farbkontraste — Wirkung der Filterung — Größeres „Farbdifferenzierungsvermögen" lichtempfindlicher Schichten — Fähigkeit, Mischfarben in ihre Komponenten zu zerlegen — Aufbau von Augennetzhaut und lichtempfindlicher Schicht, Young-Helmholtzsche „Grundempfindungstheorie" — Selektive Sensibilisierung — Filterphotographie — Künstliche Herbeiführung „partieller Farbenblindheit" des Aufnahmematerials — Optische Beseitigung der Grundfarbe — Anwendungsbeispiele — Monochromatische Lichtfilter im sichtbaren Spektralbereich, insbesondere Dispersionsfilter.

B. Doppelbildphotographie

1. Stereophotographie und Stereobetrachtung 89

Grundsätzliches — Steigerung der Raumwirkung — Hervortreten von Einzelheiten durch Bildvertauschung und pseudoskopischen Effekt — Blinkverfahren — Wichtigkeit der Stereophotographie für die Kriminalistik — Stereomikrophotographie — Nachweis der Höhenunterschiede sich kreuzender Schriftzüge durch Stereophotographie — Spezielle Betrachtungsverfahren und Projektion von Stereobildern.

2. Stereophotogrammetrie 99

Grundsätzliches — Verschiedene Rekonstruktionsmöglichkeiten — Graphische Rekonstruktion, rechnerische Rekonstruktion — Stereoskopische Ausmessung mit der „wandernden Marke" — Stereokomparator — Moderne Zeichenmaschinen (Stereoautographen) — Kriminalistische Spezialgeräte für Nahphotogrammetrie (Zeiss-Aerotopograph und Wild) — Genauigkeit — Zeichenstereometer — Tatbestandsphotogrammetrie, insbesondere für Verkehrsunfälle — Kritik und Verbreitung kriminalstereophotogrammetrischer Verfahren in Europa — Wirtschaftliche Fragen — Spezielle Anwendungsbeispiele (stereophotogrammetrische Untersuchung von Einschußkanälen, Munitionsspurenuntersuchung, Identifizierung von Gebeinen).

II. Kapitel

Anwendungen der Photographie in der Kriminalistik, bei denen das latente Bild durch unsichtbare Strahlung hervorgerufen wird

A. Allgemeines 107

Lichtempfindliche Schicht und Netzhaut (photochemische Vorgänge) — Allgemeines über Sensibilisierung — Aufnahmematerial für Infrarot und Ultraviolett — Bleichung durch Ultraviolettbestrahlung — Kontraststeigerung bei der Röntgenphotographie.

B. Kriminalistische Anwendungen der Röntgenphotographie 111

Anwendungsbeispiele — Photographie des Leuchtschirmbildes.

C. Kriminalistische Anwendungen der Ultraviolettphotographie . . . 114

1. *Allgemeines* 114

Scharfeinstellung des (unsichtbaren) Bildes — Aufnahmematerial — Optik (Quarzanastigmate und UV-Mikrotar von Zeiss).

2. *Photographie mit durchfallendem Ultraviolett* 115

Anwendungen — Mikrophotographie mit durchfallendem Ultraviolett.

3. *Photographie mit reflektiertem Ultraviolett* 118

Verschiedene Reflexion bzw. Absorption im Ultraviolett trotz „Gleichfarbigkeit" im sichtbaren Gebiete — Optik und Filter — Kögels „spektrostatisches Verfahren" — Anwendungsbeispiele — Photographie im Dunkeln — Ultraviolettreflexmikrophotographie — Arbeiten mit Monochromatsystemen und mit dem Zeiss'schen UV-Mikrotar.

4. *Photographie unsichtbarer Lumineszenz* 123

5. *Spektrographie im Ultraviolett* 124

D. Kriminalistische Anwendungen der Infrarotphotographie 125

1. *Allgemeines* 125

Verschiedenes Durchdringungsvermögen und verschiedene Reflexion infraroter Strahlen im Vergleich mit sichtbarer Strahlung — Grundsätzliches zur Aufnahmetechnik — Infrarotaufnahmematerial — Infrarotlichtquellen — Filter — Korrektion der Objektive im Ultrarot — Ultrarotmikrophotographie — Enger Spektralbereich der Infrarotphotographie.

2. *Infrarotdurchleuchtungsphotographie* 130
Anwendungsbeispiele.

3. *Infrarotreflexphotographie* 133
Anwendungsbeispiele.

Schluß 137
Geheime Nachrichtenübermittlung durch photographische Kopierverfahren — Beweiswert der Photographie — „Durchschnittsphotographie" nach Galton; Photomontage — Farbphotographie — Bedeutung der modernen naturwissenschaftlichen Kriminaluntersuchung.

Literaturverzeichnis 141

Sachregister 149

Einleitung.

Die kriminalistischen Anwendungen der Naturwissenschaften haben lange Zeit ein Asyl gefunden bei der zunächst weitaus wichtigsten Gerichtlichen Medizin.

Die Entwicklung hat dann dahin geführt, daß sich als Sondergebiet insbesondere die Gerichtliche Chemie abspaltete. Zur Herausbildung einer systematisch zusammengefaßten und durch eigene Lehrstühle vertretenen Gerichtlichen Physik ist es dagegen in Europa noch nicht gekommen, obwohl die Anwendung physikalischer Methoden in der Kriminalistik längst sehr ausgedehnt ist (1). Gegenüber chemischen Methoden haben sie regelmäßig den Vorzug, daß sie den untersuchten Gegenstand nicht angreifen und verändern.

Zum Arbeitsgebiete dieser Gerichtlichen Physik gehört, trotz der ständigen Berührung mit den chemischen und photochemischen Grundlagen, auch die Kriminalphotographie. Ihre Verfahren sind überwiegend physikalischer Natur. Die Kriminalphotographie bildet daher heute das wichtigste und verzweigteste Gebiet der „Gerichtlichen Physik", die, wenngleich derzeit in Deutschland systematisch noch unbekannt und unvertreten, wohl bald wegen der Eigenart ihrer Fragestellungen und wegen der Besonderheit ihrer immer mehr sich verfeinernden Arbeitsmethoden eigene Geltung verlangen wird. Die Selbstzerfleischung, die die modernen Naturwissenschaften, leider sehr zum Nachteil der universitas literarum, überall gebieterisch fordern, läßt eben auch hier ein neues „Spezialgebiet" entstehen, das allerdings nur derjenige wird beherrschen und befruchten können, der sich den Überblick über das Ganze der Physik und Chemie vorher ehrlich erarbeitet hat.

Wenn damit systematisch die Einreihung der Kriminalphotographie in das große Gebiet der angewandten Physik klargestellt ist, so muß bei der Abgrenzung des zum Thema „Kriminalphotographie" gehörenden Stoffes festgehalten werden, daß dazu auch solche Verfahren gehören, welche die eigentliche photographische Aufnahme vorbereiten oder zur Auswertung des fertigen Lichtbildes dienen. Andernfalls entfiele z. B. die Streifung mikroskopischer Grundlagen, die „vor" der mikrophotographischen Aufnahme stehen, die Besprechung der praktischen Probleme der Filtertechnik und der Lumineszenzerregung oder die Behandlung der Grundlagen der „Ausmessung" von Lichtbildern. Was übrig bliebe, wäre nur ein dürftiger, völlig des Zusammenhanges entbehrender Rest „eigentlicher" Photographie, der keinerlei eigene Arbeitsmethoden aufwiese und dessen gesonderte Behandlung daher reizlos und ohne sachliche Rechtfertigung wäre. Anderseits würde es aber durchaus den Rahmen sprengen, wenn hier eine auch nur einigermaßen erschöpfende Darstellung dieser so komplizierten, selbständigen Wissensgebiete versucht würde. Es kann sich vielmehr nur darum handeln, jeweils auf das hinzuweisen, was zum vertieften Verständnis der kriminalphotographischen Anwendungen nötig ist.

---

(1) Groß bemerkt schon in der 5. Aufl. seines „Handbuchs für Untersuchungsrichter" (**1**, **255**): „Die Zahl der Fälle, in denen sich der Untersuchungsrichter an den Physiker zu wenden hat, ist Legion. Niemand kann die Fälle erschöpfend aufzählen. Jeder Tag bringt neue Möglichkeiten".

Die Anwendungsmöglichkeiten der wissenschaftlichen Photographie in der Kriminalistik sind heute außerordentlich zahlreich und wichtig. Neben den dem Sachverständigen vorbehaltenen Spezialverfahren gibt es viele einfachere, für die tägliche Praxis wertvolle Anwendungen. Die Photographie ist unser universellstes, regelmäßig relativ einfach zu handhabendes Mittel zur raschen und sicheren Fixierung veränderlicher Situationen und Spuren. Die Arbeitsmethoden der wissenschaftlichen Photographie sind aber weiter ein auch für die Kriminalistik immer wichtiger werdendes Hilfsmittel zur Exploration feiner Strukturunterschiede am Gegenstande des Verbrechens oder an den vom Täter benutzten Werkzeugen und den von ihm hinterlassenen Spuren.

Schon zeitig ist die Wichtigkeit der Photographie für die Aufklärung strafbarer Handlungen erkannt worden. In Deutschland hat wohl als erster Odebrecht im Jahre 1864 eindringlicher darauf hingewiesen (1).

Seither sind viele Veröffentlichungen gefolgt.

Die ersten grundlegenden Werke erschienen um die Jahrhundertwende. 1890 veröffentlichte A. Bertillon sein berühmt gewordenes Buch „La photographie judiciaire". 1900 erschien Bourinskys „Gerichtliche Photographie" (französisch) und 1903 ein Werk von Reiss (Lausanne), „La photographie judiciaire".

Aus der deutschsprachigen Literatur ist an erster Stelle Hans Groß (2) zu nennen. Sein „Handbuch für Untersuchungsrichter als System der Kriminalistik" erschien in erster Auflage 1893. Es wird jetzt in neuer Bearbeitung von E. Seelig unter dem Titel „Handbuch der Kriminalistik" in 8. Auflage herausgegeben und unterrichtet in großen Zügen auch über die Anwendungsmöglichkeiten der Photographie in der Kriminalistik. Erwähnt sei von älteren, heute natürlich großenteils überholten Werken etwa noch Pauls „Handbuch der kriminalistischen Photographie" (1900) und Urbans „Kompendium der gerichtlichen Photographie" (1910).

Mit Ausnahme des Buches von Groß, das ständig neu aufgelegt worden ist, unser Spezialgebiet aber nur kurz und entsprechend seiner Zielsetzung ohne tieferes Eindringen in die naturwissenschaftlichen Fragen bespr cht, liegt eine das gesamte Gebiet der Kriminalphotographie im Querschnitt behandelnde neuere Monographie, die insbesondere auf die naturwissenschaftlichen Grundlagen näher eingeht, nicht vor. Dagegen sind Abhandlungen über Einzelfragen bereits fast unübersehbar, es muß dieserhalb auf das Literaturverzeichnis am Schlusse des Buches verwiesen werden. Von Fachzeitschriften ist das 1899 von Groß begründete „Archiv für Kriminalanthropologie und Kriminalistik" zu nennen, das seit 1916 unter dem Titel „Archiv für Kriminologie" von R. Heindl herausgegeben wurde. Man findet darin laufend viele wichtige Beiträge. Auch die „Kriminalistischen Monatshefte" (später fortgesetzt unter dem Titel „Kriminalistik") behandeln die Kriminalphotographie in zahlreichen Aufsätzen. Sehr wertvolle Originalarbeiten über unser Gebiet findet man in der bekannten „Deutschen Zeitschrift für die gesamte gerichtliche Medizin" und in den photographischen Fachzeitschriften, von denen hier nur die „Photographische Korrespondenz" und die „Zeitschrift für angewandte Photographie in Wissenschaft und Technik" genannt seien. Über die wohl ständig an Bedeutung gewinnende kriminalistische Photogrammetrie berichtet das „Internationale Archiv für Photogrammetrie" und die Zeitschrift „Bildmessung und Luftbildwesen". Von der im ersten Aufbau befindlichen Nachkriegszeitschriftenliteratur sei erwähnt die „Kriminalistische Rundschau" und die „Polizei-Praxis", die beide seit 1947 erscheinen.

---

(1) Goltdammers Archiv für Preußisches Strafrecht, 12. Band (1864), Seite 660. Abgedruckt auch in der Phot. Korr. 2, 57. Damals herrschte das „nasse Kollodiumverfahren", das seit 1850 die „Daguerrekopien" verdrängt hatte. Etwa um 1875 wurde dann die Bromsilbergelatine-Trockenplatte eingeführt.

(2) Gestorben 1915. Nekrolog auf Groß im Arch. f. Krim. 65, vorgeheftet. Vgl. auch das Vorwort von Seelig in der 8. Auflage des Großschen Handbuchs für Untersuchungsrichter und zuletzt (anläßlich des 100. Geburtstages von Groß) Kriminalistische Rundschau, 1. Jahrg. (1947) Heft 8 und Finke in der „Polizei-Praxis, 1. Jahrg. (1947) Heft 6.

Die dem Lichtbild oft nachgerühmte „objektive, dokumentarische Treue" hat zur Verwendung der Photographie in der Kriminalistik schon frühzeitig Anlaß gegeben. Tatsächlich bilden geeignet konstruierte photographische Objektive sehr annähernd Punkte in Punkte, Gerade in Gerade und Ebenen in Ebenen ab, für sie sind daher die Gaußschen Abbildungsformeln mindestens als gute Näherungsformeln brauchbar, die Linsenfehler sind gering.

Trotzdem muß betont werden, daß Lichtbilder oft anders aussehen als die „Wirklichkeit" (1).

Vielfach ist das darauf zurückzuführen, daß unser Auge nicht, wie das leblose photographische Objektiv und die lichtempfindliche Schicht, das von seinem optischen System projizierte Bild der Außenwelt untätig hinnimmt, sondern in rascher, unbewußter Angleichung den Raum durchmustert und sich dabei adaptierend auch den verschiedenen Umfeldleuchtdichten angleicht — die Lichtempfindlichkeit unseres Auges ist je nach den Verhältnissen sehr verschieden und ändert sich um das 10millionenfache (2)! Während das Lichtbild durch physikalische Gesetze in seinem Zustandekommen beherrscht wird, spielen eben ganz allgemein bei den uns vom Auge vermittelten Eindrücken der Außenwelt sehr maßgebend physiologische und psychologische Gesetzmäßigkeiten hinein: gerade in der „Objektivität" der Photographie liegt deshalb die Ursache vieler Unterschiede zwischen dem Lichtbild und der durch unser Auge unmittelbar vermittelten subjektiven Wahrnehmung. So empfinden wir, um nur ein elementares, alltägliches Beispiel anzuführen, infolge von Irridationseffekten die helle Mondsichel größer als den gleichzeitig gesehenen dunkeln Teil der Mondoberfläche, während das Lichtbild beide gleich groß wiedergibt. Das Bild der Sonne erscheint uns viel größer als dem wahren Sehwinkel entspricht; Maler stellen das Sonnenbild daher „viel zu groß" dar. Dagegen erscheinen uns Lichtbilder, auf denen die Sonne abgebildet ist, „unnatürlich", weil dort das Sonnenbild unter seinem wahren Sehwinkel wiedergegeben wird.

Der ganz allgemeine Grundsatz, daß der Sachverständige nach Möglichkeit das Original untersuchen soll, gilt natürlich auch für Photographien. Gegen ihn wird besonders bei graphologischen Gutachten immer wieder verstoßen. Schon vor 50 Jahren wurde anläßlich des Dreyfuß-Prozesses davor gewarnt, nach Photogrammen (ohne das Original) zu urteilen. Langenbruch

(1) Dazu Schneickert, „Ist das Lichtbild ein sicheres objektives Beweismittel" in der Zeitschr. f. gerichtl. Schriftuntersuchung Nr. 22 vom August **1930** und S. Türkel, Phot. Korr. **63**, 199.

Über optische Täuschungen beim Betrachten von Photographien berichtet A. Bessemanns im Arch. f. Krim. **114**, 124.

Wie vorsichtig man beim „Beweis durch Photographien" auch aus ganz anderen Gründen sein muß, hat Groß im Arch. f. Krim. **8**, 110 unter Hinweis auf die „Photographien mit aufgesetzten Köpfen" anschaulich geschildert. Nach einer Notiz von Schneikkert (Arch. f. Krim. **32**, 148) soll eine derartige Bildfälschung durch sog. „Photomontage" in einem Ehescheidungsprozeß in Glasgow vorgekommen sein.

Über die Probleme und Möglichkeiten, die beim „Photo eines Photos" auftauchen, vgl. U. Graf, Zeitschr. f. angew. Mathematik u. Mechanik, Band 21 (**1941**), Seite 183.

(2) Dazu neuerlich etwa E. Heinsius im „Deutschen Militärarzt", **1943**, Heft 8. Die Angaben schwanken erheblich; teilweise wird der Leuchtdichtebereich, den unser Auge verarbeiten kann, um mehrere Zehnerpotenzen höher — nämlich von 10^{-9} Stilb bis zu einigen Stilb — angegeben.

hat im „Zentralblatt für Graphologie“ (1) über einen ähnlichen Fall berichtet. Oft wird allerdings die Vorlage des Originals an den Sachverständigen aus den verschiedensten Gründen nicht möglich sein; es müssen dann die nachstehend angedeuteten Grenzen der photographischen Treue besonders sorgfältig beachtet werden.

Neuerdings hat Brüning (2) interessante Beispiele dafür zusammengestellt, daß die Photographie oftmals „lügt“. Mit geeignet sensibilisiertem Aufnahmematerial kann man heutzutage leicht einen Neger „weiß“ aufnehmen und umgekehrt, kann also „aus Schwarz Weiß machen“ (3). Lehrreich ist auch ein von Tanzmann gebrachter Fall: Auf einer Baustelle war ein Unfall durch Herabstürzen eines schweren Maschinenteils geschehen. Zufällig war kurz vorher eine photographische Aufnahme gemacht worden, auf der die bald nachher herabgestürzte Maschine an den Seilen hochgewunden erkennbar war. Die Aufnahme zeigte, daß die Halteseile stark schadhaft waren, sie wiesen verdünnte Stellen auf. Zufolge dieser Photographie wurde zunächst die Schuldfrage bejaht und angenommen, daß mangelhafte Seile benutzt worden seien. Die Nachprüfung der noch vorhandenen Seile ergab jedoch, daß diese durchaus in Ordnung waren; die auf der Photographie erscheinenden Verdünnungen des Seiles beruhten auf Überstrahlungen (4).

Der Beweiswert auch korrekt angefertigter Lichtbilder darf daher nie unbesehen hingenommen werden und es sollen einige Gesichtspunkte für die kritische Beurteilung besprochen werden.

Zunächst tritt das bei der Photographie so wichtige Problem der Tiefenschärfe bei den durch unser Auge vermittelten Eindrücken der Außenwelt in den Hintergrund.

Ein ideales photographisches Objektiv (5) kann streng genommen stets höchstens eine bestimmte Ebene, die sog. „Einstellebene“, punktscharf abbilden. Punkte, die außerhalb dieser Ebene liegen, werden nicht als Punkte, sondern als kleine Zerstreuungskreise abgebildet, deren Durchmesser um so größer ist, je größer die Brennweite (6) und die Blendenöffnung des Objektivs und je weiter die Entfernung des abgebildeten Punktes von der Einstellebene ist. Nun empfindet aber unser Auge, weil seine lichtempfindlichen Organe nicht punktförmig sind, sondern eine, wenngleich sehr kleine, endliche Größe haben, ein Bild auch bei Abweichung von der punktscharfen Abbildung in gewissen Grenzen noch als „scharf“: ein Zerstreuungskreis erscheint uns erfahrungsgemäß noch als punktförmig, wenn er unter einem Sehwinkel von höchstens 2 Bogenminuten gesehen wird, oder, anders ausgedrückt, wenn die Abbildung auf der Netzhaut keinen größeren Durchmesser als etwa 0,0005 cm hat. Innerhalb des so definierten „Tiefenschärfebereiches“ ist also die Tiefenschärfe keineswegs überall völlig gleichmäßig, sie nimmt vielmehr, von der

---

(1) Zentralblatt für Graphologie, 2. Jahrg. (1932), Seite 123.

(2) Arch. f. Krim. **110**, 63.

(3) Stenger, Die Photographie in Kultur und Technik, Seite 51.

(4) Tanzmann, Dtsche Zeitschr. f. d. ges. gerichtl. Medizin, Band 15, Seite 387. Über Aufnahmefehler infolge Überstrahlungen vgl. auch Schneickert, Kriminaltaktik, 5. Aufl., Seite 275.

(5) Selbstverständlich realisieren unsere abbildenden Systeme die kollineare Abbildung physikalisch nur annähernd. Es tritt auch stets der Einfluß Fraunhoferscher Beugungserscheinungen an den Begrenzungen der Linsen hinzu, wodurch „Punkte“ als Scheibchen abgebildet werden. Außerdem ist das Auflösungsvermögen lichtempfindlicher Schichten begrenzt.

(6) Mit wachsender Brennweite des Objektivs nimmt also der Bereich des Objektraumes, dessen Abbildung unser Auge als „scharf“ empfindet, ab: ein großer Vorteil der kurzbrennweitigen Kleinbildkammern, mit denen man auch Gegenstände großer Tiefenausdehnung scharf abbilden kann, ohne allzusehr abblenden zu müssen.

„Einstellebene" aus gesehen, nach beiden Seiten allmählich ab und erreicht an den Grenzen des Tiefenschärfebereiches dann jene von unserem Auge als „Unschärfe" empfundene Größe des Zerstreuungskreises. Auch außerhalb dieser Grenzen nimmt natürlich die Größe des Zerstreuungskreises immer mehr zu. Durch die Korrektion des photographischen Objektives kann man die Funktion, nach der die Unschärfe verläuft, weitgehend beeinflussen: während bei „scharfzeichnenden" Objektiven die Bildschärfe unmittelbar neben der Einstellebene sehr rasch abnimmt, ergeben sog. „Weichzeichner" im allgemeinen auch in der Einstellebene erst bei relativ starker Abblendung „gestochene Schärfe".

Dasselbe gilt nun zwar ebenso für unser Auge, das also unter gleichen Bedingungen, d. h. bei gleicher Öffnung und Brennweite auf eine bestimmte Entfernung eingestellt, dieselbe Tiefenschärfe wie ein Objektiv mit gleichen optischen Daten besitzt. Die „Raumauffassung" von photographischem Objektiv und Auge unterscheidet sich aber grundsätzlich dadurch, daß unser Auge beständig den Raum „abtastet" und sich dabei sehr rasch und automatisch auf die verschiedenen Entfernungen einstellt. Diese rasch hintereinander auf die Netzhaut projizierten Mosaikbildchen des Raumes werden zu einem Gesamteindruck verschmolzen und als „gleichzeitiges" Bild des Raumes wahrgenommen, so daß also die wohldefinierte Tiefenschärfe des einzelnen, momentanen Eindruckes für unsere Raumwahrnehmung zurücktritt und wir infolge einer Art „Integration" über die Vielzahl der Bildchen zum Gesamteindruck die Empfindung von „Tiefenunschärfen" überhaupt nicht haben.

Wichtig ist ferner bei der Beurteilung von Lichtbildern, daß die subjektive Helligkeit des Aufnahmegegenstandes meist nicht der photographischen Bildschwärzung entspricht.

Hier spielen mehrere Grundprobleme herein, die kurz angedeutet werden sollen.

Die Schwarz-Weiß-Photographie kann ja nur deshalb zur Darstellung der farbigen Erscheinungswelt dienen, weil unser Auge den einzelnen Spektralfarben bestimmte „subjektive Helligkeitswerte" zuordnet: bei photometrischer Vergleichung verschiedener Farben miteinander gewinnt man unabhängig vom Beobachter etwa gleiche Einstellungen des Photometers (1). Auf dieser Tatsache baut die heterochrome Photometrie auf. Dabei ist wesentlich, daß die subjektive Helligkeit keineswegs übereinstimmt mit dem Energiewert der Strahlung: zwei energetisch (mit dem Bolometer, der Thermosäule, der Photozelle usw. gemessen) gleiche Spektralfarben können in unserem Auge ganz verschiedene Helligkeitseindrücke hervorrufen.

Um zur Definition der „spektralen Empfindlichkeitskurve" des Auges zu gelangen, muß man aber noch beachten, daß der subjektive Helligkeitswert einer Spektralfarbe auch von ihrer „Intensität" abhängt: man muß also bei Aufstellung der Empfindlichkeitskurve ein Spektrum benutzen, dessen homogene Strahlungen gleiche Energiewerte haben. Eine Anordnung zur Er-

(1) Die spektrale Hellempfindlichkeit — auch des farbtüchtigsten — Beobachters unterliegt allerdings gewissen zeitlichen und methodisch bedingten Schwankungen, die zu ganz bestimmten Bedingungen führen, unter denen man messen muß, wenn Präzisionsmessungen an farbigen Lichtern möglich sein sollen. Dazu vgl. H. Buckley, Photometry; Rep. on Progr. in Phys. 8 (1941), 318ff.

zeugung eines derartigen, im sichtbaren Gebiete nahezu energiegleichen Spektrums hat z. B. M. v. Ardenne (1) beschrieben.

Die so festgelegte Empfindlichkeitskurve unseres Auges (2) veranschaulicht Abb. 1. Gelbes Licht von der Wellenlänge um 5500 Å herum ruft danach in unserem Auge den größten Helligkeitseindruck hervor, was übrigens der Energieverteilung des Sonnenlichtes entspricht.

Die Herstellung „tonwertrichtigen" Aufnahmematerials läuft somit darauf hinaus, lichtempfindliche Schichten herzustellen, bei denen die den einzelnen Farben zugeordnete photographische Bildschwärzung in Übereinstimmung mit unserem subjektiven Helligkeitseindruck steht: die Form der „spektralen Empfindlichkeitskurve" tonwertrichtigen Aufnahmematerials muß also der in Abb. 1 abgebildeten Empfindlichkeitskurve unseres Auges entsprechen.

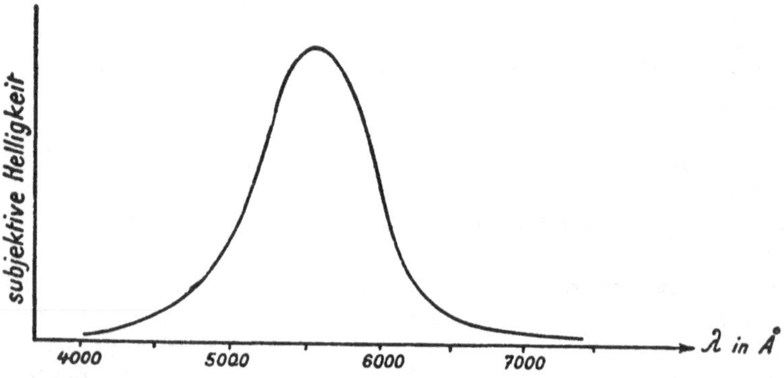

Abb. 1. Spektrale Hellempfindlichkeitskurve des menschlichen Auges.

Die spektrale Empfindlichkeit der Silbersalze ist nun durchaus verschieden von derjenigen unseres Auges (vgl. S. 108). Die kurzwelligen Strahlen des Spektrums (blau bis ultraviolett) wirken am stärksten, die langwelligen Strahlen (rot bis infrarot) am schwächsten auf das Halogensilber der photographischen Emulsionsschicht. Man kann diese spektrale Empfindlichkeit jedoch weitgehend beeinflussen; im orthochromatischen und insbesondere im panchromatischen Aufnahmematerial wird durch Zusatz von Sensibilisierungsfarbstoffen die Gelb- und Rotempfindlichkeit gesteigert, während man durch Filterfarbstoffe notfalls die Blauempfindlichkeit dämpfen kann. Man kann dadurch im Einzelfall die spektrale Empfindlichkeit des Aufnahmematerials derjenigen unseres Auges weitgehend annähern, wobei aber mehr oder weniger große Abweichungen unvermeid-

(1) M. v. Ardenne, Zeitschr. f. Physik **107** (1937), Heft 5, 6; Zeitschr. f. techn. Physik **19** (1938), 41. Er benutzt als Lichtquelle einen Leuchtschirm, der mit einer Quecksilberschwarzglaslampe angeregt wird und aus einer Mischung zahlreicher Lumineszenzstoffe besteht, die so abgestimmt ist, daß sich eine gleichbleibende Strahlungsintensität im Bereiche der Wellenlängen von 4600 bis 6600 Å ergibt bei einer Genauigkeit von ± 12%.

(2) genauer: unseres „hell adaptierten" Auges. Bei geringen Leuchtdichten verschiebt sich die spektrale Empfindlichkeit nach kürzeren Wellenlängen (Purkinje-Effekt!).

lich sind bei der Kompliziertheit der Zusammenhänge (1). Es kommt dazu, daß im Gegensatz zur Empfindlichkeit und Schwärzung lichtempfindlicher Schichten die bei der heterochromen Photometrie gemessene subjektive Helligkeit nicht nur durch physikalische, sondern sehr maßgebend durch psychologische und physiologische Gesetzmäßigkeiten bestimmt wird. Überwiegen diese, so ergeben sich unvermeidlich Unstimmigkeiten in bezug auf die Helligkeit zwischen photographischer Aufnahme und Erinnerungsbild (2). Eine Gegenüberstellung von subjektivem Helligkeitseindruck und Bildschwärzung ist überhaupt nur mit Vorsicht möglich: der subjektive Helligkeitseindruck stellt wegen seiner stark psychologischen Bedingtheit — zumal bei Erinnerungsbildern — eine ganz andere Kategorie dar. Es spielt ferner die Gradation des für die Kopie verwendeten Papiers, die Entwicklung usw. sehr maßgebend hinein. —

Auf die allgemeinen Gesetze der optischen Abbildung durch Linsensysteme kann hier nicht eingegangen werden. Hervorgehoben sei nur, daß dabei die Abbildung körperlicher Gegenstände einer „eigentümlichen Disproportionalität der Vergrößerung unterworfen ist: die lineare Vergrößerung der Tiefendimension (parallel der Achse des optischen Systems) ist, wenn Objekt und Bild in demselben Medium auftreten, stets gleich dem Quadrat der linearen Vergrößerung der Dimensionen senkrecht zur Achse; und falls das Objekt in einem stärker brechenden Medium als Luft liegt, gleich diesem Quadrat dividiert durch den Brechungsindex des betreffenden Mediums" (3). Auf der Photographie werden daher die Tiefenabmessungen regelmäßig anders vergrößert oder verkleinert als die Seitenabmessungen und ein Lichtbild vermittelt deshalb bei Betrachtung mit dem unbewaffneten Auge nur dann einen hinsichtlich der geometrischen Perspektive richtigen Eindruck, wenn es einäugig aus der Entfernung der Aufnahmebildweite betrachtet wird (4): nur dann werden die natürlichen Sehwinkel wieder hergestellt. Ist also die Brennweite der Aufnahmekammer kürzer als 25 cm, so muß man die zur Vermeidung perspektivischer Fälschung nötige Betrachtung des Bildes in der kleineren, unterhalb der sog. „deutlichen Sehweite" des menschlichen Auges liegenden Entfernung durch Benutzung einer Linse ermöglichen, deren Brennweite gleich der Aufnahmebrennweite ist.

Der naturgetreue Eindruck einer Photographie wird schließlich beeinträchtigt durch die im Vergleich auch zu normalen photographischen Objektiven enge Begrenzung des Gesichtsfeldes des menschlichen Auges: es wird vom Auge nur etwa ein Winkel von reichlich 5 Grad scharf erfaßt. Diese Be-

---

(1) Auf Einzelheiten kann hier nicht eingegangen werden. Das Problem, den funktionalen Zusammenhang zwischen eingestrahlter Energie und erzeugter Schwärzung allgemeingültig durch eine mathematische Beziehung auszudrücken, wird so weitgefaßt kaum zu lösen sein, weil die gesuchte Funktion ein Komplex sehr vieler Variabeln (Empfindlichkeit, Korngröße, Wellenlänge, Schwarzschildeffekt, Entwicklungsart usw.) ist. Jedenfalls geht die Umsetzung der eingestrahlten Intensität in den verschiedenen Spektralbereichen nach verschiedenen Gesetzen vor sich und die sog. „Schwärzungskurve", die die Schwärzung in Abhängigkeit vom Logarithmus der eingestrahlten Lichtintensität darstellt, zeigt daher im allgemeinen einen s-förmigen Verlauf. Ihre Nichtlinearität ist für die wissenschaftliche Photographie vielfach wichtig; es wird dadurch z. B. die „Verzerrung" der Helligkeitswerte ermöglicht (s. u. Seite 74).

(2) Beispiele dafür bringt Arens, Agfa-Veröffentlichungen, Band 5, Seite 85. Über die spektrale Empfindlichkeit von Agfa-Material vgl. K. Weichmann, Agfa-Veröffentlichungen, Band 4 Seite 83; Hörmann-Schopper, ebenda Band 6, Seite 108 und zuletzt Hörmann, Zeitschr. f. angew. Photographie, Band 3 (1941), Seite 75.

(3) E. Abbe, Ges. Abhandlungen, Band 1, Seite 264 III. Letzteres spielt insbesondere bei der Mikrophotographie mit Immersionssystemen eine Rolle.

(4) Vgl. dazu M. v. Rohr, Die binokularen Instrumente, Seite 1; Witasek, Psychologie der Raumwahrnehmung des Auges; G. v. Studnitz, Die Grundlagen des Sehvorganges im menschlichen Auge und die Photographie, Kinotechnik, 24. Jahrg. (1942), Seite 147.

schränkung wird nun durch die Drehbarkeit unseres Augapfels wieder ausgeglichen. Wir sehen bekanntlich „sukzessiv", indem unser Auge scheinwerferartig einen größeren Bereich beständig „abtastet". Die Einzelbilder werden psychologisch zu einem Gesamteindruck verschmolzen und es kann so ein Bildwinkel von nahezu 150 Grad einheitlich erfaßt werden (1). Das physikalisch wirksame Projektionszentrum liegt bei diesem Vorgang aber nicht mehr in der Mitte der Eintrittspupille, sondern im Drehpunkt des Augapfels, etwa 13 mm hinter dem Hornhautscheitel. Man müßte also, um den Sehvorgang bei Betrachtung von Bildern möglichst der Wirklichkeit anzunähern, die Bilder durch ein Linsensystem betrachten, dessen Projektionszentrum so verlegt ist, daß es mit dem Drehpunkte des Auges zusammenfällt. Das wird bei der „Verantlupe" der Firma C. Zeiss angestrebt. —

Die nächstliegende Verwendung der Photographie in der Kriminalistik ist darauf gerichtet, visuell erkennbare Dinge, die für die Untersuchung von Wert sind oder werden können, bildlich festzuhalten: etwa den Zustand des Tatortes (der ja meist nicht unverändert bleibt) mit allen seinen oft verwirrenden Einzelheiten, von deren genauer Rekonstruktionsmöglichkeit aber der Ausgang der Untersuchung abhängen kann (2), ferner Fußspuren, Blutspritzer, Fingerabdrücke, Schartenspuren, Radspuren, Schleifspuren u. dgl. Die Photographie ist dabei als Hilfsmittel zur „Spurensicherung" und „Spurenkonservierung" unentbehrlich und oft entscheidend für die Beweisführung, weil Spuren aller Art meist schnell verwischt werden und verschwinden.

Welche Folgen die Unterlassung der Photographie bei der Tatortuntersuchung haben kann, zeigt der Fall der Ermordung des Arbeiters Zeiler beim Lager Zaunerbrücke in den Berchtesgadener Alpen (3). Auch das Verfahren gegen den Dresdner Studenten Philipp Halsmann wegen Vatermordes ist in diesem Zusammenhang lehrreich. Hätte man da fachgemäße Lichtbilder der von mehreren Zeugen an der Mordstelle bemerkten Stiefelspuren — die von Bergschuhen mit ganz eigentümlich stehenden Nägeln hergerührt haben sollten — gehabt, so wäre, da die Bergstiefel des Halsmann jr., die ebenfalls landesunüblich benagelt waren, vorlagen, der Beweis, ob dieser der Mörder war, oder ob der Mord, während er für seinen verunglückten Vater Hilfe holte, von Unbekannten vollbracht worden war, durch Spurenidentifizierung wohl zu führen gewesen (4).

Aber auch der Sachverständige sollte sich nie auf die subjektive Beobachtung allein verlassen, sondern sollte seine Untersuchungsergebnisse im Lichtbilde festhalten. Er gewinnt dadurch die Möglichkeit einer guten Eigenkontrolle und nur so können insbesondere Dritte die Grundlagen seines Gutachtens einigermaßen nachprüfen. Die Fälle, in denen ein Sachverständiger einen Befund gesehen hat, dessen photographische Festhaltung ihm aber mißlungen ist, müssen immer zu starken Zweifeln in die Zuverlässigkeit des Gutachtens Anlaß geben. Zutreffend fordert daher Langenbruch (5): „Kein Beweis ohne Photogramm!"

Weil stets die Gefahr besteht, daß bei genauerem Durchsuchen und Vermessen des Tatortes Spuren und sonstige Einzelheiten verwischt oder verändert werden, gilt der Grundsatz: „Zuerst photographieren". In allen diesen Fällen sichert aber die Photographie nicht nur das Beweismittel, sondern ermöglicht durch Versendung von Kopien auch die schnelle und zuverlässige Unterrichtung anderer Fahndungsbehörden, was z. B. bei der

---

(1) Daß unser Auge auch die Tiefe des Raumes abtastet, ist bereits oben erwähnt.

(2) Beispiele für Brandstiftungen bringt Bischoff, Arch. f. Krim. **92**, 16.

(3) Vgl. dazu H. Lutz im Arch. f. Krim. **114**, 127.

(4) Vgl. dazu Heindl im Arch. f. Krim. **92**, 177 und H. Roth, Arch. f. Krim. **111**, 137.

(5) Arch. f. Krim. **108**, 105. Vgl. auch Seite 18, Anm. 1.

Photographie von Urkunden (1) oder bei steckbrieflicher Verfolgung oft wichtig ist.

Ein anschauliches Beispiel für den Wert dieser Funktionen der Photographie, unter gleichzeitiger Fixierung veränderlicher Spuren durch Verbreitung genauer Abbildungen das Untersuchungsmaterial einem großen Personenkreise zur Kenntnis zu bringen und die Nachprüfung eines Sachverständigengutachtens durch einen zweiten Sachverständigen zu ermöglichen, bringt Werkgartner (2). Werkgartner fiel beim Studium eines in der Fachliteratur veröffentlichten Gutachtens über eine tödliche Schädelschußverletzung an der dort wiedergegebenen Originalaufnahme eine kleine, nach Ansicht des Gutachters durch Pulververunreinigungen entstandene zweite Wundlücke auf. Er konnte an Hand dieser in der Fachzeitschrift wiedergegebenen Aufnahme nachweisen, daß diese Wundlücke nicht durch Pulververunreinigungen entstanden war, sondern durch den Abdruck des über die Mündungsebene der Pistole vorspringenden Vorholfederführungsstiftes. Diese Feststellung führte aber zu einer grundlegend anderen Auffassung über die Schußentfernung: sie deutete im Gegensatz zu der veröffentlichten Ansicht des Gutachters auf einen absoluten Nahschuß mit aufgesetzter Mündung und in einer Haltung, wie sie bei Selbsttötung meist der Fall ist.

Diese „Photographie des Sichtbaren" war bis etwa zur Jahrhundertwende durchaus das Kernstück der Kriminalphotographie und überhaupt der wissenschaftlichen Photographie. Popp erklärte noch 1900, daß es sich bei der gerichtlichen Photographie in der Mehrzahl der Fälle nicht darum handle, etwas Unsichtbares sichtbar zu machen, sondern darum, Unterschiede oder Tatbestände, die dem Auge des Forschers nicht entgehen, dauernd festzuhalten (3). In den folgenden Jahren änderte sich das aber schnell. Man lernte im photographischen Bilde Dinge sichtbar zu machen, die das Auge nicht wahrnahm. Welchen hohen Stand die Photographie des Unsichtbaren bereits 1909 erreicht hatte, zeigt der Bericht über die kriminalistische Photographie auf der Internationalen Ausstellung in Dresden (4). Die Photographie dient also hier in erster Linie als „Spurensuchmittel", zur Exploration feiner Strukturunterschiede am Gegenstande des Verbrechens oder an den vom Täter benutzten Werkzeugen und den von ihm hinterlassenen Spuren. Ihre gleichzeitige Funktion, die aufgedeckte Spur im Bilde festzuhalten, ist sekundär.

Die entsprechenden Anwendungen der Photographie sind immer wichtiger geworden; ein Paradestück bilden die Methoden der kriminalistischen Urkundenuntersuchung, bei denen der Vorteil der Photographie als eines rein physikalischen Untersuchungsverfahrens, durch dessen Anwendung der Untersuchungsgegenstand unverändert erhalten bleibt, eindringlich zutage tritt. Abgesehen davon, daß der Untersuchungsgegenstand, der ja oft wertvoll ist (Gemälde, Urkunden usw.), für weitere Untersuchungen erhalten bleibt, ist damit auch die Möglichkeit geheimer Untersuchung gegeben: der Empfänger eines Briefes erkennt nicht, daß dieser im durchfallenden Infrarot bereits gelesen worden ist! In Ausnahmefällen kann allerdings auch hier eine Veränderung des Objektes erfolgen, so z. B. bei längerer, intensiver Ultraviolettbestrahlung infolge „Ausbleichens" (5).

Vielfach unterscheiden sich nun diese zwei Anwendungsarten dadurch, daß die photographische Wirkung hervorgebracht wird entweder durch elektromagnetische Schwingungen, die das menschliche Auge als „Licht" empfindet — also durch Schwingungen mit Wellenlängen zwischen etwa 3900

(1) Vgl. dazu I A, 1e, f.
(2) Dtsche Zeitschr. f. d. ges. gerichtl. Medizin, Band 11 (1928), Seite 165.
(3) Phot. Korr. **38**, 90.
(4) Arch. f. Krim. **56**, 237.
(5) Darüber H. Langenbruch, Arch. f. Krim. **108**, 105. Vgl. auch unten Seite 54, 124.

und 7800 Å —, oder durch unsichtbare elektromagnetische Schwingungen (1). Die Unterscheidung geht indessen keineswegs streng parallel mit den Anwendungen der Photographie als „Spurensicherungsmittel" und als „Spurensuchmittel": so wird z. B. in den wichtigen Fällen, in denen die Photographie geringe dem Auge unsichtbare Helligkeitsdifferenzen aufdeckt (Kapitel I, Abschnitt 2), mit sichtbarem Licht gearbeitet, obwohl dabei die Photographie durchaus als Spurensuchmittel auftritt. Gleiches gilt bei vielen Anwendungen der sog. „Filterphotographie" (Kapitel I, Abschnitt 3).

Hier sollen zum vertiefteren Verständnis des Folgenden einige terminologische Bemerkungen eingefügt werden.

Weil die Grenzen des sichtbaren Spektrums nur physiologisch bedingt sind und keine physikalische Bedeutung haben, bezeichnet man in der wissenschaftlichen Photographie und in der Physik überhaupt — abweichend vom täglichen Sprachgebrauche — oft auch elektromagnetische Strahlung, die außerhalb des vom menschlichen Auge wahrgenommenen Spektralbereiches liegt, als „Licht", spricht also von „ultrarotem" und „ultraviolettem" Licht und sogar von „Röntgenlicht". Die Bezeichnungen „Ultraviolettphotographie" usw. sind ganz allgemein eingeführt (φῶς = Licht!).

Grundsätzlich muß natürlich stets festgehalten werden, daß Licht und Farbe keine dem Gegenstand selber anhaftenden Eigenschaften, sondern Empfindungen sind: die physikalischen Vorgänge im Außenraum, welche bei ihrer Wirkung auf unsere Sinneswerkzeuge (Auge und Gehirn) zur Licht- und Farbenempfindung führen, können also für sich nur in übertragenem Sinne als „Licht" und „Farbe" bezeichnet werden. Schon Schopenhauer hat diesen subjektiven Standpunkt klar hervorgehoben: „Der Körper ist rot bedeutet, daß er im Auge die rote Farbe bewirkt. Farbe ist und bleibt Affektion des Auges: bloß als deren Ursache wird der Gegenstand angeschaut; die Farbe selbst aber ist allein in der Wirkung, ist der im Auge hervorgebrachte Zustand". Es ist daher in der Physiologie mit Recht seit langem üblich, den objektiven Vorgang und die ihm entsprechende Empfindung verschieden zu bezeichnen, nämlich als Strahlung und Licht. — Übrigens schwankt die Abgrenzung der einzelnen Spektralfarben gegeneinander sehr. Die subjektive Beurteilung der Farben ist offenbar recht verschieden; was der eine noch als blau empfindet, empfindet ein anderer schon als grün usw. —

Eggert hat auf der 93. Versammlung deutscher Naturforscher (2) darauf hingewiesen, daß die Hauptleistungen der modernen wissenschaftlichen Photographie dort zu finden sind, wo die lichtempfindliche Schicht charakteristisch verschieden von der Netzhaut unseres Auges ist. Dazu gehört

---

(1) Die für uns in Frage kommenden Teile des elektromagnetischen Spektrums verteilen sich etwa wie folgt:

Art der Strahlen:	Wellenlänge in Ångström-Einheiten: (1 Å = 10^{-8} cm)
Röntgenstrahlen	$1{,}58 \cdot 10^{-1}$ bis $6{,}6 \cdot 10^{2}$
Ultraviolett	$1{,}36 \cdot 10^{2}$ bis $3{,}6 \cdot 10^{3}$
Sichtbares Gebiet	$3{,}6 \cdot 10^{3}$ bis $7{,}8 \cdot 10^{3}$
Ultrarot (= Infrarot)	$7{,}8 \cdot 10^{3}$ bis $3{,}4 \cdot 10^{6}$

Die atomaren Elementarvorgänge sind bei ultravioletter, sichtbarer und kurzwelliger infraroter Strahlung, die für uns allein in Betracht kommt, dieselben; diese drei Spektralbereiche werden daher oft als „optisches Spektrum" zusammengefaßt. Wo sich, wie bei Röntgenstrahlen und Ultraviolett, zwei verschieden benannte Bereiche überschneiden, so deutet dies darauf hin, daß sich in dem überschnittenen Spektralbereiche die elektromagnetische Strahlung auf verschiedenen Wegen erzeugen läßt.

Bereits hier sei darauf hingewiesen, daß man in der wissenschaftlichen Photographie aus praktischen Gründen das Gebiet der Infrarotphotographie oft schon bei Wellenlängen, die größer als 7000 Å sind, beginnen läßt (dazu unten Seite 125 bei II D 1).

(2) Referat im Arch. f. Krim. **95**, 252.

1. die Fähigkeit der lichtempfindlichen Schicht, die Eindrücke dokumentarisch, d. h. insbesondere konturenscharf und tonwertrichtig, „festzuhalten" (1);
2. die Fähigkeit der lichtempfindlichen Schicht, vom menschlichen Auge nicht mehr wahrnehmbare Helligkeitsunterschiede zu „bemerken" und zeitlich sich folgende Lichteindrücke zu summieren (2);
3. die Fähigkeit photographischer Schichten, Mischfarben in ihre Komponenten zu zerlegen und die Möglichkeit, Aufnahmematerial mit einer von der spektralen Empfindlichkeit des Auges weitgehend abweichenden Empfindlichkeit im sichtbaren Teile des Spektrums herzustellen (3), und
4. die Empfindlichkeit photographischer Schichten über den sichtbaren Spektralbereich hinaus (für infrarote und ultraviolette Strahlen und für Röntgenstrahlen) (4).

Die vielfachen kriminalistischen Anwendungsmöglichkeiten der Photographie lassen sich nun unter dem Gesichtspunkt ordnen, welche dieser Verschiedenheiten jeweils benutzt werden. Dabei bleibt allerdings eine andere, grundsätzliche Unterscheidung notwendig unberücksichtigt, weil sie nicht auf Eigenschaften der lichtempfindlichen Schicht beruht: nämlich die Unterteilung in Einbildphotographie und in Stereophotographie. Ebenso finden sich z. B. die mikrophotographischen Anwendungen und die allerdings noch seltenen kinematographischen Anwendungen der Photographie in der Kriminalistik nicht zusammengefaßt, sondern über die ganze Darstellung verteilt.

(1) Die heute von den Fachgelehrten wohl allgemein abgelehnte Behauptung der Existenz eines „Ophthalmogramms" schreibt bekanntlich eine solche Fähigkeit, die Eindrücke festzuhalten, auch der Augennetzhaut unter bestimmten Umständen zu. So z. B. L. Haber, Goltdammers Archiv, Band 67, Seite 403: Es soll danach das beim letzten Blick des sterbenden Opfers auf dessen Netzhauthintergrund fixierte Bild des Täters durch Photographie festgehalten und zur Identifizierung herangezogen werden können, weil infolge des Todes die physiologischen Nachlieferungsvorgänge, welche die photochemischen Veränderungen des Sehpurpurs alsbald rückgängig machen, aufhören. Vgl. dazu aus neuerer Zeit etwa Eders Jahrbuch, Band 30, Seite 908 und die Zusammenstellung bei Stenger, Die Photographie in Kultur und Technik, Seite 132.

(2) Die lichtempfindliche Schicht reagiert auf Belichtungen $\int i\,dt$ und nicht, wie das Auge, auf Beleuchtungen i. Diese Eigenschaft ermöglicht die weitgehende Beherrschung der Zeitkoordinate durch die Photographie: Belichtungen von Bruchteilen einer millionstel Sekunde und anderseits lange Belichtung lichtschwacher Objekte.

Der Intermittenzeffekt soll hier unbeachtet bleiben.

Über die Frage, wie weit das Reziprozitätsgesetz gilt, vgl. Meidinger, Handbuch der wissenschaftlichen und angewandten Photographie, Band 5, Seite 288ff. und Eggert, Agfa-Veröffentlichungen, Band 3, Seite 7ff. sowie Luft, ebenda, Seite 245ff.

(3) Gerade diese — sonst so störende — Eigenschaft der lichtempfindlichen photographischen Schicht hat in der wissenschaftlichen Photographie erhebliche Bedeutung.

(4) Eine weitere, für die wissenschaftliche Photographie wichtige Verschiedenheit von Netzhaut und lichtempfindlicher Schicht beruht auf der Möglichkeit, das Auflösungsvermögen der photographischen Schicht zu erhöhen. Das Auflösungsvermögen unseres Auges ist bekanntlich durch die Flächengröße der lichtempfindlichen Elemente der Netzhaut (Zäpfchen bzw. Stäbchen) festgelegt, während wir das Auflösungsvermögen photographischer Schichten durch immer feinere Verteilung der lichtempfindlichen Körner in der Emulsion weitgehend steigern können. Auch für die Kriminalphotographie ist das wichtig, vgl. das über die sog. „Dokumentation" und die einschlägigen Arbeiten insbes. Goldbergs auf Seite 72 Gesagte.

Im folgenden ist zunächst eine Zweiteilung (Kapitel I und II) aller Anwendungsmöglichkeiten erfolgt in solche, bei denen die photographische Wirkung durch sichtbare Strahlung hervorgerufen wird (wobei also die Benutzung der Verschiedenheiten 1, 2 und 3 möglich ist) und in solche, bei denen photochemisch wirksam sind unsichtbare Strahlen (wobei also die Benutzung der Verschiedenheit 4 wesentlich ist, jedoch regelmäßig auch die Eigenschaft 1 in Betracht kommt).

Die so vorgenommene Unterteilung bringt allerdings aus mehreren Gründen keine scharfe Abgrenzung. Zunächst sind ja auch bei den alltäglichen Anwendungen der „Photographie des Sichtbaren" die wirksamsten Strahlen oft die ultravioletten. Anderseits wird bei manchen Anwendungen, die in Kapitel II fallen, das latente Bild durch sichtbares Licht hervorgerufen. So z. B., wenn bei der Photographie mit reflektiertem kurzwelligen Ultraviolett das latente Bild zum Teil dadurch hervorgerufen wird, daß nach der Methode von Duclaux und Jeantet durch Aufstreichen blauviolett fluoreszierender Substanzen die unsichtbare, von der Gelatine stark absorbierte elektromagnetische Strahlung in längerwelliges, teilweise sichtbares Licht verwandelt wird. Ähnliches gilt bei Verwendung fluoreszierender Schirme für Röntgenaufnahmen.

Daß die Grenze des sichtbaren Spektrums durchaus unsicher und subjektiv bestimmt ist, ist ein weiterer Grund für die Unschärfe unserer Abgrenzung. Neuere Untersuchungen haben auch ergeben, daß sich die Empfindlichkeitsgrenzen mit steigender Energiedichte der ins Auge fallenden Strahlung verschieben. Für die langwellige Grenze ist das z. B. durch Messungen von Fischer und B. Gudden (1) erwiesen. Im kurzwelligen Gebiete erstreckt sich übrigens nach v. Helmholtz (2) die Empfindlichkeit unseres Auges weit über die gewöhnlich angegebene Grenze von etwa 4000 Å hinaus und reicht jedenfalls bis zur Durchlässigkeitsgrenze der Glasoptik; allerdings ist die Empfindlichkeit in diesem Gebiete sehr schwach. Bei derartigen Versuchen hinsichtlich der Empfindlichkeitsgrenze des Auges werden bisweilen grundsätzliche Fehler gemacht: fängt man nämlich das Spektrum mit einem Schirm auf, so wird dieser oft durch die kurzwellige Strahlung zum Eigenleuchten angeregt und sendet längerwelliges Licht aus; unkritische Beobachter glauben dann, weit ins ultraviolette Gebiet hinein die Strahlung wahrzunehmen. Der Grund für die Unsichtbarkeit der ultravioletten Strahlung liegt nebenher bemerkt zum Teil in der starken Absorption durch die der Netzhaut vorgelagerten Medien, besonders die Augenlinse; nach deren Entfernung (Staroperation!) erweitert sich daher der sichtbare Bereich des Spektrums nach der kurzwelligen Seite hin.

Bei der besprochenen Unterteilung in Kapitel I und Kapitel II wird nun weiterhin das Kapitel I unterteilt in Einbildphotographie (IA) und in Stereophotographie (IB), wobei die Anwendungsmöglichkeiten der Einbildphotographie nach den oben 1 bis 3 angedeuteten Gesichtspunkten betrachtet werden. Die kriminalistischen Anwendungen der Stereophotographie sind nicht nach diesen Gesichtspunkten geordnet, sondern im Zusammenhang dargestellt und lediglich in gewöhnliche Stereophotographie (I B 1) und in Stereophotogrammetrie (I B 2) unterteilt (3). Nach Möglichkeit

(1) Erlanger Berichte, Band 70. Bei Einstrahlung von 10^{-4} Watt nimmt danach unser Auge noch Strahlung von 10000 Å als schwachen Lichtreiz wahr, während die Sichtbarkeitsgrenze bei Einstrahlung von 10^{-11} Watt ungefähr bei 8000 Å liegt.

(2) Handbuch der Physiologischen Optik, 3. Aufl., Band 2, Seite 57ff.

(3) Der Stereoeffekt kann natürlich auch in der Infrarot-, Ultraviolett- und Röntgenphotographie benutzt werden. Die entsprechenden, nicht sehr zahlreichen kriminalistischen Anwendungsmöglichkeiten der Stereophotographie werden aber in Kapitel II nicht getrennt behandelt, nachdem das Grundsätzliche der stereoskopischen Verfahren im Kapitel I B dargelegt worden ist.

Im wesentlichen wird bei der kriminalistischen Stereophotographie von der Eigenschaft, die Eindrücke „dokumentarisch festzuhalten", Gebrauch gemacht: Kontraststeigerung (Punkt 2) und Filterphotographie im eigentlichen Sinne (Punkt 3) wird nur wenig angewandt, weil deren Hauptanwendungsgebiet die Untersuchung ebener Objekte (Urkunden, Blutflecke usw.) ist.

werden sachlich zusammengehörende Gebiete, wie Urkundenphotographie usw., im Zusammenhang behandelt. Die erstrebte Einhaltung der oben erläuterten Systematik zwang allerdings bisweilen dazu, Dinge, die vom kriminalistischen Standpunkt aus zusammengehören, zu trennen.

Es liegt nahe, gegenüber dieser Gliederung, die sich eng an die physikalischen Grundlagen anschließt, einzuwenden, daß den praktischen Kriminalisten nicht so sehr die Durchführung dieser Systematik interessiert, als vielmehr eine den einzelnen kriminalistischen Sachgebieten folgende Stoffdarstellung. Eine solche Einteilung würde jedoch die Herausstellung der naturwissenschaftlichen Grundlagen unmöglich machen, die gerade Voraussetzung einer vertieften, nicht in der Anführung von Beispielen sich erschöpfenden Darstellung der kriminalistischen Anwendungsmöglichkeiten der modernen wissenschaftlichen Photographie ist. Nur durch Erarbeitung dieser physikalischen Grundlagen kann beispielsweise der Richter, Staatsanwalt oder Strafverteidiger sehen, was bei den einzelnen Spezialuntersuchungen der springende Punkt ist und so lernen, die Untersuchungsgrundlagen rechtzeitig und sachgemäß zu sichern, die Fragen an die Sachverständigen richtig zu formulieren und die großen Gesichtspunkte zu finden, die ihm eine eigene Stellungnahme gegenüber Gutachten oder Beweisanträgen ermöglichen. —

Abschließend soll noch auf einige allgemeinere Fragen kurz eingegangen werden, und zwar zuerst auf die von den Anhängern der verschiedenen Systeme mitunter leidenschaftlich umstrittene Frage nach dem für kriminalistische Zwecke rätlichsten Bildformat. Welches Bildformat am zweckmäßigsten ist, läßt sich auch für die kriminalistischen Anwendungen der Photographie nur von Fall zu Fall entscheiden; grundsätzlich gelten dafür die gleichen Gesichtspunkte wie anderwärts (1).

Die Vorteile des Kleinformats macht sich die Praxis zunehmend nutzbar (2), jedoch ist auf dem wichtigen Gebiete der sog. „Verbrecherphotographie" durch die internationale Einführung des dreiteiligen Großbildformates die Bildgröße festgelegt (3). Die Möglichkeit, mit Kleinbildkammern bequem und billig „Serienaufnahmen" herzustellen unter weitgehender Gewähr der Einhaltung gleicher Aufnahmebedingungen, ist für viele kriminalistische Anwendungen wertvoll. So ergibt sich, um nur ein Beispiel hervorzuheben, bei der Schriftuntersuchung oft die Notwendigkeit, einzelne Buchstaben oder ganze Wörter in viele einzelne Mikrophotogramme zu zerlegen. Da bei der wissenschaftlichen Photographie vielfach mit komplizierten Filteranordnungen gearbeitet werden muß, soll hier noch betont werden, daß die Verwendung von Kleinbildkammern stets besonders exakt gearbeitete planparallele Filter verlangt, weil sonst die hohe Korrektur der Kleinbildobjektive nicht mehr zur Geltung kommen kann. Sehr zweck-

(1) Allgemeine Gesichtspunkte bringt W. Schultze, Großformat oder Kleinformat in der wissenschaftlichen Photographie, Münchn. med. Wochenschrift **1932**, Seite **21.**

(2) Dazu etwa L. Breitenecker, Verwendbarkeit und Vorteile der Kleinbildphotographie i. d. gerichtl. Medizin, Photographie und Forschung, Band **1**, Heft **4** (Dezember **1935**); F. Scheminzky, Infrarotphotographie mit der „Contax", und derselbe, Makroskopische Lumineszenzphotographie mit der „Contax", beides in Photographie und Forschung, Band **3**, Heft **6** (August **1941**) und Band **4**, Heft **2**; Bohne, Verwendung der „Leica" in der naturwissenschaftlichen Kriminalistik, in „Die Leica in Beruf und Wissenschaft"; Brösicke, Die Kleinbildkamera Leica im Dienste der Polizei, in „Die Polizei", **29**. Jahrg. (**1932**), Heft **8** vom **20**. April **1932** und in der Zeitschrift „Die Leica", **1**. Jahrg. (**1931/2**), Seite **86**; Bohne, Vergleichsmikroskop und Kleinbildkamera, Arch. f. Krim. **107**, **109**. Ferner über Infrarot-, Ultraviolett- und Farbfilteraufnahmen mit der „Contax" Tirion in Photographie und Forschung, Band **1**, Heft **1**, **4**, **10** und Band **2**, Heft **1**.

(3) So auch Bohne in seinem Beitrag „Verwendung der Leica in der naturwissenschaftlichen Kriminalistik" in „Die Leica in Beruf und Wissenschaft".

mäßig ist die Kleinbildphotographie auch bei erbbiologischen Untersuchungen, wie sie im Zivil- und Strafverfahren jetzt häufig veranlaßt sind (außereheliche Vaterschaft, Meineidsprozesse). Dabei müssen von den beteiligten Personen (Kindsmutter, Kind, angebliche Beischläfer) zahlreiche Aufnahmen (Nase, Ohren, Hände, Füße usw.) gemacht werden, oft in einem Falle 30 oder mehr Photogramme: Mit der Kleinbildkamera arbeitet man da also billig und schnell. Die Probleme liegen dabei ähnlich wie bei rassenkundlichen Untersuchungen (1). Durch seine Wirtschaftlichkeit empfiehlt sich das Kleinbildformat auch bei Sektionen: man kann, wenn Wunden (wie z. B. Einschußstellen u. dgl.) bei der Untersuchung behandelt werden, nacheinander rasch Photogramme des ursprünglichen Zustandes und des Zustandes während und nach der Behandlung machen (2).

Bei der Lokalaugenscheineinnahme ist oft die Handlichkeit der Kleinbildkamera wertvoll. So berichtet Breitenecker (3) über die photographische Aufnahme einer stark verwesten, schon 7 Jahre liegenden Leiche in einer engen, schwer zugänglichen Grube. Die Aufnahme mit großen Stativapparaten (10 mal 15 cm) war sehr schwierig und perspektivische Verzerrungen ließen sich nicht vermeiden. Im Gegensatz dazu ließ sich die Aufnahme mit der „Contax" (aus freier Hand) ohne störende Verzerrungen leicht durchführen: Bei Kleinbildobjektiven mit der Brennweite 5 cm kann man schon in einer Entfernung von 2,5 bis 3 m eine menschliche Leiche auf das Bild bekommen.

Die kriminalistischen Anwendungen der Photographie machen oft Vergrößerung oder Verkleinerung nötig. Man erkennt im vergrößerten Bilde etwa, daß die Worte an manchen Stellen enger aneinander stehen und kann damit den Verdacht stützen, daß die betreffenden Stellen des Textes in einen freien Raum nachträglich eingefügt worden sind. Durch Verkleinerung gelingt es z. B., unzusammenhängende Spuren (Schriftreste usw.) zusammenzurücken und so lesbar zu machen. Das Vergrößern und Verkleinern ist heutzutage eine einfache Angelegenheit geworden. Häufig wird aber, um Nah- bzw. Lupenaufnahmen zu sparen, der Vergrößerungsmaßstab übertrieben. Das vergrößerte Bild zeigt dann die Struktur der Emulsionssilberkörner, seine Bildschärfe ist mangelhaft, sein Aussehen unnatürlich. In Fällen, wo starke Vergrößerung des Bildes erstrebt wird, wählt man daher zweckmäßig bereits den Abbildungsmaßstab auf dem Negativ möglichst groß, wofür bei der „Contax" z. B. das „Contameter" gute Dienste leistet (4). Auch für die „Leica" existieren entsprechende Hilfsgeräte. Man kann so Aufnahmen bis zur natürlichen Größe ohne Schwierigkeiten auch mit Kleinbildkammern machen.

Hinsichtlich des Auflösungsvermögens ist zu beachten, daß dieses beim Kleinbildformat durch die Schicht des gebräuchlichen Aufnahmematerials, bei größeren For-

(1) Dazu B. K. Schultz, Die Leica in der rassenkundlichen Methodik, in „Die Leica in Beruf und Wissenschaft".

(2) Werkgartner, Die Photographie in der gerichtl. Medizin, im „Praktikum der Photographie für Mediziner" von A. Hay (Berlin 1930).

(3) Photographie und Forschung, Band 1, Heft 4 (Dezember 1935).

(4) Tirion, Photographie und Forschung, Band 1, Heft 1 (April 1935), Heft 4 (Dezember 1935) und Heft 10 (Dezember 1936); Band 2, Heft 1 (März 1937) und Band 3, Heft 3 (Dezember 1939). Über die Benutzung der „Leica" zur Aufnahme kleiner Objekte im Maßstab 1 : 1 berichtet Kuhl in der Zeitschrift f. wissenschaftliche Mikroskopie **48** (1931), 227. Vgl. auch F. Beil, Das Lupenaufnahmegerät in der gerichtl. Medizin, in Photographie und Forschung, Band 2, Heft 2 (Juni 1937).

maten durch das Objektiv begrenzt wird. Umfangreiche Versuche hat darüber H. Roeder durchgeführt (1). Roeder betont auch, daß das übliche Einstellverfahren — Einstellen bei größerer Blende und dann Abblenden ohne Nachstellen — bei kleinen Formaten nur dann unbedenklich ist, wenn es nicht auf allerletzte Schärfe ankommt.

Schließlich sollen von den zahlreichen Fragen hinsichtlich der rechtlichen Zulässigkeit der Anwendung photographischer Verfahren in der kriminalpolizeilichen Praxis und im Strafverfahren einige kurz gestreift werden.

Aus den allgemeinen Aufgaben der Polizei ergibt sich auch die Befugnis, Gegenstände und Örtlichkeiten aller Art und besonders verdächtige Personen zu photographieren (2). Diese Befugnis beschränkt sich natürlich nicht, wie bisweilen formuliert wird, auf „festgenommene" Personen, die Polizei kann vielmehr auch beispielsweise einen einer Straftat verdächtigen Straßenpassanten photographieren (3) und sie kann im Interesse künftiger Verbrechensverhütung kriminell gewordene Personen, soweit sie sich in ihrem Gewahrsam befinden, im Lichtbild festhalten, auch wenn ihnen zur Zeit ein anderweitiger, konkreter Tatverdacht nicht anhaftet. Für Zwecke der Rechtspflege darf die Polizei auch photographische Abbildungen vervielfältigen, verbreiten und öffentlich zur Schau stellen (4). Dabei müssen aber die berechtigten Interessen der Betroffenen möglichst geachtet werden, es ist schonlich vorzugehen und jeder Mißbrauch muß vermieden werden.

Ob die Zeugenpflicht die Verpflichtung einschließt, sich zum Zwecke gerichtlicher Feststellungen photographieren zu lassen, ist umstritten (5).

Die Verwendung von Lichtbildern im Strafverfahren wurde früher seitens der Verteidigung bisweilen wegen der „übernatürlichen Schärfe" des photographischen Bildes, durch die insbesondere beim Schwurgericht die Hervorrufung falscher Vorstellungen bei den Geschworenen befürchtet wurde, angegriffen. Das RG. hat demgegenüber den hervorragenden Wert des Lichtbildes als eines Beweismittels, das durch wörtliche Beschreibungen oft nicht zu ersetzen ist, hervorgehoben und hat auch hier in lebensnaher, die Fortschritte von Wissenschaft und Technik stets berücksichtigender Rechtsprechung seit langem klargestellt, daß die Verwendung photographischer Bilder als Hilfsmittel bei der Beweisaufnahme zulässig ist. Daraus, daß die Strafprozeßordnung bei ihren Bestimmungen über den Gebrauch der einzelnen Beweismittel nirgends die Photographie erwähnt, ist Gegenteiliges nicht herzuleiten, denn unser Strafprozeßrecht kennt keinen geschlossenen Kreis von Beweismitteln, sondern läßt dem Richter hinsichtlich der Beiziehung und Verwertung geeigneter Erkenntnisquellen den denkbar weitesten Spielraum, indem gemäß **§ 261** StPO. das Gericht über die Ergebnisse der Hauptverhandlung mit freier, aus dem Inbegriff der Verhandlung geschöpfter Überzeugung zu entscheiden hat. Die Vorlegung und Benutzung von Lichtbildern in der Hauptverhandlung widerspricht daher, wie längst unstreitig ist, keineswegs den Vorschriften unseres Strafprozeßrechtes (6).

Bei Augenscheinseinnahmen ist die Anfertigung von Lichtbildern zur Veranschaulichung und Verdeutlichung oft wertvoll und geradezu unerläßlich. Die Beifügung von Lichtbildern hilft häufig eine Wiederholung des Augenscheins in der Hauptverhandlung, die umständlich und zeitraubend ist, vermeiden (7). Selbstverständlich muß sich der Richter in allen Fällen, in denen er Lichtbilder als Hilfsmittel bei der Beweisaufnahme verwertet, von der „Identität" der Bilder überzeugen, d. h. davon, daß sie tatsächlich die in Frage stehende Örtlichkeit usw. darstellen (8). Das Gericht kann darüber Zeugen hören

(1) Phot. Ind. **39** (1941), 351 ff. Über das Auflösungsvermögen vgl. auch H. v. Borries, „Über heutige Entwicklungsverfahren und Grenzauflösungsvermögen photographischer Platten für übermikroskopische Aufnahmen", Zeitschr. f. Physik **122** (1944), Seite 539 (aus dem Laboratorium f. Elektronenoptik der Fa. Siemens & Halske).

(2) RG. 2. Juni 1899 = RGStr. **32**, 199; H. Schneickert, ZStW. **36**, 372.

(3) Daß „für die Zwecke der Durchführung des Strafverfahrens oder für die Zwecke des Erkennungsdienstes" Lichtbilder des Beschuldigten „auch gegen dessen Willen aufgenommen" werden dürfen, stellt jetzt StPO. § 81 b ausdrücklich klar.

(4) § 24 Kunst-U-Ges. vom 9. Jan. 1907.

(5) Bejahend Kohler, Goltdammers Archiv **60**, 214 und die h. M.; verneinend Gerlach, Strafprozeß, Seite 202.

(6) RG. 5. Jan. 1903 = RGStr. **36**, 55; RG. 9. Mai 1923 = Recht **27**, 1495.

(7) RG. 18. März 1913 = RGStr. **47**, 100.

(8) RG. 24. Jan. 1887 = RG. Rechtspr. **9**, 89; RG. 24. Juni 1913 = RGStr. **47**, 236; RG. 9. Mai 1923 = Recht **27**, 1495.

usw. und es gilt wie stets der Grundsatz der freien Beweiswürdigung. Werden dem Protokoll über die Einnahme eines Augenscheins Lichtbilder beigefügt, so ist es Amtspflicht des den Augenschein einnehmenden Richters, nach Kräften in der Niederschrift selbst für die beweiskräftige Feststellung der Identität dieser Photographien Sorge zu tragen.

Lichtbilder sind keine „Schriftstücke": StPO. § 249 ist also bei Vorlegung von Photographien in der Hauptverhandlung nicht anwendbar.

Unstreitig ist der vom Gericht beigezogene Photograph weder als Zeuge noch als Sachverständiger im Sinne der §§ 48ff. StPO. anzusehen; er ist lediglich Gehilfe des Richters, braucht daher kein Beamter zu sein und wird nicht vereidigt. Natürlich kann er im Einzelfall aus anderen Gründen als Zeuge in Frage kommen: etwa dafür, wann und wo ein dem Gericht vorgelegtes Lichtbild aufgenommen worden ist (Identitätsfeststellung).

I. KAPITEL.

Anwendungen der Photographie in der Kriminalistik, bei denen das latente Bild durch sichtbare Strahlung hervorgerufen wird.

A. Einbildphotographie.

1. Anwendungen, bei denen nur die Fähigkeit der lichtempfindlichen Schicht, die Eindrücke „dokumentarisch festzuhalten", benutzt wird.

a) Allgemeines.

Aus der Eigenschaft der Photographie als eines Dokumentes leiten sich zahlreiche kriminalistische Anwendungen ab, von denen die wichtigsten nachstehend besprochen werden sollen. Auf Einzelheiten kann dabei natürlich nicht eingegangen werden.

Daß erst durch das Lichtbild regelmäßig die moderne steckbriefliche Verfolgung und die schnelle Unterrichtung anderer Fahndungsbehörden möglich geworden ist, liegt auf der Hand (1): „Der subjektive Eindruck ist sozusagen objektiviert worden, er ist transportabel, er ist vervielfältigbar, aufbewahrbar geworden. Was früher ein flüchtiger, subjektiver Eindruck des Einzelnen war, ist jetzt ein Dokument und Allgemeingut geworden" (2).

Der Erkennungsdienst war daher auch historisch der erste Zweig der Kriminalistik, der systematisch photographische Methoden heranzog und ausbaute.

Für den Sachverständigen ist das Lichtbild nicht nur als „objektives Forschungsmittel" bei der Bildung seiner Meinung, sondern auch bei Abfassung seines Gutachtens oft unentbehrlich. Denn wenngleich die Abgabe des Gutachtens selbst stets nur an Hand des Originals und nicht einer Photographie erfolgen soll, so spielt doch die Photographie als „objektives Ausdrucksmittel", als Mittel der Darstellung, eine wichtige Rolle. Der Sachverständige kann durch Beigabe von Lichtbildern seine Gründe oft viel leichter und besser als mit Worten darlegen. Auf den Reproduktionen können schriftliche Hinweise, Markierungen u. dgl. angebracht werden, die auf das Original, das geschont werden muß, nicht gesetzt werden dürfen usw. (3).

---

(1) Bertillon, Gerichtliche Photographie, Seite 50. Bei internationaler Verbrechensbekämpfung ist das Lichtbild überall verständlich: „The eye knows no nation"!

(2) R. Luther, Photographie als Lehr- und Forschungsgegenstand, Seite 6.

(3) Tirion, Photographie und Forschung, Band 3 (1939), Heft 3, Seite 91, der auch betont, daß bei Reproduktion von Schriftzügen auf treue Wiedergabe der Graunüancen geachtet werden muß, falls man nicht nur graphische Kennzeichen, wie etwa die Buchstabenform oder den Schrifttext, wiedergeben will. Eine nur aus Schwarz-Weißtönen bestehende Wiedergabe genügt dem Schriftsachverständigen regelmäßig nicht: ein solches „hartes" Lichtbild unterdrückt den Charakter der Handschrift und die graphischen Kennzeichen der für die Beurteilung so wichtigen vertikalen Bewegungstendenz, die Schrift ist „tot".

Gerade der *gerichtliche* Sachverständige muß ja regelmäßig seine Meinung einem Personenkreise verständlich machen, der in naturwissenschaftliche Gedankengänge wenig Einfühlung hat. Er ist deshalb darauf angewiesen, seine Beweisführung möglichst anschaulich zu entwickeln. Das gelingt oft am einfachsten durch Beifügung entsprechender Bilder.

Die Festhaltung der Untersuchungsbefunde durch das Lichtbild muß auch im Interesse der *Nachprüfbarkeit des Gutachtens* dringend gefordert werden, ganz abgesehen von der Eigenkontrolle, die dem Sachverständigen selbst dadurch möglich wird (1).

So betont z. B. R. Glien (2) die Wichtigkeit der Anfertigung von Mikrophotographien bei der histologischen Untersuchung der von Tieren stammenden Nahrungsmittel, z. B. bei der in der Praxis so wichtigen forensischen Wurstuntersuchung: „Denn ein Gutachten wird zweifelsohne durch ein beigefügtes Lichtbild des zu beanstandenden Wurstgutes klarer und vollständiger. Auch ist es der Aufsichtsbehörde möglich, sich an Hand von Vergleichsaufnahmen ein eigenes und eindeutiges Bild vom Grade der Verfälschung zu machen. Dazu kommt noch als praktische Seite, daß die Veterinäruntersuchungsanstalten nicht mehr gezwungen sind, die leicht zu beschädigenden Mikroskopschnitte längere Zeit aufzuheben, wenn sie das Negativ den Akten beiheften."

Als Mittel zur Darstellung sollte aber auch der *Richter* die *Photographie viel mehr heranziehen.* Wie schwerfällig und umständlich wirken z. B. in Urteilen über Verkehrsunfälle oft die Beschreibungen der Unfallstelle: jeder, der die Praxis kennt, weiß, daß eine solche Schilderung der für die Urteilsbegründung so wesentlichen Örtlichkeit regelmäßig unanschaulich, wenn nicht gar irreführend ist. Hier sollte der Richter seinem Urteile nach Möglichkeit Lichtbilder beifügen und an Hand dieser das Urteil begründen. Über die rechtliche Zulässigkeit der Beifügung solcher Bilder herrscht längst kein Streit mehr. Bei Ortsbesichtigungen u. dgl. sollte der Richter selbst eine Kamera zur Hand haben und in einfach liegenden Fällen die ihm zweckmäßig scheinenden Aufnahmen anfertigen: die geringe damit verbundene Mühe lohnt sich bestimmt. —

Ein etwas ferner liegendes Beispiel für den Wert der Photographie als eines „*Beweises zu ewigem Gedächtnis*" ist der „*Vergleich der verbrecherischen Arbeitsmethoden*", der heutzutage für die Aufklärung von Kriminalfällen sehr wichtig ist und bei dem das Lichtbild oft entscheidende Hilfe leistet. So gelang die Aufklärung einer Anzahl von Lustmorden aus den Jahren 1915 bis 1920 durch die vom Leipziger gerichtlich-medizinischen Institut angelegte Sammlung photographischer Aufnahmen von Kapitalverbrechen. Bei der Betrachtung dieser Bilder erkannte man die *gleichartige* Ausführung der Tötung in fünf unaufgeklärten Fällen, was auf einen Täter hindeutete. Dieser mußte daraufhin alle fünf Morde eingestehen (3).

Auch sonst ist die Photographie zur Anlage von Sammlungen von Vergleichsfällen für den Kriminalisten wertvoll. So hilft z. B. bei der Schriftbegutachtung oft eine „Studiensammlung" charakteristischer Schriftproben weiter. Für die Anlegung eines solchen „Photoarchivs" empfiehlt sich in vielen Fällen die Benutzung von *Kleinbildkammern*, worauf Tirion (4) besonders hinweist. —

---

(1) Vgl. dazu Werkgartner, Dtsche Zeitschr. f. d. ges. gerichtl. Medizin, Band 11 (1928), 165 und insbes. vorn Seite 8 und im folgenden Seite 45.

(2) Photographie und Forschung, Band 3 (1939), Heft 2, Seite 54. Glien berichtet speziell über die Eignung der „Contax" für derartige Untersuchungen.

(3) Schütz und Zetsche, Arch. f. Krim. 74, 201. Vgl. dazu auch Rücker, Dtsche Zeitschr. f. d. ges. gerichtl. Medizin, Band 32 (1939/40), 431.

(4) Photographie und Forschung, Band 3, Heft 3, Seite 95.

Für die Beweissicherung ist lange Haltbarkeit der Negative bzw. der Kopien besonders wichtig. Es soll darüber hier noch einiges gesagt werden, weil immer wieder grobe Kunstfehler in dieser Beziehung zu beobachten sind.

Mit der Frage, welche Arbeitsvorschrift die Haltbarkeit von Negativen für einen Zeitraum von vielen Jahrzehnten gewährleistet, hat sich 1928 eine Kommission der Royal Photographic Society in London befaßt. Die Kommission empfahl folgendes Verfahren: Nach dem üblichen Fixieren wird das Negativ $^1/_2$ Stunde gewässert, dann 4 bis 5 Minuten in 20%iger reiner Natriumthiosulfatlösung gebadet, wieder $^1/_2$ Stunde gewässert, hierauf zur Härtung der Gelatine in einer 5%igen Chromalaunlösung gebadet und zuletzt nochmals $^1/_2$ Stunde gewässert. Nach dem vollständigen Trocknen wird die Platte erwärmt und mit einer 12%igen Lösung von Gummi in Alkohol, die nach vollständigem Absetzen filtriert worden ist, lackiert (1).

Bei Kopien (2) ist natürlich stets gute Entfernung des Fixiernatrons, das sonst im Laufe der Zeit zur Zerstörung der Bilder führt, erforderlich. Es empfiehlt sich, die Fixierdauer nicht über 10 Minuten auszudehnen und das Fixierbad nicht zu stark auszunutzen (3). Nach der Fixage ist ein 1%iges Sodabad (Soda sicc.) rätlich, das (wegen der Neutralisierung durch hereingeschlepptes Fixierbad) öfter erneuert werden muß. Sorgfältiges, etwa 1stündiges Auswässern der Bilder, die dabei bewegt werden müssen, ist notwendig.

Alle silberhaltigen Kopien unterliegen bei ungünstiger Aufbewahrung dem Angriff insbes. schwefliger Gase. Ungleich widerstandsfähiger sind daher Platin- und Sepiadrucke, die kein Silber enthalten.

b) Identifizierung von Personen (erkennungsdienstliche Personenaufnahmen) und Sachen. Tataufnahmen.

Schon im November 1839 berichteten die Tageszeitungen über die Verwendung des Daguerreotyps „als Zeuge in einem Ehescheidungsprozeß“: ein Ehemann habe seine Frau unbemerkt bei einem Stelldichein photographiert. Die Kriminalpraxis erkannte den Wert der Photographie jedenfalls auch in diesen Jahren; im November 1841 meldet das „Münchner Morgenblatt“, die Pariser Polizei lasse „die Gesichter aller Verbrecher, die ihr in die Hände geraten, daguerreotypieren“.

Die Photographie zum Zwecke der Personenidentifizierung ist seit langem aus dem Fahndungswesen nicht mehr wegzudenken.

Wir übersehen heute leicht die Schwierigkeiten, die die Photographie in ihren Anfangszeiten allenthalben bereitete und die z. B. E. Stenger bei seiner Schilderung des Lebens Wilhelm Herfords anschaulich darstellt (4).

Die ältesten zur Zeit bekannten Kriminalphotographien sind wohl vier im Gefängnis zu Brüssel aufgenommene Daguerreotypien von Häftlingen aus den Jahren 1843 und 1844 (5). Die ersten „Verbrecheralben“ sind um

---

(1) Nach einem Referat in der Kinotechnik **12** (1928), S. 79.

(2) Dazu neuestens ausführlich W. Weyde, Agfa-Veröffentlichungen, Band **5**, Seite 181.

(3) Vergilbungsgefahr! In 1 l sollen nicht mehr als etwa 200 Blatt 9 mal 12 cm ausfixiert werden. Zwischen Entwickler und Fixierbad ist ein saures „Zwischenbad“ einzuschalten (1 bis 2%ige Essigsäure oder 5%ige Kaliummetabisulfitlösung): Dauer dieses Zwischenbades höchstens $^1/_2$ Minute! Es ist darauf zu achten, daß das Fixierbad nicht durch übergeschlepptes Zwischenbad zu sauer wird.

(4) Phot. Korr. **80**, 21. Vgl. auch Fr. L. Neher, Die Erfindung der Photographie (Kosmos-Verlag, Stuttgart 1938) und E. Stenger, Die beginnende Photographie im Spiegel von Tageszeitungen und Tagebüchern (2. Auflage, Würzburg 1943).

(5) Vgl. Phot. Korr. **58**, 237 und Arch. f. Krim. **86**, 170. Im Arch. f. Krim. findet man l. c. auch Wiedergaben dieser 4 Daguerreotypien, die 1914 zu Lyon ausgestellt waren. Bis dahin nahm die Schweiz die Priorität in Anspruch (Journal des Tribunaux vom 10. Sept. 1854, Lausanne). In der Phot. Korr. **2**, 113 berichtet ein Anonymus über eine erfolgreiche Verbrecherphotographie, die er etwa 1858 ausgeführt hat.

1860 herum, nachdem also das Daguerresche Verfahren durch das „nasse Kollodiumverfahren“ verdrängt worden war, angelegt worden. In Danzig bestand die Einrichtung schon 1864, in Moskau wurde sie 1867 eingeführt (1). Die Londoner Polizei klagt 1863 darüber, daß Diebe sich ihrer Photographierung widersetzen. Die Berliner Kriminalpolizei legte 1878 (nach Einführung der Bromsilber-Gelatine-Trockenplatte) eine Sammlung von Verbrecherphotographien an (2). Noch 1890 wurden aber die Aufnahmen in Berlin von privaten Photographen ausgeführt.

Für die Weiterentwicklung der erkennungsdienstlichen Personenphotographie sind die Arbeiten von Alphonse Bertillon (3) grundlegend. Seine Abhandlung über die gerichtliche Photographie zeigt die wesentlichen dabei zu beachtenden Gesichtspunkte. Bertillon hat auch eine eigens für diese erkennungsdienstlichen Personenaufnahmen erdachte und heute allgemein benutzte Apparatur angegeben (4), bei der der zu Photographierende auf einen drehbaren Sessel gesetzt wird. Die Rotation dieses Sessels, die jetzt auch mechanisch bewirkt werden kann, geschieht exzentrisch; man kann also ohne Änderung der Einstellung des Apparates die üblichen drei Aufnahmen in einfacher Weise machen (5). Wesentliches hat sich an der Aufnahmetechnik seither nicht geändert. Nötig ist tonwertrichtig arbeitendes Aufnahmematerial, welches die Farben des Objektes so wiedergibt, daß die erhaltenen Grautöne ungefähr den Helligkeiten entsprechen, die unser Auge bei Betrachtung der verschiedenen Farben empfindet (Haarfarbe, Augen usw.). Störende Spiegelung, insbesondere an Brillengläsern, kann oft durch Vorschalten eines Polarisationsfilters beseitigt werden (6).

Die englische Polizei hat um 1890 — ebenso wie z. B. die Wiener Polizei — mittels eines Winkelspiegels in einem Bilde eine zweifache Ansicht des Aufgenommenen festgehalten (Bertillon, a. a. O., Seite 11). Dieses von Spearmann vorgeschlagene, Zeit und Material sparende Verfahren hat insbesondere den Nachteil der Seitenverkehrtheit der Profilansicht. Heindl hat ohne befriedigenden Erfolg versucht, diese durch Ein-

---

(1) Einzelheiten bei Stenger, Die Photographie in Kultur und Technik, Seite 128.

(2) Verfügung der Berliner Kriminalpolizei vom 1. April 1878, veröffentlicht im „Preußischen Zentralblatt“.

(3) Geboren 1853 zu Paris, gest. ebenda 1914. Bertillon hat bekanntlich im Dreyfußprozeß eine Rolle gespielt (Arch. f. Krim. **76**, 31). Biographisches auch im Internat. Arch. f. Photogrammetrie, Band 5, Seite 167.

(4) Das durch die internationale Einführung der Bertillonkamera, mit der jetzt alle Polizeibehörden ausgerüstet sind, festgelegte dreiteilige Bildformat (Plattengröße 6 mal 13 cm, Bildgröße 4 mal 5,5 cm) steht der Verwendung von Kleinbildkammern für die Zwecke der Signaletik im Wege.

(5) Vgl. Groß-Seelig, Handbuch, Band 1, Seite 432.
Üblich ist $^1/_7$ der natürlichen Größe. Bertillon macht übrigens nur 2 Aufnahmen, Profil und en face von rechts, während heute noch eine dritte Aufnahme, Halbprofil von rechts, gemacht wird. Vgl. dazu Heindl, Daktyloskopie, 3. Aufl., Seite 554ff.; Pösch, Die Methoden der anthropologischen Photographie, in Phot. Korr. **54**, 134 und Paul, Handbuch, Seite 19ff.

Die Erörterung der Schwierigkeiten, die die Identifikation eines Menschen auf Grund seines photographischen Bildes bietet, gehört nicht hierher. Bekannt ist der „Husar ohne Kopf“, von dem auch Groß-Seelig, Handbuch, Band 1, Seite 438, erzählt. Verwiesen sei auf Bertillon, a. a. O., Seite 28ff. (schöne Beispiele, ferner — verblüffend — Hilfe durch Verwendung einer Bildmaske) und auf den von Matews (Brit. Journal Almanac 1890, 412) erdachten Weg (vgl. dazu auch Groß-Seelig, Handbuch, Band 1, Seite 433).

(6) Vgl. dazu Seite 48.

führung eines zweiten Spiegels zu beheben (1). Infolge der Verbilligung der photographischen Materialien sind diese Versuche heute nicht mehr von großem praktischen Interesse.

Nach einer Mitteilung im Internat. Archiv für Photogrammetrie (2) hat ein amerikanischer Arzt „eine neue Methode zur genauen Feststellung selbst geringfügiger Assymmetrien am menschlichen Körper" mit Hilfe der Photographie ausgearbeitet (3). Der Aufzunehmende wird dabei unbekleidet auf einen Schemel gestellt, auf dem sich eine Marke (T-förmiger Strich) befindet. Die Aufnahme wird bei stets gleichmäßiger Erhellung im Quecksilberdampflampenlicht vorgenommen. Beim Kopieren wird nun auf das Negativ eine zweite Platte mit einem feinen Raster aufgelegt, dessen Marke mit der auf dem Negativ (Strich auf dem Schemel) erhaltenen genau in Übereinstimmung gebracht wird. Auf der Kopie erscheint also die feine Lineatur des Rasters, die eine einfache „Ausmessung" des Bildes ermöglicht. Es sollen sich dadurch selbst sehr feine Abweichungen von der normalen Körperform, Veränderungen u. dgl. nachweisen lassen. Irgendwelche kriminalistische Bedeutung hat das Verfahren nicht erlangt. Von allem anderen abgesehen wird auch durch das aufkopierte Raster das Bild in Einzelheiten verdeckt und unklar werden.

Schon auf dem 1. Kongreß für internationales Polizeiwesen zu Monaco (April 1914) ist vorgeschlagen worden, die Verbrecher zum Zwecke lebenswahrer Darstellung kinematisch zu photographieren (4). Auch Locard (Lyon) hat sich dafür eingesetzt (5). Er erwähnt, daß derartige kinematographische Aufnahmen bereits in einigen Fällen vorzügliche Dienste geleistet haben. Irgendwelche nennenswerte Anwendung findet indessen bisher die Kinematographie in der Kriminalistik nicht.

Vorschläge zur Verwendung kinematographischer Methoden für die Klärung kriminalpsychologischer Fragen (Intelligenzprüfung, Psychologie der Aussage) sind mehrfach gemacht worden (6). Auch die Verkehrspolizei beginnt, den Film sich nutzbar zu machen. So versucht die California Highway Patrol der Staatspolizei von Californien, den Film als Beweismittel bei Verkehrsdelikten zu verwenden: ein mit einer 16 mm-Filmkammer ausgerüsteter Kraftwagen fährt hinter dem sich verkehrswidrig verhaltenden Fahrzeug her und hält dessen Fahrweise im Film fest. Die Versuche waren 1941 noch nicht abgeschlossen (7). Auch für Unterrichtszwecke wird der Film in der Kriminalistik herangezogen. So ist in den Jahren 1941/42 unter Mitwirkung von Prof. Grassenberger, Wien, ein Film „Die Technik des Einbruchsdiebstahls" gedreht worden (8). Über Filmaufnahmen bei der Geschoßidentifizierung vgl. unten Seite 41.

Der Tonfilm scheint auf unserem Gebiete noch das Vorrecht der Gerichtsreporter zu sein (9). Neuerdings führt sich indessen in Amerika auch die Aufnahme von Verbrechern im Tonfilm langsam ein, um ihre Wiedererkennung zu erleichtern (10).

---

(1) Heindl, Daktyloskopie, 3. Aufl., Seite 557. Vgl. auch Spiro, Photographie und Spiegelbild, Phot. Korr. **69**, 54 und Loewy, Phot. Korr. **58**, 72. Adler beschreibt in Phot. Korr. **73**, 151 eine von der Fa. Tales, Wien, für zahnärztliche Zwecke konstruierte Anordnung, bei der ebenfalls mittels Verwendung zweier Planspiegel mit einer Aufnahme drei Porträtansichten hergestellt werden können.

(2) Band 6 (1919/20), Seite 360. Vgl. auch Phot. Korr. **57**, 117.

(3) Der Vorschlag ähnelt sehr dem schon 1890 von Matews im Brit. Journal Almanac beschriebenen Verfahren.

(4) Arch. f. Krim. **58**, 338. Viel näher liegt es allerdings, für die erkennungsdienstlichen Personenaufnahmen die Stereophotographie heranzuziehen; vgl. dazu unten Seite 94.

(5) Phot. Korr. **63**, 372.

(6) Arch. f. Krim. **67**, 67 (Straffella) und **69**, 141 (Boas).

(7) Arch. f. Krim. **108**, 99.

(8) Heindl, Arch. f. Krim. **113**, 97.

(9) Vgl. „Filmtechnik", 11. Jahrg., Heft 9, Seite 118 und Arch. f. Krim. **109**, **94**, wonach in Amerika im „Hauptmannprozeß" — trotz polizeilichen Verbotes und Bewachung der bereits aufgestellten Apparate — unter Anwendung von Schallschutz Tonfilmaufnahmen im Gerichtssaal gemacht worden sind.

(10) Camera XXII (1934), Seite 50.

Vielfach ist vorgeschlagen worden, ein System der Identifikation von Verbrechern auf die Eigenheiten des Augenhintergrundes aufzubauen. Auch die Wölbung der Augenhornhaut oder die Netzhautkrümmung, die jetzt mit der Nordensonschen Netzhautkamera stereophotogrammetrisch ausgemessen werden kann (vgl. unten S. 107), hat man als Identifizierungsgrundlage vorgeschlagen. Alle diese Verfahren haben gegenüber der Daktyloskopie schon den grundsätzlichen Nachteil, daß der Täter am Tatort oft zwar Fingerabdrücke, nie aber ein Bild seiner Augennetzhaut usw. hinterläßt. Türkel (1) hat dazu eingehend Stellung genommen. Er hält den Weg mit Recht als Grundlage eines allgemeinen kriminalistischen Identifizierungsverfahrens für ungeeignet (2), im Einzelfall kann natürlich damit gelegentlich einmal die Feststellung der Personengleichheit glücken. Die hier auftauchenden Probleme der Photographie des Augenhintergrundes (deren Lösung für die Augenheilkunde sehr wichtig ist und die daher von medizinischer Seite wesentliche Förderung erfahren haben) bieten aber photographisch mancherlei auch für andere Aufgaben Interessantes, weshalb darauf kurz eingegangen werden soll.

Zunächst handelt es sich darum, die Beleuchtung des Augeninnern und gleichzeitig die Betrachtung des beleuchteten Augenhintergrundes im reflektierten Lichte zu ermöglichen. Helmholtz löste die Aufgabe im Jahre 1850 in der bekannten Weise, indem er die Eigenschaft planparalleler Glasplatten benutzte, das Licht sowohl zurückzuwerfen als auch durchzulassen.

Der wesentliche Nachteil dieser Anordnung liegt darin, daß infolge der teilweisen Spiegelung an der Glasplatte nur ein Bruchteil des Lichtes zur Beleuchtung bzw. Beobachtung dienen kann. Man verwendete daher später an Stelle der planparallelen Glasplatte einen gewölbten Metallspiegel mit zentralem Loche.

Die zweite Schwierigkeit besteht darin, daß schon die visuelle Betrachtung des Augenhintergrundes mit diesen einfachen Augenspiegeln durch die an den Trennungsflächen der brechenden Augenmedien auftretenden Spiegelbilder der Lichtquelle außerordentlich erschwert wird; für die Netzhautphotographie ist die Beseitigung dieser Hornhautreflexe unbedingt notwendig. Man kann es durch Mittel der geometrischen Optik erreichen (3), daß die von der Hornhaut und der Kristallinse zurückgeworfenen Strahlen nicht in die Eintrittspupille der Kamera gelangen. Diese Methode der Reflexverhütung heißt daher die „geometrische“. Sie hat in der Praxis allein Bedeutung erlangt. Die beiden anderen Wege (die Polarisationsmethode, bei der linear polarisiertes Licht benutzt wird, und die hydrodiaskopische Methode — Einschaltung einer Wasserkammer vor das zu photographierende Auge —) sind längst verlassen.

Es existieren mehrere Spezialgeräte für Netzhautphotographie. So hat Dimmer einen Apparat konstruiert, dem das Prinzip des vereinfachten Gullstrandschen Ophthalmoskops zugrunde liegt. Zur Aufnahme wird eine Spiegelreflexkamera verwendet; die Belichtungszeit beträgt bis zu etwa $^1/_{20}$ Sekunde. Der Apparat ist jetzt durch die handlichere und billigere Netzhautkamera von Nordenson verdrängt (4). Bei Einstellung der Netzhautkamera wird in den Strahlengang zwischen Lichtquelle und Auge ein Diaphragma

---

(1) Siegfried Türkel, Das Auge als Identifizierungsgrundlage, Graz **1927.** Der Vorschlag, das Auge als Identifizierungsbasis zu benutzen, geht auf Levinson zurück (Arch. f. Krim. **2**, **211**). Vgl. auch Haller in der Umschau, Band 15 (1920), und L. Haber, Arch. f. Krim. **74**, **139**.

(2) Türkel, a. a. O. Seite **42**. Dort auch umfangreiche Literaturangaben. Ferner Bartmann, Arch. f. Krim. **98**, 22 (mit gutachtlichen Äußerungen von Behr, Löhlein, Gutmann und Wiser).

(3) Näheres bei Rauh, Photographieren in der Augenheilkunde, Zeitschr. f. angew. Photographie, Band 3 (**1941**), Seite 81 und im Artikel „Ophthalmoskopische Instrumente“ von Hartinger im Handwörterbuch der Naturwissenschaften, 2. Aufl., Band 7, Seite **441**.

(4) Nordenson, Demonstration eines nach den Prinzipien des Ophthalmographs von Gullstrand gebauten Apparates für zentrische Ophthalmographie (Augenhintergrund-Photographie) und Projektion von Aufnahmen: Bericht über die 45. Versammlung der Deutschen Ophthalmographischen Gesellschaft, Heidelberg 1925.

(Grauglas) geschaltet. Die so erzielte schwache Beleuchtung des Augenhintergrundes genügt zur Einstellung und wird vom Auge ertragen. Bei der photographischen Aufnahme wird dann gleichzeitig mit dem Öffnen des Verschlusses das Grauglas automatisch entfernt und durch einen momentanen Lichtblitz der Augenhintergrund beleuchtet. Ursprünglich traten an den Flächen der asphärischen Ophthalmoskoplinse bei der Nordensonschen Netzhautkamera noch Reflexstörungen auf. Es ist jetzt Hartinger gelungen, diese durch eine besondere Linsenform zu vermeiden (1).

Da das vom Augenhintergrund zurückgeworfene Licht großenteils aus chemisch wenig wirksamen Strahlen besteht, muß man höchstempfindliche orthochromatische Platten verwenden (2).

Anschließend ist noch einiges über die Verwendung der Photographie zur Identifizierung von Sachen zu sagen. Dabei spielt die Mikrophotographie eine große Rolle (3). H. Michel, der die Anwendungsmöglichkeiten der Photographie für die Untersuchung von Perlen und Edelsteinen in seinen beiden im Literaturverzeichnis aufgeführten Werken und in einem Aufsatz im Arch. f. Krim. **88**, 249 behandelt hat, teilt mit, daß in Wien im Jahre 1912 eine Untersuchungsanstalt für Edelsteine gegründet worden ist, die über die von ihr untersuchten Steine Zeugnisse ausstellt. Um die betrügerische Verwendung solcher Zeugnisse für andere Steine zu verhindern, werden nach Möglichkeit dem Zeugnis Mikrophotogramme des untersuchten Edelsteines beigesiegelt, die charakteristische Einschlüsse festhalten. Einen grundsätzlich ähnlichen Vorschlag zur „photographischen Sicherungssignalisierung von Wertpapieren, Pässen usw." macht Kögel (4). Auch das DRP. 364390 betrifft ein Verfahren zur Identifizierung von Kunstwerken durch Vergleich mikrophotographischer Aufnahmen (5).

An die vorerwähnten Beispiele erinnern die Fälle, wo durch mikroskopische Staubuntersuchung oder auf ähnlichem Wege die Überführung des Täters gelingt. Es hat da gleichsam die Natur dem Täter das Kainsmal aufgedrückt, indem sich bei der Tat charakteristische Staubspuren oder Pflanzenteilchen des Tatortes seiner Kleidung anhefteten, sich in seinen Haaren, unter den Fingernägeln usw. festsetzten oder an versteckter Stelle der Tatwaffe hängen blieben. Ausführlich haben über derartige Fälle, bei deren Aufklärung natürlich die Zuhilfenahme der Photographie sowohl zur einwandfreien Feststellung, wie auch zur Darstellung des Untersuchungsergebnisses im Gutachten für den Sachverständigen von großer Wichtigkeit ist, Locard, Södermann und Heindl (6) und Popp (7) berichtet.

---

(1) Diese störenden Reflexbildchen sind z. B. an den Aufnahmen, die Türkel seiner Abhandlung als Tafel I beigegeben hat, sichtbar. Türkels Angaben l. c. Seite 17 oben sind insoweit durch die Hartingersche Erfindung überholt.

(2) Über Erfahrungen bei Farbaufnahmen des Augenhintergrundes berichtet Reiser in „Photographie und Forschung", Band 3 (1942), Seite 287.

(3) Über die sehr wichtigen Verfahren mikrophotographischer Spurenuntersuchung vgl. unten Seite 36 ff. In die Probleme der Mikrophotographie führt ein Stade-Staude, Mikrophotographie (1939) und K. Michel, Die Grundzüge der Mikrophotographie (2. Aufl. 1943). Eine allgemeinverständliche Darstellung bringt auch G. Reinert, Praktische Mikrophotographie (1940).

(4) Phot. Korr. **63**, 1.

(5) Vgl. dazu Kuchinka in Phot. Korr. **61**, 17. Über neuere Methoden des Wertpapierdrucks vgl. beiläufig Phot. Korr. **63**, 49; **63**, 120; **64**, 177; **66**, 155 und Broum, Phot. Korr. **74**, 48.

(6) „Beiträge zur kriminalistischen Staubuntersuchung", Arch. f. Krim. **92**, 148, 234; **93**, 63, 141.

(7) Arch. f. Krim. **70**, 78; **104**, 231. Popp behandelt insbesondere Fälle, in denen die Überführung des Täters durch botanische Spuren und Mikroorganismen gelang (charakteristische Heustaubspuren; Spuren des Rostpilzes, von dem der Tatort, ein Kartoffelacker, auffällig befallen war, an der Kleidung des Mörders usw.).

Besonders verlockend ist die Lösung des Problems, den Täter bei der Tat unbemerkt zu photographieren. „Detektivkameras" aller Art, die unauffällig getragen werden können, sind seit langem in Gebrauch. So photographieren z. B. Banken und Warenhäuser gern unbemerkt verdächtige „Kunden". Schon die Strafakten I A 182/06 des LG Plauen i. Vogtl. behandeln einen derartigen Fall (1).

Interessant sind Einrichtungen, bei denen durch Relaiswirkung irgendwelcher Art bei der Tat die photographische Apparatur in Betrieb gesetzt wird (2). Schon 1895 hat Barbière berichtet, daß in Paris auf diese Weise Einbrecher bei der Tat photographiert worden sind (3). Die heutige Relaistechnik bietet natürlich viele Lösungswege (Photozelle usw.).

Über zufällige Tataufnahmen ist mehrfach berichtet worden. Eine kinematographische Zufallsaufnahme lag z. B. beim Attentat auf Kaiser Wilhelm II in Breslau und beim Attentat auf König Alexander I. von Jugoslawien (**1934**, Marseille) vor. Allerdings ist bei der Auswertung solcher Zufallsaufnahmen (4) besondere Vorsicht am Platze, weil die Photographie gerade bei schnellbewegten Objekten oft Dinge unterdrückt (5).

c) Photographie des Tatortes.

Neben der Photographie des Täters steht als andere Fundamentalaufgabe die Tatortphotographie (6), bei der es sich um die Feststellung der lokalen Situation in ihrer Gesamtheit und in ihren charakteristischen Einzelheiten handelt. Ein derartiges „bildliches Protokoll" des Tatorts hat auch den großen Vorzug, daß es alle Einzelheiten festhält, auch solche, die zunächst unwichtig erscheinen, die aber später, nach Bekanntwerden der näheren Tatumstände, besondere Bedeutung erhalten und dann am Lichtbild überprüft werden können.

Die bei der Tatbestands-Lokalaugenscheineinnahme so wichtige Feststellung der lokalen Situation in ihrer Gesamtheit macht die Verwendung von Weitwinkelobjektiven oft notwendig, so z. B. bei Tatortaufnahmen in kurzen Zimmern oder bei Aufnahmen von größerer Ausdehnung im Freien. Durch solche „Übersichtsaufnahmen" gewinnt der spätere Beschauer einen Eindruck von der Gesamtsituation, den er genau und kritisch durchmustern und analysieren kann. Es werden dadurch oft Zusammenhänge aufgedeckt, die beim bloßen Durchsehen eines Tatbestandsprotokolls mit Einzelaufnahmen entgehen würden. Vor allem gelingt auf diese Weise an Hand von Übersichtsaufnahmen die Aufdeckung sog. „Situationsfehler", wie sie bei „larvierten" Verbrechen überaus häufig sind, z. B. bei der Verdeckung eines Mordes durch ein vom Mörder am Tatort zurechtgemachtes Arrangement, das Selbstmord vortäuschen soll (7) oder bei Brandstiftungen, wo der Täter in oft recht raffinierter

---

(1) Arch. f. Krim. **26**, **350**.

(2) Eine derartige Apparatur ist z. B. in den Kriminalistischen Monatsheften **1932**, Seite **163** beschrieben. Vgl. auch Paul, Handbuch der kriminalistischen Photographie (**1900**), Seite **16** ff.

(3) Phot. Korr. **32**, **277**.

(4) Von denen Groß-Seelig, Handbuch **I**, Seite **368** viele Beispiele bringt.

(5) Brüning, Arch. f. Krim. **110**, **63**.

(6) Tage-Jensen, Die Untersuchung des Tatorts, Arch. f. Krim. **76**, **175**. Dabei wird selbstverständlich unter „Tatort" auch der sog. „Unfallort" verstanden, nicht etwa nur der Ort der Begehung eines „Kriminalverbrechens" (so Walcher, Blutuntersuchung, Seite 2).

(7) Dazu z. B. Heindl, „Mord als Eisenbahnunfall maskiert", im Arch. f. Krim. **114**, **34**.

Abb. 2.

Phototheodolit TAL (Zeiss-Aerotopograph, Jena).

Abb. 3. Panoramakammer TPK 25 (Zeiss-Aerotopograph). (Brennweite 25 cm; Bildformat 58 : 10 cm; Horizont. Bildw. 135°.)

b) Tessar + Proxar

a) Tessar

Abb. 4.
Goetheschloß in Dornburg, vom gleichen Standpunkt aufgenommen.

c) Tessar + Distar

Weise die Spuren seiner Tat verwischt und den Verdacht der Brandstiftung durch Vortäuschung von Umständen, die etwa auf Selbstentzündung hinweisen, zu beseitigen sucht. Es ist eine jedem Kriminalpraktiker bekannte Tatsache, daß in solchen Fällen der Gesamtüberblick über den Tatort, wie ihn eben eine Weitwinkelaufnahme gewährt, Unwahrscheinlichkeiten in der Situation aufdecken kann, die der Täter bei der Verdeckung seiner Tat übersehen hat, weil auch er sein Augenmerk und sein Interesse regelmäßig nur auf das unmittelbare Objekt seiner Tat gerichtet hält. Hierher gehören auch andere Fälle, wie z. B. die Feststellung der Breitenwirkung einer Explosion, das Festhalten der verstreuten Spuren bei einem Raubmord oder Überfall, die weitausgedehnten Spuren bei einem Verkehrsunfall u. a. In allen solchen Fällen hält eine Weitwinkelaufnahme ebenfalls die Verhältnisse für eine Zusammenschau geeignet fest (1).

Das weitwinklige Sonderobjektiv „Zeiss-Topogon", mit dem auch der kleine Phototheodolit TA L der Fa. Zeiss-Aerotopograph, der aus einer photogrammetrischen Meßkammer und einem oben auf dem Kammergehäuse sitzenden Theodoliten besteht, ausgerüstet ist (Abb. 2), erfaßt bei einem Bildformat 6,5 mal 9 cm (nutzbares Bildformat 5,6 mal 7,5 cm) und der Bildweite 5,5 cm einen horizontalen Bildwinkel von 76° und einen vertikalen Bildwinkel von 60°. Man kann also mit 6 Aufnahmen von einem Standpunkte aus ein volles Rundbild bei ausreichender Überdeckung der einzelnen Aufnahmen erhalten. Die Leistungsfähigkeit des Objektivs, dessen größte Öffnung 1 : 6,3 ist, wird deutlich, wenn man zum Vergleich heranzieht, daß z. B. bei Kleinbildkammern mit der üblichen Normalbrennweite von etwa 5 cm nur ein Bildformat von 3,6 mal 2,4 cm ausgenutzt wird, entsprechend einem horizontalen Bildwinkel von 44° und einem vertikalen Bildwinkel von 30°.

Gerade bei Weitwinkelobjektiven wird sich die von der Fa. Carl Zeiss, Jena, beabsichtigte allgemeinere Einführung der „Zeiss-T-Optik" bewähren (2). Es handelt sich dabei um ein den Zeiss-Werken seit 1935 durch DRP 685767 (Kl. 42h) geschütztes, während des Krieges vollkommen durchentwickeltes Verfahren zur Steigerung der Lichtstärke und Brillanz der Optik. Das Verfahren beruht darauf, daß auf die Glasoberflächen der optischen Linsen ein hauchdünner, genau bemessener Beleg eines durchsichtigen Stoffes (3) mit einem Brechungsexponenten, der kleiner ist als der des zu plattierenden Glases, gebracht wird. Es wird dadurch die Menge des zurückgeworfenen Lichtes verringert und die Menge des durch die Oberfläche hindurchgehenden Lichtes entsprechend vermehrt. Die an beiden Grenzflächen des „T-Belages" zurückgeworfene Strahlung interferiert außerdem miteinander und wird daher bei gleicher Intensität und richtig bemessener Dicke des „T-Belages" teilweise ausgelöscht. Da sich dabei die verschiedenen Wellenlängen des Lichtes etwas unterschiedlich verhalten, zeigen die Linsen bei Aufsicht einen zart rotvioletten Farbton, der aber ohne schädlichen Einfluß ist (4).

Das Aufbringen eines solchen T-Belages bewirkt nun einmal die Abschwächung störender Blendenflecke und Spiegelbilder, die durch zweimalige Reflexion des Lichtes

---

(1) Die Verwendung von Kleinbildkammern, insbes. der Leica, in solchen Fällen befürwortet G. Bohne in seinem Aufsatz „Verwendung der Leica in der naturwissenschaftlichen Kriminalistik" im Sammelwerk „Die Leica in Beruf und Wissenschaft" (Frankfurt 1942). Der Umstand, daß man an den modernen Kleinbildkammern die Objektive schnell wechseln und mit verschiedenen Brennweiten und Bildfeldwinkeln arbeiten kann, ist bei derartigen Aufnahmen natürlich sehr förderlich.

(2) Dazu R. Richter, Zeiss-Nachrichten, Sonderheft 5 (Dezember 1940) und A. Smakula, Zeitschr. f. Instrumentenkunde, 1940.

(3) Empfohlen wird Calciumfluorid, das man im Vakuum aufdampft.

(4) Die bisher nur in wertvollen Optiken, hauptsächlich in Luftbildkammern und in der „Contax", eingebaute „Zeiss-T-Optik" wurde außerdem durch ein rot eingelassenes T auf der Linsenfassung gekennzeichnet.

zwischen den Glasoberflächen des Objektivs entstehen. Es wird dadurch weiter die Lichtstärke des Objektivs um etwa 30% erhöht, ohne daß dabei eine Einbuße an Tiefenschärfe in Kauf genommen werden muß. Gerade bei lichtstarken Weitwinkelobjektiven, die sehr schwere Gläser enthalten, ist die durch die „Zeiss-T-Optik" erzielte Steigerung der Lichtstärke erheblich und beträgt ca. 40%: ein Objektiv mit einem Öffnungsverhältnis von 1:6,3, gibt daher die Lichtstärke $1{,}4:(6{,}3)^2 = 1:(5{,}3)^2$ her und entspricht also praktisch einem Objektiv mit dem Öffnungsverhältnis 1:5,3, wobei jedoch eine Verminderung der Tiefenschärfe nicht eintritt. Die Leistung der Zeiss-T-Optik wird klar, wenn man die Schwierigkeiten kennt, die eine solche Steigerung der Lichtstärke ohne Schärfeneinbuße durch Vergrößerung des Öffnungsverhältnisses bei einem hinsichtlich der Lichtstärke so weit getriebenen „Recordobjektiv" wie z. B. dem „Zeiss-Topogon" 1:6,3 bedeuten würde.

Besonders große horizontale Bildwinkel (bis zu 140°) erfassen moderne Spezialapparate, die sog. „Panoramakammern".

Es handelt sich dabei um Kammern, die sich um ihren Objektivmittelpunkt (Hauptpunkt des Objektivs) drehen lassen; man kann also nacheinander mehrere Teilbilder des Tatortes machen, die, richtig zusammengesetzt, ein „Panoramabild" ergeben. Die Zusammensetzung solcher Teilbilder ist jedoch mühsam und zeitraubend. Die modernen Panoramakammern sind deshalb als Rundbildkammern konstruiert (1). Ihr um eine senkrechte Achse schwenkbares Objektiv entwirft das Bild auf einem auf einer Zylinderfläche aufgespannten Filmband. Man kann so bei entsprechender Drehung des Objektivs um bestimmte Winkelbeträge „Rundbildaufnahmen" unmittelbar aneinanderschließend auf dem fortlaufenden Filmbande machen, erspart also das nachträgliche Zusammensetzen.

Abb. 3 zeigt die Panoramakammer TPK 25 der Firma Zeiss-Aerotopograph, die viel verwendet wurde zur Küstenvermessung (Aufnahmen vom fahrenden Schiff aus). Ihre äußere Orientierung erfolgt mit Libellen und Kreisbussole. Die damit gewonnenen Bilder lassen sich mit Hilfe von Bildmarken ausmessen, auch ist Auswertung der Photogramme, vor allem, wenn es sich um die Festlegung der Lage einzelner Punkte handelt, mit einem Hilfsgerät ohne weiteres möglich, nicht dagegen allgemeine Auswertbarkeit in automatischen Stereo-Auswertegeräten. Zu einer Weiterentwicklung in dieser Richtung ist es nicht gekommen, weil die Panoramakammer TPK 25 schon seit über 10 Jahren nicht mehr gebaut wird. Ihr Gebrauch trat durch die Entwicklung der Phototheodolite und durch die oben erwähnte Anwendung der Weitwinkeloptik in diesen Geräten (TAL!) in den Hintergrund. —

Handelt es sich darum, den von der benutzten Kamera erfaßten Bereich geringfügig zu erweitern, so kann man durch Vorschalten einer schwach sammelnden Linse die Brennweite des Objektivs verkürzen und so ein größeres Gesichtsfeld erfassen (2).

Derartige Vorsatzlinsen werden von vielen Firmen (Hugo Meyer-Görlitz; Rodenstock-München; Steinheil Söhne-München; Schneider-Kreuznach; Voigtländer & Söhne-Braunschweig u. a.) hergestellt. In großer Auswahl erzeugt sie die Firma Carl Zeiss, Jena, als sog. „Proxarlinsen" verschiedener Stärke, die nach Art der Gelbfilter einfach auf die Fassung der Frontlinse aufgeschoben werden. Diese Proxare, die auch für Nahaufnahmen in großem Abbildungsmaßstab verwendbar sind, bilden das Gegenstück zu den Zeiss'schen Distaren, die als schwach zerstreuende Einzellinsen die Brennweite eines photographischen Objektivs vergrößern: für ihre Benutzung ist natürlich

(1) Dazu Heindl im Arch. f. Krim. **113**, **147** unter Hinweis auf DRP. **604238**.

(2) Darüber etwa Hans Schmidt, Das Fernobjektiv und die Vorsatzlinsen in der Porträt-, Genre-, Architektur- und Landschaftsphotographie (2. Aufl., Union Deutsche Verlagsgesellschaft).

Voraussetzung, daß man die Kameralänge entsprechend der größeren Brennweite verlängern kann. Distare sind daher bei Spreizenkameras mit festem Auszug fast nie, bei Laufbodenkameras mit einfachem Auszug nur in engen Grenzen verwendbar, im vollen Umfang dagegen benutzbar bei Laufbodenkammern mit doppeltem Auszug. Proxare können bei Laufbodenkammern mit einfachem oder doppeltem Auszug in ihren beiden Anwendungsgebieten (Nahaufnahmen in vergrößertem Maßstab und weitwinklige Aufnahmen aus Entfernungen über 2 m) benutzt werden, dagegen bei Spreizenkameras mit festem Auszug nur für Nahaufnahmen, nicht aber auch für weitwinklige Aufnahmen in Entfernungen über 2 m, weil diese Kammern ja auch kürzere Auszüge nicht hergeben: ihr Einstellbereich liegt nach oben und unten nur in der Objektivfassung.

Die Abb. 4a bis 4c veranschaulicht an drei mit derselben Kamera vom gleichen Standpunkt aus gemachten Aufnahmen die Wirkung von Proxaren und Distaren (1).

d) Einbildphotogrammetrie.

Sehr wichtig ist die Möglichkeit, aus Lichtbildern die Abmessungen der aufgenommenen Gegenstände mit erheblicher Genauigkeit bestimmen zu können: die Photogrammetrie. Schon Arago (2) und Gay-Lussac haben 1839, nachdem ihnen die Erfindung Daguerres bekannt geworden war, darauf hingewiesen, daß die Photographie als perspektivisches Bild für Messungen brauchbar sei.

Die photogrammetrischen Verfahren sind heute weit ausgebildet, es existieren vielerlei komplizierte Aufnahmegeräte. Besonders das Gebiet der Doppelbildmessung hat erhebliche Fortbildung erfahren, worüber später im Abschnitt über Stereophotographie (S. 89ff.) berichtet wird. Hier sollen zunächst nur die zum Verständnis des Verfahrens erforderlichen Grundlagen angedeutet und die kriminalistisch verwendbaren Methoden der sog. Einbildmessung behandelt werden (3).

Die Einbildmessung ermöglicht unter bestimmten, im allgemeinen leicht erfüllbaren Voraussetzungen aus einem photographischen Bilde den Grund- und Aufriß auf graphischem oder rechnerischem Wege abzuleiten mit der Einschränkung, daß es sich dabei um die Abbildung ebener oder ebenflächiger (d. h. von Ebenen begrenzter) Objekte handelt.

Diese Einschränkung entfällt bei der später behandelten „Doppelbildmessung". Gerade darin liegt ein wesentlicher Vorteil der stereophotogrammetrischen Verfahren, worauf schon Niceforo 1909 hingewiesen hat: „Das Verfahren Bertillons, welches so auch dem Laien in der Photogrammetrie ermöglicht, aus einem einzigen Bilde ohne erhebliche Konstruktion oder Rechnung die geforderten Größen gleichsam abzulesen, ist zwar sehr geistvoll, aber es genügt nicht in allen Fällen. Denn da diese Methode von der Betrachtung

---

(1) Zeiss hat die Fertigung von Distaren mangels Nachfrage schon seit längerer Zeit aufgegeben.

(2) Vgl. die klassische Rede Aragos in der französischen Deputiertenkammer am 3. Juli 1839, in der er mit prophetischem Blicke die zukünftigen Anwendungsmöglichkeiten der Photographie angedeutet hat.

(3) Vgl. dazu den Aufsatz „Photogrammetrie" von R. Hugershoff im Handwörterbuch der Kriminologie und neuerlich Fink, Photogr. Meßtechnik (München 1940) und K. Schwidefsky, Einf. i. d. Luft- und Erdbildmessung (3. Aufl., Leipzig 1942). In der kriminalistischen Literatur bringt bereits Niceforo 1909 in seinem Werke „Die Kriminalpolizei und ihre Hilfswissenschaften" eine eingehende Beschreibung der metrischen Photographie.

eines regelmäßigen Gebildes ausgeht, so wird sie versagen, wenn das aufzunehmende Objekt sich nicht aus horizontalen und vertikalen Ebenen zusammensetzt. Wenn ein Objekt der freien Natur mit gänzlich unebenem Terrain Gegenstand der Aufnahme ist, so wird diese als Meßbild so gut wie unbrauchbar sein. In solchen Fällen ist es nicht zu umgehen, eine zweite Aufnahme heranzuziehen, wenngleich dadurch das Verfahren umständlicher wird".

Zur Aufnahme ist grundsätzlich jede Kamera geeignet, bei deren Objektiv die Größe und der Verlauf der Verzeichnung genau bekannt ist. Für die kriminalistischen Verfahren werden aus praktischen Gründen meist Objektive verwendet, die frei von Verzeichnungsfehlern sind: sie entwerfen als Bild eine winkelrichtige Zentralprojektion des dargestellten Gegenstandes.

Der einfachste, aber in der Praxis seltene Fall ist der, daß die Bildebene (Mattscheibe) streng parallel zur Objektebene gelegt werden kann, wie z. B. bei der Aufnahme einer mit Blut bespritzten Wand oder eines Blutflecks auf dem Fußboden. Die Aufnahme ergibt dann einen lagerichtigen Plan der Objektebene, wobei der Maßstab dieses Planes aus dem Abstande zweier im Bild wieder erkennbarer Objektpunkte (oder einfacher durch Mitphotographieren eines in die Objektebene gelegten Maßstabes) erhalten wird (sog. „Normalfall").

Etwas schwieriger liegt es, wenn die Bildebene gegen die Objektebene beliebig geneigt ist (sog. „allgemeiner Fall"). Man kann dann entweder mit Hilfe eines Entzerrungsgerätes die Aufnahme automatisch entzerren oder man kann diese Zurückführung auf den „Normalfall" ohne Spezialapparatur graphisch durchführen.

Die Entzerrung photographischer Aufnahmen ist bei Luftbildaufnahmen ebener (aber nicht notwendig horizontaler) Gebiete seit langem in der Geodäsie eingeführt. Infolge der unvermeidlichen Schwankungen des Flugzeugs erhält man nur angenäherte Senkrechtaufnahmen, deren Aufnahmeachsen von der Lotrechten abweichen und die daher Verzerrungen aufweisen, die um so größer sind, je größer die Nadirdistanz der Aufnahmerichtungen ist. Innerhalb bestimmter Grenzen, nämlich bis zu einer Nadirdistanz von etwa 40°, kann man solche Aufnahmen in einfacher Weise durch Umprojizieren zu einem maßstäblichen Geländebild entzerren. In entsprechender Weise kann man auch kriminalistische Aufnahmen, etwa Bilder von Schleif- oder Bremsspuren auf ebenem Asphalt, Blutspuren auf Fußböden oder dgl., durch Entzerrung umformen, vorausgesetzt, daß die Bildebene um nicht mehr als etwa 40° zur Objektebene geneigt ist. Die dafür entwickelten selbstfokussierenden Entzerrungsgeräte (z. B. SEG I der Fa. Zeiss-Aerotopograph) arbeiten vollautomatisch und gestatten gleichzeitig mit der Entzerrung eine Vergrößerung der Bilder bis zum vierfachen und eine Verkleinerung bis auf die Hälfte des Bildmaßstabes. Zur Durchführung der Entzerrung genügt es zufolge der perspektivischen Beziehungen zwischen Bild und Karte, daß vier im Kartenmaßstab aufgetragene Punkte mit den entsprechenden Punkten der Bildprojektion in der Projektionsebene zur Deckung gebracht werden. —

Die Verwendung derartiger (kostspieliger) Spezialgeräte ist bei Wiedergabe komplizierter Bildinhalte mit vielen Einzelheiten zweifellos sehr zweckmäßig. In der Kriminalistik wird dieser Weg oft nicht möglich sein und man arbeitet, wenn Photogramme auszuwerten sind, bei denen der „allgemeine Fall" geneigter Bildebene gegen die Objektebene vorliegt, in der kriminalistischen Einbildmessung meist mit einfachen graphischen Methoden. Es ist auch dabei zur maßstäblichen Rekonstruktion die Kenntnis der gegenseitigen Lage von vier im Bilde wieder erkennbaren Punkten der Objektebene erforderlich. Besonders geeignet ist als Objektviereck ein Rechteck oder Quadrat von bekannter Seitenlänge. Die Verlängerungen zweier paralleler Seiten schneiden sich bekanntlich in einem Punkte und der so gefundene „Verschwindungspunkt" ist auch für alle anderen, dazu parallelen Strecken der Verschwindungspunkt. Bei horizontalen Parallelen liegt er im Horizonte. Photographiert man also ein in einer waagerechten Ebene liegendes Rechteck ABCD (Abb. 5) mit beliebig geneigter Kamera, so ergibt sich ein Bildviereck abcd (Abb. 6), dessen gegenüberliegende Seiten sich in den Punkten V bzw. V′ schneiden, deren Verbindungslinie den sog. „Bildhorizont", d. h. die Schnittspur der

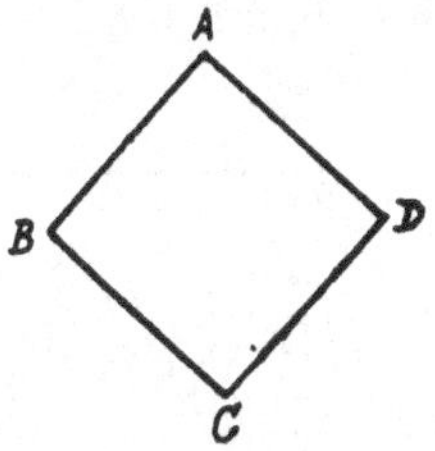

Abb. 5.

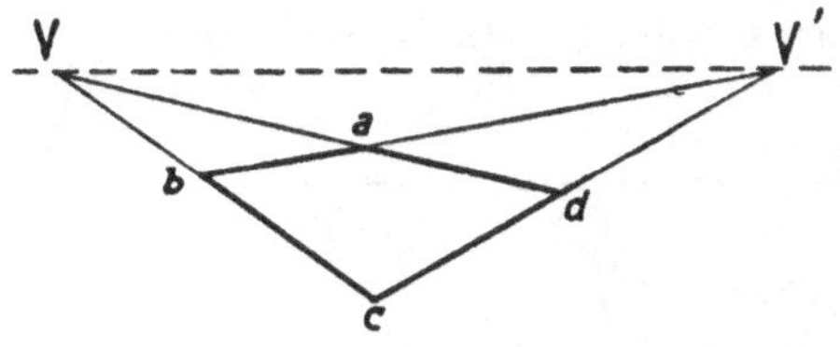

Abb. 6.

im Augenblick der Aufnahme durch den Objektivmittelpunkt gelegten Horizontalebene mit der Bildebene, darstellt. Aus den Abb. 7 und 8 ersieht man die einfache Konstruktion anderer Punkte (Mittelpunkt des Vierecks und Mittellinien, auch einen außerhalb des Quadrates gelegenen Punkt). Man erkennt auch, daß die in Abb. 9 vorhandenen, einander perspektivisch zugeordneten Netze (1), die man, wie Abb. 10 zeigt, durch Ziehen von Parallelen beliebig engmaschig machen kann, die Ausmessung der Lage jedes Punktes ermöglichen.

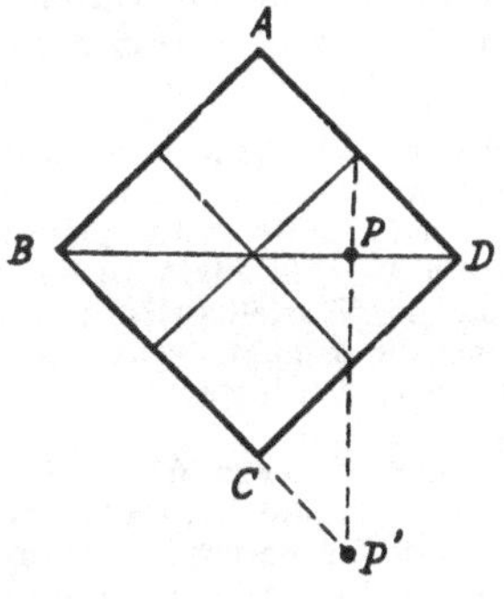

Abb. 7.

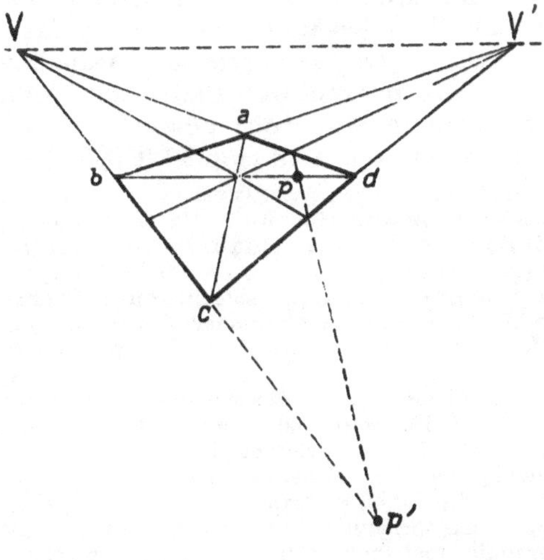

Abb. 8.

Voraussetzung für dieses Verfahren ist, daß im Bildraum ein Objektviereck gegeben ist, dessen Bild günstige, d. h. innerhalb der Aufnahme liegende Verschwindungspunkte liefert. Da

(1) Sog. „Möbiusnetze".

das in der Praxis häufig nicht zutrifft, hat R. Heindl (1) vorgeschlagen, bei der Aufnahme ein auf den Fußboden gelegtes aus Zinkblech oder Sperrholz gebautes Quadrat von bekannter Seitenlänge (er empfiehlt 50 cm) mit abzubilden, das so gelegt wird, daß ein Paar seiner Seiten parallel zum Bildhorizonte liegt. Die Rekonstruktion ergibt sich dann in einfacher Weise (Abb. 9 und 10). Zweckmäßigerweise bringt man zur Vereinfachung der Ausmessung an dem vorderen Rande dieses „Heindlschen Quadrates" eine Zentimeterteilung an und trägt eine Diagonale des Quadrates und einen Halbkreis mit Gradeinteilung von 1—180° auf. — [redacted]

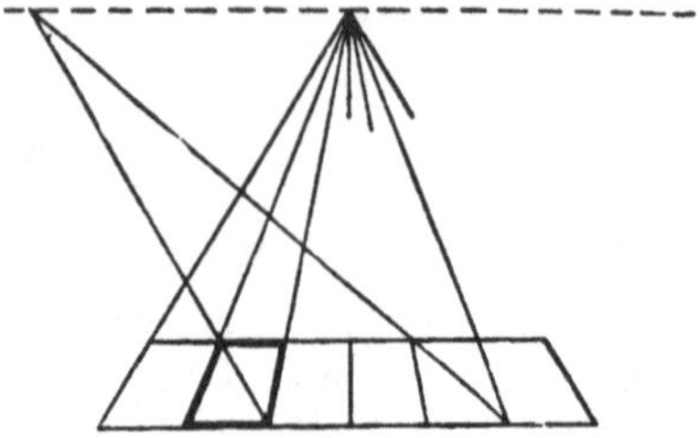

Abb. 9.

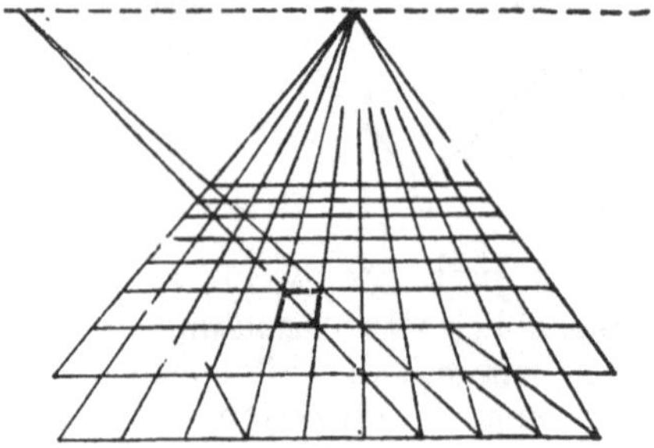

Abb. 10.

Die Abb. 11 und 12 zeigen an einem praktischen Beispiel die Ausmessung mittels eines in der Aufnahme vorhandenen natürlichen „Objektvierecks", nämlich des rechteckigen Grundrisses eines Gebäudes, dessen Seitenlängen allerdings bekannt sein müssen. Man erkennt weiter, daß auch die Höhe einzelner Objektpunkte aus Aufnahmen mit gewöhnlichen Kameras gewonnen werden kann, wobei allerdings vorausgesetzt ist, daß die Bildebene bei der Aufnahme lotrecht ausgerichtet war, was sich zur Vereinfachung der Rekonstruktion stets empfiehlt.

Unter der gleichen Voraussetzung lotrecht ausgerichteter Bildebene kann in entsprechender Weise das Heindlsche Verfahren, das ja zunächst nur die Ausmessung der Ebene, in der das Quadrat liegt, gestattet, auch für Höhenausmessungen ausgebaut werden, indem man an Stelle des Quadrates ein Würfelskelett verwendet, etwa in Gestalt eines zusammensteckbaren Drahtgestells, das die Würfelkanten darstellt. Die Sache läßt sich in naheliegender Weise noch vereinfachen: es genügt, wenn man auf das „Heindlsche Quadrat" an einer Ecke parallel zur Bildebene, bei lotrecht ausgerich-

(1) R. Heindl, Photogrammetrie ohne Spezialkamera, Arch. f. Krim. **65, 1.** Ferner Phot. Korr. **1916,** Seite **346.** Vgl. auch Löschner, Einführung in die Erdbildmessung, Seite **28** ff. G. Bohne berichtet (in „Die Leica in Beruf und Wissenschaft") über die Verwendung der „Leica" bei dem Heindlschen Verfahren, das er warm befürwortet.

Ipsen (Innsbruck) referiert in Dtsche Zeitschr. f. d. ges. gerichtl. Medizin, Band **4,** Seite **397** kurz über einen Aufsatz von Gadiot und van der Heyden (Simplification de la photographie métrique judiciaire, Ann. de méd. lég. Jahrg. **4, 1924,** Seite **139**), worin vorgeschlagen wird, an Stelle des Heindlschen Quadrates zwei Kreise von gleichem Durchmesser in einiger Entfernung voneinander auf den Boden einzuzeichnen, mittels deren dann die geometrische Rekonstruktion vorgenommen werden soll. Ipsen bemerkt dazu, daß dieses Verfahren „eine besondere Vereinfachung gegenüber der Heindlschen Methode gewiß nicht" bildet.

Fink (Photographische Meßtechnik, Seite 196 ff.) variiert das Heindlsche Verfahren, indem er Holzplatten oder Papierbänder in Abständen von 1 m parallel auflegt. Vgl. auch das ergänzende Verfahren von Simonin, Rev. intern. de crim. **1930,** Seite **131.**

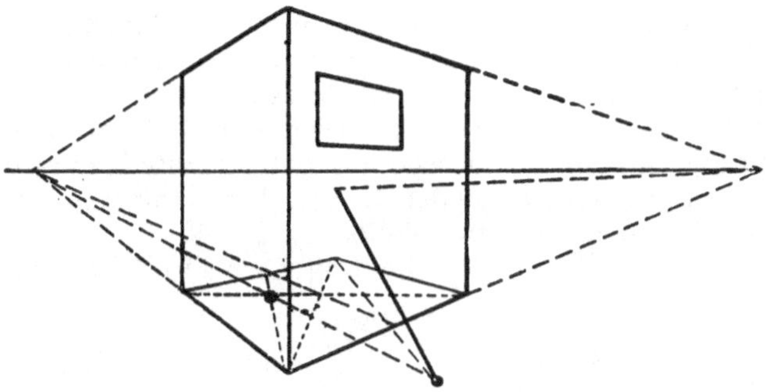

Abb. 11.

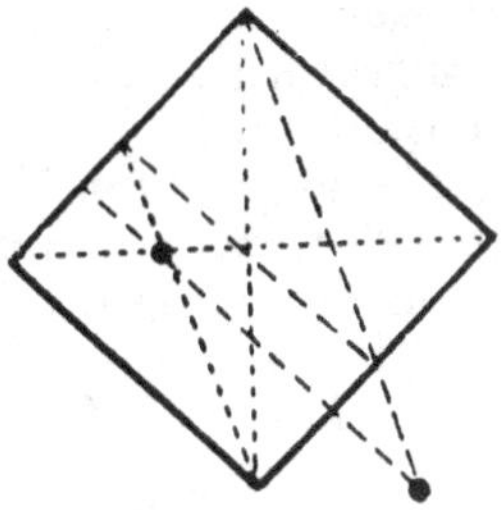

Abb. 12.

teter Mattscheibe also senkrecht, eine Stange bekannter Höhe (etwa wieder 50 cm) aufsteckt, die an ihrem oberen Ende eine saubere Marke trägt. Da der Verschwindungspunkt für alle Parallelen derselbe ist, kann man ohne weiteres durch diese obere Marke hindurch die Parallele zur entsprechenden ,,Würfelunterkante", d. h. zur parallel laufenden Seite des Heindlschen Quadrates, ziehen. Da nun in gleichen Tiefen die Höhen gleich sind — die Einzelheiten in Objektebenen, die parallel zur Bildebene liegen, werden ja in der Aufnahme lagerichtig abgebildet — so kann man in den Bildraum ein System untereinander paralleler (waagerechter) Ebenen bekannten Höhenabstandes einzeichnen und kann so den Bildraum in Tiefe, Höhe und Breite ausmessen. Natürlich ist dieses Verfahren der ,,Ausschachtelung des Raumes", das stets möglich ist, wenn außer dem ,,Objektviereck" im Vordergrunde der Aufnahme irgendwie eine ,,Höhenmarke" abgebildet ist (1), mühsam; es verlangt große Sorgfalt, wenn einigermaßen exakte Ausmessung einiger Punkte gelingen soll.

Die Genauigkeit der geschilderten Verfahren hängt, abgesehen von der Sorgfalt des Zeichners, wesentlich vom Bildmaßstab, also von der Brennweite des Kameraobjektives und von der Entfernung der zu messenden Objekte, ab. Sie beträgt bei 10 m Objektentfernung und einer Objektivbrennweite von 18 cm etwa $\pm$ 5 cm in der Höhe und $\pm$ 10 cm in der Lage.

Zur Vereinfachung der Ausmessung der Bilder sind für kriminalistische Zwecke mehrfach besondere Meßkammern konstruiert worden (2). Voraussetzung für ihre Anwendung ist das Einhalten einer lotrechten Bildebene. Das Wesentliche dieser Kammern ist, daß ihr Objektiv einen unveränderlichen Abstand von der Bildebene hat, was die Rekonstruktion des Objektes allein aus Abmessungen am Bild ermöglicht. Die Aufnahmeapparate bestehen aus einem starren Metallkamerakörper, gegen dessen hintere rahmenförmige Begrenzung die lichtempfindliche Schicht angepreßt wird (3). Am Bildrahmen sind grundsätzlich

(1) Als solche ,,Höhenmarke" dient in Abb. 11 das Fenster oder die Vorderkante des Hauses. Laufen solche Kanten oder sonstigen Hilfsstrecken parallel zur Bildebene, so ist ihre Länge ohne weiteres an anderen in derselben Tiefenebene liegenden bekannten Strecken abzugreifen.

(2) Zuerst von Bertillon (Un nouvel appareil de photographie métrique appliquée aux constations judiciaires). Vgl. auch Tomellini, La photographie métrique système Bertillon, im ,,Arch. d'anthropologie criminelle", Lyon 1908. Dann von Eichberg. s. u.

(3) Die saubere Anpressung ist natürlich höchst wichtig für die Genauigkeit der Methode. Bei den modernen Kammern für terrestrische Vermessungszwecke werden präzis geschliffene Anlegerahmen mit Meßmarken zur Festlegung der sog. ,,inneren Orientierung" (d. h. der Lage der Aufnahme in der Bildebene und gegenüber dem Kameraobjektiv) verwendet. Verwendet man — was besonders bei den sog. ,,Reihenmeßkammern"

vier paarweise einander gegenüberstehende Marken, die mit abgebildet werden, so angebracht, daß ihre Verbindungslinien normal zueinander stehen und sich im Hauptpunkt, d. h. im Fußpunkte der von der Objektivmitte O auf die Bildebene gefällten Normalen, deren Länge also gleich der Bildweite f ist, schneiden. Bei der Aufnahme wird die Bildebene lotrecht aufgestellt und die Verbindungslinie der beiden gegenüberliegenden Bildmarken waagrecht ausgerichtet; sie ergibt damit unmittelbar den Bildhorizont.

Aus Abb. 13 folgt wegen der Kongruenz der fraglichen Dreiecke sofort die Beziehung

$$y = \frac{f \cdot i}{E},$$

wobei i die Höhe der Objektivmitte über dem Fußboden, f die Objektivbrennweite (Bildweite), E die Entfernung des Objektpunktes und y die vertikale Bildkoordinate des entsprechenden Bildpunktes ist. *Hält man also i für alle Aufnahmen konstant* (1), so entsprechen konkreten Werten von E stets die gleichen „Parallelenabstände" y, da ja f voraussetzungsgemäß konstant ist. Einer bestimmten Abstandslinienschar im Grundriß entspricht also bei konstantem i und f und vertikaler Bildebene eine für alle Aufnahmen identische *horizontale* Parallelenschar im Bilde. Aus Abb. 14 ergibt sich weiter die Konstruktionsmöglichkeit für die den Objektivmittelpunkt schneidenden Vertikalebenen und man erkennt, daß bei konstantem i und f und vertikaler Bildebene einem bestimmten Grundrißstrahlenbüschel eine für alle Aufnahmen identische *vertikale* Parallelenschar im Bilde entspricht. Diese beiden Bildparallelenscharen lassen sich daher schablonenmäßig in jedes Bild eintragen, wie das Abb. 15 *schematisch* veranschaulichen soll.

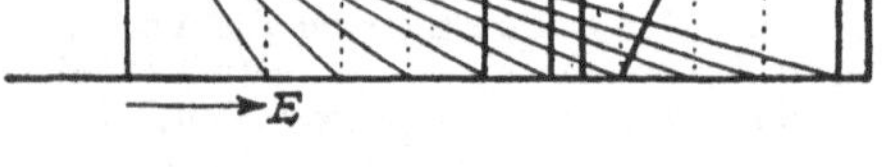

Abb. 13.

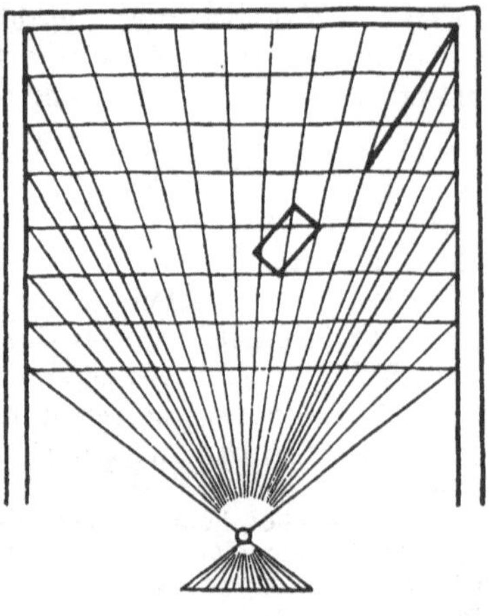

Abb. 14.

für Luftaufnahmen nötig ist — als Aufnahmematerial *Film*, so wird dieser oft im Augenblick der Aufnahme durch Druckluft gegen eine in der Kamera zwangsläufig gesteuerte Andruckplatte in Gestalt einer planparallelen Glasplatte, die Rahmenmarken und Hauptpunktsmarke trägt, plangelegt.

(1) Das bei diesem Verfahren stets erforderliche *Konstanthalten der Objektivhöhe i* bedeutet für die praktische Kriminalistik eine unter Umständen sehr lästige Erschwerung.

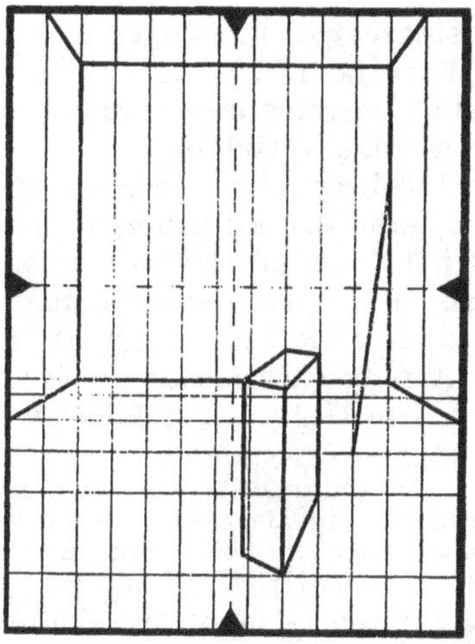

Abb. 15.

Dem so erhaltenen Bildnetz entspricht ein Grundrißnetz, das in bestimmtem Maßstab ein für allemal (im Umdruck) hergestellt wird. Für die Berechnung der Länge vertikaler Strecken ergibt sich unter Beachtung des Umstandes, daß sie zur Bildebene parallel sind, infolge Dreieckskongruenz die Beziehung

$$L = l \cdot \frac{E}{f},$$

wobei L die tatsächliche Länge und l die Abbildungslänge auf dem Lichtbild ist. E/f ist die sog. „Vergrößerungszahl", die man für die einzelnen Abstandsparallelen errechnet und neben diesen jeweils am Rande des Photogramms aufkopiert.

Die Übertragung des Bildnetzes auf die einzelnen Photogramme läßt sich dadurch vereinfachen, daß man die Bildabzüge auf Kartons aufzieht, deren Rändern das von den beiden Bildparallelenscharen gebildete Netz mit Bezifferung der Grundrißstrahlen und Skalen für die Abstands- und Vergrößerungszahlen aufgedruckt sind. Das Bild muß dabei so aufgeklebt werden, daß die auf dem Photogramm sichtbaren Bildmarken mit entsprechenden Marken auf dem Rande des Kartons übereinstimmen. Bei Verwendung solcher von Bertillon eingeführter „metrischer Bildrahmen" ist allerdings die Bildschrumpfung eine beachtliche Fehlerquelle.

Eichberg schlug deshalb vor (1), von dem Distanznetz auf photographischem Wege ein Negativ in der Plattengröße des auszumessenden Negativs anzufertigen, dieses auf lichtempfindliches Papier (2) zu kopieren und die so

(1) Eichberg, Die Photogrammetrie bei kriminalistischen Tatbestandsaufnahmen; Ders., Ein neuer Apparat für kriminalistische Tatbestandsaufnahmen; Ders., Phot. Korr. **1913, 490**; Ders., Die Polizei, Band **10** (1914); Dokulil, Phot. Korr. **1916, 41**; Arch. f. Krim. **66, 87**; Türkel, Arch. f. Krim. **45, 27**; Seliger, „Ergebnisse der exakten Naturwissenschaften", 6. Band, Seite **309**; Löschner, Einf. i. d. Erdbildmessung, Seite **26** ff.; Fink, Photographische Meßtechnik, Seite **196** ff.

(2) Zum Verständnis des Folgenden ist zu beachten, daß Eichberg noch mit Tageslichtkopierpapier arbeitet, also ein sichtbares Bild sofort erhält, ohne entwickeln zu müssen.

erhaltene Kopie des Distanznetzes ungetont und unfixiert unter das auszumessende Negativ derart zu legen, daß die vier Markenbilder genau mit der Horizont- und Vertikallinie übereinstimmen und nun das Negativ so auf das Distanznetz zu kopieren. Das Verfahren bedeutet zwar einen Fortschritt, leidet aber, worauf auch Eichberg selbst mehrfach hingewiesen hat (1), immer noch an den beim Einkopieren der Aufnahme in das Netz auftretenden Ungenauigkeiten. Eichberg hat dann, um das zu vermeiden, eine Spezialkamera, die von der Firma Heyde in Dresden gebaut wurde, konstruiert, bei der das Distanznetz zugleich mit der Aufnahme durch Anpressen einer das Bildnetz und die Bildmarken in Ätzung enthaltenden Spiegelglasplatte an die lichtempfindliche Schicht auf dem Negativ abgebildet wurde.

Bereits vorher baute die Firma Lechner (W. Müller) in Wien nach Eichbergs Angaben eine Kamera, bei der das Distanznetz dadurch auf die photographische Platte gebracht wurde, daß während der Aufnahme ein „Distanznetzrahmen" aus sehr feinen, gehärteten Stahldrähten sanft gegen die lichtempfindliche Schicht gedrückt und mitphotographiert wurde (österr. Patent Nr. 45169 aus dem Jahre 1910).

Das Eichbergsche Verfahren arbeitet etwa doppelt so genau als die oben besprochene rein graphische Methode.

Die vorstehend geschilderten Verfahren der sog. „metrischen Photographie" haben eine bemerkenswerte Bedeutung in der Kriminalpraxis nicht erlangt. Die Einbildphotogrammetrie ist, wenn nicht ganz spezielle, günstige Aufnahmebedingungen erfüllt sind, kompliziert und zeitraubend und ihre Resultate sind namentlich auf größere Entfernung nicht so genau wie eine direkte Messung am Tatort mit dem Meßband.

„Nach zahlreichen Rundfragen, auch im Ausland, ließ sich feststellen, daß die Photogrammetrie des gewöhnlichen Lichtbildes in keiner Weise Allgemeingut der kriminalistischen Praxis geworden ist, sondern als terra incognita betrachtet, teilweise sogar belächelt wird" (2). Auch in der Schweiz, wo in vorbildlicher Weise in enger Zusammenarbeit mit der Firma Wild in Heerbrugg die stereophotogrammetrischen Verfahren in der Kriminalpraxis ausgedehnt eingeführt worden sind, ist die Einbildphotogrammetrie nicht verwendet worden (3). Heindl hat hinsichtlich des Verfahrens mit Einbildmeß-

---

(1) Z. B. in seinem Buche „Die Photogrammetrie bei krim. Tatbestandsaufnahmen", Seite 62.

(2) Köhnle, Bildmessung und Luftbildwesen, 1935, Seite 88. Ablehnend z. B. Paul, Arch. f. Krim. **36**, **246** und ein Aufsatz in den kriminalistischen Monatsheften, 1928, Seite 122, wo auch das — höchst primitive — damalige Berliner Verfahren angedeutet wird.

(3) Bericht über die photogrammetrischen Geräte der Fa. Wild in Heerbrugg für Tatbestandsaufnahmen, erstattet vom Chef des Erkennungsdienstes der Kantonspolizei Bern, Korporal Heusser, in der Zeitschrift „Internationale Öffentliche Sicherheit", Heft Nr. 7 vom 20. Mai 1936.

Im Berichte der ungarischen Gesellschaft für Photogrammetrie für den Pariser IV. Internat. Photogramm. Kongreß (Berichtszeit 1930—1934, abgedr. im Intern. Arch. f. Photogrammetrie, Band 8, Seite 178) wird (Seite 189) berichtet, daß die ungarische Staatspolizei „mit einer Eichberg-Lechnerschen Kammer von 19,3 cm Brennweite eine rege Tätigkeit entfaltet hat".

Aus der französischen Praxis berichtet der „Rapport national français, sur les travaux exécutés de 1930 à 1934" (G. Perrier), abgedr. im Intern. Arch. f. Photogrammetrie, Band 8, Seite 97: „Le service de L'Identité judiciaire à la Préfecture de Police a obtenu des résultats intéressants en procédant à la restitution de photographies prises sur les lieus d'un crime, notamment une trace de pas prise avec un appareil inconnu, dans une position également inconnue".

Die terrestrische Einbildphotogrammetrie für kartographische Zwecke hat einen hohen Stand erreicht. Selbstverständlich sind aber die praktischen Anforderungen, die der Kriminalbeamte stellt, ganz andere als die des Geodäten.

kammern seine Bedenken im Arch. f. Krim. **65**, 2 auseinandergesetzt. Auch seine gewiß einfache Methode hat aber nur wenig Verbreitung gefunden, obwohl sie, abgesehen davon, daß ein beliebiger Apparat benutzt werden kann, den großen Vorteil hat, daß auch mit beliebiger Objektivhöhe und beliebiger Kameraneigung gearbeitet werden kann im Gegensatz zu den Verfahren von Bertillon und Eichberg, die eine konstante Objektivhöhe (gewöhnlich 1,50 m) und horizontale Aufnahmeachse voraussetzen (1). „Allgemein setzt sich wohl die Erkenntnis durch, daß die früher gelegentlich angewandten Verfahren von Eichberg und Heindl wegen der Verschleierung von Einzelheiten durch das die Bilder überdeckende Liniensystem wenig zweckmäßig sind" (2). Diese Verfahren werden immer nur in Einzelfällen und bei günstigen Umständen kriminalistische Verwendung finden können.

Für die Genauigkeit der photogrammetrischen Verfahren ist natürlich Schrumpfungsfreiheit des Aufnahmematerials und des Kopierpapiers wesentlich (3). Auch Filme kann man heute nahezu schrumpfungsfrei herstellen. Für die kriminalistischen Anwendungen der Photogrammetrie kommen, da es sich stets um terrestrische Photogrammetrie handelt, nur Platten zur Verwendung; mit ihnen kann genauer gearbeitet werden als mit Filmmaterial. Die Nachteile, die der Verwendung von Platten bei der Luftbildmessung entgegenstehen (Gewicht, Zerbrechlichkeit, schwieriges Auswechseln, hoher Preis), entfallen bei der Erdbildmessung. Die Glasplatte erfährt allerdings infolge der Schrumpfung der Emulsion beim Trocknen eine Krümmung, die von der Länge und Breite der Platte abhängt und der 2. Potenz ihrer Dicke umgekehrt proportional ist (4). Die Herstellung nahezu schrumpfungsfreien Photopapiers ist schon seit langem gelungen. So weist das „Agfa-Correctostat" Papier, das durch Kaschierung des photographischen Rohpapiers mit einer Aluminiumfolie hergestellt wird, auf die dann eine weiße Lackschicht und darauf die photographische Emulsion aufgetragen wird, eine Schrumpfung von nur 0,02% auf, ist also praktisch als schrumpfungsfrei zu bezeichnen (5).

Daß die photographische Schicht so außerordentlich „abbildungstreu" arbeitet, ist sehr erstaunlich, wenn man bedenkt, welchen Einwirkungen z. B. die Schicht einer empfindlichen Platte unterworfen wird. Diese Schicht, die aus der kompliziert gebauten organischen Gelatine besteht, dehnt sich durch die Quellung in wässerigen Lösungen

---

(1) Löschner, Einf. i. d. Erdbildmessung, Seite 29, bemerkt dazu, vom Standpunkte des Richters liege der größte Vorzug von Heindls Methode darin, „daß man aus dem Bild ersehen kann, ob die Aufnahme richtig erfolgt sei; solche Meßbilder werden dadurch im höchsten Grade beweiskräftig".

(2) So der Landesbericht der Deutschen Gesellschaft f. Photogrammetrie, erstattet von Langendorf und Lüscher, Berichtszeit 1930—1934, abgedr. im Intern. Archiv f. Photogrammetrie, Band 8, Seite 80. Für das Heindlsche Verfahren hat sich aber in den letzten Jahren G. Bohne in seinem Beitrag „Verwendung der Leica in der naturwissenschaftlichen Kriminalistik" (in „Die Leica in Beruf und Wissenschaft") eingesetzt.

Vgl. auch A. Bertillon, Photogrammetrie im Dienste der praktischen Kriminalistik, Kriminal. Monatshefte 1928, Heft 3.

(3) Tritt gleichmäßige Schrumpfung in beiden Richtungen auf, so ergibt sich lediglich ein maßstäblicher Fehler. Bei verschiedener Schrumpfung wird aber das Bild verzerrt: diese Restbeträge unregelmäßiger Filmschrumpfung bleiben bei der Photogrammetrie auch bei Verwendung des sog. Vermessungsfilms noch übrig.

(4) Vgl. darüber Leigh-Page, The curvature of photographic plates, Astrophys. Journ. **95** (1942), 1—4 (Yale Univ., Sloane Phys. Lab.).

(5) Deutscher Landesbericht, l. c. Vgl. dazu auch W. Raths in Agfa-Veröffentlichungen, Band 3 (1933), Seite 312. Raths gibt an, daß bei gewöhnlichem Photopapier die Schrumpfung 0,3 bis 0,5% beträgt, also beim Format 30 mal 40 cm schon 1 bis 2 mm in jeder Richtung ausmacht, während sie beim Correctostat unter 0,01% liegt. Vgl. auch Bildmessung und Luftbildwesen, 10. Jahrg. (1935), Seite 27.

um das 5 bis 8fache aus, anderseits wird sie an den stark belichteten Stellen unter der Einwirkung der meisten Entwickler mehr oder weniger gegerbt. Die tatsächlich vorhandene große Treue in der Wiedergabe genau definierter Strecken (Abstände) muß daher überraschen. Die Feststellung der Genauigkeit dieser „Abbildungstreue" hat natürlich für viele wissenschaftliche Anwendungen der Photographie in der Geodäsie, Astronomie, Spektrographie usw. fundamentale Bedeutung und ist daher schon früh Gegenstand sorgfältiger physikalischer Messungen gewesen.

e) Spurenphotographie.

Welche Einzelheiten des Tatortzustandes im Verlauf der Untersuchung für die Beweisführung Bedeutung erlangen können, ist meist zunächst ungewiß. Es ist daher eine selbstverständliche Forderung, den Zustand des Tatortes bis ins Kleinste möglichst genau zu sichern und alle veränderlichen Situationen und Spuren zu fixieren. Ohne Zuhilfenahme der Photographie ist das oft unmöglich.

Ein schönes Beispiel für die Wichtigkeit photographischer Spurensicherung bringt die italienische gerichtsärztliche Zeitung „Zacchia" im Band 6, Seite 214. Die Sache lag etwa so, daß an der Wand, neben welcher das Opfer eines Überfalles stand, regelmäßig angeordnete Blutspritzer in Form einer parabolischen Kurve sich vorfanden. Von den Spritzspuren zogen sich in regelmäßigen Abständen Fließspuren senkrecht abwärts; auf längere Fließspuren folgten stets kürzere, dann wieder längere usw. Bei jedem Pulsschlag strömt nun aus einer Wunde in der länger dauernden „Diastole" eine größere Blutmenge aus als in der kürzeren „Systole": die vorgefundenen 22 Fließspuren entsprachen also 11 Pulsschlägen, es ließ sich daraus berechnen, wo das Opfer stand, wie es sich nach dem erhaltenen Schlag drehte und welche Zeit zwischen der Beibringung der Wunde und dem Hinstürzen des Überfallenen vergangen war. In solchen Fällen ist natürlich die fachgemäß angefertigte Photographie für den später herbeigezogenen Sachverständigen geradezu unersetzlich, weil die Blutspur, die so viel erzählt, schnell verwischt und verblichen sein kann.

Wichtige Anwendung findet die Photographie als Mittel zur einwandfreien Analysierung subtiler Spuren: Ihre Zuhilfenahme ermöglicht oft erst die sichere Schlußfolgerung aus den an sich dem Sachverständigen schon bei visueller Durchmusterung erkennbaren Befunden, auch ist die Photographie in diesen Fällen als „objektives Ausdrucksmittel" bei der Abgabe des Gutachtens unersetzbar. Sie ermöglicht ferner die kritische Nachprüfung der Gedankengänge des Sachverständigen durch andere Fachleute.

Zahlreich sind die Fälle, in denen mittels mikrophotographischer Methoden die Identifizierung von Werkzeugspuren glückt und am Tatort Spuren nachgewiesen werden können, die mit charakteristischen Spuren (Scharten usw.) eines beim Verdächtigen aufgefundenen Werkzeugs übereinstimmen.

So gelingt nicht selten der Indizienbeweis durch Zwickstellen von Zangen, wie sie bei Wildereien häufig an Drahtschlingen aufzufinden sind, ferner durch Kratzspuren von Meißeln, Stemmeisen usw. bei Einbrüchen, durch Hieb- und Schnittspuren von Beilen, Äxten, Schneiden, Taschenmessern, durch Spuren an Bohrspänen (1) usw. (Waldfrevel, Holzdiebstahl!). Grundlegend sind hier die Arbeiten von Jeserich (Vater und Sohn), von denen zahlreiche Mikrophotographien im Arch. f. Krim. **87**, 3 wiedergegeben sind, von Kockel (2),

---

(1) H. Bellavić, Kriminalistik 1942, Seite 84.

(2) Arch. f. Krim. **5**, 126; **11**, 374; **23**, 245; **28**, 225; **37**, 132; **80**, 7; **83**, 288. Aus der sehr angewachsenen Literatur vgl. etwa noch: Arch. f. Krim. **38**, 85 (Popp, abgebrochene Messerspitze im Schädel des Verletzten paßt an das beim Verdächtigen gefundene

ferner das „Manuel de police scientifique" von Reiß (Lausanne, 1911) und schließlich der Aufsatz „Werkzeugspuren als Überführungsmittel" von Mezger, Haslacher und Heeß in den „Beiträgen zur krim. Symptomatologie und Technik" (Graz 1931). In dem amerikanischen Prozeß gegen Hauptmann wegen Entführung des Lindberghkindes hat der Indizienbeweis durch Hobelspuren eine Rolle gespielt: die Scharten in Hauptmanns Hobel paßten genau zu den Schartenspuren auf den Sprossen der Leiter, die am Tatort vorgefunden wurde (1). Bei dem für die Verbrechensaufklärung so wichtigen Thema „Wunde und Werkzeug" ist die Photographie stets ein wertvolles Hilfsmittel. Über einen Fall, in dem der Täter durch Schartenspuren am Schädelknochen des Ermordeten, die den Scharten eines aufgefundenen Beiles entsprachen, überführt werden konnte, berichten Korpássy und Takács (2). An Knochen oder Knorpeln sind natürlich nur gröbere Scharten des Tatwerkzeugs erkennbar. Da Knochen und Knorpel relativ homogen und wenig elastisch sind, geben sie den Abdruck des einwirkenden Instrumentes oft getreu wieder.

Walensky weist darauf hin (3), daß mitunter die Herkunft von Nägeln durch Spurenuntersuchung unter Zuhilfenahme der Photographie geklärt werden kann: Sog. „Drahtstifte" werden gestanzt und weisen also charakteristische Spuren der Stanzform auf. Man kann jedoch nur Nägel, die mit derselben Stanze hergestellt worden sind, an ihren einigermaßen gleichen „Köpfen" durch Spurenidentifizierung als aus derselben Fabrik stammend erkennen, weil die Stanzen, die eine verhältnismäßig kurze Lebensdauer haben, stets voneinander etwas verschieden sind.

Auch die wichtigen Fälle der Feststellung der Waffe durch mikroskopische Munitionsspurenuntersuchung gehören hierher. Das Verfahren beruht grundsätzlich darauf, daß jede Schußwaffe durch die ihrer Laufwand eigenartigen Unregelmäßigkeiten charakteristische Spuren auf den aus ihr verfeuerten Geschossen erzeugt. Auch die Oberfläche der Geschoßhülsen ist oft durch den Schlagbolzen oder die Selbstlade- und Auswurfvorrichtung in einer für die verwendete Waffe kennzeichnenden Weise beschädigt (4). Neben diesen jedenfalls für eine große Reihe von Abschüssen konstanten Spuren erzeugen nun allerdings auch zufällige Verunreinigungen des Laufes (Pulverreste, Rostteilchen u. dgl.) Spuren auf dem Geschosse, die aber von Schuß zu Schuß verschieden sind und deshalb beim Vergleich von Tat- und Vergleichsgeschoß verwirren. Man reinigt daher den Lauf der Waffe vor jedem Schuß mit einer weichen Borstenbürste und einem Watte-

---

Bruchstück); Arch. f. Krim. **75**, 300 (Hulst, Bestimmung der Identität und Herkunft einer Kugel); ferner Arch. f. Krim. **85**, 200; **86**, 173; **92**, 136; **92**, 157; **94**, 213; **108**, 83; **111**, 105; Phot. Korr. **44**, 419; ferner Urban, Kompendium, Seite 49ff.; Wolf-Czapek, Angew. Photographie, Teil IV, Seite 45 (Reiß); Bertillon, Gerichtl. Photographie, Seite 49; endlich Handb. d. biolog. Arbeitsmethoden, Abt. IV, Teil 12, 2. Hälfte, Beiträge von Euler, Naturw.-kriminal. Untersuchungen an Zähnen, von Merkel, Naturw. und kriminal. Untersuchungen bei Verletzungen mit scharfen und spitzen Werkzeugen, und von Walcher, Verletzungen durch stumpfe Gewalt.

(1) Vgl. das Photogramm in Schneickerts Aufsatz im Arch. f. Krim. **109**, 32.

(2) Arch. f. Krim. **112**, 4.

(3) Arch. f. Krim. **104**, 76. Vgl. auch Arch. f. Krim. **104**, 241, wo berichtet wird, daß auf diese Weise 1938 in Amerika bereits ein Mörder überführt worden ist.

(4) Beispiel auch bei Hornung, Beitrag zur Identifizierung von Feuerwaffen, Photographie und Forschung, Band 3 (1939), Heft 3, Seite 73.

pfropf und verfeuert zur Gewinnung der Vergleichsspuren solange Geschosse, bis auf den Geschossen Schuß für Schuß dieselben Spuren auftreten: dann ist die Gewähr gegeben, daß diese Spuren konstante Spuren sind, die also neben zufälligen, durch Laufverunreinigungen verursachten, nicht charakteristischen Geschoßspuren auch auf dem Tatgeschoß zu finden sein müssen.

Bei Gewinnung der Vergleichsspuren an Geschossen muß vorsichtig verfahren werden. Die Geschosse werden in Wasser oder Watte abgefeuert, um sie unbeschädigt aufzufangen. Wegen der Verschiedenheit der Munition benutzt man möglichst die beim mutmaßlichen Täter aufgefundene Munition (1), denn auch der durch die Pulverladung der Patrone erzeugte Gasdruck muß in Rechnung gestellt werden, da er die Entstehung der Spuren sehr beeinflußt (2).

Mitunter ist der Lauf einer Tatwaffe in der Zeit zwischen Tat und Untersuchung mehr oder weniger durch Rostbildung verändert, so insbesondere, wenn die Waffe längere Zeit verwahrt war oder gar offen oder vergraben im Freien aufgefunden worden ist. Auch in solchen Fällen ist der Nachweis durch Geschoßidentifizierung keineswegs aussichtslos, sofern nur sachgemäß vorgegangen wird und der Lauf nicht schon vor dem Schuß starken Rostansatz neuerer Herkunft aufgewiesen hat. Es kann nämlich gelingen, die neuen, verhältnismäßig locker aufgelagerten Rostansätze durch allmähliche vorsichtige Reinigung des Laufes zu entfernen (3). Keineswegs darf versucht werden, den Lauf durch wiederholten Beschuß von diesem Rostansatz zu befreien: die dabei losgelösten Rostteilchen würden beim Durchgang des folgenden Geschosses eine schmirgelnde Wirkung auf den Lauf ausüben und Erhebungen im Laufe, wie alte (fester sitzende) Rostnarben oder kleine Metallgrade, durch welche die kennzeichnenden Spuren des Tatgeschosses erzeugt worden sind, beseitigen. Leider kommt es immer wieder vor, daß derartige Waffen durch voreiligen Beschuß durch die Polizei oder sonstwie für den Nachweis mittels Geschoßidentifizierung unbrauchbar gemacht werden.

Auch hier findet der alte Wettlauf zwischen Kriminalisten und Verbrecher statt: je glatter der Lauf einer Waffe ist, um so schwerer ist es für den Sachverständigen, diese durch Geschoßvergleichung als Tatwaffe zu identifizieren, weil dann die Spuren in den Feldereindrücken so fein werden, daß sie jeden charakteristischen Ausdruck verlieren. Gerade die Läufe unserer hochwertigen Markenpistolen erfahren nun eine außerordentlich saubere Bearbeitung und Politur und der gerissene Schwerverbrecher benutzt daher derartige fabrikneue Waffen, die natürlich zudem funktionssicher und konstruktiv ausgereift sind, gern als Tatwaffe.

Außer der Untersuchung der Spuren am Projektil (Geschoß) kann, wie schon oben erwähnt, die Identifizierung einer Schußwaffe durch Untersuchung charakteristischer Spuren der Patronenhülse versucht werden. Beide Wege unterscheiden sich in ihrer theoretischen Grundlage: während die Spuren auf dem Geschoß das Ergebnis eines verwickelten Bewegungsvorganges des rotierenden Geschosses sind, der von Fall zu Fall verschieden verläuft (z. B. infolge unterschiedlicher Ladungsstärke der Patronen) und dabei auch die Veränderungen des Laufinnern (durch zurückbleibende Pulverteilchen u. dgl.) sehr maßgebend mit hineinspielen, formen sich als Merkmale der Hülsenuntersuchung in erheblich einfacherer und

(1) So schon de Rechter und Mage, Revue de droit Pénal **5** (1925), 260.

(2) Dazu Mezger und Fränkle, Arch. f. Krim. **82**, 58.

(3) Das Verfahren beschreibt ausführlich Heeß im Arch. f. Krim. **98**, 110. Interessant ist, daß der den Feldern anhängende Rost bei Bleigeschossen breitere Felder vorzutäuschen vermag (Heeß, a. a. O.).

reproduzierbarerer Weise auf dem weichen Boden der Patronenhülse die feinen Merkmale des nach Art eines Prägstempels dagegenschlagenden Stahlstoßbodens der Waffe ab, wobei dann noch andere Spuren, wie die des Zündstiftes, der Auszieherkralle und des Auswurfs unterstützend hinzukommen. Die Methode der Untersuchung der Patronenhülse ist daher grundsätzlich der Untersuchung des Projektils überlegen, wie Seelig (1) an Hand praktischer Beispiele dargetan hat. Außerdem sind die am Tatort gefundenen Geschosse vielfach deformiert, während die Patronenhülsen regelmäßig unversehrt sind. Auch die oben besprochene Tatsache, daß sich der Lauf der Schußwaffe durch Rostansatz u. dgl. oft schnell verändert, während die charakteristischen Merkmale des Stoßbodens usw. auch nach längerer Zeit im allgemeinen unverändert sind, ermöglicht die Identifizierung an Hand der Geschoßhülse oft noch, wenn der Geschoßvergleich versagt (2). So berichtet Takko (3) über einen Fall, bei dem die Tatwaffe erst nach 5 Monaten mit verrostetem Laufe der Kriminalpolizei in die Hände fiel. Die Spuren auf den Geschossen waren trotzdem dem Tatgeschoß noch sehr ähnlich. Völlig übereinstimmend waren aber die Merkmale an den Geschoßhülsen (Auswerferspuren, Spuren durch charakteristische Unebenheiten des Stoßbodens an den Zündhütchen und Merkmale, die am Rande des Patronenbodens von der Randerhöhung des Stoßbodens verursacht wurden): auf Grund dieser Spuren an den Geschoßhülsen gelang die Überführung des Mörders. —

Aus den zahlreichen Veröffentlichungen über Munitionsspurenuntersuchung seien hier nur herausgegriffen der Aufsatz von Kraft im Arch. f. Krim. **87**, **133** (mit ausführl Literaturangaben), der vorzüglich in die Probleme einführt, und eine Arbeit von Heeß im Arch. f Krim. **98**, 110. Im Zusammenhang behandelt das Gebiet der Beitrag von Pietrusky, Die naturwissenschaftlich-kriminalistischen Untersuchungen bei Schußverletzungen, im Handbuch der biologischen Arbeitsmethoden (4). Die physikalischen und mathematischen Grundlagen der Spurenentstehung auf Hülsen und Geschossen hat erschöpfend behandelt der Amerikaner Charles O. Günther (5).

Sehr wichtig ist bei Untersuchung so feiner Spuren die durchaus gleiche Beleuchtung von Tat- und Vergleichsspur (6). Schon eine Änderung des Lichteinfallwinkels um 2 bis 3 Grad, die bei kräftigeren Spuren nicht viel ausmacht, kann bei den feinen Spuren auf dem Geschoß eine vollständige Veränderung des mikroskopischen Spurenbildes herbeiführen. Man darf also die beiden zu vergleichenden Geschosse erst photographieren, nachdem man sich sorgfältig davon überzeugt hat, daß die einander entsprechenden Spuren tatsächlich gleichartig beleuchtet sind. Nach dem Vorgange des Amerikaners Goddard (7) hat sich daher jetzt für Geschoßuntersuchungen u. dgl. die Verwendung des Vergleichsmikroskops (Abb. 16) durchgesetzt, das unmittelbar nebeneinander Tat- und Vergleichsgegenstand zu betrachten er-

---

(1) Arch. f. Krim. **104**, 181.
(2) Vgl. dazu Seelig, Arch. f. Krim. **104**, 181.
(3) Arch. f. Krim. **111**, 105.
(4) Ferner etwa Seelig, Arch. f. Krim. **104**, 181, Brüning, Arch. f. Krim. **106**, 108 und ders., Kriminalistische Monatshefte **8** (1934), 34.
(5) In der Zeitschrift „Mechanical Engineering" **1930**, 107 und 1065 sowie **1932**, 341.
(6) Dazu etwa Heeß, Arch. f. Krim. **98**, 110.
(7) Army Ordonnance **6**, Nr. 33 (1925). Unabhängig von ihm hat zur gleichen Zeit die Firma E. Leitz, Wetzlar denselben Vorschlag gemacht (vgl. Arch. f. Krim. **98**, 118, Fußnote 1). Vgl. auch O. Mezger, Dtsche Zeitschr. f. d. ges. gerichtl. Medizin **13** (1929), 377.

möglicht (1). Bei diesem wird das Bild des Tat- und Vergleichsobjektes durch je ein Objektiv auf eine unter 45 Grad stehende spiegelnde Fläche geworfen und von dort auf ein rechtwinkliges, ebenfalls verspiegeltes Prisma reflektiert (Abb. 17). Diese beiden Bilder (mikrosk. Vergrößerung etwa 15- bis 30fach) werden dann durch ein Okular gleichzeitig betrachtet bzw. photographiert, wobei man also ein Bild erhält, das in der Mitte durch einen schwarzen Strich (die Kante des Prismas) in zwei Hälften geteilt wird, von denen die eine die Tatspur, die andere die Vergleichsspur wiedergibt (2). Man bringt nun die beiden zu vergleichenden Objekte in eine solche Lage, daß ihre Spuren senkrecht zur Prismenkante verlaufen, und kann durch axiale Drehung erreichen, daß die betrachteten Spuren von einer seitlich aufgestellten Lichtquelle identisch beleuchtet werden, also ähnliche Plastik zeigen. Die Spuren setzen sich dann, wenn Tat- und Vergleichsspur übereinstimmen, von einer Bildhälfte auf die andere fort, wie die Abb. 18 bis 22 veranschaulichen. Es kann so, um ein fernerliegendes Beispiel zu nennen, der Gipsabdruck einer am Tatort aufgefundenen Kniespur mit der Kleidung des Verdächtigen verglichen und identifiziert werden (Abb. 20).

Derartige für kriminalistische Arbeiten heute unentbehrliche Vergleichsmikroskope mit photographischer Einrichtung werden in Spezialausführungen für die Kriminaltechnik z. B. hergestellt von den Firmen E. Leitz, Wetzlar, Reichert, Wien und Carl Zeiss, Jena (Abb. 23, 24). Leider existieren noch keine stereoskopischen Vergleichsmikroskope. Durch ihre Verwendung würde die schon jetzt so fruchtbare Arbeitsmethode noch erheblich an Bedeutung gewinnen. Es würde dadurch auch die nachstehend näher besprochene Bedingung genau gleicher Beleuchtung der beiden Vergleichsgegenstände abgemildert werden, weil eben bei stereoskopischer Betrachtung die Spuren räumlich wahrgenommen werden und sich nicht lediglich durch ihre Schattenwirkungen abheben.

Über die Verwendung von Kleinbildkammern am Vergleichsmikroskop berichtet Bohne (3). Er hat mit der Leica gearbeitet. Diese läßt sich mit dem Leitzschen Vergleichsmikroskop unter Verwendung des Mikroansatzes zur Leica in Verbindung mit dem Objektivwechselring, und zwar bei Okular III unverändert, bei Okular II nach geringer Erweiterung der inneren Lichtung durch Ausschleifen (und nach Abnahme des Augenringes des Okulars II), verbinden. Beim Arbeiten mit Okular I kann der Mikroaufsatz unmittelbar auf das Okular aufgesetzt werden, bei vorsichtiger Handhabung ist dabei eine besondere Befestigung nicht notwendig. Die dabei eintretende Verklei-

(1) Die Idee des Vergleichsmikroskops ist alt. Schon 1885 hat v. Inostranzeff eine „Vergleichskammer zur mikroskopischen Untersuchung undurchsichtiger Mineralien" konstruiert (Neues Jb. Mineral. 1885, 94). Das Vergleichsmikroskop hatte sich bereits in vielen Zweigen naturwissenschaftlicher Forschung eingeführt (vgl. etwa Thörner, Münchn. med. Wochenschrift **56** [1912], 1664 und Metz, Zeitschr. f. wissensch. Mikroskopie **39** [1922], 31), ehe es 1927 nach den Angaben von O. Mezger als Kriminalistisches Vergleichsmikroskop durch die Fa. E. Leitz, Wetzlar erstmals der Kriminaltechnik zugänglich gemacht wurde. Vgl. auch Brüning, Kriminalistische Monatshefte **8** (1934), 51.

(2) Besonders bei amerikanischen Arbeiten sieht man häufig, daß die mittlere Trennungslinie, anders als bei den Abb. 18 bis 22, stark verschwommen eingestellt ist, um so den Eindruck zu erwecken, als erblicke man ein- und denselben Gegenstand. In Übereinstimmung mit Heeß muß vor solchen „Beschönigungsversuchen", die sehr leicht zu Irrtümern Anlaß geben können, gewarnt werden.

(3) Arch. f. Krim. **107**, 109. Film ist besonders bei Serienaufnahmen praktisch.

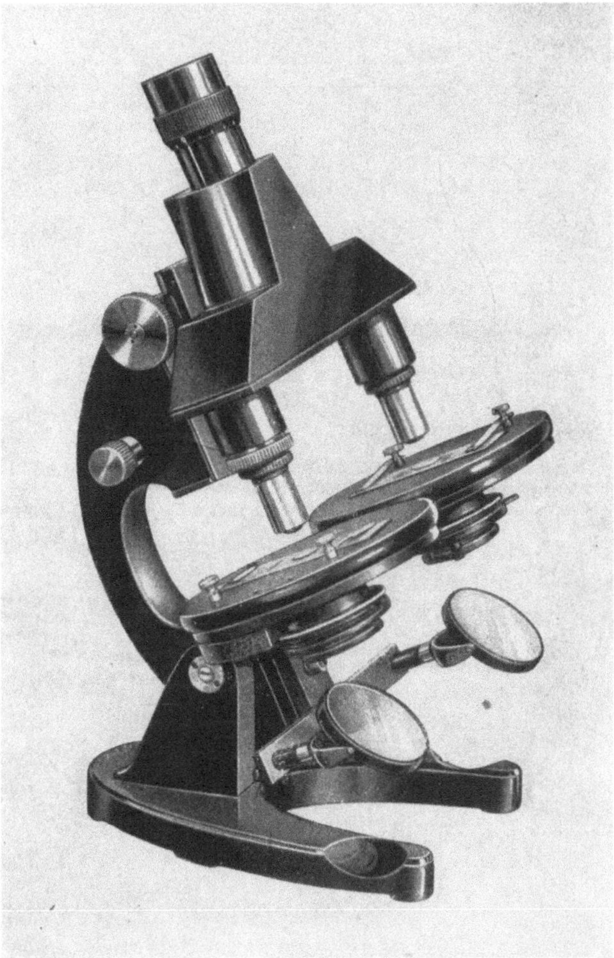

Abb. 16. Vergleichsmikroskop der Firma Carl Zeiss, Jena.

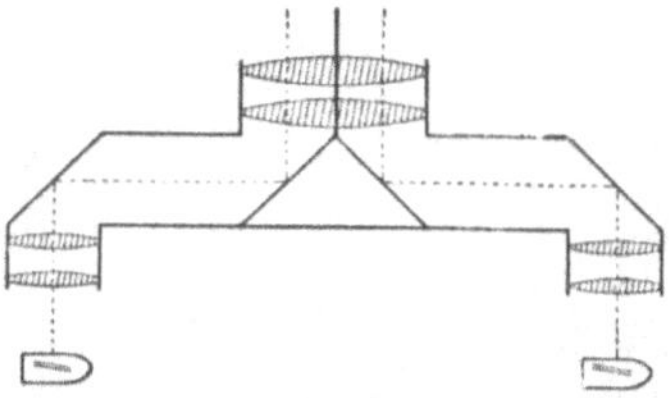

Abb. 17.
Strahlengang im Vergleichsmikroskop
(schematisch).

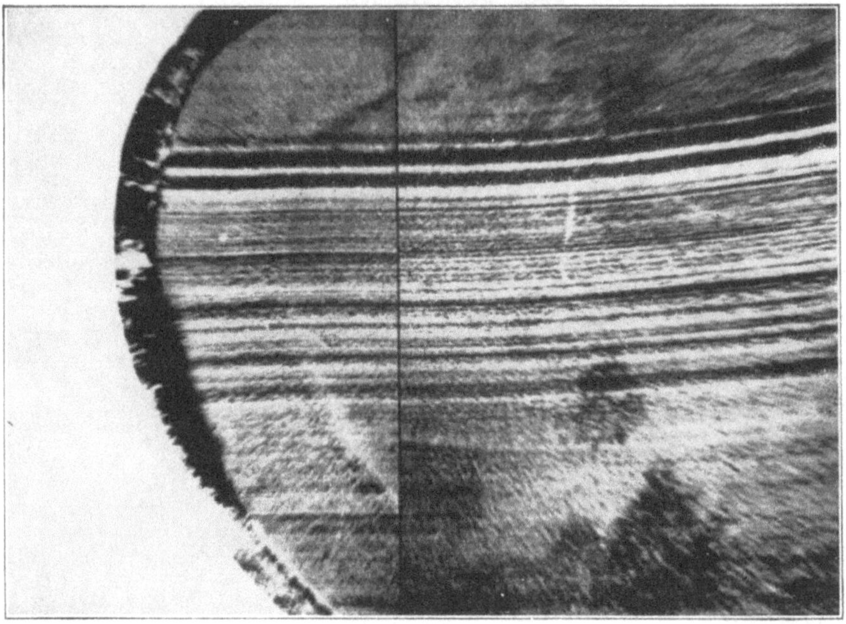

Abb. 18. Identifizierung einer Tatbeil-Hiebspur mit einer Vergleichs-Hiebspur. Vergr. 7fach; Optik: Leitz-Milar 100 mm; Okular I. Belichtungszeit: 1 Min. (Phot. Heeß.)

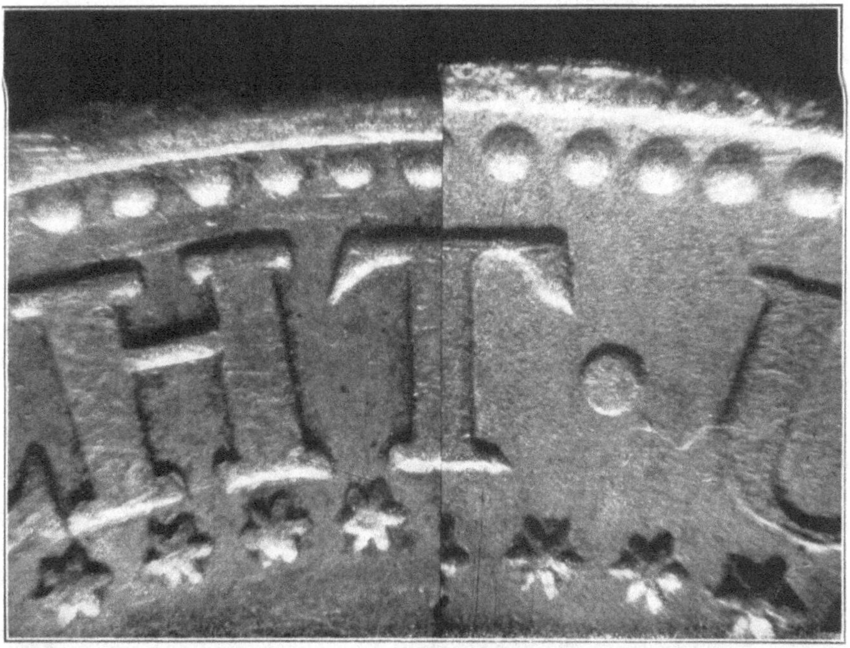

Abb. 19. Gegenüberstellung eines echten und (rechts) eines falschen Fünfmarkstücks Vergr. ca. 18fach; Optik: Leitz-Summar 64 mm; Okular I. Belichtungszeit: 20 Sek

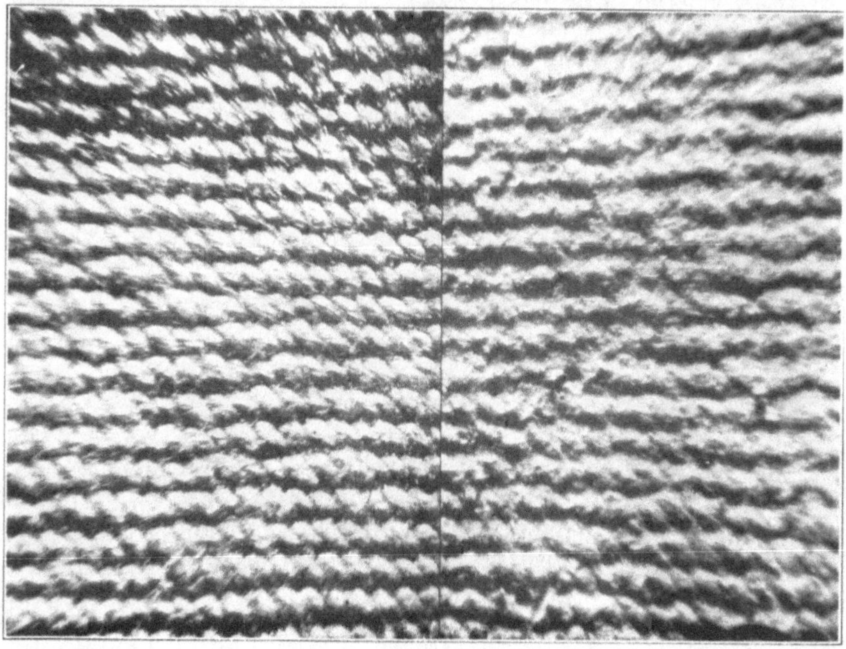

Abb. 20. Identifizierung von Stoffgewebe mit dem Gipsabguß einer Kniespur Vergr. 8fach; Optik: Leitz-Milar 100 mm; Okular I. Belichtungszeit: 45 Sek (Abb. 19 u. 20 Phot. Heeß).

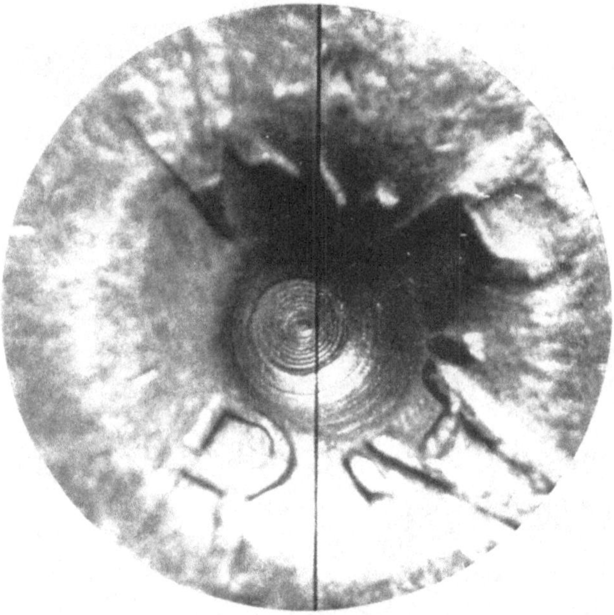

Abb. 21.
Gegenüberstellung der Schlagbolzeneindrücke auf den Böden zweier Schrotpatronenhülsen, die nacheinander aus demselben Lauf verfeuert wurden.
Vergr. 25fach; Optik: Leitz-Milar 65 mm; Okular II.
(Phot. Heeß.)

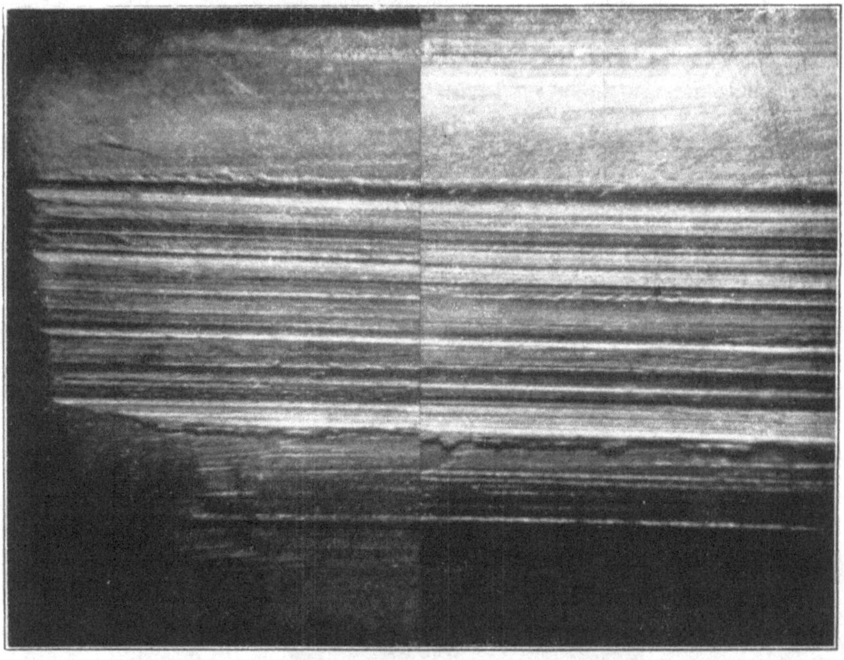

Abb. 22. Gegenüberstellung entsprechender Feldereindrücke auf zwei Parabellumgeschossen, Kaliber 9 mm, die nacheinander aus demselben Lauf verfeuert wurden. Vergr. ca. 18fach; Optik: Leitz-Summar 64 mm; Okular I. Belichtungszeit: 3 Min. (mit Monla-Lampe). (Phot. Heeß.)

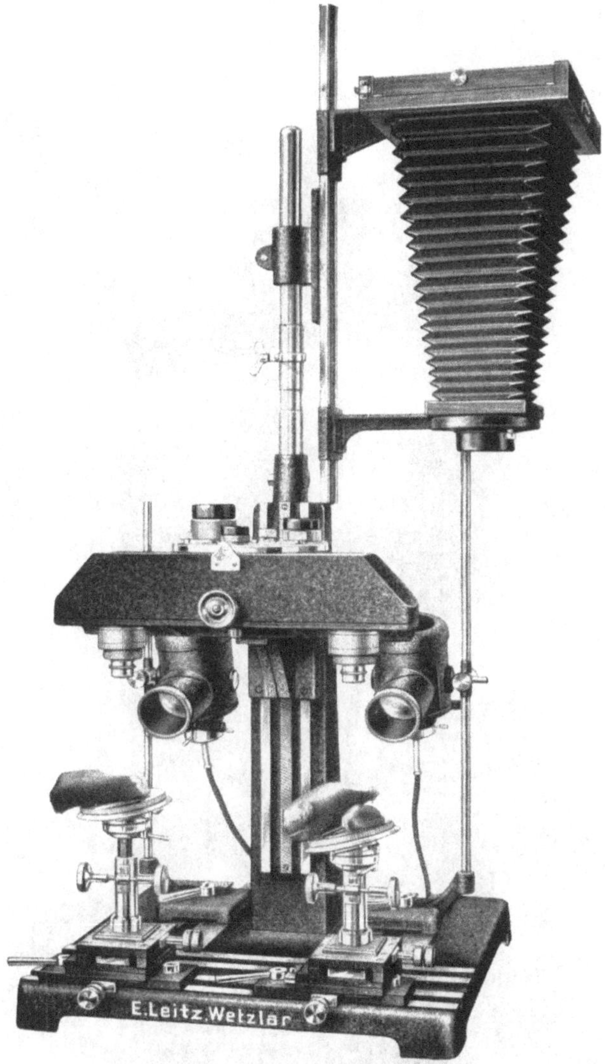

Abb. 23.

Vergleichsmikroskop für kriminalistische Untersuchungen der Fa. E. Leitz, Wetzlar, mit ausgeschwenkter photographischer Kamera.

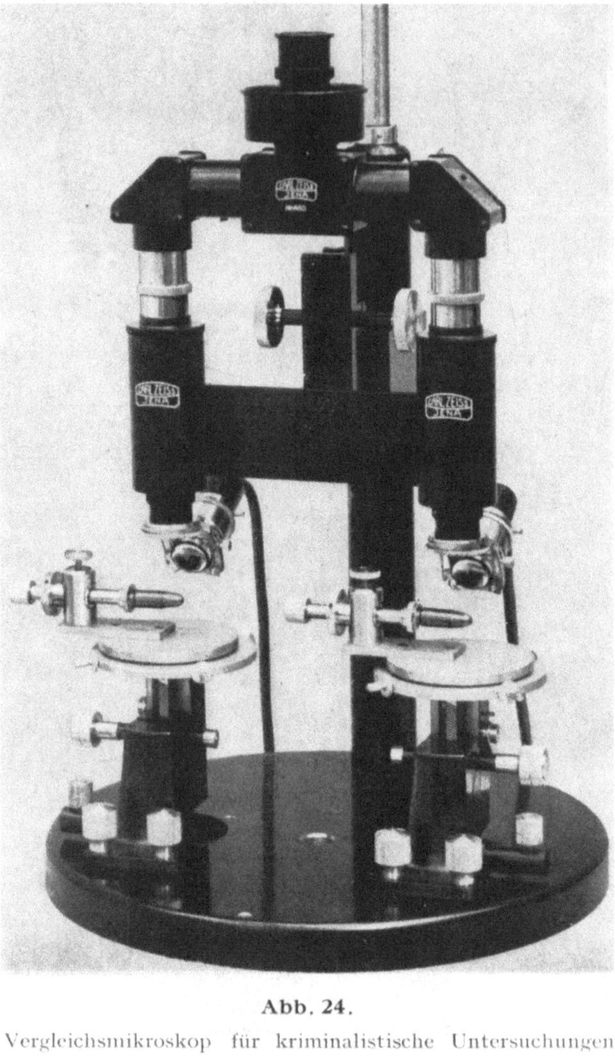

Abb. 24.

Vergleichsmikroskop für kriminalistische Untersuchungen der Fa. Carl Zeiss, Jena.
(Die photographische Kamera ist ausgeschwenkt und nicht sichtbar.)

nerung des Gesichtsfeldes gegenüber einer Plattenaufnahme wird mehr als ausgeglichen durch die Möglichkeit, in rascher Folge eine große Anzahl von Aufnahmen machen zu können. Unter Verwendung der Agfa-Color-Filme lassen sich so auch farbige Vergleichsaufnahmen herstellen, die vor Gericht projiziert und erläutert werden können.

Als Aufnahmematerial für Spurenaufnahmen sind hochempfindliche und weich arbeitende Platten oder Filme zu empfehlen, die aber nur schwach durchentwickelt und auf hartes Papier abgezogen werden müssen. Man erhält so schön abgestufte, plastische Spurenbilder ohne allzugroße störende Lichtkontraste.

Um die natürliche und sehr eindrucksvolle Aufeinanderfolge der einzelnen Zugspuren und Feldereindrücke, wie sie unter dem Mikroskop erscheint, vor Gericht demonstrieren zu können, hat Heeß mit dem Leitzschen Vergleichsmikroskop und einer Schmalfilm-Siemens-Kamera 16 mm die bei entsprechender Drehung des Tat- und Vergleichsgeschosses sich kontinuierlich ergebenden Bilder gefilmt (1).

Ganz allgemein ist die vollständige Abbildung des Geschoßmantels an Stelle nur einzelner Züge natürlich die ideale Untersuchungsmethode. Besonders Brüning hat darauf hingewiesen, daß durch den nach dem Schuß im Laufe zurückbleibenden Pulver- und Metallstaub mitunter die feinen Zeichnungen einzelner Züge schon beim darauffolgenden Schuß so verändert erscheinen können, daß ein Vergleich versagt. Brüning hat deshalb eine besondere Kamera für die Aufnahme zylindrischer Objekte konstruiert, die zur Abbildung des vollständigen Geschoßmantels geeignet ist. Sein Verfahren beruht darauf, das Geschoß laufend um seine Längsachse zu drehen und so aneinanderanschließende aufnahmen seiner ganzen Manteloberfläche zu gewinnen (2).

Gegen die Benutzung des Vergleichsmikroskopes bei der Spurenidentifizierung sind verschiedentlich Einwendungen erhoben worden. Es ist darauf hingewiesen worden, daß die Beschaffung des Vergleichsmikroskopes kostspielig sei, besonders aber, daß dabei Täuschungen durch die „Jagd nach Schatten" um so leichter sich einschleichen können, als eben die Herbeiführung einer „absolut gleichen" Beleuchtung der beiden zu vergleichenden Gegenstände sehr schwierig ist.

Matwejeff (3) hat daher das Geschoß auf etwa 150^0 C erhitzt und dann auf einem fixierten Photofilm abgerollt: die Eindrücke (Spuren) auf dem Geschoß werden von dem durch das warme Geschoß weich gewordenen Gelatinefilm reliefartig festgehalten. Sie können, weil dieses „Relief" ja glasklar ist, im durchfallenden Lichte mikrophotographisch aufgenommen werden, wobei keinerlei Schattenwirkungen auftreten und daher diese gefährliche Quelle von Täuschungen beim Vergleich ausgeschaltet ist.

Matwejeff selbst hat bereits betont, daß es mühsam und schwierig ist, ein warmes Geschoß sauber abzurollen. Zunächst schmilzt die Filmgelatine gern weg. Besonders ist aber bei dem Matwejeffschen Verfahren die Abrollung schwer; es ist das eine Geschicklichkeitssache, eine Sache des Fingerspitzengefühls, und die dabei maßgebenden Umstände sind von Fall zu Fall, je nach der Art, Tiefe usw. der Spuren, verschieden: Die Abrollung mit der Hand ist zu wenig mechanisiert.

Bohne schlägt deshalb vor (4), das Geschoß in eine besonders präparierte

(1) Arch. f. Krim. **98**, **119** unten.
(2) Arch. f. Krim. **88**, **116**.
(3) Arch. f. Krim. **98**, **34**.
(4) Arch. f. Krim. **101**, **111**.

Kollodiumlösung zu tauchen. Es bildet sich dabei um das Geschoß ein elastisches Kollodiumhäutchen, das ohne Gefahr der Verletzung abgezogen werden kann. Dieses abgezogene, dünne Kollodiumhäutchen, das sich eng an die Oberfläche angeschmiegt hat und daher sehr genau ihre Unebenheiten, Spuren usw. reliefartig wiedergibt, wird nun auf einem Objektträger mit Deckglas fixiert und im durchfallenden Lichte mikrophotographiert und die Photographien der Kollodiumhäutchen des Tatort- und Vergleichsgeschosses werden, nachdem sie in der Längsrichtung in Streifen zerschnitten worden sind, aneinandergesetzt. Erheblich einfacher arbeitet man natürlich auch hier unter Zuhilfenahme des Vergleichsmikroskops. Man benötigt dabei allerdings eine Spezialeinrichtung, die durch besonders konstruierte Objekttische Aufnahmen im durchfallenden Lichte am Vergleichsmikroskop ermöglicht (1). Abb. 25 zeigt ein Beispiel. Der Vorteil des Verfahrens besteht darin, daß die Prüfung und die Mikrophotographie nicht im auffallenden Licht erfolgt, sondern im durchfallenden Lichte, wobei Täuschungen durch Schattenbildungen usw. infolge verschiedener Beleuchtung der beiden zu vergleichenden Objekte sich nur selten einschleichen können. Ganz ausgeschlossen sind sie allerdings auch hier nicht: so kann sich z. B. bei geeignetem Winkel von Reliefoberfläche und durchfallendem Lichte Totalreflexion ergeben usw. Kürzlich hat Takko empfohlen, galvanische Abdrücke von Geschoßmänteln herzustellen (2). Galvanoplastische Abdrücke sind bekanntlich sehr treu, wie schon ihre Verwendung bei der Herstellung von Grammophonplatten beweist. Ihre Untersuchung muß natürlich im auffallenden Licht erfolgen.

Die Aufgabe, äußerst subtile Feinheiten von Oberflächen durch Abzüge wiederzugeben, ist augenblicklich besonders bei der sog. ,,Übermikroskopie", d. h. beim Arbeiten mit dem Elektronenmikroskop, aktuell. Es sollen daher die dort gefundenen neueren Lösungswege kurz angedeutet werden.

Im AEG-Forschungsinstitut wurde während des Krieges an dem sog. ,,Abdruckverfahren nach H. Mahl" gearbeitet (3). Es wird dabei ein Kollodium- oder Vinylfilm unmittelbar auf die geätzte Metalloberfläche, deren Feinheiten man mit dem Elektronenmikroskop untersuchen will, aufgetragen und an einem verdickten Ende dann abgehoben. Das Mahlsche Verfahren wurde durch Schaefer und Harker im Laboratorium der General Electric Co. weiter entwickelt. Man verwendete dort Polyvinal oder ,,Formvar" in Dioxan gelöst, um die Abdrücke zu bilden. Das Verfahren wird daher in Amerika als ,,Formvar-Verfahren" bezeichnet. Wichtig ist dabei, daß die Abdrücke unmittelbar nach dem Ätzen der zu untersuchenden Metalloberfläche gewonnen werden. Wenn sich der Film auf der Unterlage gebildet hat, kann er entweder mechanisch abgezogen werden, wobei die Probe in Wasser eingetaucht wird, oder aber man löst den Film dadurch ab, daß eine Gelatinelösung aufgebracht wird, die man eintrocknen oder einfrieren läßt. Dabei bewirkt die unterschiedliche Ausdehnung oder Zusammenziehung das Abspringen des ,,Negativs" von der Metallunterlage. Die Gelatineschicht wird dann durch Waschen in destilliertem Wasser entfernt und es bleibt lediglich der Polyvinal-Abdruck übrig, der die übermikroskopischen Feinheiten der interessierenden Metalloberfläche aufweist.

Andere Verfahren, z. B. das von Heidenreich und Peck im Laboratorium der Dow Chemical Co. entwickelte ,,Polystrol-Quarz-Verfahren", arbeiten mit hohen Drucken (140 bis 350 kg/mm²) und bei hohen Temperaturen (70° C). Es wird dabei die zu untersuchende Metalloberfläche in eine Legierung (,,Polystrol") abgedruckt, die durch Wärme

---

(1) Eine solche Apparatur, wie sie heute für die Vergleichsmikroskope von den führenden Firmen serienmäßig mitgeliefert wird, beschreibt G. Bohne, Arch. f. Krim. **107, 109**. Bohne bringt dort auch eine so hergestellte Dunkelfeldaufnahme (Geschoßidentifizierung).

(2) Arch. f. Krim. **110**, 1.

(3) H. Mahl, Zeitschr. f. angew. Photographie, Band 2 (1940), Seite 58 und in der Kolloid-Zeitschr. **91** (1940), 105.

plastisch gemacht worden ist. Der Abdruck wird metallisch bedampft und die so gewonnene Folie dann von der Matrize entfernt (1).

Hunger und Seeliger haben während des Krieges im AEG-Forschungsinstitut ein ,,Prägeabdruckverfahren" entwickelt, bei dem durch einen Druck von etwa 30 kg/mm² in eine Folie aus weichem, elektrolytisch polierten Aluminium von ca. 0,1 mm Dicke das Originalrelief der mit dem Elektronenmikroskop zu untersuchenden Oberfläche eingeprägt wird. Dabei muß das Material des Originalreliefs natürlich härter sein als Aluminium. Nach der Prägung löst sich das Original leicht von der Aluminiumfolie, die nun alle übermikroskopischen Feinheiten des Originals als negatives Relief zeigt. Von Hunger und Seeliger ist dann im Herbst 1944 ein ,,Doppelschicht-Verfahren" entwickelt worden, bei dem die Abdruckfolie mit einer dünnen Lackschicht überzogen wird. Durch das verschiedene Verhalten des Lackes an Erhebungen und in Tälern entsteht ein Bildeindruck, der Höhen und Tiefen eindeutig charakterisiert (2). —

Die bei Spurenuntersuchung opaker Objekte meist angewandte schräge, im Winkel des Lichteinfalls allerdings weitgehend variierbare Beleuchtung ist nicht immer ideal; trotz Aufhellung durch weiße Kartonplättchen od. dgl. treten oft störende Schattenwirkungen auf. Vielfach ist es deshalb rätlicher, mit von oben auffallendem Lichte zu arbeiten, das entweder ganz senkrecht oder konzentrisch in steilem Winkel einfällt. Bohne (3) hat sich durch Anordnung einer etwa um 45° geneigten planparallelen Glasplatte zwischen Objekt und Objektiv geholfen: sie reflektiert einen (allerdings nur geringen) Teil des auffallenden Lichtes auf das Objekt, stört aber den Strahlengang nicht. Größere Tiefenwirkung erzielt man durch Anbringung zweier kleiner Ringbeleuchtungen an den beiden Objektiven, die bei reliefreichen Objekten sehr plastische Bilder ergeben. Durch Ausschaltung entsprechender Leuchtbirnen dieser Ringbeleuchtungen, die man natürlich auch mit der normalen, schräg einfallenden Beleuchtung kombinieren kann, lassen sich die verschiedensten Wirkungen erzielen.

Handelt es sich um die mikrophotographische Identifizierung von Spuren in Höhlungen, so hilft oft ultropake Beleuchtung weiter. Da beim Ultropak (Seite 65) das Objekt im hellen Auflicht beleuchtet wird, werden die in der Vertiefung liegenden Spuren entsprechend beleuchtet und man kann so z. B. die vielfach vorkommenden konzentrischen Drehspuren eines Schlagbolzeneindruckes in Patronenhülsen gut erkennen (vgl. Abb. 21). Man verfährt dabei so, daß man in den Ultropak vor die Beleuchtungsquelle eine Mattscheibe einsetzt; die dadurch erreichte diffuse Beleuchtung erhöht wesentlich die Plastik der Spuren. Die nötige Tiefenschärfe erzielt man durch Einlegen einer kleinen Einsatzblende in das Objektiv.

Bauernfeind (4) weist darauf hin, daß man zur überzeugenden photographischen Darstellung der zu identifizierenden Schartenspuren den ,,Täterschnitt" und die ,,Schnittprobe" in ein richtiges Größenverhältnis zueinander bringen muß, was nicht immer dadurch zu erreichen ist, daß beide in natürlicher Größe photographiert werden: denn je nach der Winkelstellung des Messers oder Beiles beim Schneiden tritt eine Verengung oder Erweiterung der Schartenzüge ein, die beim Photographieren dann ausgeglichen werden

---

(1) Vgl. dazu American Institute of Mining and Metallurgical Engineers, Technical Publication Nr. 1594, Juni 1943; Neue Physikalische Blätter (Franz Mittelbach Verlag, Stuttgart), 1946, Heft 2, Seite 12.

(2) Nach einer kurzen Originalmitteilung von Seeliger in den ,,Neuen Physikalischen Blättern", 1946, Heft 1 Seite 15.

(3) Arch. f. Krim. **107**, **109**.

(4) Kriminalistische Monatshefte, Januar 1931, Seite 16.

muß. Dabei ist allerdings Vorsicht nötig. Ein ähnliches Problem besteht auch bei der Geschoßvergleichung wegen der häufigen Deformation des Tatgeschosses (bei sog. „Querschlägern", infolge Auftreffens auf einen harten Gegenstand usw.): bei Abplattung oder Knickung der Geschoßoberfläche sind die Spuren verzerrt und ein Vergleich mit den Spuren des nicht deformierten Vergleichsgeschosses wird schwierig. Heeß (1) hat sich so geholfen, daß er durch Benutzung der zwischen Objektiven und Vergleichsokular angebrachten, mit Rändelring versehenen Mikrometerschraube, durch die die Feinabstimmung beider Objektive auf dieselbe Vergrößerung ermöglicht werden soll, im umgekehrten Sinne eine verschiedene Vergrößerung herbeiführte und so die Verzerrung der Spuren des einen Geschosses kompensierte. In gleicher Weise kann man z. B. auch Hiebspuren in Holz, die unter verschiedenen Neigungswinkeln hergestellt sind, einander angleichen, indem man die durch die abweichende Neigung des Beiles bedingte unterschiedliche Zusammendrängung der Schartenspuren durch verschiedene Vergrößerung von Tat- und Vergleichsstück miteinander in Übereinstimmung bringt. Bedenken gegen dieses Verfahren bestehen deshalb kaum, weil ja dabei eine durchaus proportionale Vergrößerung aller Spuren des betreffenden Vergleichsstückes eintritt. Natürlich versagt die Methode meist, wenn nicht lediglich eine gleichmäßige Zusammendrängung oder Auseinanderziehung der Spuren vorliegt, sondern diese irgendwie „verbogen" sind.

Mitunter wird die Zusammengehörigkeit eines bestimmten Werkzeugs und der Tatspur auch durch Anlegen des Werkzeuges an die Tatspur gut demonstriert: es passen die Scharten des Werkzeugs in die Tatspur (2). Dabei stört oft die am Werkzeug auftretende Spiegelung bei Photographie der Werkzeugschneide. Kockel hat deshalb empfohlen (3), Gipsabgüsse von den Werkzeugen herzustellen, da beim unmittelbaren Photographieren der Werkzeuge leicht gewisse Feinheiten infolge der verschiedenen Färbung des Metalls, durch Reflexe usw. ausfallen, während an den Gipsabformungen nur Licht und Schatten auftreten. Störende Spiegelungen lassen sich auch durch Verwendung eines Polarisationsfilters vermeiden (4); der „Ultropak" der Fa. Leitz ist z. B. schon lange mit Polarisationsprismen ausgerüstet, durch deren Einschaltung die Reflexe meist verschwinden und das Bild bis in die feinsten Einzelheiten plastisch in Erscheinung tritt. Allerdings versagt dieser Weg meist bei metallischer Reflexion, die gerade bei Werkzeugen oft auftreten wird (5).

Zur Herstellung reflexfreier Aufnahmen und zur gleichmäßigen, allseitigen Beleuchtung des Objektes eignen sich auch die sog. „Makro-Ringbeleuchtungen", die aus etwa 8 bis 12 hintereinandergeschalteten, ringförmig angeordneten Niedervoltglühlämpchen (8 Volt, 0,6 Ampere) bestehen und über die auf Seite 81 berichtet wird.

Über die Überführung einer Mörderin durch die Bißspur in einem Apfel

---

(1) Arch. f. Krim. **98**, **118**.

(2) Korpássy u. Takaćs, Arch. f. Krim. **112**,4. Oft hat die Schlagfläche des Werkzeugs dieselbe Form wie der Schädelbruch · Pontrelli, Arch. f. Krim. **108**, **83**.

(3) Arch. f. Krim. **83**, **288**. Vgl. auch den Vorschlag von Voigt in der „Kriminalistik", 12. Jahrg. (1938), Seite 265 („Lackfilmmethode" bei Schleifspuren u. dgl.).

(4) Vgl. dazu das über den Zeiss'schen „Bernotar" auf Seite 48 Gesagte. Für die Leica werden Polarisationsfilter in Aufsteckfassung auch von der Fa. Leitz geliefert

(5) Man muß dann mit linearpolarisiertem Lichte beleuchten, vgl. Seite 48.

vgl. Arch. f. Krim. **107**, 45. Die Identifikation von Bißwunden durch Übereinstimmung von Gebiß und Wunde behandeln Buhtz und Ehrhardt, Dtsche Zeitschr. f. d. ges. gerichtl. Medizin, Band 29, Seite 453. Es handelt sich dabei um ein typisches Beispiel der Spurensicherung durch Photographie: die Bißwunde verheilt, die Leiche verwest.

Herkömmlich unterscheidet man ja deskriptive und explorative Kriminalphotographie, je nachdem, ob die Zuhilfenahme der Photographie zur Aufklärung selbst erforderlich ist oder nicht. Der Unterschied zieht sich durch alle Anwendungen hindurch. Im Einzelfall sind jedoch oft die Grenzen verwischt, so z. B., wenn es sich um die Photographie von Spuren im Schnee oder von Wunden, die vielleicht bald verheilt sind, handelt, aus deren Form auf das Werkzeug geschlossen werden kann (Spurensicherung und Spurenkonservierung!), oder wenn erst durch das Photogramm, das es ermöglicht, das Bild in Ruhe und beliebig oft zu studieren, dem Sachverständigen ein Urteil möglich ist (1). In den oben beschriebenen Fällen der „Spurenidentifizierung" ist die Zuhilfenahme der Photographie zur Aufklärung selbst nicht erforderlich: der Sachverständige identifiziert regelmäßig bereits bei der mikroskopischen Untersuchung oder gar schon mit unbewaffnetem Auge die Spuren. Die Rolle, die der Photographie dann zufällt, ist trotzdem durchaus wichtig.

Zunächst gestattet die photographische Festhaltung der Untersuchungsbefunde eine Nachprüfung der Grundlagen des Gutachtens durch andere und bietet zugleich eine vorzügliche Eigenkontrolle des Sachverständigen (2). Langenbruch (3) fordert mit Recht unter Hinweis auf Kögels gleiche Mahnung, daß kein Gericht „auf bloße Behauptungen eines Sachverständigen etwas geben sollte, sondern nur auf den photographischen Nachweis". Gutachten, die lediglich auf subjektive Beobachtungen aufbauen, sind in ihren Grundlagen meist unnachprüfbar; sehr oft behauptet der Sachverständige, dies oder jenes „gesehen" zu haben, ohne zu erkennen, daß er dabei das Opfer einer Selbsttäuschung geworden ist. Weiter ist aber das Lichtbild auch ein wichtiges Mittel objektiver Darstellung. Die Photographie ermöglicht es, für das Gutachten und die Akten „handgreifliche" und dauerhafte Unterlagen zu schaffen und auch für die Hauptverhandlung, bei der insbesondere eine Vorführung mit dem Mikroskop recht schwerfällig wäre, Demonstrationsobjekte herzustellen. Der Umgang mit dem Mikroskop will gelernt sein. Der nicht an mikroskopisches Sehen Gewöhnte sieht beim Vorführen von Präparaten unter dem Mikroskop oft nichts oder, was noch schlimmer ist, ein falsches Bild. Nicht ganz unbedenklich scheint allerdings der in diesem Zusammenhang bisweilen hervorgehobene Umstand, daß ein Lichtbild „zumal auf den Laienrichter durchweg viel überzeugender wirkt als wissenschaftliche Ausführungen" (4). —

Die Wichtigkeit dokumentarischer Festhaltung der am Tatort zurückgelassenen Spuren, die oft durch den Einfluß der Witterung (Schneespuren!), durch Überlaufen usw., aber auch durch willkürliche Eingriffe (Auswaschen von Blutspritzern) unkenntlich werden, liegt auf der Hand: die Photographie leistet dabei dem Kriminalisten als Spurenkonservierungsmittel entscheidende Dienste. Auch bei der für die Aufklärung von Schußverletzungen so wichtigen Untersuchung der Einschußstelle auf Ablagerungen, die das eindringende Geschoß dort abgestreift hat (5), ist die Photo-

(1) Vgl. dazu Mezger-Heeß, Die Notwendigkeit der bildlichen Darstellung bei gerichtl. Schriftvergleichung, Zeitschr. f. Menschenkunde, 8. Jahrg., Heft **4**, Seite **245**.

(2) So empfiehlt Walcher, Blutuntersuchung, Seite **37**, die photographische Festlegung der Befunde bei der Blutgruppenbestimmung und bei der spektroskopischen Blutuntersuchung auf CO. Bei spektralanalytischen Untersuchungen ist die Festhaltung des Befundes im Lichtbild meist rätlich. Vielfach ist dabei die Benutzung der Photographie schon deshalb nötig, weil es sich um Spektren im unsichtbaren, ultravioletten Gebiete handelt (vgl. Seite **124**).

(3) Arch. f. Krim. **108**, **105**.

(4) Brüning, Handwörterbuch der Kriminologie, Artikel Photographie; Voigtländer-Dennstädt, Der Nachweis von Schriftfälschungen, Seite **3**.

(5) Dazu Pietrusky im Handbuch der biolog. Arbeitsmethoden, Abt IV, Teil 12, 2. Hälfte und unten Seite **134**.

graphie als Spurensicherungsmittel unentbehrlich. Derartige oft nur schwache Schmutzsäume werden natürlich (beim Leichentransport, beim Verschicken der durchschossenen Kleidung) leicht verwischt. Ihre Feststellung und einwandfreie photographische Fixierung muß daher sofort bei der ersten Besichtigung erfolgen (1).

Über Photographieren von Pneumatikspuren hat Heindl im Arch. f. Krim. **91**, 56 berichtet. Über Fußspurenphotographie vgl. etwa Hesselink, Arch. f. Krim. **77**, 241 (Millinger Doppelmord). Über Fußsohlenpapillarlinien und ihre Photographie vgl. Arch. f. Krim. **16**, 73 und **104**, 169. Die Fußabdrücke sind besonders in tropischen Gegenden, wo die Eingeborenen barfuß gehen, ein wichtiges Überführungsmittel: in Colombo auf Ceylon hat man eine Fußabdrucksammlung eingerichtet.

Die Photographie von Blutspuren im Schnee, die sich rasch verändern (2), ist unentbehrlich zur Spurensicherung. Ebenso wird durch Photographie der verschmutzten Schuhe eines Brandstifters der Indizienbeweis dafür gesichert, daß er nicht auf glatter Straße, sondern über ein lehmiges Feld gelaufen ist (3). Die Photographie von Schmauchspuren oder für die benutzte Feuerwaffe kennzeichnenden, leicht verheilenden Verletzungen an der Schießhand sichert diese wichtigen Beweise (4). Zur Spurenkonservierung dient die Photographie auch bei der Sichtbarmachung von Fingerabdrücken durch Joddämpfe: die so sichtbar gemachten Spuren verschwinden nach kurzer Zeit, müssen also photographiert werden (5). Ganz allgemein sind ja Fingerabdrücke nicht lange haltbar; Abdrücke von Menschen mit „fettiger" Haut sind dauerhafter, während Abdrücke, die im wesentlichen aus Schweiß bestehen, rascher verschwinden (6).

Auf die Photographie der wichtigsten Tatortspuren, der Fingerabdrücke, soll etwas näher eingegangen werden.

Das Standardwerk für alle mit der Daktyloskopie zusammenhängenden Fragen ist das Buch von R. Heindl, System und Praxis der Daktyloskopie (3. Aufl., 1927); es behandelt das Gebiet nach dem damaligen Stande erschöpfend (7).

Anwendung findet in der Daktyloskopie die Photographie zunächst zur Herstellung der Lichtbilder von Fingerabdrücken, falls die daktyloskopierte Person nicht mehr in behördlichem Gewahrsam ist. Heindl beschreibt (a.a.O., Seite 188 ff.) die von der Dresdner Kriminalpolizei angewandte Methode. Man hat auch vorgeschlagen, Kunstwerkfälschungen dadurch zu verhindern, daß der Künstler am Kunstwerk seinen Fingerabdruck anbringt, der dann durch

(1) W. Lüdke, Ein Beitrag zur Beurteilung von Schußverletzungen, Polizei-Praxis, 2. Jahrg. (1948), Seite 45.

(2) Schwarzacher, Dtsche Zeitschr. f. d. ges. gerichtl. Medizin, Band 31 (1939), S. 213.

(3) W. Specht, Der naturwissenschaftlich-kriminalistische Indizienbeweis in der Brandermittlung, Dtsche Zeitschr. f. d. ges. gerichtl. Medizin, Band 29, Seite 203.

(4) M. Zwingli, Arch. f. Krim. **108**, 1.

(5) Das Verfahren der Sichtbarmachung latenter Fingerabdrücke auf Papier durch das Jodverfahren ist besonders deshalb wertvoll, weil es im Gegensatz zu den anderen Verfahren (z. B. dem Höllensteinverfahren usw.) auch bei Mißlingen die Spur nicht vernichtet. Vgl. dazu neuestens Heindl, Dauerhafte Jodogramme, in der Kriminalistischen Rundschau, 1. Jahrg. (1947) Heft 7. Über chemische Fixierungsmethoden vgl. etwa Datow, Arch. f. Krim. **110**, 105.

(6) Dazu Horschler, Arch. f. Krim. **113**, 80.

(7) Vgl. neuerlich auch Heindl-Locard, Unveränderlichkeit der Papillarzeichnung, Arch. f. Krim. **101**, 1 und H. Schneickert, Der Beweis durch Fingerabdrücke, 2. Aufl., Jena 1943, Seite 17ff. Über Fingerabdrücke auf der Haut vgl. Arch. f. Krim. **107**, 101.

vergrößertes Photogramm mit einem hinterlegten Fingerabdruck jederzeit verglichen werden kann (1).

Schwieriger sind Aufnahmen von mehr oder weniger deutlich erkennbaren Fingerabdrücken am Tatort. Es gibt dafür Spezialapparate, von denen Heindl (2) einige beschreibt.

Er steht ihnen im allgemeinen skeptisch gegenüber (3) und bemerkt (a. a. O. Seite 254): „Man ist in Dresden auf Grund mehrjähriger Erfahrung zu der Ansicht gekommen, daß eine gewöhnliche Reproduktionskamera vollständig genügt. Getrennt von dieser, aber auch getrennt vom Objektträger (einem Reißbrett) wird als Lichtquelle eine Ewonlampe benutzt. In den weitaus meisten Fällen wird sogar mit gewöhnlichem Tageslicht photographiert. Eine besonders praktische Vereinfachung des ganzen Verfahrens wird im Dresdner Erkennungsdienst dadurch erzielt, daß man an Stelle der lichtempfindlichen Platte ein Bromsilberpapier in die Kassette legt und direkt auf das Papier photographiert. Dadurch wird nicht nur die photographische Platte, sondern auch das Kopieren erspart und vor allem erhält man sofort schwarze Papillarzeichnungen auf weißem Grunde. Bei Aufstellung der Lampe muß beachtet werden, daß sie der optischen Achse der Kamera möglichst nahe gebracht wird, damit die Lichtstrahlen gut in das Objektiv reflektiert werden".

Welchen Winkel das Licht mit dem den Fingerabdruck tragenden Objekt bilden soll, ist von Fall zu Fall verschieden; man muß probieren. Fingerabdrücke auf Glas sind oft bei seitlicher Beleuchtung am besten sichtbar, wie man an jeder Glasscheibe beobachten kann. Es wird daher empfohlen (4), die mit dem Fingerabdruck behaftete Glasseite „einem schwarzen Sammethintergrunde zuzukehren, vor dem die Glasscheibe in etwa 30 cm Abstand senkrecht aufgestellt wird. Man sorgt nun dafür, daß alles Licht zwischen Hintergrund und Glasscheibe abgedichtet wird. Dann öffnet man unmittelbar an der Glasscheibe seitlich (auf nur einer Seite) oder oben einen schmalen Spalt, durch welchen das Licht gewissermaßen parallel zur Glasplatte längs der die Fingerabdrücke tragenden Seite entlang streichen kann. Der Aufnahmeapparat wird so aufgestellt, daß die optische Achse des Objektivs senkrecht auf die Mitte der Glasscheibe trifft. Man dichtet auch möglichst alles Licht zwischen Objektiv und Glasscheibe ab, direktes Seitenlicht darf jedenfalls nicht auf die Vorderlinse des Objektivs gelangen."

Brüning (5) hat eine neue Fingerabdruckreproduktionskamera angegeben. Er hat weiter (6) eine Apparatur beschrieben (DRP. 524235), die zur photographischen Abbildung zylindrischer Oberflächen aller Art geeignet ist (7); sie kann also auch bei der Photographie von Finger-

---

(1) Heindl, Daktyloskopie, Seite 485 und Arch. f. Krim. **56**, **331**. Auf Ölgemälden finden sich regelmäßig infolge der Technik des Farbauftrags Fingerabdrücke des Künstlers. Es sind uns daher die Fingerabdrücke z. B. Michelangelos bekannt und es gelingt durch Vergleich der Fingerabdrücke mitunter die Echtheitsprüfung von Gemälden.

(2) Vgl. auch Paul im Arch. f. Krim. **36**, 255.

(3) Die von Ledden-Hulsebosch im Arch. f. Krim. **76**, 147 beschriebene Spezialkamera beschreibt Heindl a. a. O., Seite 370ff. Er hält diese Apparatur offenbar für zweckmäßig. Vgl. auch Umschau, 1927, Seite 73 (Spezialkamera, konstruiert von G. W. Blum, amtl. Photograph des Polizeiamtes zu San Franzisko).

(4) „Der Photograph", Nr. 41 vom 21. Mai 1920.

(5) Arch. f. Krim. **86**, 67.

(6) Arch. f. Krim. **88**, 116.

(7) Wurde hergestellt von der Firma W. Bermpohl, Berlin-Glienicke. Auch die Fa. Goerz hat ein Patent auf einen photographischen Apparat für Daktyloskopie erhalten (DRP. 432240). Vgl. auch das Referat von Lorenz (Innsbruck) in der Dtschen Zeitschr. f. d. ges. gerichtl. Medizin, Band 1, 253 über einen Vortrag G. Falcos (Apparecchio per rilievi fotografici di impronte papillari; Soc. med., Roma, 25. II. 1918, Zacchia, 1. Jahrg. [1921], Nr. 3, Seite 81).

abdrücken etwa auf Wassergläsern, Flaschen usw. Verwendung finden. Der Gegenstand wird dabei dauernd um seine Längsachse gedreht, wobei aneinanderanschließende Aufnahmen gemacht werden. Hoßfeld hat sich beim Photographieren von alten ägyptischen Siegelzylindern dadurch geholfen, daß er die Zylinder auf Ton abgerollt und dann den ebenen Abdruck photographiert hat (1).

Nebenher sei hier bemerkt, daß man Fingerabdrücke auf Metallunterlagen im allgemeinen mit dem Elektronenemissionsmikroskop sichtbar machen und auf der Platte oder dem Film im Bilde festhalten kann: das den Fingerabdruck tragende Metallstück dient dabei in bekannter Weise als Glühkathode. J. Pohl hat schon **1934** derartige Aufnahmen veröffentlicht (2).

Bei glänzenden Gegenständen (Glas usw.) tritt oft störende Spiegelung auf, die man, weil die gespiegelte Strahlung mehr oder weniger polarisiert ist, durch Aufstecken eines Polarisationsfilters weitgehend abdämpfen kann (3). Zeiss stellt jetzt das „Bernotar" her, ein Polarisationsfilter, bei dem eine schwach graugrüne Herapathit-Schicht (4) nach F. Bernauer zwischen zwei planparallelen Glasplatten eingekittet ist (5). Die Durchlässigkeit beträgt für weißes Licht etwa 40%, so daß also 2- bis 3fache Belichtungsverlängerung nötig wird. Natürlich versagt die Methode, wenn nicht einigermaßen exakt lineare Polarisation vorliegt, die nach dem Brewsterschen Gesetze vom Einfallwinkel abhängt, der für jedes spiegelnde Material verschieden ist. Metallflächen reflektieren allerdings das auffallende Licht unter keinem Winkel einigermaßen linear polarisiert. Man muß sie daher bereits mit polarisiertem Lichte beleuchten und kann dann durch Aufstecken des Bernotars die störende Spiegelung merklich dämpfen.

Über Kunstgriffe beim Photographieren feuchter und glänzender Organe berichtet Brigge in der Zeitschrift f. Infektionskrankheiten d. Haustiere, Band 26. Werkgartner (6) empfiehlt, bei Photographie frischer, der Leiche entnommener Eingeweide die oft auftretenden störenden Glanzlichter dadurch zu beseitigen, daß man die Präparate vor der Aufnahme langsam mit flüssigem Paraffin überschichtet, wobei die Glanzlichter völlig verschwinden. Es entsteht zwar an Falten und Kanten ein zarter, silbriger Glanz, der jedoch nicht stört, sondern die plastische Wirkung erhöht. Paraffin bewährt sich deshalb sehr gut, weil in ihm das austretende Blut nicht gelöst wird, also keine Trübung oder Verfärbung der klaren Flüssigkeit eintritt: die am Boden sich sam-

---

(1) Phot. Rundschau **1916**, Seite **141.**

(2) Zeitschr. f. techn. Physik **15** (1934), **579.**

(3) Über die Verwendung von Polarisationsfiltern und von polarisiertem Licht in der modernen wissenschaftlichen Photographie berichtet zuletzt zusammenfassend M. Haase im „Ergänzungswerk" zum Handbuch der wissenschaftlichen und angewandten Photographie, Band 1 (Verlag Springer, Wien **1943**). Über Farbenphotographie (Mikroaufnahmen) im polarisierten Lichte mit dem Agfa-Colorfilm vgl. P. A. Thiessen und C. Stüber in der Zeitschr. f. angew. Photographie, 1. Jahrg. (**1939**), Heft **1**, Seite 2ff.

(4) Herapathit, eine Chinin-Jod-Verbindung, ist schon seit über 100 Jahren als Polarisator bekannt. Erst vor etwa 10 Jahren sind aber in Deutschland und Amerika verschiedene Verfahren ausgearbeitet worden, um Herapathit mit erträglichen Kosten in solche Formen und Größen zu bringen, daß seine Anwendung auch der allgemeinen Fach- und Liebhaberphotographie zugänglich geworden ist. — Die Bernotarfilter der Fa. Carl Zeiss (früher „Herotar" genannt) sind ausführlich beschrieben in den Zeiss-Nachrichten 2 (1934), Seite 55, 64; vgl. ferner M. Haase, Zeitschr. f. techn. Physik **18** (1937), Seite 69.

(5) Als gekittete Filter sind die Bernotare gegen Stoß und Fall empfindlicher als Massivfilter. Da sie auch durch höhere Temperaturen gefährdet werden, sollen sie nicht unnötig der direkten Sonnenbestrahlung — außer natürlich im Gebrauch — ausgesetzt werden.

(6) Zentralblatt f. allg. Pathologie und pathologische Anatomie **50** (1931), Seite 375.

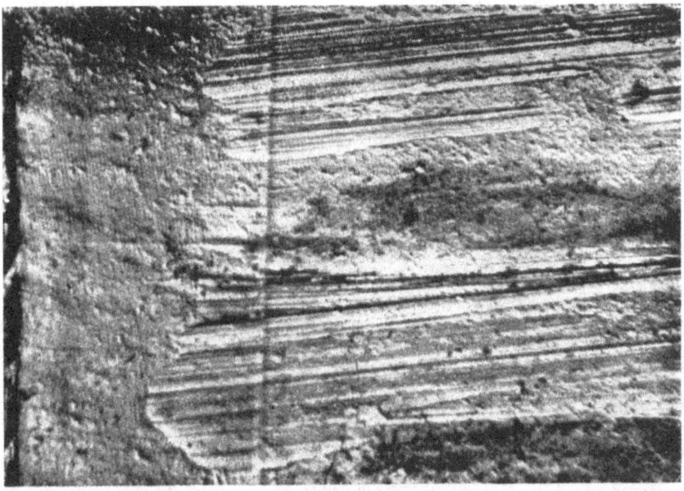

Abb. 25.

Geschoßidentifizierung durch Spurenvergleich mit dem Vergleichsmikroskop. Das Relief der Geschoßoberflächen wurde auf Kollodiumhäutchen abgeprägt, die dann mit der „Leica" im *durchfallenden* Lichte mikrophotographiert wurden.
(Nach G. Bohne, Arch. f. Krim. **107,** 109.)

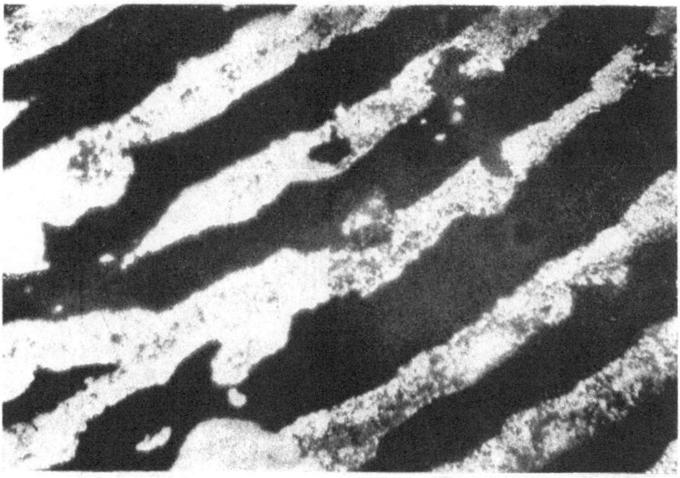

Abb. 26.

Mikrophotographischer Vergleich zweier Porenabdrücke auf Glas *im Dunkelfeld* mit dem Vergleichsmikroskop.
(Nach G. Bohne, Arch. f. Krim. **108,** 73.)

Abb. 27.
Apparatur zur spektralen Zerlegung ultravioletter Strahlung (Carl Zeiss, Jena).

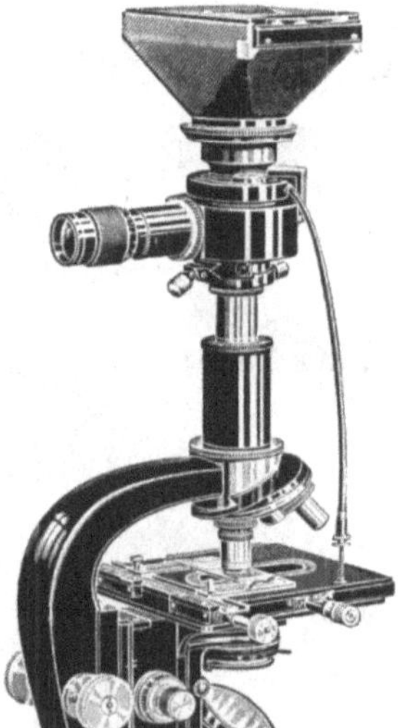

Abb. 28. „Miflex“ mit Einstellfernrohr. Etwa $^1/_6$ natürliche Größe.

melnden Bluttropfen können durch Dekantieren leicht gereinigt werden, so daß die Lösung wiederholt verwendbar ist.

Zur Sichtbarmachung durchsichtiger Spuren auf durchsichtigem Untergrunde hat Karsten (1) mit Erfolg die Toeplersche Schlierenmethode angewandt. Es glückte ihm damit, vorzügliche Aufnahmen von Fingerabdrücken auf Glas ohne Veränderung des Objektes herzustellen.

Mitunter stehen nur mikroskopisch kleine Teilspuren von Fingerabdrücken zur Verfügung. Ihre Identifizierung ist besonders schwierig, wenn es sich um Abdrücke auf Glasflächen handelt. Hier hilft, vorausgesetzt, daß es sich um ebene Glasflächen als Träger handelt, das Arbeiten mit durchfallendem Licht im mikroskopischen Dunkelfeld (2) oft weiter: es können damit völlig unbehandelte, d. h. also weder chemisch angefärbte noch bestäubte Fingerabdrücke gut photographiert werden. Gerade in diesen Fällen, in denen nur kleine Teile des Papillarlinienbildes zur Verfügung stehen bzw. — wie das bei Fingerabdrücken auf Glas nicht selten vorkommt — lediglich ein sehr kleiner Teil des an sich umfangreicheren Abdrucks für die Vergleichung brauchbar ist und eine Identifizierung daher nur durch den Vergleich der Porenformen gelingt, ist Zuhilfenahme des Vergleichsmikroskopes wertvoll (3). Alle Methoden, die mit der Sichtbarmachung durch Farbstoffe mechanischer oder chemischer Art arbeiten, versagen bei dieser Identifizierung mit Hilfe der Porenform, weil dadurch die feinen Konturen der Poren gar nicht oder nur stark verwischt dargestellt werden können. Bei Aufnahmen mit Hilfe des Vergleichsmikroskops verfährt man so, daß der Teil des Glases, auf dem sich die Spur befindet, herausgeschnitten und auf den einen Objekttisch gebracht wird, während man auf dem anderen Objekttisch einen Objektträger befestigt, der den entsprechenden Fingerabdruck der verdächtigen Person trägt. Man arbeitet mit durchfallendem Licht und erzielt den Dunkelfeldeffekt in bekannter Weise durch geeignete Neigung des Spiegels zur Lichtquelle. Die gleiche Helligkeit beider Bilder erreicht man durch entsprechende Abblendung der Objektive. Abgesehen von der Wichtigkeit des Verfahrens auf dem Gebiete der Poroskopie sind derartige Vergleichsaufnahmen ein besonders instruktives Mittel der Darstellung; die Demonstration solcher Vergleichsphotogramme vor Gericht ist außerordentlich überzeugend (4). Abb. 26 zeigt ein Beispiel. Mitunter passen die beiden Halbbilder nicht aneinander, weil sie infolge verschiedenen Druckes des Fingers beim „Abrollen" maßstäblich verschieden sind. In gewissen Grenzen kann man sich dann durch Betätigung der Feinabstimmschraube nach Art des von Heeß angegebenen, oben auf Seite 44 beschriebenen Verfahrens helfen.

Bei der kriminalistischen Spurensuche benutzt der Sachverständige oft nicht das Mikroskop, sondern die Lupe. Gerade der Gerichtsmediziner untersucht viel mit der Lupe. Es ist daher die Anfertigung von Lupenauf-

(1) Arch. f. Krim. **101**, 71 (Mikrophotographie).

(2) Dunkelfeldbeleuchtung kommt so zustande, daß Licht, dessen Richtung an der Öffnung des Mikroskops vorbeiführt, dadurch in das Objektiv gelangt, daß es an solchen Stellen des Untersuchungsgegenstandes abgebeugt wird, die sich allein durch ihre optischen Konstanten vom umgebenden Medium unterscheiden.

(3) Dazu Bohne, Zeitschr. f. Mikroskopie **53**, **249**; Arch. f. Krim. **102**, **147** und **108**, **73**.

(4) Bohne, Arch. f. Krim. **108**, **71**. Eine einfache Apparatur zur Benutzung des Vergleichsmikroskops für durchfallendes Licht beschreibt Bohne im Arch. f. Krim. **107**, 109.

nahmen — d. h. also von Aufnahmen, die zwischen Aufnahmen mit normaler Brennweite und Mikroskopaufnahmen stehen — für die Kriminalistik sehr wichtig. Derartige Photogramme lassen sich gut mit Kleinbildkammern unter Verwendung der Lupenaufnahmegeräte machen. Es zeigt sich dabei oft, daß der Sachverständige Einzelheiten, die an sich bereits bei visueller Betrachtung mit der Lupe sichtbar sind, erst auf dem Photogramm, das er ruhig durchmustern kann, entdeckt bzw. richtig auswertet. So berichtet F. Beil (1) über einen Fall, bei dem es sich um die Untersuchung der im Walde aufgefundenen Leichenreste eines seit 1½ Jahr abgängigen Mädchens handelte. Der Sachverständige fand am dritten Halswirbel des nahezu skelettierten Leichnams bei Untersuchung mit der Lupe verdächtige, auf Halsschnitte hindeutende Spuren. Ihre genaue Zahl und Schnittführung zeigte aber erst die Lupenaufnahme. Ebenso deckte in einem anderen Falle, bei Untersuchung von Stichverletzungen durch Brustwand und Herz, erst die Lupenaufnahme in verschiedensten Vergrößerungen dem Sachverständigen die Zusammenhänge auf und ermöglichte die Kombinationen, durch die auf die Ausführung der Tat geschlossen werden konnte. Nach der Art der Schnitte war Selbstmord ausgeschlossen und der Verdächtige gestand, als man ihm den auf Grund der Lupenphotographien rekonstruierten Hergang der Tat auf den Kopf zusagte, den Mord. Auch sonst, bei Untersuchung verdächtiger Urkunden auf Radierungen usw., bei Fingerabdrücken zur deutlicheren Wiedergabe der Papillarlinien, bei schwach ausgeprägten Kratzspuren zur Unterscheidung von ähnlichen Verletzungen, ist die Zuhilfenahme der Lupenphotographie für die Aufklärung selbst oft wichtig.

f) Vergleich von Formen durch das Lichtbild.

Die Photographie ermöglicht oft den einfachen und exakten Vergleich von Formen. Das Problem taucht insbesondere bei der Untersuchung von Urkunden auf.

Die Vergleichung von Formen wird häufig z. B. bei der Schriftbegutachtung dadurch erschwert, daß die in den zu vergleichenden Schriftstücken vorkommenden gleichartigen Buchstaben oder Worte vom Auge nicht aus ihrer meist ganz verschiedenen Anordnung und Umgebung herausgelöst und für sich allein klar miteinander verglichen werden können. In solchen Fällen fertigt man Lichtbilder der interessierenden Elemente in geeignetem Bildmaßstabe an und kann diese dann nebeneinander legen. Bei solcher unmittelbarer Gegenüberstellung erkennen wir viel leichter Übereinstimmung und Unterschiede, als wenn unser Auge die Formen erst aus dem Text herauslösen und über größere Entfernungen hinweg miteinander vergleichen muß.

Wichtige Dienste leisten bei dem Vergleiche von Formen auch die im einzelnen unterschiedlichen Verfahren der „Photomontage". Grundsätzlich kann man dabei entweder so verfahren, daß man die beiden zu vergleichenden Schriftzüge photographiert und dann die Negative oder Diapositive übereinander kopiert (2). So gelingt z. B. mitunter der Nachweis von Pausfälschungen, die recht raffiniert (mit Gelatinefolien usw.) ausgeführt

(1) „Das Lupengerät i. d. gerichtl. Medizin", Photographie und Forschung, Band 2, Heft 2 (Juni 1937).

(2) Beispiel bei Mayer, Schriftuntersuchung, Seite 516. Vgl. auch Harder-Brüning. Die Kriminalität bei der Post, Seite 47 ff.; Voigtländer-Dennstädt, Seite 109 ff.; Osborne-

werden, indem man auf photographischem Wege die völlige Übereinstimmung der Fälschung mit ihrem „Vorbilde" nachweist. Oft taucht bei Schreibmaschinenschrift die Frage auf, ob eine verdächtige Schriftstelle von einer bestimmten, dem Sachverständigen zur Verfügung stehenden Schreibmaschine stammt. Man photographiert dann die verdächtige Schriftstelle und einen auf der in Frage kommenden Schreibmaschine in ganz gleicher Weise geschriebenen Text, vergrößert die Negative auf das etwa 5- bis 7fache und kopiert diese Negative unter sauberem Auflegen eines feinen quadratischen Netzes: mittels dieses „überkopierten Rasters" läßt sich nun Schriftgröße, Buchstabenabstand, Linienverlauf usw. leicht vergleichen (1). Es muß bei derartiger „Photomontage mittels Einkopierung einer Rauteverteilung" allerdings beachtet werden, daß das Aufkopieren des Rasternetzes nicht das Bild verunklart und die gesuchten Einzelheiten verdeckt. Die Sache liegt übrigens nicht so einfach: Fehlerquellen ergeben sich insbesondere daraus, daß Typendeformitäten und Typendrehungen durch Unregelmäßigkeiten der Walze und durch Verschiebung des Schreibpapiers vorgetäuscht werden. Tatsächlich vorhandene Typendeformitäten können anderseits bei besonders starkem Anschlag verwischt werden, kommen mitunter aber bei den Durchschlägen zum Vorschein. Umgekehrt sind dagegen bei schwachem Anschlag die Typendeformitäten nur auf dem Original, nicht auf den Durchschlägen, sichtbar. Bei Untersuchung von Schreibmaschinenschriften muß daher immer auf die Konstanz etwaiger Typenveränderungen geachtet werden. Da sich das einer bestimmten Schreibmaschine eigene Schriftbild (der Buchstabenabstand, die Zeilengradheit usw.) beim Gebrauch mehr oder weniger verändert, gelingt auf dem vorbezeichneten Wege mitunter auch die Klärung der Frage, wann ein Schreibmaschinentext niedergeschrieben worden ist: weist das Schriftbild neben charakteristischen, konstant gebliebenen Eigenheiten (abgebrochenen Buchstabenecken usw.) Verschiedenheiten vom derzeitigen Schriftbilde der fraglichen Schreibmaschine auf, so läßt das darauf schließen, daß der zu untersuchende Schrifttext früher gefertigt worden ist (2). Auf ungefähre Gleichzeitigkeit der Niederschrift zweier Schriftstücke wird man dagegen bei Übereinstimmung des Schriftbildes schließen können, falls nicht die Maschine in der Folgezeit herumgestanden hat und daher eine Veränderung ihres Schriftbildes nicht eingetreten ist.

Diese hier an einigen Beispielen erörterten Möglichkeiten einfacher und exakter Vergleichung von Formen durch die Photographie sind für die Kriminalistik allgemein sehr wichtig. Bekanntlich leiden viele Menschen an „Formenblindheit"; sie können Formen, die z. B. in zwei zu vergleichenden

---

Schneickert, Der technische Nachweis von Schriftfälschungen, Seite **134**; Urban, Kompendium, Seite 128ff.; Dück im Arch. f. Krim. **76**, **115** und Ruml, Arch. f. Krim. **95**, **216**,

Bei der Urkundenphotographie findet übrigens auch jetzt noch gelegentlich das nasse Kollodiumverfahren Anwendung, weil gerade hier die feine Wiedergabe der Konturen wichtig werden kann, die dieses Verfahren infolge der geringen Schichtdicke („Einkornschicht") bietet (Vermeidung des Diffusionslichthofes).

(1) Osborne, Questioned documents, 2. Aufl.; Tirion in Photographie und Forschung, Band 3, Heft 3, Seite 91 (Dezember 1939). Eine Systemfeststellung ist nur noch selten möglich, weil die Schreibmaschinentypen in besonderen Typenfabriken und nicht mehr in den Schreibmaschinenfabriken hergestellt werden: Müller, Arch. f. Krim. **108**, 79.

(2) Natürlich wird dabei als bewiesen vorausgesetzt, daß die Maschine in der Zwischenzeit entsprechend benutzt und dadurch abgenutzt worden ist!

Schriftstücken vorkommen, nicht miteinander vergleichen, weil sie in dem kurzen Augenblick, in dem ihre Augen vom einen zum anderen Schriftstück wandern, die Einzelheiten und das Charakteristische der zu vergleichenden Schriftzüge vergessen. Hier ist das Lichtbild in der angedeuteten Weise ein wertvolles Hilfsmittel für die Demonstration vor Gericht und für die Untersuchung durch den Sachverständigen selbst.

Daß bei Prüfung von Schriftzügen oft einfache Vergrößerung oder Verkleinerung (1) den Vergleich von Anordnungen und Formen erleichtert, ist bereits a. a. O. (Seite **14**, 80) ausgeführt worden.

g) Lumineszenzphotographie und Photographie von Chemielumineszenz.

aa) Lumineszenzphotographie (Anregung der Leuchterscheinung durch elektromagnetische Strahlung).

α) Allgemeines.

Voraussetzung für die visuelle Wahrnehmung irgendwelcher Einzelheiten am Untersuchungsgegenstand sind für das Auge erkennbare Farbunterschiede oder Helligkeitsdifferenzen. Ist diese Voraussetzung nicht gegeben, so gelingt es bisweilen, sie dadurch zu schaffen, daß man die Eigenschaft vieler Stoffe benutzt, bei Bestrahlung mit ultravioletten oder auch sichtbaren elektromagnetischen Wellen (2) sichtbares Licht (3) als Eigenstrahlung auszusenden, zu „lumineszieren". Die Lumineszenz kann in allen Farben auftreten, jedoch kommen bei Anregung mit Ultraviolett weiße, violette und blaue Farbtöne am häufigsten vor.

Im kriminalistischen Schrifttum wird vielfach kein strenger Unterschied gemacht zwischen Phosphoreszenz, Fluoreszenz und Lumineszenz; die Veröffentlichungen sprechen meist von „Fluoreszenzphotographie", ohne damit kritisch die sehr schwierige Frage anrühren zu wollen, ob die fraglichen Leuchterscheinungen tatsächlich Fluoreszenzen oder Phosphoreszenzen sind. Im heute üblichen physikalischen Wortgebrauche, dem sich die Kriminalistik anschließen sollte, ist Lumineszenz der Oberbegriff, Phosphoreszenz die Leuchterscheinung mit (merkbarem) Nachleuchten, Fluoreszenz die Leuchterscheinung ohne Nachleuchten. Die Unterscheidung ist aber umstritten, die Abgrenzung ist unscharf und vom physikalischen Standpunkt aus willkürlich (4). Tatsächlich werden die meisten Fälle, in denen die Lumineszenz kriminalistisch interessiert, Fluoreszenzen sein.

---

(1) Barbieri in Phot. Korr. **32**, **277**; Mayer, Schriftuntersuchung, Seite **513**; Urban, Kompendium, Seite **80**ff.; Mager, Schriften- und Urkundenfälschung, Seite **50**; Dück, Arch. f. Krim. **67**, **247**.

(2) Die eingestrahlte Strahlung muß natürlich von dem betreffenden Stoffe absorbiert werden: „lux non agit nisi absorpta"! Über kriminalistisch interessierende Lumineszenzerregung durch Kathodenstrahlen vgl. Kögel, Arch. f. Krim. **86**, **94**.

(3) Meist tritt neben der sichtbaren Lumineszenz noch eine photochemisch sehr wirksame unsichtbare, im Ultraviolett liegende, auf. Die Photographie von Fluoreszenzerscheinungen, die vollständig im Ultraviolett liegen, bereitet vielerlei Schwierigkeiten (Einstellung usw.!); grundsätzlich gilt dafür das Nachstehende. Während bisher der Nachweis dieser unsichtbaren, im Ultraviolett liegenden Fluoreszenz lediglich spektrographisch erfolgte, hat kürzlich Langenbruch unter Verwendung geeigneter Filter photographische Aufnahmen unsichtbarer Fluoreszenz gemacht. Er berichtet darüber ausführlich im Arch. f. Krim. **108**, 105, wo auch seine Photogramme veröffentlicht sind. Systematisch gehört diese Methode, da bei ihr lediglich unsichtbare Strahlen wirksam sind, zu Kapitel II (unten Seite 107); es soll aber des physikalischen Zusammenhanges halber hier bereits darauf hingewiesen werden.

(4) Vgl. dazu etwa P. Pringsheim, Fluoreszenz und Phosphoreszenz, 3. Auflage, 1928 (= Struktur der Materie, Band 6), Seite 155 und N. Riehl, Physik und technische Anwendungen der Lumineszenz, Seite 3.

Bei der Lumineszenz wird also die auf den Gegenstand auffallende Strahlung zum Teil in eine für den betreffenden Stoff spezifische „Eigenstrahlung" umgewandelt und die Differenzierung gelingt dann, wenn die am Untersuchungsobjekt interessierenden Einzelheiten verschieden von ihrer Umgebung leuchten bzw. wenn nur die Umgebung oder nur die aufzudeckenden Einzelheiten lumineszieren und sich dadurch eben abheben: im gewöhnlichen Lichte gleichgefärbte und kaum unterscheidbare Dinge können also im Lumineszenzbilde ganz verschieden aussehen. Sind die Objekte nicht in dieser Weise „selbstdifferenzierend", so kann man mitunter durch chemische Behandlung eine Differenzierung herbeiführen. Kögel hat darüber im Sitzungsberichte der Heidelberger Akademie der Wissenschaften vom 13. Mai 1918 grundlegend berichtet (1); er nennt das Verfahren „unsichtbare Anfärbung". Mayer (Schriftuntersuchung, Seite 481) empfiehlt diesen Weg, der natürlich stets einen Eingriff in die Integrität des Untersuchungsgegenstandes bedingt, nicht.

Vielfach wird zwischen Lumineszenzerregung durch „auffallende" und „durchfallende" elektromagnetische Strahlung unterschieden. Die Formulierung ist irreführend, irgendwelcher physikalisch bedeutsame Unterschied besteht nicht. Denn stets erfolgt die Lumineszenzerregung durch denjenigen Teil der Strahlung, der absorbiert wird, das Schicksal der Reststrahlung ist für den Erregungsvorgang gleichgültig. Bei lichtdurchlässigen Objekten kann man aber die Lumineszenzerscheinungen auch von der anderen Seite her beobachten, was in der Mikroskopie Bedeutung erlangt. Die sog. „Lumineszenz durch durchfallende Strahlung" spielt deshalb eine Rolle insbesondere für die Lumineszenzmikroskopie biologischer Objekte, sie setzt entsprechend behandelte Präparate (Dünnschnitte) voraus. Kriminalistisch interessiert dieser Weg, der daher im folgenden nur bei Besprechung der Lumineszenzmikrophotographie kurz gestreift wird, wenig.

Der Wert der Lumineszenzphotographie liegt nun regelmäßig darin, einen Befund festzuhalten, der bereits visuell erkannt worden ist, soweit es sich nicht um Lumineszenz handelt, die im ultravioletten Gebiete liegt und unsichtbar ist. Es wird also durch die Photographie ermöglicht, das Untersuchungsergebnis den Prozeßbeteiligten bequem demonstrieren zu können und es dokumentarisch zu sichern. Kögel hat aber mit Recht mehrfach betont, wie bedenklich die Abgabe eines Gutachtens lediglich auf Grund der visuellen Betrachtung der Lumineszenzerscheinung ohne photographische Fixierung ist (2). Schon bei blauer oder violetter Lumineszenz ist ferner die Leuchterscheinung für unser Auge oft nur schwer sichtbar, während sie auf der lichtempfindlichen Schicht infolge deren großer Empfindlichkeit für kurzwelliges Licht und weil die lichtempfindliche Schicht auf Belichtungen reagiert (3) und nicht, wie das Auge, auf Beleuchtungen, in allen Einzelheiten auch bei geringer Leuchtstärke festgehalten wird. Auch hier überschneiden sich also die Grenzen der Anwendung der Photographie als Spurensicherungsmittel und als Spurensuchmittel häufig.

---

(1) Sitzungsberichte der phil. hist. Klasse, XXXVII/14. Die Biologen unterscheiden in diesem Sinne primäre und sekundäre Fluoreszenz und verstehen unter primärer Fluoreszenz oder „Eigenfluoreszenz" das Leuchten unbehandelter, chemisch nicht vorbereiteter Präparate, während sekundäre Fluoreszenz dann vorliegt, wenn nicht fluoreszierende Objekte nach „Färben" mit sog. Fluorochromen leuchten: vgl. etwa M. Borst und H. Königsdörffer, Untersuchungen über Porphyrine (Verlag von S. Hirzel, Leipzig **1929**) und Haitinger, Fluoreszenzmikroskopie (Leipzig **1938**). Erstmalig hat wohl S. v. Prowazek derartige „Färbemethoden" angewandt (S. v. Prowazek, Die Fluoreszenz der Zellen, in „Die Kleinwelt", 6. Jahrg. **1914**, Seite 30, 37).

(2) Auch Langenbruch fordert stets Festhaltung der Lumineszenz im Lichtbild: Arch. f. Krim. **108**, 105.

(3) D. h. die Beleuchtungen summiert, vgl. vorn Seite 11, Anm. 2.

Sehr wertvoll ist es, daß man mit der Lumineszenzanalyse, soweit nicht „unsichtbare Anfärbung" erfolgt, den Gegenstand untersuchen kann, ohne ihn zu verändern. Im Einzelfall kann allerdings bei photographischer Festhaltung der Lumineszenzerscheinungen (1) durch intensive, langdauernde Ultraviolettbestrahlung, die wegen der langen Belichtungszeiten nötig wird, eine Ausbleichung des Untersuchungsobjektes (vgl. Abb. 31h mit 31d) eintreten; über einen solchen Fall hat Langenbruch (2) berichtet. Derartige Ausbleichung, die Langenbruch später zur Wiederlesbarmachung verbrannter Tintenschriften benutzt hat (3), erfolgt jedoch gewöhnlich nur für bestimmte Wellenlängenbereiche. Bei Wechsel der zur Anregung benutzten Wellenlängen treten daher oft Lumineszenzerscheinungen wieder auf (4). Jedenfalls ist stets zu beachten, daß die Konstanz der Lumineszenzerscheinungen nicht unbedingt gewährleistet ist. Es ist daher bei Bestrahlung mit UV immer Vorsicht am Platze. Nach Möglichkeit soll eine Vielzahl von Bearbeitern am gleichen Objekt vermieden werden, damit dieses geschont wird und die nachfolgenden Sachverständigen müssen, falls sie mit der Arbeitsmethode ihres Vorgängers nicht dieselben Ergebnisse erhalten, stets prüfen, ob die Ursache dafür in der inzwischen erfolgten Ausbleichung des Untersuchungsgegenstandes liegen kann; sie müssen dann versuchen, dieser Vergilbung durch einen Wechsel der Methode (Erregung der Lumineszenz durch andere Wellenlänge) zu begegnen. Ganz falsch ist die wahllose Verwendung möglichst starker UV-Strahler, durch die die Gefahr der Ausbleichung des Untersuchungsgegenstandes heraufbeschworen wird: die Kunst ist vielmehr, mit der gerade noch ausreichenden Intensität zu arbeiten, um Schädigungen möglichst zu vermeiden.

Grundsätzlich kann das Lumineszenzleuchten auch durch Bestrahlen mit sichtbarem Lichte hervorgerufen werden. Ein bekanntes Beispiel dafür ist das rote Leuchten einer grünen Chlorophyllösung im auffallenden Tageslichte. Kriminalistische Bedeutung hat diese Lumineszenzerregung durch längere Wellen aber bisher nicht erlangt: regelmäßig bewirken auch nur die stärker brechbaren, energiereicheren violetten und ultravioletten Strahlen die Emission des Lumineszenzlichtes.

Bei fast allen Lumineszenzvorgängen werden nur Strahlen ausgesandt, die längerwellig oder höchstens gleichwellig mit dem erregenden Licht sind: Die Lumineszenzbanden verschieben sich regelmäßig nach dem weniger brechbaren Teile des Spektrums. Diese sog. „Stokessche Regel" (1852) erklärt sich durch den quantenhaften Charakter der Lichtstrahlung. In Ausnahmefällen kann allerdings die Lumineszenz einmal kurzwelliger als die anregende Strahlung sein (sog. „Antistokessche Linien"): dabei addiert sich zum absorbierten, erregenden Lichtquant noch ein Energiebetrag aus der Schwingungsenergie der Atome (5).

---

(1) Besonders wenn es sich um Photographie unsichtbarer, ultravioletter Lumineszenz handelt, wobei mit kürzerwelligem (energiereicherem) UV bestrahlt wird! Vgl. darüber unten Seite 124.

(2) Langenbruch, Arch. f. Krim. **108**, 105. Vgl. auch Arch. f. Krim. **114**, 1.

(3) Arch. f. Krim. **114**, 1. Die Sache beruht darauf, daß in geeigneten Fällen durch intensive UV-Bestrahlung der Schriftträger (das verkohlte Papier) im Gegensatz zu dem unsichtbaren Tintenschriftzug „ausgebleicht" wird, so daß also die Lumineszenz der Tintenschrift deutlicher sich abhebt. Vgl. auch unten Seite 132.

(4) Langenbruch, Arch. f. Krim. **114**, 111; **108**, 105.

(5) Es bildet eben die absorbierte Quantenenergie zusammen mit der Translationsenergie (Wärmebewegung) der Atome einen gemeinsamen Energievorrat, der im Einzelfalle dazu verwandt werden kann, Anregungsstufen zu erreichen, die höher sind als die der absorbierenden Strahlung.

Da im folgenden vielfach die Probleme sauberer Filtrierung der Strahlung hereinspielen, sei hier beiläufig auf einige Bücher hingewiesen, die ganz allgemein die Fragen der für die wissenschaftliche Photographie so wichtigen Lichtfilter behandeln. Es handelt sich dabei regelmäßig um Absorptionsfilter in Gestalt von Flüssigkeitsfiltern, von gefärbten Gläsern (sog. „Massivfilter") oder von Gelatinefolien, die auch zwischen zwei planparallele Glasplatten gepreßt werden können. Über die Jenaer Dispersionsfilter nach Christiansen-Weigert vgl. unten Seite 88.

Eine allgemein verständliche Einführung bringt A. v. Hübl, Die Lichtfilter (Halle 1927).

Wissenschaftliche Darstellungen findet man, außer im Handbuch der wissenschaftl. und angewandten Photographie (insbes. im Beitrag von Meidinger Band 5, Seite 160), z. B. bei F. Weigert, Optische Methoden der Chemie, insbes. in Kap. III (Leipzig 1927) oder bei R. W. Wood, Physical Optics (New-York, Macmillan Co 1934).

Für das praktische Arbeiten im Laboratorium bringen die Bücher von N. Riehl, Physik und technische Anwendungen der Lumineszenz (Springer-Verlag Berlin 1941) auf Seite 20, 21 und von Fritz Schroeter, Glimmlampen, Glimmstrecken und ihre Schaltungen (Verlag von Hachmeister und Thal, Leipzig 1939) auf Seite 156, 157 Zusammenstellungen von Filterkombinationen zur Herstellung „monochromatischer" Strahlung im Bereiche von 3076 Å bis 8943 Å. — Nur die für das Arbeiten mit ultravioletter Strahlung bzw. für die Lumineszenzanalyse in Frage kommenden Filter beschreiben die Werke von Dankwortt, Die Lumineszenzanalyse im filtrierten UV-Lichte (Leipzig 1940) und zuletzt Meyer-Seitz, Ultraviolette Strahlen (Berlin 1942; insbes. Seite 118ff.). — Eine reiche und unentbehrliche Fundgrube sind natürlich die Druckschriften der Spezialfirmen, in Deutschland also insbesondere des Jenaer Glaswerks Schott & Gen., der „Agfa", der Sendlinger Optischen Glaswerke und der „Lifa". Die „Wrattenfilter" beschreibt die Druckschrift „Wratten Light Filters" der Eastman Kodak Co.

Über die Farbgläser der russischen „Isoswerke" vgl. L. Kramp und M. Jurjew, Journ. techn. Physik Leningrad **8**, 924. Vergleiche zwischen Isosfiltern und Schottgläsern stellt A. H. Freund, Journ. Opt. Soc. Amer. **29**, 56 an.

Apparaturen für Lumineszenzphotographie sind — außer bei Kögel, Unsichtbare Strahlen, und bei Dankwortt, Lumineszenzanalyse — z. B. beschrieben von Plotnikow, Phot. Korr. **67**, 256 und in Phot. Korr. **66**, 282 („Schräglichtilluminator"). Abb. 27 zeigt eine Spezialapparatur zur Bestrahlung mit ultraviolettem Lichte für Palimpsestphotographie. Das Gerät stellt physikalisch einen Monochromator dar. Die Einrichtung wird von der Fa. Carl Zeiss, Jena gebaut; sie liefert einen intensiven ultravioletten Lichtstrom, der sich leicht dimensionieren läßt. Als Lichtquelle dient eine Quarzlampe der Fa. Heräus, Hanau a. Main. An Stelle der auf der Abbildung erkennbaren, der spektralen Zerlegung des Lichtes dienenden beiden Quarzprismen werden jetzt Wasserprismen mit 70° Winkel geliefert, die aus Quarzwänden bestehen und mit destilliertem Wasser gefüllt werden.

β) Technik der Photographie sichtbarer Lumineszenz.

Besondere Schwierigkeiten bereitet die Photographie von Lumineszenzerscheinungen im allgemeinen nicht. Natürlich sind die Belichtungszeiten infolge der geringen Lichtstärke meist verhältnismäßig lang. Bei mikrophotographischen Aufnahmen empfiehlt sich daher gegebenenfalls die Verwendung kleiner Formate. Denn wenn bei gleichem Bildinhalte dieselbe Lichtmenge auf das Negativ kommt, was gleiche absolute Öffnung voraussetzt, so verhalten sich die Belichtungszeiten zueinander ungefähr wie die Flächeninhalte der Negative, also bei dem Format 24 mal 36 mm zum Format 9 mal 12 cm etwa wie 1 zu 12. Allerdings ist natürlich beim kleinen Format der Abbildungsmaßstab erheblich kleiner. Als Aufnahmematerial verwendet man panchromatisches Material, wenn die Farbe des Lumineszenzlichtes orange oder rot ist, orthochromatisches Material bei blauer oder violetter Fluoreszenz, weil es keine gedrückte Blauempfindlichkeit besitzt und außerdem wegen seiner Unempfindlichkeit im Rot die Konzentration der als Filter benutzten Kupfersulfatlösung (s. u.) im Interesse höherer Lichtausbeute geringer gewählt werden kann, so daß kürzere Belichtungszeiten möglich sind (vgl. dazu unten Seite 64).

Im einzelnen ist bei der Photographie sichtbarer Lumineszenz grundsätzlich folgendes zu beachten.

1. Das zu untersuchende Objekt darf nur mit Licht bestrahlt werden, das kurzwelliger ist als die auf die photographische Platte einwirkende Eigenstrahlung. Andernfalls wird einmal die Deutlichkeit der Lumineszenzerscheinung ganz allgemein herabgesetzt, weil in der Regel der Untersuchungsgegenstand die Strahlung zurückwirft, d. h. nicht rein schwarz ist. Weiter aber sind infolge dieser Reflexion Täuschungen leicht möglich: man hält für einen Lumineszenzeffekt, was in Wirklichkeit nur eine einfache Reflexerscheinung ist.

Es muß daher im verdunkelten Raume gearbeitet und grundsätzlich zwischen Lichtquelle und Untersuchungsgegenstand ein sog. „Beleuchtungsfilter" geschaltet werden, das nur ultraviolettes Licht der gewünschten Wellenlänge durchläßt (1). Selbstverständlich darf auch aus der Umgebung keine störende „Streustrahlung" den Untersuchungsgegenstand treffen; man arbeitet daher zweckmäßig mit allseits abgeschlossener Lichtquelle, von der nur durch das Beleuchtungsfilter ultraviolette Strahlung durchgelassen wird. Da es sich bei Schwarz-Weiß-Aufnahmen nicht um die Wiedergabe von Farben handelt, darf dieses Beleuchtungsfilter jedoch in geeigneten Fällen noch Blau durchlassen, das oft starke Lumineszenz erregt. Es muß dann aber das nachstehend besprochene, zwischen Untersuchungsgegenstand und photographische Platte geschaltete Sperrfilter diese blaue Strahlung soweit absorbieren, daß sie während der erforderlichen Belichtungszeit auf die Platte nicht einwirkt. Davon darf nur abgesehen werden, wenn feststeht, daß der Untersuchungsgegenstand die blaue Strahlung nicht störend reflektiert. Bei roter Lumineszenz ist die Verwendung hellerer Beleuchtungsfilter ebenfalls zulässig: das Sperrfilter muß dann aber entsprechend dunkel, am besten rot, sein, so daß zurückgeworfenes blaues Licht nicht auf die photographische Platte gelangen kann.

Für die Filterauswahl ist sehr wertvoll die vom Jenaer Glaswerk Schott & Gen. herausgegebene Liste „Jenaer Farb- und Filterglas für Wissenschaft und Technik", die genaue Angaben über die spektrale Durchlässigkeit der einzelnen Glassorten enthält. Viel verwendet wird heute als Beleuchtungsfilter das Schottsche Filterglas UG 1 oder UG 2. Beide Gläser lassen die von der Glasoptik noch gut durchgelassenen starken Quecksilberlinien bei 3660 Å sehr gut durch und absorbieren das sichtbare Licht vollständig mit Ausnahme jedoch des langwelligen, roten Spektralgebietes, das insbesondere von UG 2 schwach durchgelassen wird. Auch das in der Hanauer Analysenlampe jetzt eingebaute „Schwarzglas", ein Nickeloxydfilter, bei dem ebenfalls im wesentlichen mit der Quecksilberlinie 3660 Å gearbeitet wird, läßt rotes Licht schwach durch (2). Man kann dieses rote Licht durch Vorschalten

(1) Die Praxis bestrahlt gewöhnlich mit den Quecksilberlinien bei 3660 Å, arbeitet aber oft nicht sauber. Vgl. dazu unten Seite 68 und Abb. 31.

(2) Kögel rät daher von der Verwendung solcher Filter ab (G. Kögel, Eine neue Ultraviolettbeleuchtungseinrichtung zur Beobachtung der Fluoreszenz, in „Die chemische Fabrik", **1**, **1928**, Seite 55) und bestrahlt mit möglichst monochromatischem ultravioletten Lichte (siehe unten).

einer Glasküvette mit 4 bis 10%iger Kupfersulfatlösung ausfiltern, wodurch gleichzeitig auch die für die Apparatur (Filter, Optik usw.) schädlichen Wärmestrahlen (besonders bei Verwendung eines Kohlelichtbogens als Lichtquelle!) absorbiert werden. Die Küvette muß selbstverständlich aus ultraviolettdurchlässigem Glase bestehen; die Verwendung von Quarzküvetten wäre kostspielig und würde, da Glas im allgemeinen für die Wellenlänge 3660 Å noch sehr gut durchlässig ist, nur geringfügige Vorteile bieten. Die Kupfersulfatlösung, die unter Verwendung reinen Kupfersulfats mit destilliertem Wasser angesetzt werden muß (1) und der man zur Klärung zweckmäßig einige Tropfen reiner Schwefelsäure zusetzt, verliert nach längerem Gebrauch an Durchlässigkeit für Ultraviolett und muß daher rechtzeitig erneuert werden. Eine Ausfilterung der vom Beleuchtungsfilter durchgelassenen roten Strahlung ist natürlich nur nötig, wenn das Aufnahmematerial dafür noch empfindlich ist. Sonst genügt, insbesondere bei orthochromatischen Platten, reines Wasser zur Absorption der Wärmestrahlen.

Die Zwischenschaltung von Beleuchtungsfiltern entfällt, wenn das gewünschte Ultraviolett durch spektrale Zerlegung hergestellt wird. Für manche modernen Arbeitsmethoden ist zur Vermeidung der Überdeckung der durch die verschiedenen Wellenlängen angeregten Lumineszenzbilder Anregung der Lumineszenz mit (annähernd) monochromatischer UV-Strahlung erforderlich, wie weiter unten (Seite 68) näher ausgeführt wird. Schon Kögel hat zur Bestrahlung monochromatisches Licht (3130 oder 3660 Å) verwendet, das er sich aus dem Spektrum einer Quarzlampe in bekannter Weise mittels Spalt und zweier Prismen (Vorreinigung und Nachreinigung) aussonderte. Zur Vorprobe, bei der regelmäßig Variation der erregenden Strahlung zur Auffindung geeigneter Lumineszenzen nötig ist (2), ist die Bestrahlung mit einem breiten Spektralbereich allerdings auch in diesen Fällen meist zweckmäßig.

Die Herstellung annähernd monochromatischen Lichtes durch spektrale Zerlegung hat den Nachteil großer Intensitätsverluste. Langenbruch (3) hat auch darauf hingewiesen, daß selbst bei enger Spaltöffnung des einfachen Kögel-Zeiss Monochromators noch Streulicht anderer Wellenlängen auf das Objekt gelangt (4): die Benutzung eines Doppelmonochromators scheitert im allgemeinen an der dabei natürlich noch viel stärkeren Schwächung der Strahlung. Man benutzt daher jetzt bei Anregung mit monochromatischer UV-Strahlung zunehmend den Weg der Filterung, der allerdings nicht einfach ist, weil geeignete, nur einen schmalen Spektralbereich durchlassende Filterkombinationen im Ultravioletten selten sind (5). Über Ausfilterung der Linien 3660, 3130 und 2480 Å vgl. unten Seite 68, 121.

2. Während also das zu untersuchende Objekt nur mit ultraviolettem Lichte (6) bestrahlt werden soll, muß man zwischen Untersuchungs-

(1) etwa 60 gr $CuSO_4$ in 1 l H_2O; lichte Weite der Küvette 1 cm.

(2) Mezger, Untersuchungen von Schriftstücken und Briefumschlägen, Chemiker-Zeitung **53** (1929), Seite 965, 985, 1008.

(3) Arch. f. Krim. **108**, 105.

(4) Man erhält dann oft nicht Bilder reiner sichtbarer Lumineszenz, sondern, da man das Sperrfilter (s. u.) im Vertrauen auf das Vorhandensein rein monochromatischer UV-Strahlung auswählt, auch Bilder durch das vom Untersuchungsgegenstand zurückgeworfene ultraviolette „Streulicht", das vom Sperrfilter durchgelassen wird und das Bild der sichtbaren Lumineszenz überlagert. Vgl. Abb. 31g.

(5) Vgl. dazu etwa Dankwortt, Lumineszenzanalyse, Seite 4ff.

(6) Evtl. noch mit kurzwelligem Blau, vgl. oben unter 1.

gegenstand und photographische Platte ein Filter bringen, das die zur Beleuchtung benutzte Strahlung, soweit sie auf die lichtempfindliche Schicht einwirkt, sauber absorbiert, die Lumineszenzstrahlung aber möglichst ungeschwächt durchläßt.

Die Zwischenschaltung dieses Sperrfilters zwischen Untersuchungsgegenstand und photographische Platte ist nötig, weil regelmäßig der Untersuchungsgegenstand auch Teile des ultravioletten Spektralbereichs zurückwerfen wird: filtert man diese reflektierte Strahlung nicht aus, so hätte man auf der photographischen Platte zwei Bilder, nämlich das Lumineszenzbild und das Bild durch das vom Untersuchungsobjekt zurückgeworfene eingestrahlte Ultraviolett. Da die photographischen Schichten für die langwellige ultraviolette Strahlung besonders empfindlich sind, würde das eigentliche Lumineszenzbild von dem durch das reflektierte Ultraviolett hervorgerufenen Bilde verdeckt und überstrahlt werden (Abb. 30g), was Täuschungen verursachen kann. Die Verunklarung würde noch größer werden, weil regelmäßig nur das Lumineszenzbild vom photographischen Objektiv, das ja für den sichtbaren Spektralbereich chromatisch korrigiert ist, scharf abgebildet wird. Filterlücken, denen entsprechende Sensibilisierungslücken des verwendeten Aufnahmematerials entsprechen, sind selbstverständlich grundsätzlich unschädlich. Auch soweit feststeht, daß im Bereiche einer Filterlücke der Untersuchungsgegenstand nicht reflektiert, genügt das Filter regelmäßig als Sperrfilter, falls nicht im fraglichen Spektralbereiche der Untersuchungsgegenstand in der nachstehend besprochenen Weise störend lumineszierr.

Das Sperrfilter soll also in erster Linie die vom Untersuchungsobjekt zurückgeworfene Strahlung absorbieren. Mitunter wird der Untersuchungsgegenstand durch die Bestrahlung auch zur Aussendung einer im ultravioletten Gebiete liegenden, unsichtbaren Eigenstrahlung angeregt. Diese würde das Lumineszenzbild ebenso verunklaren wie die reflektierte Strahlung, weil das gewöhnlich verwendete photographische Objektiv für das sichtbare Spektralgebiet chromatisch korrigiert ist. Auch diese „unsichtbare Lumineszenz" muß daher weggefiltert werden, falls sie nicht im langwelligen Ultraviolett liegt, für das die gewöhnliche Glasoptik noch genügend chromatisch korrigiert ist (1). Die Dinge liegen natürlich gerade umgekehrt wie bei der hier besprochenen „klassischen Lumineszenzphotographie", wenn man mit unsichtbarer, ultravioletter Lumineszenz arbeitet (2).

Bei Auswahl des Sperrfilters ist anzustreben, daß die Absorption im Filter rein thermisch verläuft. Es ist das allerdings kaum ganz zu erreichen: das Filter wird zu einem geringen Teile durch die verschluckten Strahlen zur Lumineszenz angeregt werden. Das auf diese Weise diffus auf die Aufnahmeplatte gelangende Licht stört jedoch im allgemeinen nicht wesentlich (3). Kögel (4) weist auf den Becquerel-Effekt hin.

---

(1) Beim Arbeiten mit den chromatisch korrigierten Quarzanastigmaten der Fa. Zeiss, Jena, die für den Bereich von 2600—6500 Å scharfzeichnen (Seite 114), entfallen diese Schwierigkeiten natürlich.

(2) Vgl. dazu unten Seite 123.

(3) Auch das oben beschriebene Beleuchtungsfilter soll natürlich grundsätzlich nicht selbst lumineszieren. Bei diesem ist jedoch eine etwaige Eigenstrahlung noch weniger störend, weil nur ein sehr geringer Teil des Streulichtes des Beleuchtungsfilters das Untersuchungsobjekt trifft.

(4) Unsichtbare Strahlen, Seite 32.

Als Filter verwendet Miethe eine 1%ige wässerige Lösung von Cerammoniumnitrat (1). Kögel empfiehlt eine Lösung von 0,5 g Triphenylmethan in 70 ccm abs. Alkohol: dieses Filter läßt aber (2) infolge seiner eigenen blauen Lumineszenz die blauen Lumineszenzen bevorzugt durch. Scheminzky benutzt als behelfsmäßiges Flüssigkeitsfilter eine 2- bis 5%ige wässerige Lösung von Natriumnitrat oder eine 0,7%ige alkalische Lösung von Triphenylmethan. Selbstverständlich muß der Glastrog solcher Flüssigkeitsfilter gut planparallele Wände haben, weil sonst Verzeichnungen auftreten. Die peinlich saubere Einhaltung dieser Forderung ist besonders wichtig bei Verwendung von Kleinbildobjektiven, weil andernfalls deren hohe Korrektur nicht mehr zur Geltung kommen kann.

Zweckmäßiger als diese Flüssigkeitsfilter sind Glasfilter. Insbesondere kommt das leicht gelbgrün gefärbte Glas GG 4 des Jenaer Glaswerks Schott & Gen. in Frage, das auch in der vom Schottfilter UG 2 durchgelassenen Strahlung einer Quarz-Quecksilberlampe praktisch nicht luminesziert. Für die Leica wird als Sperrfilter ein Spezialfilter in Aufsteckfassung für die Objektive Leitz-Elmar und Leitz-Summar geliefert (3).

Das vorerwähnte Sperrfilter hat die Aufgabe, störendes Ultraviolett von der photographischen Platte oder vom Film fernzuhalten. Nicht selten werden aber die gesuchten Spuren deutlicher oder überhaupt erst dadurch auf der Aufnahme sichtbar, daß man das Lumineszenzbild filtert und dadurch entweder das von den Spuren ausgesandte Licht oder, umgekehrt, die von ihrem Umfeld ausgehende Strahlung wegfiltert oder schwächt. Für die dabei auftauchenden Probleme gilt das unter IA 3 (Seite 82 ff.) Gesagte entsprechend. Ein Beispiel, in dem derartige „Filterphotographie" des sichtbaren Fluoreszenzbildes weiterhalf, bringt Langenbruch im Arch. f. Krim. **108**, 105 (Vorschalten eines Gelbfilters, siehe Abb. 31c und e).

3. Da Glas im allgemeinen nur bis zu etwa 3500 Å ausreichend durchlässig ist (4), muß man bei Erregung der Lumineszenz mit kurzwelligerem Ultraviolett für die Beleuchtungseinrichtung (und natürlich auch für die Lampe selbst) Quarz- oder Flußspatoptik verwenden. Die Durchlässigkeit von Glassorten für ultraviolettes Licht, die eigens für diesen Zweck erschmolzen worden sind, läßt bei ultravioletter Bestrahlung bald nach. Hinsichtlich der Schottgläser findet man in der Liste „Jenaer-Farb- und Filter-

---

(1) Konnte bezogen werden von der Chem. Fabrik J. D. Riedel-de Haën in Seelze bei Hannover als „Cerium-Ammonium-Nitrat (Oxyd)".

(2) Nach Langenbruch, Arch. f. Krim. **108**, 105.

(3) Als Sperrfilter kommen weiter in Betracht die Schottgläser GG 8,10 und 16. Sie lumineszieren ebenfalls in der vom UG 2-Filter durchgelassenen Strahlung einer Quarzquecksilberlampe nicht, lassen — anders als GG 4 — keinerlei Ultraviolett durch, absorbieren aber im sichtbaren Bereiche die kurzwellige Strahlung erheblich; GG 16 absorbiert im ganzen sichtbaren Spektrum stark. GG 9 fluoresziert ebenfalls nicht, läßt aber das Ultraviolett um 3130 Å herum schwach durch.

(4) Nach Eisenbrand (Pharmaz. Zeitung **75**, **1930**, Seite **1035**) läßt eine gewöhnliche, 7 mm dicke Glasplatte durch:

Wellenlänge in Å		Durchlässigkeit
3660		90%
3340		14%
3130	weniger als	1%.

Mit dem Schwarzglasfilter arbeitet man im wesentlichen mit den Linien um 3660 Å, man kann daher unbedenklich Glasoptik benutzen.

glas" diejenigen Glasarten gekennzeichnet, bei denen durch Ultraviolettbestrahlung mit einer Änderung ihrer Eigenschaften gerechnet werden muß. Auch die Ultraviolettdurchlässigkeit der Quarzlampe läßt mit der Zeit nach, die Fa. Heräus empfiehlt, nach etwa 800 bis 1000 Brennstunden eine Regeneration vornehmen zu lassen.

4. Die zur Anregung der Lumineszenz heute üblichen Lichtquellen beschreibt ausführlicher Dankwortt, Lumineszenzanalyse, Seite 7 ff., N. Riehl, Physik und technische Anwendungen der Lumineszenz, Seite 12 ff. und Meyer-Seitz, Ultraviolette Strahlen, Seite 11 ff. (Kap. II), der auch umfangreiche Literaturangaben und Zusammenstellungen über Strahlungsmessungen an künstlichen und natürlichen Lichtquellen bringt (1).

In Frage kommt grundsätzlich

a) die Strahlung hocherhitzter Körper (Temperaturstrahler) oder
b) die Strahlung elektrisch angeregter Gase oder Dämpfe (Gasentladungsstrahler).

Eine Zwischenstellung nehmen offene Kohlebogenlampen mit abbrennenden Elektroden ein, weil bei ihnen sowohl Temperaturstrahlung der hocherhitzten Elektroden, insbesondere der Anode, als auch Gasentladungsstrahlung im Bogenplasma vorliegt.

Die Temperaturstrahler spielen für die UV-Erzeugung eine geringe Rolle. Temperaturstrahler senden nämlich ein kontinuierliches Spektrum aus, dessen UV-Anteil im allgemeinen sehr gering ist. Zu den Hauptvertretern gehören die Glühlampen in ihren verschiedenen Ausführungsformen, insbesondere in Gestalt der Wolframlampen. Da nämlich Wolfram einen sehr hohen Schmelzpunkt und eine geringe Verdampfungsgeschwindigkeit besitzt, außerdem verhältnismäßig gut bearbeitbar ist, kann man es als Glühfadenmaterial hoch erhitzen und damit die UV-Ausbeute erhöhen, weil sich bei Temperaturstrahlern das Spektrum mit steigender Temperatur nach den kurzen Wellen hin verlagert. Temperaturen bis zu etwa 3300° K sind erreichbar, wobei noch mit einer Lebensdauer von etwa 300 Brennstunden gerechnet werden kann. Selbstverständlich sinkt die Lebensdauer von Temperaturstrahlern bei hoher Belastung stark ab infolge des Ansteigens der Verdampfungsgeschwindigkeit.

Als Ultraviolettlichtquelle zur Anregung sichtbarer Lumineszenz dient heute regelmäßig die Gasentladung in der Form des (frei brennenden) Kohlelichtbogens in atmosphärischer Luft oder als „Quecksilberdampflampe". Über den elektrischen Entladungsfunken als Ultraviolettlichtquelle vgl. unten Seite 118.

Der Kohlelichtbogen dient als Lichtquelle insbesondere für das langwellige Ultraviolett: er besitzt in dem spektralen Bereiche zwischen 3000 bis 4000 Å, das für die Anregung der Lumineszenz besonders geeignet ist, starke Emission.

Man unterscheidet heute grundsätzlich zwei Arten des Kohlelichtbogens, nämlich den sog. „Niederstromkohlebogen" und den „Hochstromkohlebogen". Wie die Forschungen der letzten Jahre gezeigt haben, handelt es sich dabei um physikalisch recht verschiedene Vorgänge. Der Niederstromkohlebogen stellt im wesentlichen eine Entladung in Luft dar, und zwar zwischen Kohleelektroden, die vor allem die Eigenschaft

(1) Darüber findet man auch viel in dem Buche von Bleibaum, Strahlungsmessungen an künstl. und natürl. Lichtquellen, Jena 1931.

haben, auch bei höchsten Temperaturen nicht zu schmelzen. Es verdampft zwar an den beiden Elektroden in geringem Umfange der Kohlenstoff und führt durch Reaktion mit der Luft zur CN-Bildung: der Abbrand der Kohleelektroden ist aber beim Niederstrombogen nahezu vollständig ein rein chemischer Vorgang, der für den Mechanismus der Bogenentladung ohne jede Bedeutung ist und bei Betrieb des Bogens etwa in einem Edelgas völlig vermieden werden kann. Im Bogenplasma, das lediglich die Aufgabe hat, den Strom zu leiten, erfolgt im Kathodenfall von etwa 10 Volt die Beschleunigung der positiven Ionen, die dann bei ihrem Aufprall den negativen Fußpunkt des Bogens auf eine Temperatur von 3200 bis 3600° C erhitzen. wodurch die thermische Emission der zum Betrieb des Bogens erforderlichen Elektronen aus dem Kohlenstoff herbeigeführt wird. Diese Elektronen wandern in umgekehrter Richtung durch das Bogenplasma zur Anode und prallen nach Durchlaufen des Anodenfalls von etwa 10 bis 30 V auf die Anode, die sie dabei auf 3600 bis 4000° C erhitzen. Die Strahlung des Niederstromkohlebogens wird daher zu etwa 80% durch die Strahlung der glühenden positiven Kohle, zu etwa 15% durch die Strahlung der glühenden Spitze der Negativkohle und nur zu etwa 5% durch die Gasstrahlung des Bogenplasmas herbeigeführt. Ganz anders verhält sich der Hochstromkohlebogen: bei ihm findet ein wesentlicher Teil der Entladung nicht in Luft, sondern im Dampfe des Anodenmaterials statt; ein chemischer Materialverlust durch echten „Abbrand" tritt bei der Positivkohle nahezu überhaupt nicht ein, ihr Materialverlust ist vielmehr auf Verdampfung zurückzuführen. Die Bogenstrahlung stammt daher beim Hochstrombogen zum ganz überwiegenden Teile von den hoch erhitzten Dämpfen vor dem positiven Krater und nicht, wie beim Niederstrombogen, von den festen glühenden Kohleelektroden. Es kann auf diese Dinge hier nicht eingegangen werden: das vorstehend Gesagte läßt es aber verständlich scheinen, daß die Spektren von Hochstrom- und Niederstromkohlebogen sich grundsätzlich voneinander unterscheiden. Obwohl der Hochstromkohlebogen mit denselben Elektroden betrieben werden kann, die man von jeher für den Niederstrombogen verwendete, d. h. mit „reinen" Kohleelektroden („Homogenkohlen"), ist sein Betrieb damit technisch nur schwer verwertbar: bei „Überlastung" eines so betriebenen Kohlelichtbogens, d. h. bei Überschreiten einer „normalen" Belastung der Anode von etwa 40 Amp/cm², beginnt nämlich der „Reinkohlebogen" (= Homogenkohlebogen) zu „zischen". Kurz vor dem ersten Weltkrieg entdeckte nun der Meininger Physiker Heinrich Beck, daß man einen Kohlelichtbogen mit dem Mehrfachen dieser „normalen" Stromdichte belasten kann, ohne daß er zischt, wenn man als positive Kohle an Stelle einer Reinkohle eine Kohle verwendet, die einen „Docht" aus Metallsalz (speziell aus Fluoriden der seltenen Erden) besitzt. Auf diese Weise gelangte man zum Betriebe eines Hochstromkohlebogens, der nicht zischt und sich daher als Lichtquelle hoher Leuchtdichte und besonderer spektraler Beschaffenheit für viele technische Zwecke (im Filmatelier, zur Kinoprojektion als Scheinwerferlichtquelle usw.) längst unentbehrlich gemacht hat. Nach seinem Entdecker nennt man diesen Lichtbogen vielfach „Beckbogen", die dabei zur Verwendung kommenden „Dochtkohlen" auch „Beckkohlen" (1). Es ist auf diese Einzelheiten hier hingewiesen worden, um für spezielle Arbeiten das Augenmerk auf den „Hochstromkohlebogen" und seine besonderen Eigenschaften zu lenken.

Auf die Ausführungsformen der heute gebräuchlichen Kohlebogenlampen kann hier nicht eingegangen werden. Erwähnt sei die von Mayer (2) als lichtstarke Lichtquelle mit breitem Spektralband empfohlene Haitinger-Reichertsche Metall-Kohlen-Elektrodenlampe der Fa. Reichert-Wien. Die Fa. E. Leitz, Wetzlar baut eine Lumineszenz-Bogenlampe, die in bekannter Weise mit Uhrwerkregulierung der gewöhnlichen Kohleelektroden (3) ausgerüstet und insbesondere für den Bereich des langwelligen Ultraviolett gedacht ist. Die Lampe wird mit Kronglaskondensor, mit einem 2 mm starken UG-Glasfilter

---

(1) Als Spezialfirma zur Herstellung von Elektrodenkohlen sind insbesondere die „Ringsdorff-Werke KG." in Mehlem a. Rhein zu nennen. Über Spektraluntersuchungen vgl. etwa Finkelnburg, Zeitschrift f. Physik **119** (1942), 206 und im übrigen die Literaturangaben unten auf Seite 127.

(2) Schriftuntersuchung, Seite 489; Arch. f. Krim. **92**, **34**.

(3) Eisenkohlen ergeben beim Arbeiten im langwelligen Ultraviolett keinen nennenswert höheren Effekt.

und einem 10%igen Kupfersulfatfilter (Schichtdicke etwa 6 cm) zur Abschirmung des noch verbleibenden langwelligen, roten Lichtes und der Wärmestrahlung des Lichtbogens geliefert, in Sonderausführung auch mit Quarzkondensor für Lumineszenzanregung im kürzerwelligen Ultraviolett. Sie wird bei Gleichstrom mit 6 Ampere, bei Wechselstrom mit 14 Ampere betrieben. Auch bei den Spezialgeräten für Lumineszenzmikrophotographie der Fa. Carl Zeiss, Jena wird eine selbsttätig regulierende Kohlebogenlampe von etwa 10 Ampere Gleichstrom, die man zur Intensitätssteigerung erforderlichenfalls vorübergehend bis 20 Ampere belasten kann, verwendet.

Bei langdauernden Arbeiten mit der Bogenlampe, etwa im polarisierten Lichte, empfiehlt sich als Flüssigkeitsfilter zur Abschirmung der schädlichen Wärmestrahlung eine Lösung von Mohrschem Salz. Es wird dabei 200 g Mohrsches Salz ($FeSO_4 \cdot (NH_4)_2SO_4 \cdot 6$ aq) in 1000 ccm destilliertem Wasser gelöst. Die manchmal etwas trübe Lösung läßt man in einer luftdicht verstöpselten Flasche etwa einen Tag absetzen und filtriert sie dann bis zur völligen Blankheit. Zum Schlusse werden 5 ccm H_2SO_4 von 25 Gewichtsprozenten zugefügt. Die Lösung absorbiert fast restlos die Wärmestrahlen, läßt aber das sichtbare Licht und die angrenzende photochemisch sehr wirksame Strahlung des langwelligen Ultraviolett durch. Die Lösung ist nicht unbeschränkt haltbar, sie zersetzt sich langsam an der Luft, weshalb die Vorratslösung gut luftdicht verschlossen aufbewahrt werden muß; sie soll auch vor Licht geschützt werden. Auch der Glastrog des Filters soll immer bis zum Halse mit der Lösung gefüllt und mit einem Gummipfropfen fest verschlossen sein. Verwendbar ist die Lösung natürlich nur solange sie nicht getrübt ist oder gar einen Niederschlag abgesetzt hat.

Von den sog. Gasentladungslampen kommen regelmäßig die Quecksilberdampflampen (1) in verschiedensten Konstruktionen für kriminalistische Zwecke als UV-Strahler in Betracht. Ihr Spektrum besteht vorwiegend aus Linien mit erheblichem Energieanteil im UV. V. Ledden-Hulsebosch (2) empfiehlt als billige Lichtquelle die „Philora-Lampe" der Fa. Philips, die die wichtigen Quecksilberlinien 3650/63 Å stark ausstrahlt. Viel benutzt und für die Praxis bequem ist die allerdings wenig lichtstarke Analysenlampe der Fa. Heräus, Hanau a. Main, die im normalen Betriebe eine Hochdruckentladung ergibt (3). Ihr Lampenkörper besteht aus durchsichtigem Quarzglas, das aus reinem Bergkristall erschmolzen ist. Die Lampe enthält ein UV-Schwarzglasfilter, das im wesentlichen die Linien bei 3660 Å durchläßt, jedoch auch im roten Teile des sichtbaren Spektrums geringe Durchlässigkeit zeigt, was beachtet werden muß. Die Firma stellt auch eine Niederdruck-Quecksilberlampe her, bei der insbesondere die sog. „Resonanzlinie" (2540 Å) lichtstark ausgestrahlt wird (4).

---

(1) Typenbezeichnung: Höchstdrucklampen: HgB; Hochdrucklampen: HgQ (mit Quarzrohr), HgL (mit Leuchtstoff), HgH (mit Glasrohr); Niederdrucklampen: HgN. Außer der Hg-Entladung kommt allenfalls noch die Wasserstoffentladung in Frage: diese besitzt unter bestimmten Entladungsbedingungen — nämlich bei Anregung des H_2-Moleküls — im UV ein kontinuierliches Spektrum, dessen Strahlungsdichte aber gering ist.

(2) Arch. f. Krim. **109**, 53. Eine bequem tragbare Ultraviolettlichtquelle für Lumineszenzuntersuchungen ist die Quarzlampe „Ultravisor" der Fa. Sendlinger Optische Glaswerke, Berlin.

(3) Dazu etwa Mecger und Venkei-Wlassics, Die Quecksilberhochdrucklampe als Lichtquelle für Fluoreszenzmikroskopie und Mikrophotographie, in Zeitschr. f. wissenschaftl. Mikroskopie **56** (1939), Heft 2, Seite 202.

(4) Über neuere quantitative spektrale Messungen der Entladungen im Hg-Dampf vgl. etwa H. Krefft und M. Pirani, Zeitschr. f. techn. Physik **14** (1933), 393 und H. Krefft, Zeitschr. f. techn. Physik **18** (1937), 554. Über die Verwendung von Füllgasen bei Gasentladungslampen zur Erzeugung eines bestimmten, kleinen Spektralbereiches vgl. Pirani, ATM. V 40.

Außer der Analysenlampe der Fa. Heräus und der „Philora" existieren noch zahlreiche andere Hochdruckquecksilberlampen, die bei Verwendung eines Schwarzglaskolbens im wesentlichen das UV um 3650 Å herum durchlassen. Erwähnt seien von solchen Lampentypen, die für Beleuchtungszwecke gewöhnlich mit Klarglaskolben geliefert werden, etwa die Osram HgQS und die Pintsch-„Meda" HQS. Alle diese Lampen können unter Vorschalten einer Drosselspule an ein Wechselstromnetz von 220 Volt oder unter Vorschalten eines Streufeldtransformators an 110 Volt Wechselspannung angeschlossen werden.

Neuerdings finden die Höchstdruckquecksilberlampen immer mehr Verwendung. Bei ihnen geht die Entladung unter einem Dampfdruck von bis zu etwa 100 at vor sich, es braucht allerdings etwa 2—3 Minuten „Anlaufzeit", bis die nach erfolgter Zündung einsetzende Bogenentladung infolge Verdampfens des Quecksilbers durch die Wärmeentwicklung unter höhere Drucke gerät und so allmählich in die stationäre Höchstdruckentladung übergeht. Dabei schnürt sich die anfänglich breite Entladung zu einem schmalen Bogen hoher Leuchtdichte ab. Der Vorteil dieser Höchstdruckquecksilberlampen, die bei Mikrophotographie mit reflektiertem Ultraviolett viel verwendet werden (1), besteht in ihrer hohen Leuchtdichte und Strahlendichte im mittleren und langwelligen Ultraviolett. Es ist daher möglich, die Ausmaße der Lampen klein zu halten, was für viele Zwecke wichtig ist (Möglichkeit großer Annäherung an die Optik usw.).

Für die Osram-Höchstdruckquecksilberlampen (2) wird eine Lebensdauer von 100 Betriebsstunden angegeben. Die Lampen geben besonders die stark verbreiterten Linien 3126/32, 3341, 3650, 3663 im Ultraviolett und im sichtbaren Bereiche die Linien 4047, 4358, 5461, 5770 und 5790 Å. Diesem Linienspektrum überlagert sich aber ein von etwa 2300 Å bis 12000 Å reichendes kräftiges kontinuierliches Spektrum, das insbesondere den Gehalt an Rotstrahlen erhöht, so daß die Lichtfarbe der Quecksilberhöchstdrucklampen bläulichweiß erscheint.

Zur Orientierung über die heute in der Lichttechnik allgemein benutzten Formen der Gasentladung in Gestalt der vorerwähnten Niederdruck-, Hochdruck- und Höchstdruckentladung soll — da diese Strahlungsquellen in der wissenschaftlichen Photographie und bei ihren kriminalistischen Anwendungen häufig wichtig sind — noch einiges unter Hinweis auf das Vorstehende gesagt werden (3).

Grundsätzlich werden bei kleinen Stromstärken, wie sie in den Niederdrucklampen herrschen, im allgemeinen die Resonanzlinien der Atome angeregt. Mit wachsender Stromstärke und wachsendem Druck verschiebt sich das Spektrum immer mehr zugunsten langwelligerer Linien. Liegen also bei einer Niederdruckgasentladung die Resonanzlinien im Ultraviolett, so verschiebt sich das Spektrum ins sichtbare Gebiet, liegen die Resonanzlinien im Sichtbaren, so verschiebt sich das Spektrum in Richtung nach dem Ultrarot. Der Grund dafür liegt einmal darin, daß mit wachsender Zahl der Elektronen die Wahrscheinlichkeit, daß ein bereits angeregtes Atom zur Aussendung höherer Linien angeregt wird, größer wird. Außerdem wird mit wachsendem Druck die in den Resonanzlinien ausgesandte Strahlung vom Gas selbst in steigendem Maße absorbiert und zur Anregung höherer (langwelligerer) Linien verwendet.

Physikalisch ergibt sich, daß bei Niederdruckentladungen die Elektronentemperatur sehr stark von der Gastemperatur abweicht (die Elektronentemperatur ist etwa 100mal größer). Bei Hochdruckentladungen — d. h. etwa bei Drucken von über 1 at — herrscht angenähert thermodynamisches Gleichgewicht in der Entladung, es besteht also praktisch kein Unterschied zwischen Gas- und Elektronentemperatur. Die Strahlung der Hoch-

(1) Darüber unten Seite 122.

(2) Dazu eingehend Rompe und Thouret, Zeitschr. f. techn. Physik **19** (1936), 377.

(3) Angaben findet man besonders bei W. Uyterhoeven, Elektrische Gasentladungslampen (Springer-Verlag Berlin 1938) und im „Handbuch der Lichttechnik" (herausgegeb. von R. Sewig, Springer-Verlag Berlin 1938).

druckentladung ist daher die gleiche wie die eines durch irgendeinen Heizkörper hocherhitzten Gases; bei Temperaturen bis zu etwa 10000° C gilt das Wiensche Strahlungsgesetz hinreichend genau.

Für die technisch durchentwickelte Hg-Entladung (1) gelten ungefähr folgende Daten:

a) Hg-Niederdruckentladung: Sehr starke Ausstrahlung der Resonanzlinien bei 2537 Å;

b) Hg-Hochdruckentladung: Die Resonanzlinien treten zurück. Die Quecksilberlinien bei 3122/32 Å und besonders bei 3650/63 Å werden stark emittiert, auch die im sichtbaren Gebiete liegenden Linien besonders bei 5770/90 Å werden intensiver;

c) Hg-Höchstdruckentladung: Sehr hohe Leuchtdichte. Bei Vorschalten des üblichen uv-durchlässigen „Schwarzglases" hat man eine UV-Strahlenquelle hoher Strahlendichte, wobei jedoch nur etwa 10% der Strahlung in dem Bereiche des sog. „Filterultravioletts" liegt, das von den üblichen Schwarzglasfiltern durchgelassen wird. Mit Spezialausführungen hat man bei Hg-Höchstdrucklampen kurzzeitig, d. h. für Zeiten von $^1/_{10}$ bis 1 sec, Leuchtdichten erreicht, die die der Sonne (180000 Sb) um etwa das Doppelte übersteigen.

Erwähnt sei noch abschließend, daß es sich bei den technischen Ausführungsformen der Hg-Entladungslampen heute regelmäßig um Lampen mit Edelgasfüllung handelt. Das Edelgas („Zündgas", Druck von einigen tor) übernimmt, da der Dampfdruck des Hg dafür bei Zimmertemperatur viel zu niedrig ist, die Einleitung der Entladung, die also zunächst in Gestalt einer Edelgasentladung einsetzt. Die durch diese Entladung bewirkte Erwärmung führt dann zur Verdampfung des Hg, das anfänglich in der Form einer Hg-Niederdruckentladung die Entladung übernimmt. Bei den Hoch- bzw. Höchstdrucklampen geht diese Entladung dann unter Kontraktion in die sich stabilisierende Hoch- oder Höchstdruckentladung über, wozu natürlich stets eine Anlaufzeit von größenordnungsmäßig 2 Minuten nötig ist. —

5. Die Belichtungszeit ist je nach Lichtstärke des Objektivs, Beleuchtungsstärke und Plattenempfindlichkeit ganz verschieden. Kögel (2) bringt z. B. eine Aufnahme, die er mit der Hanauer Quarzlampe bei Verwendung monochromatischen Lichtes von 3660 Å 18 Stunden belichtet hat (f = 4,5). Dankwortt (3) führt Belichtungszeiten von 5—45 Minuten an. Da die Errechnung der richtigen Belichtungszeit oft schwierig ist, verfährt man meist so, daß man mehrere Aufnahmen macht, wobei die Verwendung von Kleinbildkammern zweckmäßig ist, zumal vielfach auch noch Vergleichsaufnahmen im sichtbaren Lichte nötig sind. Scheminsky hat über makroskopische Lumineszenzphotographie mit der Contax kürzlich berichtet (4). Er bringt Aufnahmen im filtrierten Quarzlicht mit Schott-Filter GG 4 vor dem Objektiv, bei denen die Belichtungszeiten zwischen 20 und 240 sec. schwanken (panchromatischer Film, 17/10° DIN, und orthochromatischer Film, 12/10° DIN).

6. Für die Lumineszenzmikrophotographie gilt grundsätzlich dasselbe wie für die Lumineszenzmakrophotographie. Abb. 28 zeigt die auf das

---

(1) Die Druckbereiche grenzen sich bei der Quecksilberentladung etwa wie folgt ab:
Bereich der Niederdrucklampe: 0,01—1 mm Hg-Säule Dampfdruck,
Bereich der Hochdruckentladung: 100—10000 mm Hg-Säule Dampfdruck,
Bereich der Höchstdruckentladung: Drucke von über 15000 mm (bis zu etwa 100 at!).

(2) Unsichtbare Strahlen, Seite 143.

(3) Lumineszenzanalyse, Seite 70. Langenbruch hat bei Aufnahme unsichtbarer Lumineszenz mit Quarz-Steinsalz-Optik 1:4,5 ca. 15 Minuten belichtet (Arch. f. Krim. **108**, 105).

(4) Photographie und Forschung, Band 4, Heft 2 (August 1944). Über Lumineszenzmikrophotographie mit der Contax berichtet M. Haitinger, Photographie und Forschung, Band 2 (1937), Heft 1, Seite 2.

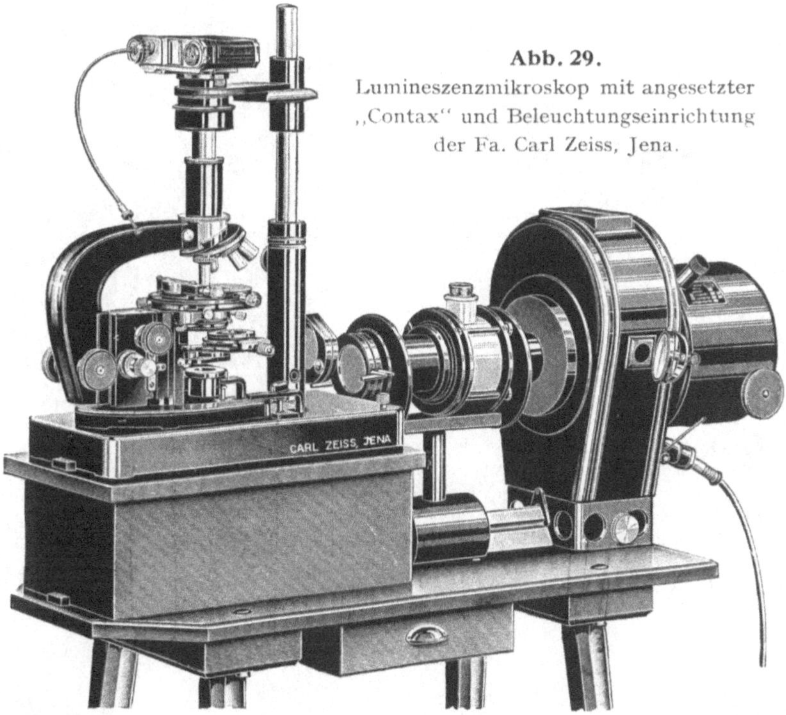

Abb. 29.
Lumineszenzmikroskop mit angesetzter „Contax" und Beleuchtungseinrichtung der Fa. Carl Zeiss, Jena.

(**1** Kohlebogen; **2** Hinterglied des Quarzkollektors; **3** Küvette aus ultraviolettdurchlässigem Glas mit 4%iger Kupfersulfatlösung; **4** Irisblende, die durch den Quarzkondensor 10 des Mikroskopes im Präparat abgebildet wird; ihre Verengung bewirkt Verkleinerung des ausgeleuchteten Feldes im Präparat ohne Änderung der Leuchtdichte; man kann damit störendes Lumineszenzlicht der Umgebung beseitigen; **5** Vorderglied des Quarzkondensors; **6** Ultraviolettfilter zur Absorption alles sichtbaren Lichtes; es besteht aus zwei Schichten von 1,5 und 3,5 mm Dicke, die man wahlweise allein oder kombiniert einschalten kann; **8** Quarzprisma; **10** Quarzkondensor; **11** Mikroskopobjektivlinsen; **12** Okularlinsen; **13** Sperrfilter, welches nur das Lumineszenzlicht durchläßt.)

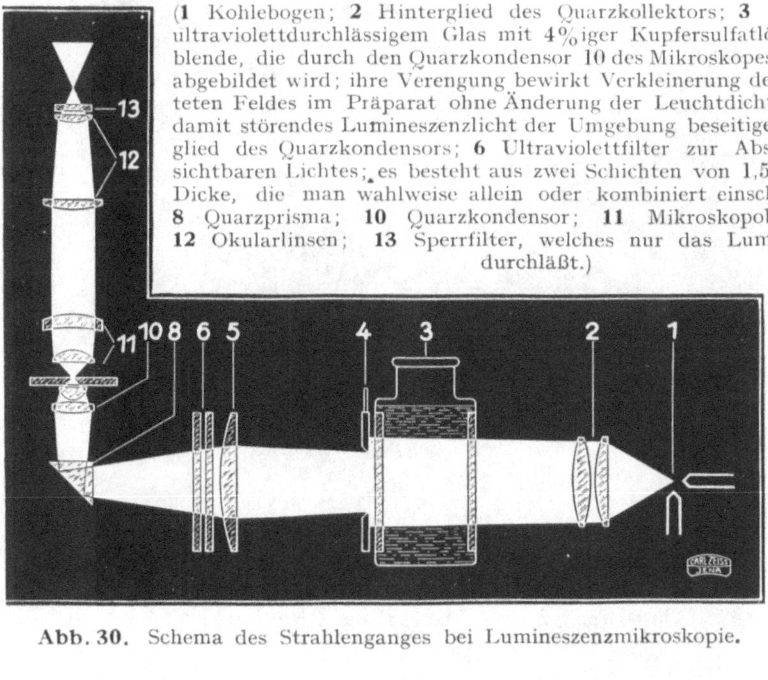

Abb. 30. Schema des Strahlenganges bei Lumineszenzmikroskopie.

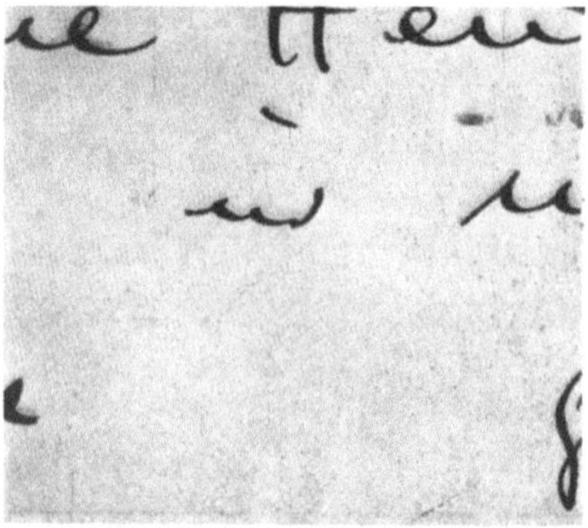

a) Die zu untersuchende Urkunde im Tageslicht. Die beiden oberen Zeilen sind mit anderer Tinte geschrieben als die untere Zeile. In der zweiten Zeile ist das „f" in „für" mit Tintentod getilgt, in der unteren Zeile ist ein „r", ein Komma und das Wort „ich" getilgt, und zwar mit Tintentod, das Wort „ich" außerdem vorher noch durch Oxalsäure.

b) Das Bild sichtbarer, ungefilterter („gemischter") Lumineszenz, angeregt durch UV von **3660** A. Als Sperrfilter vor dem Objektiv dient ein Schott GG 13, 6 mm. Die allgemein übliche Untersuchungsmethode.

c) Wie b, jedoch ist die sichtbare Lumineszenz durch Vorschalten eines Gelbfilters vor das Objektiv gefiltert.

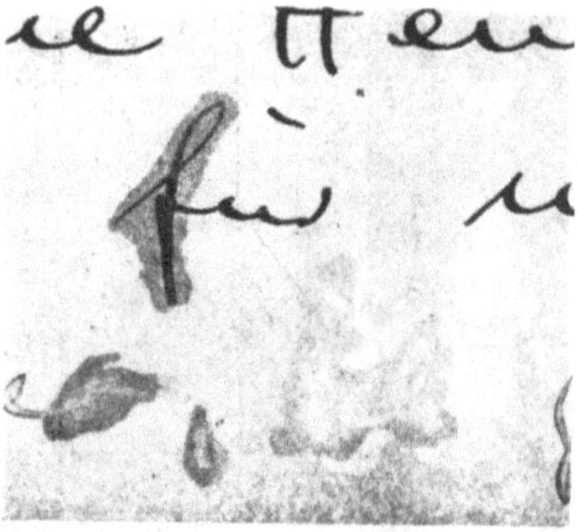

d) Das Bild sichtbarer, ungefilterter Lumineszenz, angeregt durch das selten verwendete UV von **3130** A unter Benutzung des Bäckströmfilters.

Abb. 31. Lumineszenzphotographie eines Schriftstücks (a bis d). (Nach H. Langenbruch, Arch. f. Krim. **108,** 105.)

e) Wie *d,* jedoch ist die sichtbare Lumineszenz durch Vorschalten eines Gelbfilters vor das Objektiv gefiltert.

f) Das Bild *reiner unsichtbarer* Lumineszenz, angeregt durch UV von **3130** Å. Die Versuchsanordnung ist dieselbe wie bei *d,* jedoch ist durch Vorschalten von Sperrfiltern (UG 2 und WG 1 Schott) vor das Objektiv erreicht, daß nur die im langwelligen UV (**3660** Å) liegende Eigenstrahlung auf die photographische Platte kommt. Vgl. dazu unten Seite 124.

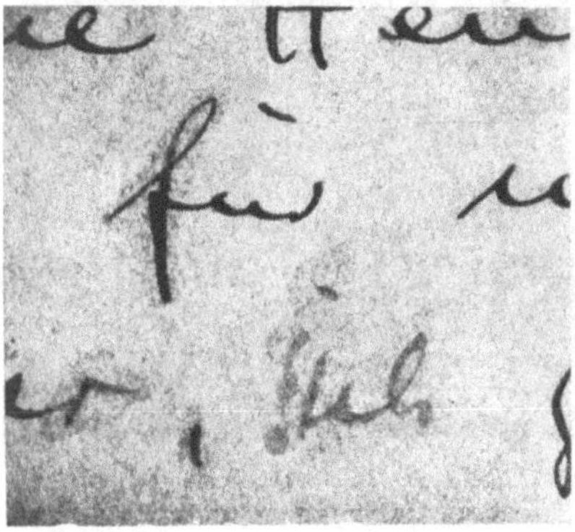

g) Das Bild ist hervorgerufen durch reflektiertes UV (**3660** Å). Bestrahlt wurde mit **3130** und **3660** Å. Das Sperrfilter ließ das langwellige UV (**3660** Å) und alle sichtbare Strahlung durch. Die Bilder der sichtbaren und der unsichtbaren Lumineszenz sind völlig verdeckt durch das vom Beleuchtungs-UV hervorgerufene, darübergelagerte kräftige Ultraviolettreflexbild.

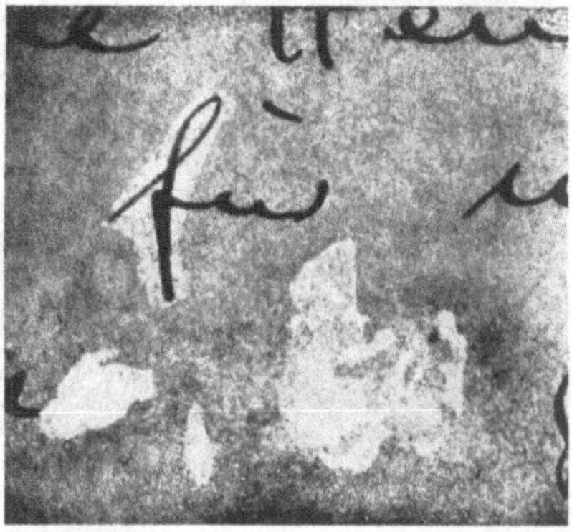

h) Wie *d,* jedoch nach Vergilbung des Objektes durch langdauernde UV-Bestrahlung.

Abb. 31. Lumineszenzphotographie eines Schriftstücks (e bis h).
(Nach H. Langenbruch, Arch. f. Krim. **108,** 105.)

Abb. 32. Photographische Festhaltung der kurzdauernden Chemielumineszenz von Blutspuren. (Phot. W. Specht.)

Lumineszenz-Mikroskop aufgesetzte Mikrokamera „Miflex" der Fa. Carl Zeiss, bei der durch ein seitlich angebrachtes Fernrohr die Scharfeinstellung erfolgen kann, während Platte oder Film in der Kamera aufnahmebereit liegt (1). Abb. 29 zeigt ein Zeiss'sches Lumineszenzmikroskop mit Ultraviolettbeleuchtungsapparatur und mit angesetzter „Contax". Das Schema des Strahlenganges bei Lumineszenzmikroskopie im durchfallenden Lichte veranschaulicht Abb. 30. Bei Anordnung für die kriminalistisch durchweg erforderliche Auflichtlumineszenzskopie entfällt natürlich das Prisma und der Kondensor (Nr. 8 und 10); der Strahlengang muß gehoben und so geführt werden, daß der Untersuchungsgegenstand von oben her beleuchtet wird. Die Anwendung ultropaker Beleuchtung ist dabei oft rätlich. Man kann damit kurz hintereinander im hellen Auflicht und im Lumineszenzlichte das Objekt festhalten, kann also genau die Stelle festlegen, an der die Lumineszenz entsteht (2). Da beim Ultropak die Zuführung der beleuchtenden Strahlen völlig getrennt von der Beobachtungsoptik mittels ringförmig um das Mikroskopobjektiv herum angeordneter Kondensoren erfolgt, bietet das Verfahren auch die Gewähr, daß dabei — abgesehen von den regelmäßig unschädlichen Spuren der am Untersuchungsgegenstand abgebeugten Strahlung — kein die Lumineszenz erzeugendes ultraviolettes Licht in das abbildende Mikroskop gelangt, so daß irreführendes und kontrastschwächendes Aufleuchten der Linsen (3) und Kittschichten im Objektiv vermieden und die Lumineszenz sehr klar festgehalten wird. Natürlich beschränkt sich die Verwendung des Ultropak auf die Fälle, in denen mit langwelligem Ultraviolett, für das die Glasoptik des Ultropak noch genügend durchlässig ist, gearbeitet wird. Beim „Epikondensor W" von Zeiss werden ringförmige Hohlspiegel verwendet, so daß da also hinsichtlich der Wellenlänge des UV keine Beschränkung besteht.

Über Fluoreszenzmikrophotographie im allgemeinen vgl. den Beitrag von M. Haitinger im Handb. d. biolog. Arbeitsmethoden (Lieferung **433**, Seite **3307** ff., **1934**). Haitinger hat auch (in „Photographie und Forschung", Band 2, 1937, Heft 1) über die Verwendung der „Contax" bei der Fluoreszenzmikrophotographie berichtet.

Die Technik photographischer Aufnahmen bei mikroskopischen und lumineszenzmikroskopischen Lebendbeobachtungen behandelt ausführlich K. Francke (4). Da die dabei auftauchenden Probleme gelegentlich auch kriminalistisch wichtig werden können, sei auf diese Literaturstelle nebenher verwiesen.

γ) Anwendungen.

Die Anwendungen der Lumineszenzphotographie in der Kriminalistik sind sehr zahlreich und wichtig. Z. B. ist so die Untersuchung von übermalten und restaurierten Gemälden durchgeführt worden (5). Da Zinkweiß anders lumineszicrt als das erst seit etwa 1800 verwendete Blei-

---

(1) Das ist besonders bei Lebendbeobachtungen wichtig.

(2) Der gewöhnliche Opak- oder Vertikalilluminator gestattet nur Beobachtung im Lumineszenzlichte. Außerdem ist dabei nur die halbe Apertur ausnutzbar, weil der Vertikalilluminator die Hälfte des nutzbaren Strahlenganges versperrt.

Über den Ultropak vgl. eingehend H. Heine, Der Ultropak, Zeitschrift f. wissenschaftl. Mikroskopie und für mikroskopische Technik, Band **48**, Heft **4**.

(3) Insbes. fluoresziert der in Fluoritsystemen und Apochromaten verwendete Flußspat gern.

(4) Im Handbuch der biolog. Arbeitsmethoden, Abt. V, Teil **10**, Lief. **444** (**1935**), Seite **970**.

(5) Phot. Korr. **65**, **255**.

weiß, kann man das Alter eines Gemäldes mitunter so beurteilen. Auch die früher benutzten Lacke und Firnisse unterscheiden sich durch ihre Lumineszenz von den heute verwendeten. Die Untersuchung von Urkunden, die mit „unsichtbaren Tinten" geschrieben waren, ist gelungen (1), weil Geheimschriften aller Art (mit Milch, Zitronensaft, Essigsäure, Bleiazetat, Zwiebelsaft, Phenolphtalein, Alaunsalz, Urin usw.) bei starker Ultraviolettbestrahlung lumineszieren (2). Die Aufdeckung von Unterschriftfälschungen, die durch Verwendung einer Gelatineübertragungsfolie hergestellt worden waren, ist so geglückt, ferner der Nachweis dafür, daß eine Gelbfärbung eines Belegflaschenschildes durch Pikrinsäure nicht vorlag. „Überkleckste" Tintenschrift kann durch Untersuchung mit der Quarzlampe bisweilen entziffert werden (3). Mit Vorteil ist die Lumineszenzphotographie bei der forensischen Schriftuntersuchung insbesondere dann anzuwenden, wenn Tintenschrift auf chemischem Wege (4) entfernt worden ist: es findet dadurch bisweilen, vom Fälscher ungewollt und ungeahnt, eine sog. „Positivanfärbung" der im gewöhnlichen Lichte unsichtbaren Tintenreste statt. Der Fälscher nimmt also dabei durch seine „chemische Rasur" im früher beschriebenen Sinne eine „unsichtbare Anfärbung" vor, durch die die unsichtbar gemachten Tintenreste bei ultravioletter Bestrahlung lumineszieren und sich so von dem nur schwach lumineszierenden Schriftträger erkennbar abheben. Beispiele dieser Art sind zahlreich in Fachzeitschriften (5) und auch in der Tagespresse (6) veröffentlicht worden. Auch der Rasurfleck selbst verrät sich oft durch Lumineszenz. So gelang die Sichtbarmachung eines Rasurflecks, der durch Entfernung von Tintenschrift mit Eau de javelle entstanden war, durch Lumineszenzphotographie (7). Die Anregung der Lumineszenz mit mittelwelligem UV (3130 Å) ist, wie Langenbruchs Arbeiten zeigen, auch für den Nachweis chemischer Tilgungsflecken oft wertvoll (Abb. 31d vgl. mit Abb. 31b). Zur Sichtbarmachung der Schriftzüge auf dem Rasurfleck ist dabei oft die Vorschaltung geeigneter Farbfilter nötig, um entweder das von der gesuchten Spur ausgehende Lumineszenzlicht oder die von dem Umfeld ausgesandte Eigenstrahlung zu dämpfen und so die Spur hervorzuheben (8). Abb. 31 a—h veranschaulicht das Gesagte. Ich erinnere mich an einen Fall, wo es sich darum handelte, festzustellen, ob von Hühnereiern der ihre ausländische Herkunft anzeigende Stempel entfernt worden war:

---

(1) Kögel, Phot. Korr. **66**, 238.

(2) v. Fekete, Phot. Korr. **74**, 102 (als Lichtquelle wurden Goerz-Beck-Kohlen verwendet). Vgl. auch die zusammenfassende Darstellung der photographischen Methoden zur Sichtbarmachung von Geheimschriften in dem Beitrage von Langen und Nippe „Unsichtbare Geheimschriften und deren Erkennung" (Handbuch der biolog. Arbeitsmethoden, Abt. IV, Teil 12, 2. Hälfte, Seite 285ff.). Ein Beispiel bringt auch F. Scheminzky in „Photographie und Forschung", Band 4, Heft 2 (August 1944).

(3) Mayer, Eine neuartige Lichtquelle zur Ermittlung von überkleckten und chemisch getilgten Tintenschriftzügen, Arch. f. Krim. **92**, 34.

(4) Nicht bei mechanischen Rasuren, durch Abschabung u. dgl.

(5) Von den neuesten deutschen Veröffentlichungen vgl. insbes. H. Langenbruch, Arch. f. Krim. **108**, 105.

(6) Z. B. von Müller und Schaffer in der „Technischen Rundschau", Wochenschr. des Berliner Tageblattes 1927, Seite 355.

(7) Mayer, Arch. f. Krim. **92**, 34.

(8) Langenbruch, Arch. f. Krim. **108**, 105.

die Sache ließ sich damals nicht nachweisen. Mittels Lumineszenzphotographie wäre der Nachweis wahrscheinlich gelungen. Übertriebene Hoffnungen darf man allerdings gerade in dieser Richtung für die Kriminalistik nicht hegen. Die Verhältnisse liegen bei der Palimpsestphotographie, von der das Verfahren seinen Ausgang genommen hat, erheblich günstiger, weil Palimpseste, wie wohl alle tierischen Gewebe, durch ultraviolette Bestrahlung zur intensiven Fluoreszenz angeregt werden, während die Spuren der alten Tintenbeschriftung stumpf bleiben. Die Bedingungen bei einem modernen Schriftstück sind demgegenüber erheblich ungünstiger, weil Papier als vegetabiler Schriftträger viel schwächer lumineszіert als Pergament (1).

Wichtig ist die Lumineszenzphotographie bei der Prüfung von Banknoten, Wertpapieren usw. (2). Hier ist die Entdeckung oft außerordentlich schwierig, wenn der Fälscher nicht photomechanisch gearbeitet, sondern (was allerdings erhebliche Mittel voraussetzt und nicht die Regel ist) im gleichen Verfahren die Fälschungen hergestellt hat. Man verwendet nun aber für Banknoten usw. regelmäßig Papiere, deren Zusammensetzung streng geheimgehalten wird. Demzufolge ist die erste Prüfung, die man vornimmt, das Photographieren der verdächtigen Note und einer unzweifelhaft echten Note im ultravioletten Lichte: die Fälschung wird sich dann, auch wenn sonst die Nachahmung nicht zu entdecken ist, beim Vergleich der Lumineszenzphotographien meist zeigen. Ebenso macht sich eine bei gewöhnlicher Beleuchtung nicht erkennbare chemische Verschiedenheit der Druckfarben oft durch andersartige Lumineszenz bemerkbar. Allerdings muß man gerade beim Vergleich von Papiersorten vorsichtig sein: Mezger berichtet (3) u. a., daß herausgerissene Seiten eines Kopierbuches anders lumineszierten als die im Buche verbliebenen Blätter, was sich als Folge der verschiedenen Einwirkung des Tageslichtes erklärte. Der Feuchtigkeitsgehalt ändert ebenfalls die Lumineszenz von Dokumenten. Auch sonst ist Vorsicht am Platze: kürzlich hat wieder Wittlich (4) darauf hingewiesen, daß die Lumineszenz ungebrauchter Briefmarken derselben Art von Druck zu Druck oft nicht unwesentlich variiert. Kögel (5) ist es gelungen, auf der Fluoreszenzphotographie eines Briefes Stempelabdrucke, die infolge Diffusion der Stempelfarbe durch den Briefumschlag hindurch auf den inliegenden Brief eingewirkt hatten, sichtbar zu machen.

Häufig ist der Nachweis von Briefmarkenfälschungen (Arch. f. Krim. **90,** 129; Phot. Rundschau **64,** 281) und Banknotenfälschungen (Arch. f. Krim. **83,** 1) gelungen. Verfahren, Wertpapiere dadurch vor Fälschungen zu schützen, daß man zur Herstellung Papier verwendet, das mit stark lumineszierenden Stoffen bespritzt worden ist, um so Rasuren usw. leicht erkennbar zu machen, sind mehrfach patentiert worden. Raffinierte Fälscher benutzen allerdings schon seit langem bei ihren Fälschungen die Quarzlampe.

Über die Erkennung von Narben durch Ultraviolettfluoreszenz vgl. Kögel, Arch. f. Krim. **105,** 37. Die Photographie der Papillarlinien im Lu-

(1) Mayer, Schriftuntersuchung, Seite 480.

(2) Vgl. dazu auch Brock und Ditchburn, Die Photographie alter Manuskripte, Brit. J. Photogr. **80** (1933), Seite 737.

(3) Chemiker-Zeitung **53** (1929), Seite 965, 985, 1006.

(4) Arch. f. Krim. **101,** 123.

(5) Arch. f. Krim. **80,** 81.

mineszenzlicht behandelt Zimmer (Klin. Wochenschrift **12**, 1933, Seite 545). Untersuchungen über die Identität von Haaren mittels Mikrofluoreszenzphotographie hat Boller veröffentlicht (Arch. f. Krim. **100**, 8).

Eine ausführliche Zusammenstellung der mit der Lumineszenzphotographie auf kriminalistischem Gebiete erreichten Erfolge findet man bei Dankwortt, Lumineszenzanalyse, Seite 67 ff. (1).

Das Lumineszenzbild fällt natürlich je nach der Wellenlänge, die zur Anregung benutzt wird, verschieden aus. Die Praxis arbeitet jedoch zur Anregung der sichtbaren Lumineszenz fast ausschließlich nur mit einem Beleuchtungsultraviolett von 3660 Å, obwohl schon Kögel die Verwendung der Quecksilberlinie 3130 Å empfohlen hat. Nach Langenbruch (2) ist der Grund für diese Vernachlässigung des Ultraviolett von 3130 Å darin zu suchen, daß das durch spektrale Zerlegung mittels des einfachen Quarzmonochromators gewonnene Ultraviolett, wie schon oben betont worden ist, nicht monochromatisch ist, sondern durch „Streulicht" anderer Wellenlängen verunreinigt ist. Die Bilder der sichtbaren Lumineszenz, die man bei Benutzung der Kögel-Zeiss-Einrichtung mit 3130 Å erhält, unterscheiden sich deshalb nicht so sehr von der durch die Wellenlänge 3660 Å angeregten Lumineszenz: denn in beiden Fällen erhält man infolge der Tatsache, daß auch andere Spektrallinien mit zur Anregung dienen, Lumineszenzbilder, die sowohl durch UV von 3130 Å wie auch von 3660 Å angeregt sind. Arbeitet man aber bei Herstellung des Beleuchtungsultravioletts sauber (z. B. mit Bäckströmfilter, vgl. unten Seite 121–123), so unterscheiden sich die beiden Lumineszenzbilder oft erheblich voneinander (vgl. Abb. 31b mit 31d): die bei nicht exakter Ausfilterung vorhandene Überlagerung der beiden Lumineszenzen verdeckt eben nicht selten Spuren und Einzelheiten, die bei monochromatischer Anregung der Lumineszenz mit nur einer Spektrallinie sichtbar werden, wie Langenbruch ausführlich gezeigt hat. Es kommt weiter dazu, daß den heute als Bilder der sichtbaren Lumineszenz bezeichneten Aufnahmen oft auch Bilder direkter Ultraviolettreflexion überlagert sind, weil das zwischen Untersuchungsgegenstand und photographisches Objektiv geschaltete Sperrfilter das Beleuchtungsultraviolett nicht genügend absorbiert. Auch derartige Überlagerung kann Einzelheiten verdecken, wie Abb. 31g veranschaulicht. Es soll mit Vorstehendem nicht etwa gesagt werden, daß die jetzt allgemein angewandte Methode unzweckmäßig ist. Im Gegenteil kommt es gar nicht selten vor, daß gerade durch dieses Zusammenwirken der verschiedensten Bilder Spuren und Einzelheiten in Erscheinung treten, die

---

(1) Vgl. ferner Jürgens, Photogr. Aufnahmen im Ultraviolett und Ultrarot, Krim. Monatshefte **5** (**1931**), Seite **173**; Mansfield, Photographic Journal, **1932**, Seite **434** und Mayer, Über den Verbleib von Blutfarbstoffen in grünen Blättern, Dtsche Zeitschr. f. d. ges. gerichtl. Medizin Band 20 (1933), 577 und die Dissertationen von R. Golonsko, Die Bedeutung der Fluoreszenzerscheinungen für die Spurenuntersuchung in der gerichtl. Medizin (Diss. Zürich **1916**) und von F. Thiele, Die Lumineszenzmikroskopie im Dienste der gerichtl. Medizin (Diss. Kiel **1939**).

Über die zahlreichen Anwendungen der Lumineszenzanalyse in der Lebensmittelchemie, die ja die Kriminalistik sehr angeht (Verfälschung von Lebensmitteln usw.), vgl. Dankwortt, Seite **134**ff. und M. Haitinger, Fluoreszenzanalyse (in: Chemisch-technische Untersuchungsmethoden, Ergänzungswerk zur 8. Aufl., herausgeg. von Jean d'Ans, Berlin **1939**).

(2) Arch. f. Krim. **108**, 105.

sonst nicht sichtbar würden. Man muß sich aber darüber klar sein, daß durch diese Überlagerungen auch Unklarheiten verursacht werden können und muß daher, wenn die übliche Methode nicht weiter führt, unter Heranziehung genauerer Arbeitsmethoden (durch saubere Ausfilterung des Beleuchtungsultravioletts, durch Verwendung zuverlässiger Sperrfilter) die Überlagerung der einzelnen Bilder vermeiden, wobei dann oft Einzelheiten auftauchen werden, die vorher unklar waren.

Schließlich soll auf die an sich naheliegende, experimentell ganz einfache, aber in der Praxis recht wenig verwendete Ausfilterung der sichtbaren Lumineszenzbilder durch Vorschaltung der üblichen Farbfilter, die schon oben erwähnt worden ist (Seite 59), nochmals hingewiesen werden. Sie ist oft ein wertvolles Mittel, auf einfache Weise Einzelheiten im Lumineszenzbild sichtbar zu machen. Es gilt dabei grundsätzlich alles, was unten unter I A 3 ausgeführt worden ist. Vergl. dazu Abb. 31 c und e.

Über Farbphotographie von Lumineszenzerscheinungen existieren speziell kriminalistische Arbeiten noch nicht (1). Wichtig kann das Verfahren z. B. werden zum Nachweis von Giften in Geweben usw., bei Sezierung von Leichen u. dgl. Nachdem in Gestalt des Agfa-Color-Umkehrfilms, des Agfa-Color-Negativfilms und des Agfa-Color-Papiers, die sämtlich nach dem subtraktiven Verfahren aufgebaut sind, ein farbenphotographisches Material von universeller Verwendbarkeit zur Verfügung steht, ist zu erwarten, daß in absehbarer Zeit die Farbenphotographie auf kriminalistischem Gebiete ganz allgemein sich mehr einführen wird.

Auch bei der Farbphotographie der Lumineszenz muß vor das Objektiv ein Sperrfilter (Schottfilter GG 4) geschaltet werden. Infolge seiner gelblichgrünen Färbung fälscht dieses allerdings die wahre Farbe. Die auftretende Gelbstichigkeit des fertigen Bildes läßt sich jedoch in bekannter Weise dadurch korrigieren, daß man beim Einschließen der fertigen Farbplatte zwischen die Deckgläser noch eine Gelatinefolie in komplementärer Farbe zum verwendeten Sperrfilter einschiebt, wofür bei Benutzung des Filters GG 4 (Schott & Gen.) die Lifa-Farbstichfolien Nr. 13 oder 14 empfohlen werden (2).

Abschließend soll noch das von Lassé (3) bei Lumineszenzaufnahmen benutzte Verfahren der Kontaktphotographie erwähnt werden. Lassé untersuchte Textilproben so, daß er in einen beiderseits zu öffnenden Kopierrahmen zu unterst die Diapositivplatte legte, darüber das Filter GG 9 oder 10 (Schott & Gen.) und darauf die Textilprobe, die durch ein darüber liegendes Uviolglas glatt gehalten wurde. Er belichtete dann von oben mit der Analysenlampe. Das Verfahren, das auch zur Untersuchung von Schriftstücken, Banknoten u. dgl. geeignet ist, hat noch den Vorzug, daß durch Filterwechsel in einfacher Weise hintereinander Tageslichtaufnahmen, Ultraviolettaufnahmen und Infrarotaufnahmen angeschlossen werden können.

bb) Photographie von Chemielumineszenz.

Blutspuren sind ein wichtiges Mittel zur Aufklärung von Verbrechen, deren Hergang durch Art und Richtung der Blutspritzer oft vom Sachverständigen rekonstruiert werden kann.

---

(1) Allgemein vgl. dazu etwa Furegg, Phot. Korr. **66**, (1930), Seite **234**; Ernst, Phot. Korr. **67** (1931), Seite 149 und Grabner, Phot. Korr. **69** (1933), Nr. 5, Beilage 3, Seite 15ff. Bei Verwendung von Autochromplatten von Lumière betrug die Belichtungszeit bei normalen Platten 3 bis 10 Stunden, bei hypersensibilisierten Platten 18 bis 60 Minuten.

(2) Scheminzky, Makroskopische Lumineszenzphotographie mit der Contax, in Photographie und Forschung, Band 4, Heft 2 (August 1944), Seite 25ff.

(3) Lassé, Textiltechnische Fluoreszenzanalyse durch Kontaktphotographie, Melliands Textilberichte **11**, 687.

Die äußere Beschaffenheit und Farbe der Blutspuren wird aber durch Temperatur, Sonnenbestrahlung, Befeuchtung, auch künstliches Auswaschen oft schnell verändert (1). Häufig sind Blutspuren im Freien durch Witterungseinflüsse oder Überlaufen usw. schon bald für das Auge nicht mehr erkennbar. Es gelingt jedoch, sie durch Bespritzen mit bestimmten Chemikalien (2) zum intensiven, bläulichen Leuchten zu bringen (3), das allerdings nur kurz (etwa 15 Minuten) andauert und besonders gut im Dunkeln hervortritt. Zur Festhaltung der auf diese Weise nur einmalig und kurzdauernd sichtbar zu machenden Blutspuren ist die forensisch wichtige Methode, die auch bei Blutspuren, die älter als ein Jahr waren, nicht versagt hat (4), auf die Zuhilfenahme der Photographie angewiesen. Abb. 32 veranschaulicht das Gesagte.

h) Vervielfältigung von Urkunden.

Die schnelle und zuverlässige Vervielfältigung von Urkunden aller Art ist für kriminalistische Zwecke (Fahndung usw.) oft wichtig (5).

Spezialgeräte und Spezialmaterialien gestatten dabei jetzt die Ausführung der Vervielfältigung auch durch ungeschulte Kräfte und ohne besonderen Arbeitsraum.

Auf Einzelheiten kann hier nicht eingegangen werden. Vielfach kann die sog. „Kontaktphotographie" benutzt werden, bei der grundsätzlich zwei Wege zu unterscheiden sind: das Durchleuchtungsverfahren und die neuerdings weit entwickelte sog. Reflektographie (6).

Während das einfache Durchleuchtungsverfahren nur möglich ist, wenn es sich um einseitig beschriebene Urkunden handelt, deren Unterlage gleichmäßig lichtdurchlässig ist, arbeitet die Reflektographie in der Weise, daß das Kopiermaterial mit seiner Schichtseite auf die Originalurkunde gelegt und das Kopierlicht durch das Kopierpapier hindurch eingestrahlt wird. Das vom Kopierpapier durchgelassene Licht wird nun von dem an die lichtempfindliche Schicht sauber angepreßten Original je nach seiner Reflexionsfähigkeit zurückgeworfen. Durch diese Reflexion in die Schicht wird das Bild erzeugt.

---

(1) H. Scheller, Der Einfluß der Witterung auf den Nachweis von Blutspuren, Dtsche Zeitschr. f. d. ges. gerichtl. Medizin, Band 28, Seite 217.

(2) Zusatz von 3-Aminophthalsäurehydrid in soda-alkalischer Lösung mit Wasserstoffsuperoxyd (zum Hämin).

(3) Bei derartiger „Chemielumineszenz" erscheint eben ein Teil der freiwerdenden chemischen Reaktionsenergie als elektromagnetische Strahlung (Licht).

(4) Je älter die Blutspur ist, um so deutlicher tritt die Leuchterscheinung auf: es wirkt das aus dem Blut im Laufe der Alterung abgespaltene Globin! Darüber ausführlich W. Specht, Die Chemielumineszenz des Hämins, ein Hilfsmittel zur Auffindung und Erkennung forensisch wichtiger Blutspuren, Dtsche Zeitschr. f. d. ges. gerichtl. Medizin, Band 28, Seite 225.

(5) Auch hier kann durch photographische Methoden, die später besprochen werden, natürlich die Hervorhebung oder Unterdrückung störender Helligkeitsunterschiede des Originals erzielt werden und es kann so die „Qualität" der Kopie, etwa vom Standpunkt seiner Leserlichkeit aus betrachtet, gegenüber derjenigen des Originals gehoben werden.

(6) Vgl. dazu A. v. Biehler, Die moderne Vervielfältigungstechnik von Schriftstücken, Zeichnungen und Druckschriften, Phot. Korr. **79** (**1943**), 77. Ferner das Sammelwerk „Die Dokumentation und ihre Probleme", Verlag von Otto Harrassowitz, Leipzig **1943**, insbesondere die Beiträge von W. Raths über die photochemischen Hilfsmittel für die Dokumentation und von H. Joachim über Geräte für die photographische Vervielfältigung.

Das verwendete Kopierpapier muß daher so beschaffen sein, daß das bei Belichtung von außenher durch die lichtempfindliche Schicht durchfallende Licht für sich allein noch nicht ausreicht, um eine deutlich in Erscheinung tretende Schwärzung zu ergeben, sondern daß erst die zusätzlich vom Schriftstück zurückgeworfene Lichtmenge das Bild im wesentlichen ergibt. Die Gradationskurve des Kopiermaterials muß also so verlaufen, daß sie, beginnend unmittelbar hinter der Stelle, die der Lichtintensität des überall gleichstark auffallenden Lichtes entspricht, steil ansteigt, damit die zusätzlich reflektierte Lichtmenge eine möglichst große Schwärzung hervorruft (1).

Für Zwecke der Reflektographie ist jetzt das Spezialpapier „Copex" ausgearbeitet worden. Es hat eine Lichtempfindlichkeit von nur etwa $^1/_6$ des üblichen Chlorsilberentwicklungspapiers (z. B. des bekannten „Lupex") und kann daher bei gedämpftem Tageslicht verarbeitet werden. Es gibt auch Kopierpapiere, die bereits in der Schicht Entwicklungssubstanzen enthalten und dadurch entwickelt werden, daß man sie etwa 4 Minuten in eine Alkalilösung bringt; anschließend werden sie fixiert und gewässert.

Vielfach wird die lichtempfindliche Schicht der für Kontaktverfahren ausgearbeiteten Spezialpapiere orthochromatisch sensibilisiert, um auch von vergilbten und gefärbten Originalen gute Wiedergaben zu erzielen. —

Bei den vorerwähnten Verfahren der Kontaktphotographie kann mitunter die sog. „Luminographie" weiterhelfen.

Es übernimmt dabei ein nachleuchtender Schirm die Rolle der Lichtquelle, was besonders bei Photographie von Buchseiten, die nicht wie ein loses Blatt in die Kopierkassette eingelegt werden können, wichtig ist: Man kann den Leuchtschirm bequem in das geheftete Buch einschieben und so die Kontaktphotographie im Durchleuchtungs- oder Reflexkopierverfahren herstellen. Außerdem steht in diesen Leuchtschirmen, ihre annähernde „Vollerregung" vorausgesetzt, eine konstante Lichtquelle zur Verfügung, so daß Belichtungsfehler vermieden werden. Die Vollerregung, d. h. die Aufspeicherung der im Phosphor maximal aufspeicherbaren Lichtsumme, stellt sich automatisch angenähert bei kurzer Belichtung des Schirmes mit Tageslicht oder schon mit einer 40-Watt-Glühlampe ein. Bei Verwendung nachleuchtender Zinksulfidschirme (DRP. 588547; ZnSCu) beträgt die Belichtungszeit etwa 10 Sek., bei den früher viel verwendeten blaugrün nachleuchtenden Strontiumsulfidschirmen etwa 1 Min. (2).

Beiläufig sei hier darauf hingewiesen, daß man sich durch Zuhilfenahme der Lumineszenz auch schnell eine ungefähre Vorstellung über das zu einem Negativ gehörige Positiv machen kann (DRP. 629800). Man legt dabei über das Negativ (Film oder Platte) einen stark erregten, phosphoreszierenden (d. h. gut nachleuchtenden) Leuchtschirm und läßt dann durch das Negativ hindurch langwelliges (rotes oder ultrarotes) Licht auffallen. Infolge der „Auslöschung der Phosphoreszenz" durch derartige langwellige Bestrahlung wird unter den durchsichtigen Stellen des Negativs die im darunterliegenden nachleuchtenden Schirm aufgespeicherte Energie stärker ausgelöscht als an den geschwärzten Stellen und es entsteht auf dem phosphoreszierenden Schirm eine Umkehrung des Negativs. Der Leuchtschirm vermittelt also, solange er noch genügend nachleuchtet, nach Wegnahme des Negativs eine Vorstellung des zugehörigen Positivs.

Die Vervielfältigung von Halbtonbildern aller Art (Abbildungen usw.) ist erfahrungsgemäß auf dem Wege der vorbeschriebenen Kontaktverfahren schwierig, weil hart arbeitende Materialien, wie sie beim Kontaktverfahren erforderlich sind, die Wiedergabe der Halbtöne unterdrücken. Man verwendet

---

(1) Es muß also hart arbeitendes Material verwendet werden. Voraussetzung bei der Reflektographie ist natürlich, daß der Schichtträger das eingestrahlte Licht überall gleichmäßig durchläßt.

(2) Vgl. über diese Luminographie S. Rotschild, Photographische Rundschau Band 68 (1931), Seite 250; L. Vanino, Chemiker-Zeitung Band 57 (1933), Seite 874; N. Riehl, Physik und technische Anwendungen der Lumineszenz, Seite 205 und L. Vanino, Die Leuchtfarben (Stuttgart 1935), Seite 152.

dafür besser die sog. „optischen" Verfahren, die hinsichtlich der Gradation größeren Spielraum lassen. Im Gegensatz zu den vorerwähnten Kontaktverfahren sind diese dadurch gekennzeichnet, daß die Abbildung des Originals auf optischem Wege durch ein Linsensystem erfolgt. Die optischen Verfahren erfordern naturgemäß Spezialgeräte und Verarbeitung in der Dunkelkammer.

i) Dokumentation (Mikrate).

Auf der Möglichkeit, das Auflösungsvermögen photographischer Schichten hochzuzüchten, beruht die Herstellung von „Mikraten". Schon Goldberg (1) hat auf der Fläche von 1 qcm 100 Druckseiten lesbar untergebracht; über seine grundlegenden Arbeiten ist man seither kaum wesentlich hinausgekommen (2). Die Grenze liegt nicht mehr im Auflösungsvermögen der lichtempfindlichen Schicht, sondern in der optischen Ausrüstung. Das Verfahren kann z. B. bei der kriminalistischen Aktenhaltung und überhaupt für die sog. „Dokumentation", d. h. bei der Sammlung, Ordnung und Nutzbarmachung von Dokumenten, wichtig werden. Goldberg hat sein Verfahren auch auf dem VIII. internationalen Kongreß für Photographie in Dresden 1931 vorgeführt (3). Der Weg kann vielleicht kriminalistische Anwendung u. a. beim Vergleiche von Fingerabdrücken finden.

Die Vervielfältigung durch derartige „Mikrate" wird vermutlich beim Wiederaufbau des öffentlichen Bibliothekwesens wichtig werden. Die Unterbringung von 100 Buchseiten auf dem Format 9 mal 12 cm ist heute natürlich kein Kunststück mehr: Leselupen, mittels deren man derartige Mikrophotographien wieder in der Größe des Originals bequem lesen kann, sollen nach Anlaufen der Serienanfertigung etwa 150 DM kosten (4).

2. Anwendungen, bei denen die Fähigkeit der lichtempfindlichen Schicht, geringe Helligkeitsunterschiede deutlich zu machen, benutzt wird.

Die Aufdeckung unsichtbarer Spuren interessiert natürlich den Kriminalisten außerordentlich. Derartige photographische Verfahren, die mit „unsichtbaren" Strahlen arbeiten (Röntgenphotographie, Ultraviolettphotographie, Ultrarotphotographie), werden später im Kapitel II zusammenhängend besprochen. Die Verfahren der Lumineszenzphotographie, die auf dem verschiedenen Eigenleuchten von Spur- und Umfeld bei Anregung mit ultravioletter Strahlung beruhen, sind bereits vorstehend behandelt. Aber auch durch Photographie im „gewöhnlichen" Lichte kann es gelingen, Spuren und Einzelheiten des Untersuchungsgegenstandes, die unser Auge gar nicht oder nur schwach wahrnimmt, aufzudecken.

---

(1) Vgl. Goldberg, Zeitschr. f. techn. Physik, 7 (1926), Seite 500; ders., Phot. Ind. 1926, Seite 549.

(2) Kujawa, Zeitschr. f. angew. Photographie, Band 1 (1939), Seite 112 und Joachim, Raths und Frieser, Zeitschr. f. angew. Photographie, Band 3 (1941), Seite 49ff. haben neuerdings über die Herstellung von Mikraten berichtet: sie geben als bestes Ergebnis an, daß auf 1 mm^2 1 Druckseite DIN A 4 oder auf der Fläche 9 mal 12 cm 10000 Druckseiten DIN A 4 untergebracht werden können, was den Goldbergschen Resultaten entspricht.

Vgl. auch das Sammelwerk „Die Dokumentation und ihre Probleme", Verlag von Otto Harrassowitz, Leipzig 1943.

(3) Referat in der Photographischen Rundschau 1931, Seite 353.

(4) E. Reimer, Die Rechte der Autoren und Verleger bei Vervielfältigung von Zeitschr. im Wege der Mikrophotographie, in „Gewerbl. Rechtsschutz u. Urheberrecht", 50. Jahrg. (1948), Seite 98.

Im Nachstehenden wird die Aufdeckung reiner Helligkeitsunterschiede behandelt (1). Die besprochenen Arbeitsmethoden sind also anwendbar, wenn Spur und Umfeld Strahlungen remittieren, die durch das ganze Spektralgebiet hindurch einander proportional, d. h. „physikalisch gleichfarbig" sind; es ist keinerlei „Farbnüance" erforderlich. In der Kriminalpraxis liegen die Dinge allerdings regelmäßig nicht so extrem: die gesuchten Spuren sind nämlich meist nicht nur derartige „Grauschattierungen", sondern sind von ihrem Umfeld etwas „verschiedenfarbig", so daß man dann also die vielen anderen, später zu besprechenden Arbeitsverfahren benutzen kann.

Als direkte photographische Methode zur Aufdeckung oder Verdeutlichung reiner Helligkeitsunterschiede („Grauschattierungen") kommt — abgesehen von dem photochemisch zwar sehr interessanten, kriminalistisch aber kaum angewandten Becquereleffekt — die Ausnutzung der Gradation des Aufnahme- bzw. Kopiermaterials in Frage: Man kann dadurch, daß man auf dem nichtlinearen Teile der Schwärzungskurve arbeitet, eine Verzerrung der Helligkeitswerte auf der Photographie erzielen, d. h. also, man kann bestimmte Helligkeitsstufen kontrastreicher wiedergeben. Auch die Fähigkeit der lichtempfindlichen Schicht, auf Belichtungen und nicht, wie unser Auge, auf Beleuchtungen zu reagieren, kann in manchen Fällen zum Nachweis reiner Helligkeitsunterschiede benutzt werden. Indirekte Wege sind die Verstärkungsverfahren aller Art (chemische Verstärkung, Aufeinanderlegen mehrerer Schichten usw.).

Die kriminalistischen Anwendungen fallen großenteils in das Gebiet der Urkundenuntersuchung, deren klassisches Arbeitsfeld die nachstehend behandelten Verfahren geradezu bilden. Heutzutage sind diese Verfahren neben der Aufdeckung von Fälschungen u. dgl. mittels Lumineszenzanregung allerdings vielfach durch die meist bedeutend leistungsfähigeren, aber auch experimentell schwierigeren Verfahren der Filterphotographie oder der Untersuchung mit „unsichtbaren Strahlen" verdrängt, die jedoch voraussetzen, daß Spur und Umfeld in dem betreffenden Spektralbereich „physikalisch verschiedenfarbig" sind (2).

Meist geht bei der Urkundenuntersuchung die Fragestellung dahin, ob an dem Schriftstück Veränderungen (Einfügung, Entfernung bzw. Unkenntlichmachung von Schriftzügen oder Stempeln usw.) vorgenommen worden sind und wie gegebenenfalls der ursprüngliche Text lautete. Die dabei regelmäßig auftauchenden Unterfragen sind dann die, ob die Urkunde „gleichzeitig" niedergeschrieben und ob ihr Text mit ein und demselben Mittel (mit derselben Tinte, demselben Bleistift usw.) geschrieben worden ist. Bisweilen ist auch festzustellen, ob ein Schriftstück unsichtbare Schriftzeichen (Geheimschrift) aufweist.

Die neueste deutsche Monographie über die photographische Untersuchung von Urkunden ist der 1935 erschienene Beitrag von Rudolf Mayer, Die gerichtliche Schriftuntersuchung, im Handbuch der biologischen Arbeitsmethoden, Abt. IV, Teil 12, 2. Hälfte, Seite 473ff. Das 1906 erschienene Buch von Voigtländer-Dennstedt, „Der Nachweis von Schriftfälschungen, Blut, Sperma usw. unter besonderer Berücksichtigung der Photographie" ist heute überholt. Es behandelt aber viele der in diesem Abschnitt besprochenen Methoden ausführlich, die damals, in einer Zeit, der die kriminalistische Ultraviolett- und Infrarotphotographie noch unbekannt war, im Vordergrunde des Interesses standen. Das Buch befaßt sich hauptsächlich mit der Aufklärung von Fälschungen bei Tintenschriften.

Die wegen der dabei auftauchenden Schwierigkeiten lange Zeit stiefmütterlich

---

(1) Darin liegt der Unterschied zu den später unter I A 3 besprochenen Anwendungen.

(2) Die Verdeutlichung schwer entzifferbarer und die Sichtbarmachung unsichtbar gewordener Schriftzüge durch die Photographie ist erstmals wohl im Bibliothekswesen erfolgt. Über diese ersten oft zufälligen Erfolge vgl. E. Stenger im Bericht über den VIII. Internat. Kongreß für wissensch. u. angewandte Photographie (Dresden 1931), S. 145.

behandelte photographische Untersuchung von Bleistiftschriften hat S. Türkel in seinem „Atlas der Bleistiftschrift" (Graz 1927) eingehend dargestellt (1).

Von der ausländischen Literatur soll nur auf das Buch von A. S. Osborne, Questioned Documents (2. Aufl. 1929) verwiesen werden.

Zum Verständnis des Folgenden müssen zunächst einige psychophysische Fragen kurz gestreift werden.

Überall, wo es sich um die Sichtbarmachung geringer Helligkeitsdifferenzen handelt, spielt das psycho-physische Grundgesetz (Weber-Fechnersches Gesetz) hinein. Es sagt in seiner allgemeinen Formulierung, daß sich die Intensitäten unserer Sinnesempfindungen verhalten wie die Logarithmen der Reizintensitäten. Spezieller und für den uns allein interessierenden Gesichtssinn formuliert, besagt das psychophysische Grundgesetz, daß der absolute Helligkeitsunterschied, den unser Auge eben noch als solchen wahrnimmt, der Helligkeit proportional ist. Die konventionelle Angabe für die Größe dieser minimalen Kontrastschwelle unseres Auges liegt bei 2%.

Die Probleme sind im einzelnen kompliziert. Das Weber-Fechnersche Gesetz gilt nämlich nicht mehr bei sehr schwachen Reizen. Außerdem ist bei kleinen Sehwinkeln sowohl beim dunkel- wie beim helladaptierten Auge die physiologische Schwellenwertkurve auch vom Sehwinkel abhängig. Man kann unseren heutigen experimentell unterbauten Erkenntnisstand in dieser Hinsicht etwa dahin zusammenfassen, daß unser Auge je nach der Größe des Sehwinkels verschieden arbeitet. Im Bereiche des Weber-Fechnerschen Gesetzes arbeitet unser Auge photometrisch und nimmt einen Leuchtdichtevergleich vor, das Verhältnis der Leuchtdichte von „Prüffeld" und „Umfeld" darf also nicht unter einen Schwellenwert absinken. Von einem bestimmten Grenzwinkel ab gilt dagegen für alle kleineren Sehwinkel das Riccosche Gesetz: in diesem Gebiete nimmt das Auge keinen Leuchtdichtevergleich mehr vor, sondern vergleicht die Lichtströme, wobei der zum Erkennen des Objektes erforderliche Lichtstrom aber auch eine Funktion der Leuchtdichte des Umfeldes ist. Beide Bereiche gehen kontinuierlich ineinander über (2); der sie trennende Sehwinkel beträgt beim helladaptierten Auge (nach Schönwald) etwa 0,4′, beim dunkeladaptierten Auge (nach Löhle) etwa 20′. Praktisch wird bei kriminalistischen Anwendungen wohl meist im Bereiche des Weber-Fechnerschen Gesetzes gearbeitet werden. Die Möglichkeit der photographischen Vergrößerung gibt aber ein Mittel an die Hand, aus dem Bereiche des Riccoschen Gesetzes in das Geltungsgebiet des Weber-Fechnerschen Gesetzes überzugehen.

Grauschattierungen, die unter der physiologischen Reizschwelle liegen, können also nur dadurch sichtbar gemacht werden, daß man die Helligkeitskontraste „verzerrt" und dadurch über die Reizschwelle hebt (3).

---

(1) Die Photographie von Bleistiftschrift zeigt übrigens oft eine auffällig falsche Farbwertwiedergabe, indem die Schriftzüge nämlich weiß auf schwarzem Grunde erscheinen. Von Ledden-Hulsebosch erklärt die Erscheinung im Arch. f. Krim. **110**, 141 und empfiehlt zur Vermeidung die Verwendung polarisierten Lichtes. Auch Bohne (Arch. f. Krim. **106**, 77) hat diesen Weg mit Erfolg beschritten.

(2) Das Übergangsgebiet hat erstmals wohl Piper, Zeitschr. f. Psychologie **39** (1904), Seite 98 untersucht.

Die beiden Gebiete werden vom sog. „Riccoschen Grenzwinkel" getrennt. Dieser läuft, was auch physiologisch verständlich ist, mit dem Kehrwert der jeweiligen Sehschärfe gleich und ist besonders beim helladaptierten Auge für foveale und extrafoveale Beobachtung sehr unterschiedlich.

(3) Auf solcher „unproportionaler" Verstärkung der Helligkeitsunterschiede beruhen die Verstärkungsmethoden, durch die reine Grauschattierungen für unser Auge sichtbar gemacht werden. Diese prinzipielle Schranke fällt, wenn man zur Spurensuche nicht mehr unser Auge verwendet, sondern etwa die Photozelle: Bei einer Durchmusterung des Negativs mit der Photozelle spielt selbstverständlich das Weber-Fechnersche Gesetz usw. nicht mehr mit hinein. Allerdings wird dabei der Störpegel ziemlich hoch liegen. Kriminalistische Probleme sind bisher auf diesem Wege noch nicht angegangen worden.

In geeigneten Fällen kann eine solche Verzerrung dadurch gelingen, daß die lichtempfindliche Schicht im Gegensatz zu unserem Auge die Fähigkeit besitzt, zeitlich sich folgende Lichteindrücke zu summieren: die lichtempfindliche Schicht reagiert auf Belichtungen (ſidt) und nicht, wie unser Auge, auf Beleuchtungen. Befinden sich also schwache Grauspuren auf einer praktisch schwarzen Unterlage, so kann es lediglich durch lange Belichtung gelingen, diese auf dem Negativ festzuhalten, da ja die Unterlage voraussetzungsgemäß keine Strahlung aussendet (1).

Viel wichtiger ist aber für die Aufdeckung geringer Helligkeitsspuren der Umstand, daß die Schwärzungskurve lichtempfindlicher Schichten nicht linear verläuft; sie hat zwar in ihrem mittleren Teile lineare Gestalt, vorher und nachher aber nicht. Man kann also dadurch, daß man bei Wiedergabe der aufzudeckenden Helligkeitskontraste durch geeignete Wahl der Belichtung (ſidt) auf dem nicht linearen Teile der Schwärzungskurve arbeitet, die Helligkeitsunterschiede bei der photographischen Wiedergabe verzerren und notfalls über die Reizschwelle heben. Die Benutzung von Aufnahmematerial geeigneter Gradation ist dabei natürlich wichtig.

Ein Beispiel für eine solche Verzerrung der Helligkeitsstufen durch Arbeiten auf dem nichtlinearen Teile der Schwärzungskurve ist das von Pringsheim und Gradenwitz bereits 1894 angegebene Verfahren zur Kontraststeigerung. Es ist heute überholt, der Weg ist aber grundsätzlich lehrreich und soll deshalb kurz beschrieben werden.

Pringsheim und Gradenwitz standen vor der Aufgabe, bei Palimpsesten die ältere, meist nur in schwachen Spuren noch wahrnehmbare Schrift sichtbar hervortreten zu lassen und gleichzeitig die spätere Schrift, die natürlich ungleich kontrastreicher sich abhebt, auf dem Negativ zum Verschwinden zu bringen.

„Diese Aufgabe wurde durch folgende Methode gelöst (2):

Es werden zwei Negative A und B hergestellt, welche geometrisch kongruent, aber in der Wiedergabe der Intensitätsverhältnisse sehr verschieden sind. A zeigt die ältere Schrift möglichst schwach, die jüngere deutlich, B die ältere möglichst ebenso stark wie die jüngere. Von B wird ein Diapositiv B′ angefertigt und dieses auf das Negativ A so gelegt, daß die lichtempfindlichen Schichten sich berühren und die entsprechenden Teile beider Bilder sich decken. Wenn man die beiden aufeinandergelegten Platten im durchgehenden Lichte betrachtet, so sieht man im günstigen Falle die ältere Schrift allein, dunkel auf hellem Grunde.

Denn es ist

	Grund	**ältere Schrift**	**jüngere Schrift**
Negativ A	dunkel	dunkel	hell
Diapositiv B′	hell	dunkel	dunkel
Also im durchgehenden Licht	dunkel + hell	dunkel + dunkel	hell + dunkel

Ist hierbei die Dichtigkeit der Platten so getroffen, daß hell + dunkel = dunkel + hell ist, so unterscheidet sich die jüngere Schrift nicht mehr vom Grunde und es tritt nur die ältere Schrift dunkel auf minder dunklem Grunde hervor."

Ebenfalls heutzutage wohl nur noch selten angewandt, aber theoretisch interessant sind die Verfahren, die die Verdeutlichung unerkennbarer Spuren

---

(1) Eine solche auf dem Negativ festgehaltene Spur kann dann mit den nachstehend besprochenen Verfahren noch weiter verstärkt werden.

(2) Vortrag von E. Pringsheim in der Sitzung der Physikalischen Gesellschaft zu Berlin vom 4. Mai 1894, referiert in den „Verhandlungen der Phys. Gesellschaft zu Berlin", 13. Jahrg., Seite 58ff. und in Eders Jahrbuch 1901, Seite 52ff. Mente und Warschauer teilen (Mitt. der Preuß. Archivverwaltung, 1908, Heft 15) Ergebnisse, die sie mit der modifizierten Pringsheim-Gradenwitzschen Methode erzielt haben, ausführlich mit.

unter Benutzung des sog. „photographischen Becquerel-Effektes" herbeizuführen suchen.

Belichtet man nämlich einen Teil einer chlor- oder jodsilberhaltigen lichtempfindlichen Schicht, z. B. ein halbes Blatt Auskopierpapier, so lange, bis dieses etwas angelaufen ist und setzt dann die Belichtung mit gelbem oder grünem Lichte fort, so nimmt die Schwärzung der vorbelichteten Schicht weiter zu, während der nicht vorbelichtete Teil weiß bleibt (1). Wenn man nun auf eine derart vorbelichtete Chlorsilberplatte eine verschmutzte Schrift unter Zwischenschaltung einer Gelbscheibe photographiert, so werden die vorhandenen schwachen Kontraste wesentlich verstärkt. Die Wirkung läßt sich dadurch steigern, daß man das so gewonnene Negativ — wieder unter gelbem Lichte — auf durchsichtige, ebenfalls vorbelichtete Gelatinehäutchen möglichst kontrastreich (hart) kopiert, die so erhaltenen Kopien (Gelatinehäutchen) akkurat aufeinanderlegt (2) und dadurch die Helligkeitsunterschiede addiert, von diesem summierten Negativ in der gleichen Weise ein Diapositiv macht, davon wieder ein Negativ usw. Natürlich muß dabei sehr vorsichtig zu Werke gegangen werden und man darf nicht übersehen, daß durch diese Aufschaukelung der Kontraste auch solche Helligkeitsstufen sichtbar gemacht werden, die zufällig auf den Negativen, unabhängig vom aufgenommenen Objekt, vorhanden sind (3).

Die Dichte aufeinanderliegender Schichten ist stets gleich der Summe der Dichte der einzelnen Schichten. Bourinsky (4) hat daher ohne Zuhilfenahme des Becquereleffektes wenig kontrastreiche Negative dadurch verstärkt, daß er dasselbe Objekt mehrmals auf einen Film kopierte und dann die Bilder zur Deckung brachte. Den durch die Dicke der Filme dabei entstehenden parallaktischen Fehler kann man durch Verwendung von Trockenplatten, deren Schicht nachträglich abgezogen wird, verringern. Auch dabei treten kleine Zufälligkeiten deutlich hervor. Diese sog. „Additionsmethode" wird oft mit gutem Erfolg benutzt. Türkel (5) hat Kollodiumemulsion ver-

---

(1) Die Sache ist recht umstritten und unsere hochempfindlichen Bromsilberplatten zeigen den Effekt wohl im allgemeinen nur äußerst schwach: Eders Handbuch, III, 3 (Lüppo-Cramer), Seite 313, insbes. 318. Vermutlich erklärt sich der Effekt so, daß das durch das blaue Licht ausgeschiedene Silber als Sensibilisator wirkt, so daß dann die energieärmeren Quanten des langwelligeren gelben oder grünen Lichtes zur weiteren Zersetzung hinreichen, sei es wegen der durch die Anwesenheit der Silberatome herbeigeführten Deformation der Elektronenbahnen oder deshalb, weil diese Atome Fremdkörper in der regelmäßigen Struktur des AgBr-Gitters bilden.

Gleichsam die Umkehrung des Becquerel-Effektes ist der Herschel-Effekt: er besteht in einer durch langwelliges Licht bewirkten „Abklingung" des latenten Bildes unter dem langdauernden Einfluß roten Lichtes.

Ausführlich beschreibt diese und andere „Umkehreffekte" Meidinger im Handbuch der wissenschaftlichen und angewandten Photographie, Band V, Seite 315ff. Die Heranziehung der Effekte unter neuartigen Gesichtspunkten sollte gelegentlich in der Kriminalphotographie zur Sichtbarmachung von Spuren erwogen werden. —

Vgl. Voigtländer-Dennstedt, a. a. O., Seite 29. Das „Chromolytische Verfahren" Bourinskys (Petersburg) beruht auf dem Becquereleffekt (Bourinsky und Rüst, Die Wiederherstellung verbrannter Dokumente, Phot. Chronik, 1918, 115). In der Röntgenphotographie wird der Becquereleffekt in etwas abgeänderter Form zur Kontraststeigerung noch viel benutzt: dazu Marmet, Photogr. Ind. 41 (1943), Seite 65 und unten Seite 111.

(2) Oft wird es nötig sein, Marken mitzukopieren, die das richtige Aufeinanderlegen ermöglichen. Man kann auch doppelschichtige Röntgenfilme verwenden und hat dann jeweils 2 Schichten auf einer Aufnahme. Allerdings tritt dabei bei schräger Betrachtung Parallaxe auf.

(3) Mente und Warschauer haben mit dem Becquerelverfahren „keine günstigen Resultate erzielt": Mitteilungen der Preuß. Archivverwaltung, Heft 15, Seite 24 (Leipzig 1909).

(4) Arch. f. Krim. 17, 1.

(5) Atlas der Bleistiftschrift, Abb. 145, 146.

wendet. Zur Technik des Abziehens der Kollodiumhäutchen vgl. K. H. Broum, Lehrbuch der Chemigraphie, Seite 61 ff.

In den Kriminalistischen Monatsheften, Jahrg. 2, Seite 208 berichtet Mueller über einen Erfolg mit der Additionsmethode. Allerdings ist das Verfahren umständlich und teuer. Kopiert man auf sehr hartes Papier, so wird man in den meisten Fällen ebenso weit kommen, vor allem, wenn man sich bei der Aufnahme doppelschichtiger Röntgenfilme bedient (1).

Ein einfacher Kunstgriff besteht darin, das Negativ auf eine Platte mit steiler Gradation (z. B. die „Mimosa-Diapositivplatte extrahart — Feinkorn") zu kopieren oder besser mit gerichtetem Lichte zu vergrößern. Diese Platte entwickelt man in einem sehr klar und hart arbeitenden Entwickler und kopiert sie auf ultrahart arbeitendes Papier.

So ist Hertzberg bei Auswertung der erst nach 33 Jahren unter den Überresten der Andréeschen Nordpolexpedition aufgefundenen Filme vorgegangen (2).

Naheliegend ist Kontraststeigerung durch chemische Verstärkung und Anfertigung eines Diapositivs auf hart arbeitendem Material, wobei man natürlich dieselbe Operation mehrfach nacheinander vornehmen kann.

Man verstärkt die (zu zarte) Originalplatte mit dem Uranverstärker und fertigt von ihr dann auf einer hart arbeitenden Reproduktionsplatte einen kräftigen Diapositivabzug an. Das Diapositiv wird wieder verstärkt und dann auf demselben Wege ein neues Negativ hergestellt: die Kontraste können so erheblich gesteigert werden. Ein Beispiel bringt Türkel, Atlas der Bleistiftschrift, Abb. 140 bis 142. Auch bei diesem Verfahren werden natürlich alle kleinen Plattenfehler mitverstärkt.

Man kann auch durch Bleichen des Negativs im Quecksilberverstärker helfen: Betrachtet man die Platte dann vor einem dunklen Hintergrunde, so erscheint ein gut abgestuftes Positiv, das unter Verwendung einer phototechnischen Platte photographiert werden kann.

Die Gefahren der chemischen Verstärkung sind gering. Will man trotzdem ein Negativ nicht verstärken, so kann man es im Kopierrahmen mit der Schicht auf weißes Papier (3) drücken und bei seitlicher Beleuchtung auf eine phototechnische Platte photographieren. Die Kontraststeigerung beruht hier darauf, daß das Licht die Schicht zweimal durchlaufen muß, erst beim Einfallen und dann nochmals nach Reflexion an der weißen Unterlage. Die so erzielte Kontraststeigerung wird jedoch oft dadurch sehr herabgesetzt, daß die scheinbar „schwarzen" Negativstellen das auffallende Licht zum Teil ebenfalls zurückwerfen, wodurch also eine kontrastmindernde Aufhellung der dunkeln Partien eintritt. Man verfährt daher (4) besser so, daß man die Platte

---

(1) Mayer, Schriftuntersuchung, Seite 482. Ähnlich Urban, Kompendium der gerichtlichen Photographie, Seite 102. Vgl. auch Mente, Photogr. Methoden der Kontraststeigerung, in Zeitschr. f. Reproduktionstechnik, 1916, Seite 66 und 1918, Seite 42ff.

(2) Hertzberg im Bericht über den VIII. Internat. Kongreß f. wissenschaftl. u. angew. Photographie, Dresden 1931.

(3) Mente empfiehlt „rein weißes, womöglich mit einer Kreideschicht (für Kunstdruck) versehenes Papier" (Zeitschr. f. Reproduktionstechnik, 1918, Seite 44). Die Methode ist nur anwendbar, wenn die fraglichen Negativstellen sehr klar und durchsichtig sind.

(4) Berthold und Riehl, Fortschr. Röntgenstrahlen **54** (1936), 391. H. Lewin, Acta radiologica Bd. 17 (1936), 551; Wolf und Riehl (aus dem wissenschaftl. Laboratorium der Auergesellschaft), Ein neues Verfahren zur Betrachtung von Filmen und Platten, in Zeitschr. f. techn. Physik, **18** (1937), 89 und Riehl, Physik und technische Anwendungen der Lumineszenz, Seite 167.

gut anliegend auf eine fluoreszierende Unterlage auflegt, von oben her ultraviolettes Licht (1) auffallen läßt, welches die Unterlage zur Fluoreszenz anregt, und dann die Platte so betrachtet. Die Lichtstrahlen durchdringen dabei die Schicht zweimal. Auf dem Hinweg zur Fluoreszenzfolie wird das ultraviolette Licht beim Durchdringen der Schicht nach Maßgabe der Filmschwärzung geschwächt. Auf dem Rückweg geschieht dasselbe mit dem sichtbaren Fluoreszenzlicht. Es wird also, weil der Schwächungskoeffizient der Schicht für ultraviolettes Licht gleich dem für sichtbares Licht ist, eine Verdoppelung der Schwärzungen und damit der Kontraste (d. h. der subjektiv empfundenen Schwärzungsunterschiede) erreicht (2). Eine Kontrastschwächung durch das an den Schwärzungspartien der Schicht reflektierte ultraviolette Licht tritt hier nicht ein, weil dieses ultraviolette Streulicht nicht sichtbar ist und deshalb bei visueller Betrachtung nicht stört (3). Man erreicht daher hier nahezu eine Verdoppelung der Kontraste: die Gradationskurve hat bei Anwendung der „Lumineszenzbetrachtungsmethode" einen steileren Verlauf. Das Verfahren ist mit Erfolg jedoch ebenfalls nur bei schwach geschwärzten Teilen der Platte anwendbar, weil für höhere Schwärzungsgrade, etwa oberhalb 0,5, höchstens 1,0, die üblicherweise zur Verfügung stehenden Ultraviolettlichtquellen zu schwach sind: der doppelte Durchgang der Licht- bzw. Ultraviolettstrahlen durch das Negativ verursacht dann eine so große Schwächung der Helligkeit, daß das Bild zu dunkel wird. —

Mente (4) empfiehlt das Pigmentverfahren zur Kontraststeigerung.

Das Pigmentverfahren beruht grundsätzlich darauf, daß eine auf Papier aufgebrachte Gelatineschicht in einer Lösung von Kaliumbichromat gebadet wird, wobei sich die Gelatine in sog. Chromgelatine (auch „Chromatleim" genannt) verwandelt. Dieser Chromatleim hat nun die Eigenschaft, daß er durch Belichtung wasserunlöslich wird, während die unbelichteten Stellen im warmen Wasser gelöst werden (5). Beim sog. „Pigmentdruck" verfährt man daher so, daß man den Chromatleim mit einer echten Pigmentfarbe des gewünschten Farbtons versetzt. Belichtet man dann durch das Negativ hindurch ein solches Pigmentpapier, so erhält man beim Baden im warmen Wasser ein sehr fein abgestuftes Bild: die unter den glasklaren Negativstellen gelegenen Teile der Schicht sind wasserunlöslich geworden, während die unbelichteten Stellen völlig weggelöst, die weniger belichteten weniger gelöst werden. Gewöhnlich überträgt man die belichtete Chromgelatineschicht durch Anpressen während der Entwicklung im Wasserbad auf ein dagegen gedrücktes Papier. Bei beginnender Lösung der Chromgelatine wird dann das ursprünglich als Träger dienende Papier abgezogen, die Gelatineschicht bleibt an dem anderen Papier haften und wird zu Ende entwickelt. Man kann an Stelle des Papiers auch einen geeigneten anderen Stoff als Unterlage wählen: die Drucktechnik überträgt das Gelatinerelief auf eine Metallplatte, die eingeschwärzt wird und dann ausgedruckt werden kann.

Das Grundprinzip des Menteschen Verfahrens besteht nun darin, daß man die Kopie von einem beliebig gefärbten Pigmentpapier nicht, wie beim Pigmentdruck üblich, auf ein anderes Papier überträgt (s. o.) und im Wasserbad entwickelt, „sondern als Bildträger

(1) Man muß langwelliges UV verwenden, für das Glas noch durchlässig ist.

(2) Daß es statthaft ist, von einer „Verdoppelung der Schwärzungen" zu sprechen, obwohl ja an dem Negativ nichts geändert worden ist, erörtert Riehl a. a. O. Seite 168 Anm. 1. Der Zahlenwert der Schwärzung S, die bekanntlich definiert ist als $S = \log \frac{I_0}{I_1}$, wo I_0 die auf das Negativ auffallende Lichtmenge und I_1 die vom Negativ durchgelassene Lichtmenge ist, hängt eben von der Betrachtungsmethode ab.

(3) Das Verfahren versagt natürlich, wenn man das Negativ so photographieren würde, weil die lichtempfindliche Schicht für das reflektierte Ultraviolett sehr empfindlich ist! Man muß bei Photographie also das störende Ultraviolett sauber ausfiltern.

(4) Zeitschr. f. Reproduktionstechnik, 1918, Seite 42.

(5) Gummi arabicum verhält sich ganz ähnlich wie Gelatine: benutzt man ihn als Bindemittel an Stelle der Gelatine, so erhält man nach dem gleichen Verfahren wie beim Pigmentdruck die sog. „Gummidrucke".

eine unvorpräparierte saubere Glasplatte benutzt. Man kann zunächst durch Anwendung eines schwachen Chrombades für das Empfindlichmachen des Pigmentpapiers die Gradation des lichtempfindlichen Materials verkürzen bzw. steiler gestalten und weiterhin durch Behandlung des Pigmentreliefs mit Farbstoffen eine ganz außerordentliche Kontraststeigerung herbeiführen. Wenn z. B. der eine Ton durch vollständiges Fehlen der Pigmentschicht, also blankes Glas, dargestellt wird, der nächstfolgende dagegen durch eine Pigmentgelatineschicht, und sei sie noch so dünn, so kann man durch Baden dieses Glasdiapositivs in einer geeigneten Farbstofflösung bewirken, daß alle diejenigen Stellen, wo überhaupt Gelatine vorhanden ist, diese Farbstofflösung begierig aufsaugen, während natürlich das klare Glas unverändert bleibt." Man muß dabei möglichst frisches Pigmentpapier verwenden, das beim Entwickeln keine unlösliche Gelatineschicht zurückläßt.

Eine Anwendung dieses Verfahrens in der Kriminalistik ist nicht bekannt geworden. Auch Mente weist darauf hin, daß es 1918 noch kaum praktisch benutzt worden sei. —

Vielfach gelingt es, schwache Kritzspuren und Furchen aller Art, die unser Auge nicht oder nur undeutlich erkennt, durch Photographie bei seitlich streifender Beleuchtung aufzudecken. Bei dieser Methode wird zunächst die oben besprochene Ausnutzung der Gradation des Aufnahmematerials mitwirken. Vielfach werden dabei aber auch psychologische Probleme hereinspielen: im Gegensatz zur lichtempfindlichen Schicht paßt sich unser Auge dem Untersuchungsgegenstand an und sucht bei aufmerksamer Betrachtung an diesem herum. Die Verfahren, deren Erklärung im einzelnen oft nicht einfach sein dürfte, sollen nachstehend an Hand praktischer kriminalistischer Anwendungen besprochen werden.

Die beim Schreiben entstehenden Furchen sind für den Schriftsachverständigen ein wichtiges Mittel zur Schriftbegutachtung: es ist eben die Bewegung des Stiftes oder der Schreibfeder keine zweidimensionale, sondern dreidimensional; die Federspitze drückt in rhythmischer Bewegung mehr oder weniger tiefe Furchen in das Papier. Die Grenzen dieser Federfurchen sind meist an einer intensiveren Schwärzung erkennbar, eine gute Photographie, die aus Graunüancen und nicht nur aus Schwarzweißnüancen besteht, wird also diese kleinen, aber wichtigen Eigentümlichkeiten besonders bei Tintenschrift oft festhalten. Gerade in diesen Fällen hilft oft Photographie bei schräger Beleuchtung. Schon Bertillon weist in seiner Gerichtlichen Photographie (Seite 55) darauf hin, daß die Photographie „Schatteneffekte registriert, welche unserem Auge gewöhnlich entgehen", er erwähnt, daß die vertieften Eindrücke, die durch Bleistiftschrift auf dem Schriftstück und den Schreibunterlagen entstehen, vom Auge auch bei schräg seitlicher Beleuchtung nur mangelhaft entdeckt werden, weil unser Auge „in den Vertiefungen und Schatten sucht". Eine Photographie solcher furchenartiger Eindrücke im Papier bei schräg auffallendem streifenden Lichte bringt dagegen oft gute Resultate (1). Das Verfahren wird bei der Entzifferung entfernter Schriftzüge heute regelmäßig zu Rate gezogen; es ist auch die Überführung auf Grund von Furchenspuren, die die benutzte Schreibunterlage aufwies, geglückt. Türkel bringt im „Atlas der Bleistiftschrift" auf Seite 44 ff. Beispiele (Abb. 147 bis 159). Er rät, an Stelle der Vorderseite die Rückseite des Schriftstücks im schief auffallenden Lichte zu photographieren. Für den Nachweis der Entfernung von Bleistiftschrift ist die Methode oft unentbehrlich: mit weichem Gummi auf starkem, gut geleimten Papier vorsichtig

(1) Insbes. das Relief der Schriftzüge auf der Rückseite: Türkel, Atlas, Abb. 144a ff. Auf der Vorderseite des Schriftstücks hinterläßt besonders der dem Farb- oder Graphitstift beigemengte Ton gern Kritzfurchen.

ausgeführte Bleistiftrasuren können bisweilen nur so nachgewiesen werden (1). Auch bei chemischen „Rasuren", die oft nicht so leicht zu entdecken sind, wird die Methode mitunter helfen, weil regelmäßig die durch die Schrift verursachten Vertiefungen durch die chemische Behandlung nicht beseitigt worden sein werden. „Kritzfurchen" als Überführungsmittel für eine mechanische Rasur zeigt Urban, Kompendium, Seite 94 (2).

Verdächtige Furchen können auch auf Fälschung durch Pausung hinweisen: der Täter hat z. B. die Unterschrift zunächst mittels eines spitzen Gegenstandes vorsichtig durchgepaust und dann die so entstandenen feinen Furchen mit Tinte nachgezogen (3). Nicht immer handelt es sich aber bei solchen Kritzfurchen um Fälschungen. So berichtet Langenbruch (4) über eine derartige Nachzeichnung einer Unterschrift, die dadurch entstanden war, daß der Anwalt einer Partei von seiner Bürogehilfin die Unterschrift für seine Akten hatte kopieren lassen.

Auch bei Aufdeckung der „genial-einfachsten" Geheimschrift, der sog. Wasserschrift, kann das Verfahren von Wert sein. Man bedeckt dabei ein nasses Papierblatt mit einem trockenen, schreibt darauf fest mit einem stumpfen Stift und läßt das nasse Papier eintrocknen. Von der Schrift ist nichts mehr sichtbar, sie ist auch mit Infrarot oder Ultraviolett nicht sichtbar zu machen, kommt aber sofort wieder zum Vorschein, wenn man das getrocknete Blatt ins Wasser legt, was jedoch nicht immer angängig ist. Furchen der Geheimschrift lassen sich dagegen ohne jede Einwirkung auf das Schriftstück oft durch Photographie aufdecken und lesen. Auch die Entzifferung von Speichelschrift auf Papier gelingt, wie wohl Reiss zuerst fand, mitunter durch Photographie der Urkunde in der Dunkelkammer bei stark streifender Beleuchtung (5).

Besonders schwer ist es, Schreibmaschinenschrift so zu entfernen, daß nicht auf der Papierrückseite der erhabene Durchschlag die entfernten Schriftzeichen verrät.

Es genügt also regelmäßig nicht, das fragliche Schriftstück im auffallenden und durchfallenden Lichte abzusuchen; nötig ist stets auch Photographie der Vorder- und Rückseite bei streifender Beleuchtung (6).

Die Entzifferung der mühsam aufgedeckten, unzusammenhängenden Schriftspuren ist oft schwierig. Es hilft dabei mitunter Verkleinerung des Lichtbildes, wodurch die Reste näher aneinandergerückt und dadurch leserlich gemacht werden. Dück (7) hat diesen Weg bei der Untersuchung von Abdrucken auf Löschpapier mit Erfolg beschritten (Verkleinerung auf etwa $^2/_5$).

Durch Photographie bei streifender Beleuchtung glückte auch die Überführung eines Mannes, der in einem Chamottewerk noch feuchte Tonröhren

---

(1) Harder-Brüning, Die Kriminalität bei der Post, Seite 43ff.

(2) Mikrophotographische Aufnahmen von Rasuren im schräg auffallenden Lichte bringt z. B. Voigtländer-Dennstedt, Seite 76 und Urban, Kompendium, Seite 81ff.

(3) Mayer, Schriftuntersuchung, Seite 603.

(4) Zentralblatt für Graphologie, 2. Jahrg. (1932), Seite 126.

(5) Dazu Langen u. Nippe, Unsichtbare Geheimschriften und deren Erkennung, im Handb. der biol. Arbeitsmethoden. Manchmal gelingt die Lesbarmachung von Speichelschrift auch durch Photographie im durchfallenden Lichte, weil Speichel wenig lichtdurchlässig ist. Sicherer arbeiten die Verfahren, bei denen die Speichelschrift durch Färbung mit Eosin, Nigrosin usw. sichtbar gemacht wird. Sie verändern aber im Gegensatz zur photographischen Untersuchung die Urkunde.

(6) Mayer, Schriftuntersuchung, Seite 475.

(7) Arch. f. Krim. **67**, **247**.

durch leichte Schläge mit der geballten Faust beschädigt hatte. Es entstanden dabei in der noch weichen Tonmasse Abdrücke der auf den Finger- und Faustknöchelchen des Täters verlaufenden Hautfalten, deren Sichtbarmachung und genaue Wiedergabe durch Photographie bei stark streifender Beleuchtung gelang (1). Hierher gehört auch ein von Hesselink (2) mitgeteilter Fall. Hesselink entdeckte auf dem Fußboden des Mordzimmers einen Blutfleck, der „anfänglich recht wenig versprach". Als er die Stelle jedoch abends bei stark streifender Beleuchtung prüfte und photographierte, fand er die deutlichen Eindrücke von 14 Absatznägelchen: im diffusen Tageslichte waren diese Eindrücke durchaus unsichtbar. Bei der paläohistologischen Untersuchung der Geiseltalfunde hat man das Verfahren der Photographie bei streifender Beleuchtung ebenfalls anzuwenden versucht, aber ohne großen Erfolg (3).

Für die vorstehend geschilderten Anwendungen der Photographie ist die Verwendung einer geeigneten, in weiten Grenzen bequem zu regulierenden Beleuchtungsvorrichtung (4) wichtig. Bewährt hat sich die von der Fa. Leitz, Wetzlar, hergestellte Universallampe „Monla" (5).

Die Lampe ist mit einer Niedervoltglühbirne 6 Volt 5 Ampere ausgerüstet, deren Intensität durch eine im Beleuchtungsstutzen verschiebbare asphärische Beleuchtungslinse verändert werden kann. Außerdem kann die Helligkeit durch Zwischenschaltgeräte (bei Gleichstrom Widerstand, bei Wechselstrom Transformator), die eine Belastung der Lampe zwischen 3 bis 6 Ampere ermöglichen, bequem variiert werden. Die Benutzung der asphärischen Beleuchtungslinse vermeidet alle Lichtverluste durch Streuung und ergibt bei der Übersichtsbeleuchtung eine gleichmäßige Ausleuchtung. Die Lampe, die in ein lichtdichtes Gehäuse eingebaut ist, gibt bei Belastung von etwa 3,5 bis 4 Ampere unter Vorsatz des Spezialfilters Lifa 1658/26 eine weiße Beleuchtung, die in ihrer Gesamtintensität und spektralen Zusammensetzung weitgehend dem normalen Tageslicht entspricht. Die Lampe ermöglicht auch leicht die Ausfilterung praktisch wichtiger, eng begrenzter Spektralbereiche, was insbesondere beim Arbeiten mit polarisiertem Licht erwünscht ist. Bei Belastung von 4,5 bis 5 Ampere erhält man mit Lifa-Filter 215 bzw. 395 eine lichtstarke Beleuchtung aus der Umgebung der Fraunhoferschen Linie C bzw. D. Bei 5 bis 6 Ampere liefert das Lifa-Kombinationsfilter 370/391 lichtstarke Strahlung des Spektralbereiches um die Fraunhofersche Linie F. Leitz baut auch eine gleich konstruierte Mikroskopierlampe mit einer röhrenförmigen 100 Watt-Birne, die größer dimensioniert ist und direkt an das Leitungsnetz angeschlossen wird.

Zur Schräglichtbeleuchtung können gut verwendet werden die Makroringbeleuchtungen für die photographische Aufnahme opaker Objekte, wie sie z. B. die Fa. E. Leitz, Wetzlar baut. Die seitlich streifende Beleuchtung läßt sich dabei durch Abwärtsschieben des Beleuchtungsringes und, falls das schräge Licht nur von einer Seite her auffallen soll, durch Einschalten von Sektorenblenden, die einen Teil der ringförmig angeordneten Niedervoltglühlämpchen abblenden, erreichen (6)

---

(1) Kriminalistik, 15. Jahrg. (1941), Seite 56. Natürlich handelt es sich bei derartigen „Hautfalten" nicht um unveränderliche, das Individuum zeit seines Lebens kennzeichnende Merkmale wie nach h. M. bei den der Daktyloskopie zugrunde liegenden Papillarlinien, sondern um Falten, die durch den regelmäßigen Gebrauch der Hand hervorgerufen werden und die also „Berufsmerkmale" sind.

(2) Arch. f. Krim. **90**, 254.

(3) J. Weigelt in der Zeitschrift f. angewandte Photographie, Band 3 (1941), Seite 89.

(4) Allgemein berichtet über Lichtquellen für photographische Zwecke M. Wolf im Band II der „Fortschritte der Photographie".

(5) Mayer, Schriftuntersuchung, Seite 475.

(6) Über diese Ringbeleuchtungen vgl. außer den Druckschriften der Fa. Leitz etwa A. Metz in „Feinmechanik und Präzision", Jahrg. 41, Nr. 6, Seite 88 und in „Die technische Assistentin", Band I, Nr. 5, Seite 131, und P. Brandt, Ringbeleuchtung für Hell- und Dunkelfeld, in „Die Umschau", 1934) (38. Jahrg.), Seite 654. Vgl. auch Heeß, „Ein neues Verfahren, Identität und Alter von Tintenschriften festzustellen", im Arch. f. Krim. **96**, 1.

Die vorstehend behandelten Verfahren machen geringe Helligkeitsdifferenzen durch Kontraststeigerung sichtbar. Es kann aber auch das umgekehrte Problem, eine stetige Folge von Grautönen in eine begrenzte Zahl von einzelnen „diskreten" Grautönen zusammenzudrücken, bei der Aufdeckung von Einzelheiten gelegentlich wichtig werden. Die Sache spielt in der künstlerischen Photographie aus anderem Grunde eine Rolle: man erzielt damit linoleumschnittartige Bilder. Romer (1) hat insbesondere derartige Verfahren angegeben (sog. „Isohelie").

Neuerdings hat Heymer (2) über ein vereinfachtes Verfahren der Isohelie berichtet. Dabei wird nach dem Negativ zunächst mit verschiedenen Belichtungszeiten eine Reihe von Positiven auf hart arbeitendem Material hergestellt, deren Halbtöne durch Abschwächen und Wiederverstärken stark unterdrückt sind. Diese Vorlagen werden nun ein zweites Mal auf hart arbeitendes Material kopiert, wodurch Negative mit genügend scharf abgesetzten Grauflächen entstehen, die dann zu einem „Stufennegativ" übereinandergelegt werden. Stets laufen diese Verfahren darauf hinaus, eine „reine Stufengradation" zu erzielen, bei der, anders als beim sog. „Personverfahren", die Halbtöne unterdrückt und auf einige diskrete Werte zusammengezogen sind.

3. Anwendungen, bei denen die von der spektralen Empfindlichkeit unseres Auges abweichende Empfindlichkeit lichtempfindlicher Schichten im sichtbaren Spektralbereich und ihre Fähigkeit, Mischfarben in ihre Komponenten zu zerlegen, benutzt wird.

Im Gegensatz zu den im vorausgehenden Abschnitt (IA 2) besprochenen Fällen handelt es sich bei den jetzt zu besprechenden Anwendungen immer um das Aufdecken von Spuren, die im sichtbaren Spektralgebiete physikalisch verschiedenfarbig von ihrem Umfeld sind. Voraussetzung ist also, daß die Remissionen von Spur und Umfeld nicht durch das ganze Spektrum hindurch einander proportional sind, oder, anders ausgedrückt, daß nicht lediglich „Helligkeitsunterschiede" (reine Grauñüancen) zwischen Spur und Umfeld vorliegen. Bei den kriminalistisch interessierenden Spuren wird diese Voraussetzung regelmäßig erfüllt sein.

Es muß hervorgehoben werden, daß die Möglichkeiten, durch die Photographie geringe Farbunterschiede aufzudecken, sich grundsätzlich unterscheiden von den Möglichkeiten, geringe Helligkeitsdifferenzen nachzuweisen. Dementsprechend unterscheiden sich also auch die nachstehend zu besprechenden Arbeitsmethoden grundsätzlich von den im vorangehenden Abschnitt (I A 2) behandelten. Daran ändert auch die Tatsache nichts, daß im Einzelfall nicht selten die Aufdeckung von Spuren gleichzeitig auf ihre Helligkeits- und Farbunterschiede gegenüber der Unterlage zurückzuführen ist.

Die Aufdeckung von für unser Auge gar nicht oder nur schwach erkennbaren Farbunterschieden gelingt oft schon durch Vorschalten eines Filters (3), das so gewählt ist, daß es in dem Spektralbereiche stark absorbiert, in dem die Remission von Spur und Umfeld ungefähr gleich ist (4). Durch derartige Filterung wird erreicht, daß die von Spur und Umfeld annähernd gleichmäßig

(1) Romer in der Monatsschrift „Die Camera" (Luzern) 1932, Seite 291; 1938, Seite 2; ferner Kainz und Mietzl in „Die Galerie", 1932, Seite 17; 1938, Maiheft.

(2) Agfa-Veröffentlichungen, Band 6, Seite 239.

(3) Dieses Filter kann natürlich mit derselben Wirkung entweder in den Beleuchtungsstrahlengang oder (als „Objektfilter") zwischen Untersuchungsgegenstand und Mattscheibe geschaltet werden.

(4) Dazu A. Roesen im Arch. f. Augenheilkunde 92 (1923), 193 und DRP. 301745 mit dem Zusatzpatent 390542 (Klasse 42h, Gruppe 34), Erfinder: Ferdinand Leibel.

remittierten Spektralbereiche verschluckt werden, so daß die übrigbleibenden Remissionen sich stärker voneinander unterscheiden oder, anders ausgedrückt, daß die „Farbunterschiede" zwischen Spur und Umfeld gesteigert werden. Man kann so auch zwei physiologisch gleiche, aber physikalisch verschiedene Farben bequem unterscheidbar machen und damit den unmittelbaren Beobachtungsbereich unseres Auges erweitern, was seit langem bekannt ist (1).

Die wissenschaftliche Photographie ermöglicht nun eine bedeutende Erweiterung dieser Spurensuche durch die Verwendung von Aufnahmematerial, dessen spektrale Empfindlichkeit von der unseres Auges abweicht. Es gelingt dabei durch geschickte Abstimmung von Filter und spektraler Empfindlichkeit des Aufnahmematerials — in einfachen Fällen auch ohne Zuhilfenahme eines Filters — die Aufdeckung schwacher, von ihrer Unterlage nur wenig physikalisch verschiedenfarbiger Spuren durch photographische Methoden oft in überraschender Weise.

Die elektromagnetische Strahlung schwärzt ja je nach ihrer Wellenlänge die lichtempfindliche Schicht verschieden stark. Daß dabei zwischen photographischer Bildschwärzung und subjektivem Helligkeitseindruck einer „Farbe" kein einwandfreier Vergleich möglich ist, ist bereits oben (Seite 5) ausführlicher besprochen worden. Vielfach ruft aber elektromagnetische Strahlung, die unser Auge voneinander als „verschiedenfarbig" nicht unterscheiden kann, auf der lichtempfindlichen Schicht unterschiedliche Bildschwärzungen hervor. Es liegt das entweder an einem größeren „Farbdifferenzierungsvermögen" in dem betreffenden Spektralbereich derart, daß die lichtempfindliche Schicht infolge des Verlaufes ihrer spektralen Empfindlichkeitskurve durch Licht eng benachbarter Wellenlängen, die in unserem Auge keinen unterschiedlichen Farbreiz hervorrufen, merkbar verschieden geschwärzt wird, oder aber an der sehr wichtigen Fähigkeit lichtempfindlicher Schichten, Mischfarben in ihre Komponenten zu zerlegen.

Die Tatsache, daß „physikalisch verschiedene, aber physiologisch gleiche Farben" die lichtempfindliche Schicht meist verschieden schwärzen, beruht auf dem voneinander abweichenden Aufbau von Augennetzhaut und lichtempfindlicher Schicht.

Wir wissen heute, daß unsere Netzhaut mit zwei Arten lichtempfindlicher Elemente ausgerüstet ist. Die kurzwellig empfindlichen, farbenblinden Stäbchen, die nur bei geringen Beleuchtungsstärken in Funktion treten, bilden den sog. „Nachtapparat", der uns einen farblosen Gesichtseindruck vermittelt (Dämmerungssehen, Purkinjesches Phänomen usw.). Im Gegensatz dazu wird der „Tagesapparat" von den farbenempfindlichen Zäpfchen gebildet. Diese Zäpfchen zerfallen nach der Young-Helmholtzschen „Grundempfindungstheorie" wiederum in drei verschiedene Gruppen, die sich durch ihre spektrale Empfindlichkeit voneinander unterscheiden. Die erste Gruppe wird am stärksten vom roten, die zweite Gruppe vom grünen und die dritte Gruppe vom blauen Spektralbereich angeregt (2). Die Empfindlichkeitskurven dieser drei Gruppen

---

(1) Über die Möglichkeiten, durch Vorschalten eines Filters eine Sättigungssteigerung praktisch aller Farben mittlerer Sättigung herbeizuführen vgl. W. Ströble, Die Wirkung von Lichtfiltern, insbes. von neodymhaltigen Gläsern auf das Farbensehen (Dissertation TH. Berlin 1937); F. Dannemann, Das Neophanglas als nautisches Hilfsmittel bei unklarer Sicht („Hansa", Deutsche Schiffahrtszeitschrift, Nr. 48 vom 2. Dez. 1933 und Nr. 5 vom 1. Febr. 1936) und DRP. 527053 (Klasse 42h, Gruppe 34), Erfinder: Franz Weidert.

(2) Grundsätzlich dazu etwa H. von Helmholtz, Handbuch der Physiologischen Optik, 3. Aufl., Band 2; A. König, Physiologische Optik (Band 20, Teil I des Wien-Harms'schen Handbuchs der Experimentalphysik); W. Trendelenburg, Der Gesichtssinn; Georg v. Studnitz, Physiologie des Sehens.

von Rezeptoren kann man durch Messungen an partiell Farbenblinden, auf deren Netzhaut eben eine der drei Rezeptorengruppen fehlt, bestimmen (1). Beim normalsichtigen Menschen werden nun bei einem beliebigen Farbeindruck im allgemeinen alle drei Gruppen von Zäpfchen, aber in ganz verschiedener Stärke, erregt und je nach der Intensitätsverteilung auf die drei Gruppen entsteht der „Farbeindruck" nach Farbton, Sättigung und Helligkeit (2).

Die Beschaffenheit dieses „Tagesapparates" unseres Auges, den wir bei der Spurensuche stets verwenden, weicht also grundsätzlich von der aus untereinander gleichartig lichtempfindlichen Körnern bestehenden photographischen Schicht ab.

Neben dem Hinweis auf die drei Typen partiell Farbenblinder wird die Young-Helmholtzsche Grundempfindungstheorie, die bei physikalischen Betrachtungen regelmäßig herangezogen wird und die als einzige so ausgebaut ist, daß quantitative Messungen auf ihr begründet werden können (3), sehr nachdrücklich gestützt durch die Tatsache, daß man physiologisch aus drei beliebigen Farben grundsätzlich alle anderen Farben additiv mischen kann, daß also unser Auge aus der physikalisch unendlichen Farbenmannigfaltigkeit nur eine dreifache Mannigfaltigkeit von Farben vermittelt.

Wird nämlich dieselbe Stelle der Netzhaut unseres Auges gleichzeitig von Strahlung verschiedener Wellenlänge getroffen, so entstehen, wenn Strahlung aus dem langwelligen und dem mittleren Bereiche des sichtbaren Spektrums genommen wird, Farbempfindungen, die genau einer reinen Spektralfarbe mit dazwischenliegender Wellenlänge entsprechen. Mischt man Strahlung mittlerer Wellenlänge und kurzwellige Strahlung, so empfindet unser Auge das Gemisch als Farbe, die zwar in ihrem Buntton einer reinen Spektralfarbe entspricht, aber eine etwas geringere Farbsättigung, sozusagen also einen „Weißzusatz", aufweist. Bei Mischung von Strahlung des langwelligen und kurzwelligen Endes des sichtbaren Spektrums entstehen Farbempfindungen besonderer Qualität, die im Spektrum nicht enthalten sind, die sog. Purpurtöne. Unser Auge ist nun nicht fähig, diese Mischfarben in ihre Bestandteile zu zerlegen: es können also zwei Spektralgemische trotz ganz unterschiedlicher Zusammensetzung im Auge denselben Farbreiz hervorrufen, das Auge kann aus der Empfindung der „zusammengesetzten" Farbe nicht erkennen, welche einfachen Spektralfarben in ihr enthalten sind (4). Es unterscheidet sich unser Auge dadurch wesentlich vom Ohr, das die einzelnen Töne zwar auch zur Gesamtempfindung eines „Akkordes" verbindet, aber doch jeden einzelnen Ton darin wahrnehmen kann, so daß zwei aus verschiedenen Tönen zusammengesetzte Akkorde unserem Ohr niemals identisch erscheinen, wie es für das Auge verschiedene Aggregate zusammengesetzter Farben sein können. Im Gegensatz dazu sind aber die photochemischen Wirkungen solcher für unser Auge „gleichfarbigen" Spektralgemische oft verschieden. Z. B. wird das Licht, welches ein orangerot gefärbter Körper zurückwirft, der neben den roten Strahlen auch, vom Auge nicht analysiert, einen Teil des Blau und Violett reflektiert, andere photochemische Wirkungen hervorrufen als das Licht eines (für unser Auge ganz gleichfarbigen) Gegenstandes, der diese Strahlen nicht reflektiert. Es gelingt so, durch die Photographie Unterschiede aufzudecken, die dem Auge entgehen. Fügt z. B. ein Fälscher einem Schriftstück einige Worte hinzu, so wird er zwar eine Tinte wählen, die dem Auge gleich erscheint, denn er arbeitet „mit dem Auge und für das Auge" (5): diese Tinte kann aber trotzdem ein ganz anderes Spektralgemisch zurückwerfen als die nachzuahmende Tinte und die photographische Untersuchung wird dann oft den Unterschied und damit die Fälschung aufdecken. Wichtig wird das Verfahren u. a. auch bei der Entdeckung von Hautrötungen an Leichen, die von der photographischen Platte „registriert" werden, auch wenn sie unser Auge vom „gleichfarbigen" Untergrunde nicht unterscheiden kann (blaurote Würgspuren usw.). Die Anwendung darf allerdings nicht mit dem anderen Fall zusammengeworfen werden, in dem die Sichtbarmachung

---

(1) A. König und C. Dieterici, Zeitschr. f. Psychologie und Physiologie, **4** (1892), Seite **241** ff.

(2) Die Erkenntnis, daß Licht und Farbe keine dem Gegenstand selber anhaftenden Eigenschaften, sondern Empfindungen sind (oben Seite 10), ist für das Verständnis aller dieser Fragen grundlegend.

(3) Die Ophthalmologen bevorzugen oft die Heringsche Gegenfarbentheorie.

(4) H. von Helmholtz, Handbuch der Physiologischen Optik, 3. Aufl., Band II, Seite **101** ff.; W. Trendelenburg, Der Gesichtssinn, Seite **70** ff.

(5) Voigtländer-Dennstedt, Seite **22**; Beispiele ebenda Seite **84** ff.

solcher Hautrötungen durch die photochemische Wirkung der von der fraglichen Stelle reflektierten unsichtbaren ultraroten Strahlen gelingt (1).

Die durch die Entdeckung der Sensibilisatoren (H. W. Vogel, 1883) ermöglichte Herstellung von Aufnahmematerial, das über weite Bereiche empfindlich ist, hat diese Anwendungsmöglichkeiten sehr vermehrt und verfeinert und es ist dadurch weiter für größere Teile des Spektrums die Möglichkeit gegeben, die photographische Platte durch „geeignete Kombination von Sensibilisierung und Filter nach Belieben sozusagen partiell farbenblind" zu machen (2). Erforderlich ist dabei regelmäßig die Vorschaltung geeigneter „Kontrastfilter", denen, wie schon eingangs ausgeführt, die Aufgabe zufällt, bestimmte Spektralbereiche völlig zu absorbieren: es werden so gewisse Farben des Untersuchungsobjektes besonders hervorgehoben, während andere unterdrückt werden (sog. „optische Beseitigung"). Die Auswahl des Filters muß von Fall zu Fall erfolgen (3). Grundsatz muß sein, daß das Filter diejenigen Wellenlängenbereiche, in denen die Remission von Spur und Umfeld ähnlich ist, möglichst verschluckt, die anderen Spektralgebiete aber möglichst wenig ausfiltert. Im allgemeinen wird man anstreben, daß das Aufnahmematerial im vom Filter durchgelassenen Spektralbereiche möglichst empfindlich ist. Man kann aber auch etwaige unvermeidliche „Filterlücken" durch entsprechende „Sensibilisierungslücken" unschädlich machen.

Der Vorschlag, als Lichtfilter Lösungen der in den zu vergleichenden Schriften enthaltenen Tinten zu benutzen, ist theoretisch richtig. Es würde dadurch erreicht werden, daß die der einen Tinte eigentümlichen Strahlen, die der anderen vielleicht fehlen, auf die Platte gelangen und man erhielte so eine verschiedene Schwärzung. Praktisch ist dieser Weg aber nur selten gangbar, weil man meist nicht weiß, was für Tinten verwendet worden sind. Popp (4) ist es gelegentlich geglückt, die Zusammensetzung der Tinten chemisch festzustellen und dann Filter mit solchen Tinten zwischenzuschalten.

Als deutsche Bezugsquellen für einwandfreie Filter sind in erster Linie das Jenaer Glaswerk Schott & Gen., die „Agfa" und die „Lifa"-Lichtfilterfabrik in Augsburg zu nennen. Vgl. deren Spezialdruckschriften „Jenaer Farb- und Filterglas für Wissenschaft und Technik", das „Agfa-Filterbuch" und das „Lifa-Handbuch", das zur Zeit allerdings veraltet ist.

Die kriminalistischen Anwendungsmöglichkeiten dieser sog. „Filterphotographie", bei der man also im Gegensatz zur dokumentarischen Photographie anstrebt, Einzelheiten nicht tonwertrichtig wiederzugeben, um sie dadurch deutlicher hervortreten zu lassen oder überhaupt erst zu entdecken, sind außerordentlich zahlreich und wichtig.

Es gelingt so beispielsweise mittels eines Blaufilters schwache, ausgewaschene Blutflecke, die unser Auge nicht wahrnimmt, zu photographieren (5).

---

(1) Darüber vgl. unten Seite 136.

(2) R. Luther, Photographie als Lehr- und Forschungsgegenstand, Seite 20.

(3) Vgl. dazu die gut orientierenden, kurzen Ausführungen über Farbempfindlichkeit und Filter bei Gramatzki, Planetenphotographie.

(4) Phot. Korr. **38**, 84.

(5) Ein Beispiel bei Heindl, Polizei und Verbrechen, Seite 96.

Die Photographie blutiger Fingerabdrücke behandelt Heindl, Daktyloskopie, 3. Aufl., Seite 359ff. Veröffentlichungen über die Photographie von Blutspuren sind sehr zahlreich. Vgl. auch Shuterland im Arch. f. Krim. **60**, 77 (Bericht aus dem kaiserl. serologischen Laboratorium in Kalkutta), der mitteilt, daß in den Tropen „selbst bei dunkelrot

Bei Verwendung von „Lifa"-Filtern kann man sich dabei an die folgende Tabelle halten:

Farbe des Untergrundes, auf dem sich die Blutspur befindet	Farbe und Nummer des zu verwendenden „Lifa-Filters"	Plattensorte
Weiß	—	gewöhnliche
Schwarz u. Dunkelgrau	Orange Nr. 395	orthochromat.
Blau	Blau Nr. 209	gewöhnliche
Grün und Hellgrau	Grün Nr. 222	orthochromat.
Gelb und Orange	Orange Nr. 395	panchromat.
Rot und Braun	Rot Nr. 215	panchromat.

Hertzberg und Odencrant berichten (1) über die Untersuchung einer gefälschten Unterschrift, die mittels blauem Kopierpapier auf das betreffende Dokument übertragen und dann mit Tinte nachgezogen worden war: die schwachen blauen Kopierspuren sollten dem Gerichte nachgewiesen werden. Es wurden zwei Negative hergestellt, je eines mit Blau- bzw. Rotfilter. Ein Diapositiv nach dem ersten wurde mit dem Rotfilternegativ zusammenkopiert, die Kopie zeigt die blauen Kopierspuren schwarz auf grauem Grunde.

Über die Untersuchung von farbiger Schrift und Pausschriften, insbes. Rotstiftschrift und Rotpause, berichtet Bohne im Arch. f. Krim. **109**, 63.

Die Filterphotographie ist mitunter auch wichtig, um die gesuchten Spuren aus dem Lumineszenzbild herauszufiltern, indem durch Vorschalten eines geeigneten Filters entweder die von den Spuren ausgehende Eigenstrahlung oder die vom Umfeld ausgesandte Eigenstrahlung geschwächt wird (2).

Wichtig wird die Filterphotographie oft zur Entzifferung von Schriftzeichen, die durch irgendein anderes Material überdeckt und dadurch unlesbar geworden sind, etwa durch Überstreichen mit Tinte, Farbstiften usw. (3). Bei nur schwacher Überdeckung reflektieren die so übermalten Schriftzüge anders als ihre Umgebung und durch Vorschalten eines Filters, welches das von der Umgebung ausgehende Licht zurückhält, kann erreicht werden, daß die sonst nur wenig hervortretenden, für unser Auge unsichtbaren Schriftspuren dann allein auf der entsprechend sensibilisierten Platte das Bild hervorrufen, weil nur das von ihnen zurückgeworfene Licht vom Filter durchgelassen wird und auf die Platte kommt. Man wird dabei die Empfindlichkeits-

bzw. braun gefärbtem Tuche" die darauf zu findenden Blutspuren ohne Anwendung von Filtern oder künstlichen Lichtquellen infolge der intensiven Sonnenbestrahlung oft wahrgenommen werden können.

(1) Nord. Tidskr. f. Fot. **1920**, Seite 26. Vgl. auch Eders Jahrbuch, Band 30, Seite 906.

(2) Langenbruch, Arch. f. Krim. **108**, 105. Ferner oben Seite 59, 69 und Abb. 31c und e.

(3) Beispiele bringt Türkel, Atlas der Bleistiftschrift, Seite 37ff. und Abb. 115 bis 125 und 128 bis 139.

Mitunter, besonders bei Übermalung mit Bleistift, gelingt auch Aufhellung durch Abziehen der Überdeckung mittels einer Fingerabdruckfolie (Türkel, Arch. f. Krim. **82**, 95). Bei Buntstiftübermalung kann man versuchen, durch vorsichtiges Abschaben der Buntstiftschicht mit dem Messer nachzuhelfen. Natürlich sollen derart grobe Hilfsmittel, durch die das Untersuchungsobjekt angegriffen und verändert wird, nur im Notfall benutzt werden.

kurve des Aufnahmematerials möglichst so „abstimmen", daß die Empfindlichkeit für das vom Filter durchgelassene Licht eine maximale ist. Oft wird allerdings die annähernd reine Herausfilterung lediglich des von den überdeckten Spuren ausgehenden Lichtes nicht gelingen. Es werden außer den gesuchten „Spuren" auch andere Teile des Untersuchungsobjektes Strahlung zurückwerfen, die vom Filter durchgelassen wird und das Bild stört und unklar macht. In diesen Fällen ist zur Unschädlichmachung der „Filterlücke" die Benutzung von Aufnahmematerial, das gerade für das von den Spuren ausgehende Licht besonders empfindlich ist, notwendig. Da genaue spektroskopische Untersuchungen praktisch kaum möglich sind, muß man innerhalb des ja oft bekannten Bereiches der Filterdurchlässigkeit gut empfindliches Aufnahmematerial mit verschiedenem Verlaufe der Empfindlichkeitskurve probieren und der Erfolg ist dann am besten, wenn Filterlücke und Sensibilisierungslücke übereinstimmen.

Auch chemisch entfernte Stempelspuren oder Schriftzeichen werden so häufig aufgedeckt, indem man die fragliche Urkunde (Briefmarke, Kostenmarke, Invalidenmarke, Ei mit Herkunftsstempel usw.) unter Zwischenschaltung eines Filters, welches die Farbe des Untersuchungsgegenstandes hat und daher das vom „Untergrund" ausgesandte Licht verschluckt, photographiert: die Urkunde erscheint dann annähernd weiß auf dem Positiv (sog. „optische Beseitigung der Grundfarbe") und die Stempelspuren treten hervor.

Entsprechendes gilt für die Durchleuchtung übermalter Urkunden. Dafür ist ein Beispiel der folgende, von v. Ledden-Hulsebosch kürzlich mitgeteilte Fall (1). Es gelang ihm der Nachweis, daß ein mit Tinte geschriebenes Schriftstück auf senkrechter Unterlage, an die Wand gedrückt, geschrieben worden war. Wird nämlich in dieser Weise auf senkrechter Unterlage mit Tinte geschrieben, so ergibt sich eine Verdickung der basalen, unteren Teile der langen Buchstaben, weil die Tinte, der Schwerkraft folgend, hinunterfließt. Das zu untersuchende Schriftstück wurde deshalb mit einer Paraffin-Benzinmischung eingefettet und dann im durchfallenden Lichte photographiert: bei längerer Belichtung wurde die zu erwartende Verdickung der langen Buchstaben an ihrem unteren Teile erkennbar. Für das Auge war ein Unterschied nicht wahrnehmbar, die Photographie diente dabei also als Spurensuchmittel. Der Effekt ist m. E. wohl als Filterung, verbunden mit Ausnutzung der spektralen Empfindlichkeitskurve des Aufnahmematerials, zu erklären (2). Die Schriftzüge wirkten praktisch als Filter des durchscheinenden Lichtes und offenbar hatte sich beim Hinabfließen der Tinte nicht lediglich eine „Verdickung", sondern durch Ansammeln anderer chemischer Stoffe im basalen Teile der Schriftzüge eine von den oberen Teilen abweichende Absorptions-

(1) Arch. f. Krim. **104**, **13**.

(2) V. Ledden-Hulsebosch (Arch. f. Krim. **104**, **13**) erklärt die Sache wohl anders. Er nimmt an, daß hier durch die Photographie reine Helligkeitsunterschiede sichtbar gemacht worden sind unter Ausnutzung des nichtlinearen Verlaufes der Schwärzungskurve der lichtempfindlichen Schicht (vgl. oben unter I A 2). Auf Grund eigener Spektraluntersuchungen möchte ich der im Text gegebenen Erklärung den Vorzug geben, ohne damit aber bestreiten zu wollen, daß auch hier — wie oft — die Verzerrung der Helligkeitskontraste durch Arbeiten auf dem nichtlinearen Teile der Schwärzungskurve mitgewirkt haben wird. Die Anwendungen unter I A **2** und unter I A **3** laufen eben oft nebeneinander her.

kurve ergeben, wobei vielleicht auch die verschiedene Trocknungsdauer mitgewirkt haben mag. Diese „Farbunterschiede" deckte die Photographie auf.

Mitunter kann es zweckmäßiger sein, an Stelle eines zwischen Untersuchungsgegenstand und photographische Platte geschalteten Absorptionsfilters und Beleuchtung mit weißem Lichte so vorzugehen, daß man den Untersuchungsgegenstand mit geeignetem farbigen Lichte dergestalt beleuchtet, daß entweder nur die gesuchten Spuren oder nur ihr Umfeld das eingestrahlte Licht zurückwerfen. Literaturangaben über Zusammenstellungen monochromatisch darstellbarer Spektrallinien und dazu geeigneter Absorptionsfilter findet man oben auf Seite 55 (1).

Monochromatische Strahlung kann man im sichtbaren Spektralbereich angenähert auch mittels der Jenaer Dispersionsfilter nach Christiansen-Weigert herstellen (2). Diese Filter bestehen aus einer Glasküvette, die mit einer Flüssigkeit (einem Benzoesäureester) und einem optisch völlig gleichmäßigen Borosilikatglasgrieß gefüllt ist. Ihre Wirkungsweise beruht nun darauf, daß Glasgries und Flüssigkeit das Licht verschiedenartig zerstreuen, d. h. daß das Brechungsvermögen beider sich mit der Wellenlänge verschieden ändert. Nur für ein ganz schmales Wellenlängengebiet, das beim Schnittpunkt der Kurven der Brechungsexponenten des Glasgrießes und der Flüssigkeit liegt, ist das Filter optisch homogen, Licht dieser Wellenlängen durchläuft daher ungestört das Filter. Alle Strahlen anderer Wellenlänge werden dagegen wegen der Kanten und Flächen des Grießes abgelenkt und können also bei scharfer Einstellung eines Strahlenganges durch Blenden abgeschirmt werden. Diese Dispersionsfilter haben nun noch die Eigenart, daß sich mit der Temperatur auch die Brechung der Flüssigkeit stark ändert, während das Brechungsvermögen des Glasgrießes nahezu unverändert bleibt. Man erhält mithin durch Veränderung der Temperatur des Dispersionsfilters einfarbiges Licht beliebiger Wellenlänge bis zur Grenze der Durchlässigkeit der Filterflüssigkeit und zwar z. B. für die Filtertemperatur

15° C ein Rot der Wellenlänge 6550 Å,
20° C ein Gelb der Wellenlänge 5900 Å,
25° C ein Grün der Wellenlänge 5450 Å,
40° C ein Blau der Wellenlänge 4650 Å,
55° C ein Violett der Wellenlänge 4100 Å.

Mit derartigen Dispersionsfiltern kann man daher in weitem Bereiche annähernd monochromatische Strahlung herstellen. Sie können oft als ausreichender Ersatz für Monochromatoren dienen, deren Lichtausbeute sie angenähert erreichen (3). Ihre Durchlässigkeit beträgt im Spektralgebiete zwischen 7000 und 4500 Å über 98%, übertrifft also diejenige von Absorptionsfiltern erheblich. Für kürzere Wellenlängen fällt allerdings die Durchlässigkeit des Dispersionsfilters stark: schon bei 4000 Å beträgt sie nur noch 60%. Dagegen zeigt die Trennschärfe des Dispersionsfilters den umgekehrten Verlauf: Da sich im roten Bereiche die Zerstreuungskurven unter einem geringeren Winkel schneiden, nimmt die Trennschärfe nach längeren Wellenlängen hin merklich ab. Während bei Temperierung des Dispersionsfilters auf 4500 Å die Halbwertsbreite etwa 80 Å beträgt, beträgt sie bei Temperierung auf 6500 Å bereits 250 Å.

Durch Dispersionsfilter läßt sich also einfarbiges Licht in einem wesentlich günstigeren Wirkungsgrade herstellen als z. B. mit Absorptionsfiltern, deren Trennschärfe auch bei Verwendung mehrerer Glasfilter bei ungleich kleinerer Gesamtdurchlässigkeit durchweg geringer ist. Gegenüber Absorptionsfiltern ist das Arbeiten mit derartigen Dispersionsfiltern allerdings dadurch erschwert, daß man zur Konstanthaltung der Temperatur des Filters die Küvette in einen Thermostaten bringen muß: die Filtertemperatur muß auf 0,1° C konstant gehalten werden, weshalb man beim Übergang zu einer anderen Wellenlänge 20—30 Minuten warten muß, bis sich das neue Wärmegleichgewicht eingestellt hat. Anderseits ist die Möglichkeit, mit ein- und demselben Filter angenähert einfarbiges Licht jeder Wellenlänge des sichtbaren Spektralbereiches herstellen zu können, für das praktische Arbeiten natürlich vielfach sehr wertvoll.

---

(1) Vgl. auch Phot. Korr. **66**, **317** und **69**, 26 und Mayer, Schriftuntersuchung, Seite 479.

(2) Dazu zuletzt E. Berger und A. Klemm, Zeiss-Nachrichten, 2. Folge, Heft 2 (August 1936), mit Literaturangaben.

(3) Dazu G. Holst, Zeitschr. f. wissenschaftl. Photographie **36**, 145.

Die vorbeschriebenen Dispersionsfilter sind vom Jenaer Glaswerk Schott & Gen. zu hoher Leistungsfähigkeit entwickelt worden. Neuerdings hat die Firma diese Filter durch Interferenzfilter ersetzt, die jeweils aber nur für ein bestimmtes Wellenlängengebiet verwendet werden können (1).

Die Anwendungen der vorstehend beschriebenen „Filterphotographie" zerfallen, wie abschließend nochmals herausgestellt werden soll, in zwei Gruppen. Lediglich deskriptiv ist die Anwendung der Photographie dann, wenn bereits unser Auge bei Vorschaltung geeigneter Filter die gesuchten Spuren genügend deutlich wahrnimmt. Zum Forschungsmittel (Spurensuchmittel) wird die Photographie, wenn unser Auge die Spuren auch bei Zwischenschaltung von Filtern nicht oder nur unklar erkennt. Daß die Photographie die Spuren sichtbar und deutlich macht, kann dann an zwei physikalisch durchaus verschiedenen Ursachen, die allerdings auch zusammenwirken können, liegen. Einmal nämlich an der in diesem Abschnitt besprochenen geeigneten Abstimmung der Sensibilisierung des Aufnahmematerials, das die „schwachen" Spuren selektiv heraushebt und in günstig gelegenen Fällen bereits ohne Filterung durch den Verlauf seiner spektralen Empfindlichkeitskurve oder durch Aufspaltung von Mischfarben in ihre Komponenten die vom Untersuchungsgegenstand zurückgeworfene bzw. (bei Durchleuchtung) durchgelassene elektromagnetische Strahlung genauer differenziert als es unserem Auge möglich ist. Es kann aber auch die oben unter IA 2 besprochene Tatsache mitwirken, daß die lichtempfindliche Schicht insbesondere durch den Verlauf ihrer Schwärzungskurve fähig ist, reine Grauschattierungen zu verzerren und dadurch sichtbar wiederzugeben. Insoweit handelt es sich dann stets um die Aufdeckung reiner Helligkeitsstufen des Untersuchungsobjektes im Gegensatz zu der vorstehend behandelten Aufdeckung reiner Farbkontraste.

B. Doppelbildphotographie.
(Stereophotographie.)

1. Stereophotographie und Stereobetrachtung.

Die gewöhnliche Photographie liefert zweidimensionale Bilder, aus denen Vorstellungen über die „dritte" Dimension, die sog. „Tiefe", nur indirekt gewonnen werden können. Demgegenüber vermittelt die Stereophotographie eine wirkliche Wahrnehmung des Raumes und ihr besonderer Wert und Nutzen liegt darin, daß die durch Perspektive, Linienüberschneidungen, scheinbare Größe, sog. „Luftperspektive", Licht und Schatten, Kontrast und Tonabstufungen im Einzelbild stets nur unvollkommen zum Ausdruck gelangende Tiefengliederung des Objektraumes (2) bei der beid-

---

(1) Über diese Interferenzfilter und ihre Verwendung bei der Infrarotphotographie vgl. unten Seite 129.

(2) Diese Hilfsmittel der „monokularen Entfernungswahrnehmung" sind trotzdem sehr wichtig, sie vermitteln uns die Raumwahrnehmung der entfernteren Gebiete und spielen, wie nachstehend mehrfach betont werden wird, auch bei stereoskopischer Entfernungswahrnehmung oft mit hinein, besonders dann, wenn sie, wie bei dem unten besprochenen „pseudoskopischen Effekt", mit der stereoskopischen Entfernungswahrnehmung im Widerspruch stehen. Interessant ist übrigens, daß es eine echte „monokulare Stereoskopie" gibt: Bildet man nämlich auf die Netzhaut desselben Auges schnell nacheinander perspektivisch verschiedene Bilder ab, die stereoskopisch

äugigen Betrachtung des Stereobildpaares durch das Raumbild in vollkommener und unzweideutiger Weise dargeboten wird: Die Tiefenwahrnehmung wird bei stereoskopischer Betrachtung durch die Parallaxen der beiden Teilbilder (sog. „indirektes stereoskopisches Sehen“) und im Nahbereich, beim „direkten stereoskopischen Sehen“, durch die Reize vermittelt, die unsere Augenmuskulatur je nach der Größe des mit der Entfernung sich ändernden Konvergenzwinkels der beiden Augenachsen empfindet (1).

Bei Betrachtung des Raumes ändert sich allerdings mit dem Konvergenzwinkel jeweils auch zwangsläufig die Akkommodation unserer Augen derart, daß der angezielte Punkt stets scharf gesehen wird: die damit verbundene Muskelanstrengung trägt zur Beurteilung der Entfernung naher Punkte ebenfalls mit bei. Dieses Element der Tiefenwahrnehmung entfällt natürlich bei Betrachtung des stereoskopischen „Raummodells“, weil ja die Entfernung der Stereobilder und damit also die Akkommodation der Augen dabei stets gleich bleibt. Dieser „Akkommodationszwang“ erschwert bisweilen die stereoskopische Betrachtung: soweit nämlich auf den beiden Teilbildern Gegenstände im Bereiche des „direkten stereoskopischen Sehens“ abgebildet sind, konvergieren auch beim modernen Linsenstereoskop, das ja die Betrachtung der Bilder mit entspannten, auf Unendlich eingestellten und parallelen Augenachsen ermöglicht, die Augenachsen, ohne daß die dazu gehörende Linsenakkommodation erfolgen darf.

Das Stereobild ermöglicht also die unmittelbare Beurteilung der körperlichen Gestalt des Aufnahmegegenstandes, die klare Erkennung und Deutung seiner Einzelheiten, seines stofflichen Aufbaus, seiner Oberflächenstruktur usw.

„Die ureigenste Domäne der Photographie sind die stereoskopischen Bilder deshalb, weil kein noch so geschickter Zeichner imstande wäre, so sauber und genau ein detailreiches Objekt als stereoskopisches Doppelbild wiederzugeben, daß nicht schreiende Fehler von dem in dieser Hinsicht sehr empfindlichen Auge bemerkt würden“ (2). Es ist interessant, daß selbst die sorgfältig ausgeführte stereoskopische Zeichnung einfacher geometrischer, detailarmer Körper nicht immer gelingt, wie der Atlas der Stereoskopbilder von Kristallgittern (3) an einigen Stellen zeigt. Auf dieser hohen Empfindlichkeit des menschlichen Auges beruht der Vorschlag Doves, die Echtheit von Banknoten dadurch festzustellen, daß man eine unzweifelhaft echte mit der verdächtigen Note im Stereoskop zur optischen Vereinigung bringt, indem man sich sagt, daß dann, wenn beide Noten echt sind, infolge ihrer Übereinstimmung jeder stereoskopische Effekt fehlen müsse, während sonst bei stereoskopischer Vereinigung einzelne Teile der Zeichnung oder des Druckes sich vor oder hinter die Ebene wölben. In derselben Weise wird auch die Prüfung von Schreibmaschinenschrift auf ihre Herkunft von einer bestimmten Schreibmaschine oder die Prüfung, ob zwei Drucke von demselben Satz abgezogen worden sind, vorgeschlagen, weil eben zwei Druckstöcke stets kleine Abweichungen zeigen bzw. bei Verwendung verschiedener, wenngleich „typengleicher“ Maschinen geringe Unterschiede, etwa im Abstand der einzelnen Buchstaben voneinander, einen stereoskopischen Effekt hervorrufen. Dieses Verfahren, bei dem also der räumliche Effekt lediglich der „Indikator“ für eine geringe Abweichung des einen Bildes vom andern ist, versagt aber, weil es, wie man bald fand, unmöglich ist, zwei völlig übereinstimmende Banknoten oder Schrift-

---

zugeordnet sind, so entsteht dabei eine ganz überraschende, unmittelbare Tiefenwahrnehmung. Diese einäugige Entfernungswahrnehmung wird praktisch wichtig bei Betrachtung schnell bewegter Gegenstände und es bildet dieses Moment einen Ersatz für den Ausfall der simultanen Parallaxe des beidäugigen Sehens. Vgl. darüber eingehend v. Tschermak-Seyseneg, Über Parallaktoskopie, Pflügers Archiv **241** (1939), Seite 455.

(1) So die älteren, jetzt umstrittenen Theorien! Die vorn Seite 7 angedeutete Disproportionalität der Vergrößerung von Seiten- und Tiefenabmessung bei Abbildung körperlicher Objekte durch Linsensysteme ist natürlich auch bei der Stereophotographie zu beachten, bei der ja gerade die Beurteilung der Tiefendimension im Vordergrunde steht.

(2) R. Luther, Photographie als Lehr- und Forschungsgegenstand, Seite 12. Die Stereoskopie ist aber älter als die Photographie: vor der Erfindung der Photographie betrachtete man im Stereoskop Zeichnungen einfacher geometrischer Körper u. dgl.

(3) Herausgeg. von M. v. Laue und R. v. Mieses, Berlin 1926 und 1936.

bilder — auch bei Verwendung desselben Druckstockes oder derselben Schreibmaschine — herzustellen (1).

Eine allgemein verständliche Darstellung der Grundlagen der Stereoskopie und der Stereophotographie gibt z. B. Lüscher, Stereophotographie, A. v. Barsy, Raumbildphotographie (durchaus populär), O. Vierling, Stereophotographie mit der „Contax" (Photographie und Forschung, Band 3, Heft 7, Stereosonderheft) und O. v. Gruber, Stereoskopisches Sehen (im Sammelwerk „Ferienkurs in Photogrammetrie"). Ausführlicher etwa van Albada, Stereophotographie, im Handbuch der wissenschaftlichen Photographie (Wien 1931) und H. Cuisinier, La Pratique de la Photographie Stéréoscopique (Verlag von Paul Montel, Paris V). Mit dem stereoskopischen Sehvorgang befaßt sich eingehend W. Trendelenburg, Der Gesichtsinn; C. Pulfrich, Stereoskopisches Sehen und Messen; F. Ollivier, La Topographie sans Topographes, Traité de Photogrammetrie (Revue d'Optique theorique et instrumentale), 2. Kapitel: „La vision du rélief" (Paris 1929) und A. Hay, Sehen und Messen. Die zahlreichen physiologischen Probleme der Stereophotographie behandelt im Zusammenhang auch v. Helmholtz, Handbuch der Physiologischen Optik, 3. Auflage, insbes. Band 3, Seite 552 ff.

Zur Frage der Abblendung des Objektives zwecks Erzielung der erforderlichen Tiefenschärfe vgl. R. Luther, Zur Frage der Brennweitenübereinstimmung bei Stereokameras, Phot. Rundschau, 1921, Seite 67. D'Arcy Power empfiehlt verschieden lange Belichtung der Teilbilder: das eine Halbbild bringt die Durchzeichnung der Lichter, das andere die der Schatten (Phot. Rundschau, 1926, Seite 511). Auf Fehler, die in der Praxis gern unterlaufen, weist v. Albada in seinem Aufsatz „Unkräuter im Garten der Stereoskopie", Phot. Korr. 1930, Dezemberheft, hin. —

Die Stereophotographie, die (im Gegensatze insbes. zu Frankreich!) in Deutschland ganz allgemein geringe Beachtung findet (2), wird in der deutschen Kriminalpraxis nur sehr wenig angewandt. Die kriminalistische Alltagspraxis würde jedoch zweifellos aus der Verwendung stereoskopischer Methoden großen Vorteil haben.

Die Beschaffung kostspieliger Geräte ist dafür keineswegs immer erforderlich. Denn soweit es sich nicht um Aufnahmen bewegter Objekte handelt, ist zur Herstellung stereoskopischer Bilder jede Einbildkamera verwendbar: man macht nacheinander zwei Aufnahmen desselben Gegenstandes von verschiedenen, durch die „Basis" getrennten Standpunkten. Dabei kann man einen Stativkopf benutzen, der mittels Schlittenführung oder durch Ausschwenken die Verschiebung der Kamera automatisch, ohne erneute Einstellung, ermöglicht und im Handel billig erhältlich ist.

Ein anderer, von dem Engländer Brown 1894 vorgeschlagener Weg, einlinsige Kameras für Stereoaufnahmen, und zwar auch bewegter Gegenstände, zu benutzen, besteht in der Verwendung eines zweilinsigen Spiegelansatzes, der vor dem Objektiv angebracht wird: er entwirft auf der Mattscheibe die beiden nebeneinanderliegenden Stereoteilbilder. Das Verfahren hat sich in der Praxis wenig eingeführt, weil es den Nachteil hat, daß nur ein sehr kleiner Bildwinkel erfaßt wird. Auf diesem Prinzipe beruhen

---

(1) Anderer Ansicht Berliner-Scheel, Physikalisches Handwörterbuch, 2. Aufl., Artikel „Stereoskop". Vgl. auch die Angriffe Brewsters auf Wheatstone um 1860 (M. v. Rohr, Die binokularen Instrumente, Seite 112): Brewster hielt zwei alte Bilder, von denen, wie spätere Nachmessungen ergaben, das eine die Nachzeichnung des anderen war, für stereoskopische Zeichnungen.

(2) Eine Ausnahme ist die Stereophotogrammetrie, die sich überall in der Welt in ausgiebigem Maße des Raumbildes für Vermessungszwecke u. dgl. bedient und die auch in Deutschland weit entwickelt worden ist.

insbesondere die optisch hochwertigen Stereozusatzgeräte für Kleinbildkammern (1), bei denen an Stelle der Spiegel Prismen verwendet werden. Sie teilen den normalen Kleinfilm (24 mal 36 mm) in zwei zugehörige Stereoteilbilder vom Format 18 mal 24 mm auf, die infolge des Strahlenganges im Vorsatzgerät bereits vertauscht und daher sofort kopierfähig sind. Die raumgetreue Betrachtung dieser Kopien, die einen Bildabstand von nur 18 mm haben, kann mit einem entsprechend konstruierten Betrachter erfolgen.

Die Stereophotographie ermöglicht auf einfache Weise eine Steigerung der Raumwirkung durch Vergrößerung der Aufnahmebasis. Man arbeitet dabei an Stelle der unserer Augenentfernung entsprechenden Basis von etwa 65 mm mit einer größeren Basis, macht also die beiden Aufnahmen von Standpunkten, die weiter voneinander entfernt sind.

Die Methode ist für Fernaufnahmen wichtig und seit langem in Gebrauch (2). C. Störmer und seine Schüler haben stereoskopische Aufnahmen des Polarlichtes gemacht, die die räumliche Verteilung der leuchtenden Materie in Höhen von 80 bis 600 km erkennen lassen. Sie arbeiteten dabei mit Basislängen von 30 bis 285 km und stellten an den Enden der gewählten Basis je einen photographischen Apparat auf. Die beiden Apparate konnten durch besondere Einrichtungen genau synchron ausgelöst werden. Als Bezugsebene dienten die durch das Nordlicht hindurchscheinenden Sterne (3). In ähnlicher Weise macht der Meteorologe räumliche Aufnahmen von Wolken. Sogar kosmische Entfernungen können durch die Stereophotographie so der unmittelbaren räumlichen Betrachtung zugänglich gemacht werden. Wolf hat auf der Heidelberger Universitätssternwarte auf dem Königstuhl u. a. den Planeten Saturn so aufgenommen, indem er zwei um 24 Stunden auseinanderliegende Aufnahmen anfertigte: die durch die gegenseitigen Bahnbewegungen von Erde und Saturn bedingte Basis betrug dabei etwa 1,7 Millionen Kilometer (4).

Vermutlich hat unter sonst gleichen Umständen ein Lebewesen ein um so besseres Tiefenunterscheidungsvermögen, je größer sein Augenabstand ist (das Pferd hat einen Augenabstand von etwa 20 cm, der Elefant von etwa 40 cm), während andrerseits bei engem Augenabstand das Tiefenunterscheidungsvermögen nachläßt und der sog. „Nahpunkt" sich nähert: Vögel sehen das Korn, das sie in unmittelbarer Nähe aufpicken!

Wie eine elementare Kongruenzbetrachtung (Abb. 33) erkennen läßt, erfolgt bei Vergrößerung der Aufnahmebasis von b auf B eine entsprechende Verlegung der vom Konvergenzwinkel bzw. der simultanen Parallaxe abhängigen Plastik von der Nähe in die Ferne. Denn die Betrachtung der Aufnahmen erfolgt mit den Augen und es ist daher beim Betrachten die Basislänge durch den Augenabstand vorgegeben. Die Folge ist, daß sich bei stereo-

(1) So für die Leica (DRP. 548688) und die Contax, vgl. dazu Lüscher in „Fortschritte der Photographie", Band 2, Seite 504 und das Stereosonderheft in „Photographie und Forschung", Band 3 (1942), Seite 193ff. Vgl. weiter den Aufsatz von O. Vierling, Stereophotographie mit der Contax, Kriminalistik, 17. Jahrgang (1943), Heft 9 und Gornikel, ebenda, 16. Jahrgang (1942), Heft 7.

(2) Zuerst hat wohl D. Brewster (1849) darauf aufmerksam gemacht: M. v. Rohr, Die binokularen Instrumente, Seite 57. Die richtige Basis B für Stereoaufnahmen ergibt sich leicht zu $B = (b/e) \cdot E$. Dabei ist b der Augenabstand, e die Entfernung des beim Überblicken bis Unendlich von unserem Auge noch wahrnehmbaren, nächsten Gegenstandes (3,20 m) und E die Entfernung des auf dem Bilde sichtbaren, nächstgelegenen Gegenstandes. Also errechnet sich B zu 1/50 E. Vgl. Lüscher, Stereophotographie, Seite 113ff. und in der Zeitschrift „Der Stereoskopiker", 1930, Nr. 7.

(3) C. Störmer, Ergebnisse der kosmischen Physik Band I (Leipzig 1931).

(4) Derartige Stereobilder nach Aufnahmen Wolfs brachte der Verlag „Schönheit" in Dresden-A 24 in den Handel.

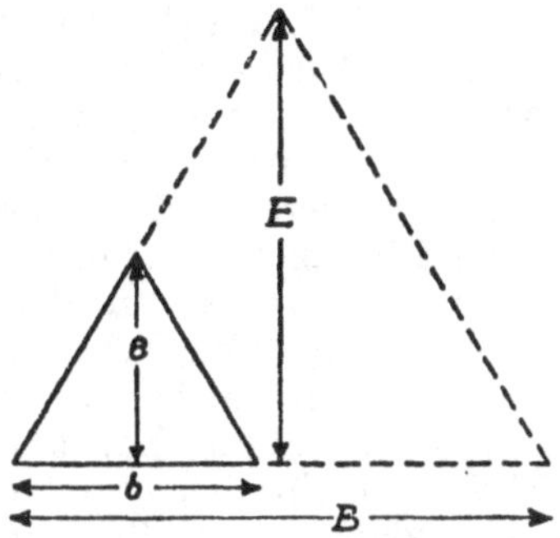

Abb. 33 (b : B = e : E).

skopischer Betrachtung das Raumbild verkleinert darstellt, weil die geometrisch nahe gerückten Gegenstände unter den kleinen Sehwinkeln ihrer wahren Entfernung erblickt werden: das Raumbild erscheint dem Betrachter als ein kongruentes, aber im Verhältnis B/b verkleinertes Modell, das ihm im gleichen Verhältnis näher gerückt ist (1). Da auch seine Tiefenausdehnung im Verhältnis B/b verkleinert ist, ist die Raumwahrnehmung entsprechend deutlicher.

Eine Verfeinerung des Tiefenunterscheidungsvermögens kann man auch durch Betrachtung in einer kleineren Bildweite, also mit einem Linsensystem von kleinerer Brennweite f′ als die Aufnahmebrennweite f war, erreichen. Es werden dann unter Erhaltung der Querausdehnung (Breite) des Raummodells seine Tiefen im Verhältnis f′ : f verkürzt, wodurch sich eine entsprechende Vergrößerung der sog. „Richtwinkel" und eine Verfeinerung der Tiefenwahrnehmung ergibt. Im Gegensatz zur vorerwähnten Steigerung der Raumwahrnehmung durch Vergrößerung der Aufnahmebasis ergibt sich aber hier eine Verzerrung des Raummodells.

Bei Kombination von Vergrößerung der Aufnahmebasis und Betrachtung mit kleinerer Bildweite verfeinert sich das Tiefenunterscheidungsvermögen proportional dem Produkt aus Basisvergrößerung n und Bildvergrößerung v. Man nennt dieses Produkt n · v die „totale Plastik".

Die Anwendung der Stereophotographie bedeutet bei kriminalistischen Tatortaufnahmen häufig eine außerordentlich wertvolle Hilfe: man denke nur an Aufnahmen von Verkehrsunfällen, aber auch an Zimmeraufnahmen. Eine „einfache Tatort- und Stereokamera" beschreibt u. a. Brüning (2). Vielfach benötigt man aber, da es sich um ruhende Objekte handelt (Zimmer usw.), gar keine besondere Stereokammer und hat dann durch die Möglichkeit der Basisvergrößerung ein einfaches Mittel zur Erhöhung der Tiefenwahrnehmung an der Hand. Wenn man, gerade auch bei Zimmeraufnahmen, wo oft so verwirrend viel Einzelheiten auf engem Raume zusammengedrängt sind,

(1) Der Vorgang der Raumwahrnehmung ist nicht allein geometrisch-optisch erklärbar. Wenn wir — durch Vergrößerung der Aufnahmebasis — z. B. das Lichtbild eines 500 m entfernten Dorfes bei stereoskopischer Betrachtung, ohne Vergrößerung des Sehwinkels, unter einem Konvergenzwinkel wahrnehmen, der einer Entfernung von 50 m entspricht, so läuft dieser Eindruck, da uns die Größenverhältnisse von Häusern usw. geläufig sind, unserer Erfahrung zuwider und wird dahin korrigiert, daß das, was wir im Stereoskop wahrnehmen, „gar kein richtiges Dorf", sondern die verkleinerte Nachbildung eines Dorfes ist (Ochs, Über Theorie und Praxis stereoskopischer Aufnahmen, Phot. Rundschau, 1920, Seite 89).

(2) Arch. f. Krim. 85, 155.

stereoskopisch photographiert, werden Einzelheiten, die im einfachen Lichtbild übersehen werden, meist erkannt. Auch die für die Aufklärung von Kapitalverbrechen so wichtige Aufdeckung sog. „Situationsfehler“ bei larvierten Verbrechen (oben Seite 24) wird bei Betrachtung stereophotographischer Tatortaufnahmen oft sicherer und leichter gelingen.

Für die Entdeckung von Einzelheiten ist es übrigens oft förderlich, die beiden Bilder seitenverkehrt aufzumontieren: die so verursachte falsche Raumwiedergabe läßt, ähnlich wie die umgekehrte Betrachtung eines Bildes, Einzelheiten, die sonst übersehen werden, hervortreten. Allerdings wird die Ausnutzung dieses „pseudoskopischen Effektes“ dadurch erschwert, daß durch das unwillkürliche Hereinspielen monokularer Beurteilungselemente, wie Linienüberschneidungen, das Zustandekommen eines Raumbildes oft nicht gelingt. Man kann sich so helfen, daß man die beiden Bilder um 180° dreht und sie also vertauscht und auf dem Kopfe stehend betrachtet. Vermutlich erklärt sich die dadurch eintretende Erleichterung des Zustandekommens eines Raumbildes durch den sog. „Pulfricheffekt“, wonach das im Bilde oben Gelegene als hinten gedeutet wird: bei der angegebenen Drehung der vertauschten Bilder um 180° ist wieder das, was bei normaler Betrachtung vorn ist, unten, was hinten ist, oben angeordnet.

In diesem Zusammenhang mag beiläufig auf die Verwendung des Stereoskops beim sog. Blinkverfahren hingewiesen werden, wobei allerdings keinerlei Benutzung stereoskopischer Effekte vorliegt. Schon seit langem hat man es für das Auffinden schwer zu entdeckender kleiner Unterschiede zweier sonst im wesentlichen gleicher Bilder als zweckmäßig erkannt, die zu vergleichenden Bilder dem Auge in raschem Wechsel nacheinander darzubieten, sie also blinken zu lassen. Die Bildunterschiede „springen“ dann oft sofort „in die Augen“. Bei den fraglichen Aufnahmen wird es sich meist um zwei Aufnahmen handeln, die zeitlich nacheinander von demselben Objekt aufgenommen worden sind, wobei sich in der Zwischenzeit geringfügige Veränderungen des Aufnahmegegenstandes eingestellt haben. Praktisch wichtige Anwendung findet das sehr empfindlich arbeitende Verfahren, das auch kriminalistisch gelegentlich wertvoll werden kann, insbesondere im astronomischen „Blinkkomparator“ zur Feststellung von Eigenbewegungen der Fixsterne und für militärische Zwecke (Geländeveränderungen usw.). Dieses Blinkverfahren kann bei Benutzung eines Stereoskops leicht so durchgeführt werden, daß die zwei zu vergleichenden Bilder in das Stereoskop eingeschoben werden und nun durch Zwischenschaltung einer geeigneten Lochscheibenblende, die rasch rotiert, wechselseitig der Strahlengang unterbrochen und wieder freigegeben wird. Der Beobachter erblickt dabei jeweils und in raschem Wechsel immer nur eines der beiden Bilder mit seinem rechten bzw. linken Auge. Eine derartige Blinkeinrichtung liefert z. B. die Fa. Zeiss-Aerotopograph für ihr Spiegelstereoskop.

Die Stereophotographie findet in der praktischen Kriminalistik noch wenig Anwendung. Es mehren sich aber die Stimmen, die die Verwendung stereophotographischer Methoden fordern.

Vogel (1) hat die Einführung der Stereophotographie für das Verbrecheralbum gefordert; er betont, daß der Mangel geeigneter Betrachtungsapparate der Verwendung von Stereoskopbildern nicht mehr entgegensteht. Das Standardgerät für derartige Zwecke wäre wohl ein Apparat nach Art des

(1) Krim. Monatshefte 1933, Seite 5ff. Vgl. auch H. Riegelmeyer, Die Stereoskopie im Dienste der Verbrechensbekämpfung, Photographie f. Alle (Stereoskopiker) 1938, S. 47.

Der Landesbericht der Deutschen Gesellschaft für Photogrammetrie (erstattet von Langendorff und Lüscher, Berichtszeit 1930 bis 1934, abgedr. im Internat. Arch. f. Photogrammetrie, Band 8, 1. Halbband, Seite 80ff.) spricht beiläufig davon, daß immer mehr die Einführung von Stereobildern für die Anlage von Verbrecheralben und für Tatbestandsaufnahmen erwogen werde. Auch Gornickel rät zur Verwendung der Stereophotographie in der Kriminalistik (Kriminalistik, 1942, Seite 81).

auf Abb. 34 wiedergegebenen kleinen Taschenstereoskopes (Zeiss-Aerotopograph). Größeren Ansprüchen genügt das Universalstereoskop der Fa. Carl Zeiss, Jena (1). Während das Taschenstereoskop für das Format 6 mal 13 cm und das Zeiss-Stereoskop für Bilder bis 9 mal 18 cm bestimmt ist, erlaubt das Spiegelstereoskop der Firma Zeiss-Aerotopograph die Betrachtung von Bildpaaren bis 30 mal 30 cm.

Auf den Wert des stereoskopischen Lichtbildes hat auch Lüscher (2) eindringlich hingewiesen. Er empfiehlt die Anwendung der Stereophotographie für alle Tatortaufnahmen und für die Anlage der Verbrecheralben: „Im Raumbild nehmen wir bekanntlich die räumliche Gliederung aller Gegenstände zueinander (allerdings in der Tiefe stark übertrieben!) wahr und haben die dritte Dimension, während das einlinsige Bild den gesamten Raum in die Ebene des Papiers zusammenpreßt und bestenfalls eine Raumvorstellung vermittelt. Es war für mich beim Besuche der Ausstellung „Die Kamera" (Berlin 1934) ein deprimierendes Gefühl, daß in der Abteilung Kriminalphotographie auch nicht ein einziges Stereobild war, um so mehr, als die vielen dort ausgestellten Tatortaufnahmen ausnahmslos Nahaufnahmen waren, die direkt zur stereoskopischen Aufnahme herausforderten. Man braucht ja zur Erzielung solcher Raumaufnahmen gar kein besonderes neues Gerät anzuschaffen sondern lediglich nach Verschiebung des Stativs um etwa 10 cm eine zweite Aufnahme vorzunehmen. Es kostet also nur eine Platte mehr und man erhält dafür ein Dokument von ungemein höherem Wert als es ein Flachbild auch bei bester Ausführung jemals bieten kann. Auch die allgemeine Einführung der Stereobilder für die Anlage der Verbrecheralben würde die Identifizierung von Personen ganz wesentlich erleichtern und beispielsweise einen Fall Daubmann von vornherein ausschließen".

Über Anwendungsmöglichkeiten der Röntgenstereophotographie in der Kriminalistik berichtet Köhnle (3).

Wichtige Anwendungen in der Kriminalistik findet die Stereomikrophotographie (4). Obwohl dem Gegenstande nach abseits liegend, sei auf einen Aufsatz von Sorgenfrei (5) verwiesen, in dem über photographisch-technische Fragen mancherlei zu finden ist. Die Vorteile der Stereophotographie bei der Untersuchung von Schartenspuren und Schädelverletzungen hat Hesselink (6) hervorgehoben. Ganz allgemein wird die Stereophotographie bei Aufdeckung plastischer Spuren noch viel zu wenig zu Hilfe genommen. Auf dem so wichtigen und viel bearbeiteten Gebiete der Schußwaffenidentifizierung auf Grund der Munitionsspuren, über das auf Seite 37 ff. berichtet worden ist, ist z. B. über stereophotographische Arbeiten nichts bekannt (7). Erwünscht wäre die Konstruktion eines stereoskopischen Vergleichsmikroskops mit Aufnahmeapparatur. Da die erforderlichen Vergrößerungen regelmäßig gering sind (man arbeitet bei Geschoßvergleichung meist mit etwa 15 bis 30 facher linearer Vergrößerung) und beliebig

---

(1) Vgl. auch Richter, Stereoskopische Betrachtungsapparate, in „Deutsche Optische Wochenschrift" 1929 (Verlag von Borkmann, Weimar), Nr. 42, 43, 44, 46 und 48. Ferner M. von Rohr, Abhandlungen zur Geschichte des Stereoskops (Verlag von W. Engelmann, Leipzig).

(2) Bildmessung und Luftbildwesen, 10. Jahrg. (1935), Heft 1, Seite 9.

(3) Bildmessung und Luftbildwesen, 10. Jahrg. (1935), Heft 3, Seite 101.

(4) Nebenher sei hier angemerkt, daß stereoskopische Aufnahmen mit dem Elektronendurchleuchtungsmikroskop schon vor längerer Zeit u. a. von M. v. Ardenne und von H. Mahl ausgeführt worden sind.

(5) „Lumineszenzphotographie der lebenden Kaninchenhaut", Zeitschr. f. wissenschaftl. Photographie, 27, 169.

(6) Arch. f. Krim. 76, 241 und 84, 207.

(7) Über stereophotogrammetrische Ausmessung von Spuren auf Patronenhülsen vgl. unten Seite 106.

starke Abblendung zur Steigerung der Tiefenschärfe möglich ist, erhält man einwandfreie Mikrostereophotogramme. Dabei wächst die lineare Vergrößerung der Tiefendimension (parallel der Achse des optischen Systems) mit dem Quadrate der linearen Vergrößerung der Dimensionen senkrecht zur Achse (oben Seite 7).

Hier sei nebenher darauf hingewiesen, daß man durch Änderung der Einstellung während der Aufnahme oft eine Steigerung der Tiefenschärfe bei mikrophotographischen Aufnahmen erzielen kann, falls diese bei ausgesprochen körperlichen Objekten trotz größtmöglicher Abblendung nicht ausreicht. Man verfährt so, daß man während der Aufnahme die Feinbewegungsschraube des Mikroskopes um geringe Beträge verstellt, wobei natürlich Voraussetzung ist, daß die Belichtungszeit dafür ausreichend lang ist (wenigstens 10—15 Sek.). Vor der Aufnahme stellt man fest, um wieviele Intervalle man die Feinbewegungsschraubenteilung verstellen muß, um nacheinander alle Ebenen des Objektes scharf auf die Platte zu bekommen. Man muß bei dieser Methode mit möglichst weitgeöffneten Beleuchtungskegeln arbeiten, damit bei den einzelnen Einstellstufen tatsächlich nur ein optischer Schnitt durch das Objekt auf die Platte abgebildet wird; andernfalls treten Störungen auf durch die mehr oder weniger unscharfe Abbildung der außerhalb der Einstellebene abgebildeten Objektpartien. —

Mehrfach ist versucht worden, mittels der Stereomikrophotographie das Übereinanderlagern verschiedener Schreibmaterialien zu erkennen und so die Frage, welche Schriftzüge zuerst gemacht worden sind, durch ein „übertrieben plastisches Bild" zu klären. Duyster (1) berichtet über die von ihm benutzte Apparatur. Das Problem liegt jedoch nicht einfach. Natürlich kann man, wenn man Striche mit dicken, weichen Farbstiften überkreuzt und dabei einigermaßen fest aufdrückt, bereits mit einer zehn- bis zwanzigfachen Stereolupe den Reliefunterschied erkennen (2). Die Reliefunterschiede sind aber meist sehr gering und betragen gelegentlich nur Bruchteile eines Mikrons. Neuerdings hat Tirion (3) über Erfolge mit der Methode berichtet; er teilt mit, daß Höhenunterschiede von etwa 1/250 mm schon bei 35facher Vergrößerung und 3facher Verstärkung der Tiefenwirkung sehr deutlich räumlich sichtbar wurden. Zur Aufnahme dient entweder eine Stereomikrokamera. Man kann auch eine gewöhnliche mikrophotographische Apparatur benutzen unter Zuhilfenahme der Hulseboschschen Wippe, die auch Schmehlik (z. B. in „Photographische Rundschau" 1909, Seite 116) beschreibt, oder des von Pfeiffer von Wellheim angegebenen Mikroskopspiegels, der abwechselnd nach rechts und links schief stellbar ist. Endlich kann auch umgekehrt vorgegangen und eine mikrophotographische Kamera mit schwenkbarem Tubus, wie sie z. B. die Fa. Fueß in Berlin-Steglitz nach Angaben von Schaffer baut, verwendet werden (4). Da bei diesen Nahaufnahmen die Aufnahme-

(1) Arch. f. Krim. **83**, 200.

(2) Vgl. Scheffer, „Umschau" 1926, Seite 2 und Türkels Sitzungsbericht der Internat. Akademie für Kriminalistische Wissenschaften, Lausanne 1929, im Arch. f. Krim. **85**, 216.

Pulfrich fordert in Anbetracht der geringen Höhenunterschiede sich kreuzender Bleistiftstriche, daß die Untersuchungen und Messungen „ausschließlich an den Originalen und nicht an Stereoaufnahmen vorgenommen werden" (Türkel, Atl. d. Bleistiftschrift, Seite 24). Gerade bei Bleistiftschrift sind die Verhältnisse oft ungünstig, weil die Striche leicht zu verwischen sind. Nach Türkel a. a. O. sind zudem die Partikelchen zweier sich kreuzender Bleistiftstriche dem Niveau nach nicht immer verschieden hoch gelagert!

(3) Arch. f. Krim. **103**, 35.

(4) Türkel, Atlas der Bleistiftschrift, Abb. 17, 18. Vgl. auch Schmehlik, Anwendung des Mikroskops, und den Beitrag „Stereoskop. Arbeitsmethoden" im Handb. d. biolog. Arbeitsmethoden, Lieferung 40.

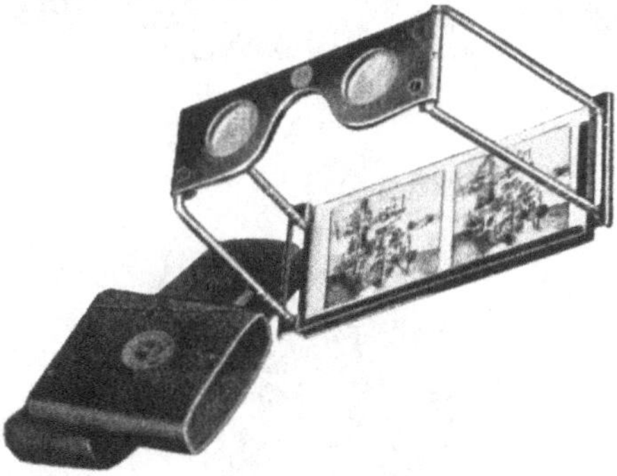

Abb. 34. Taschenstereoskop.

Abb. 35. Stereokomparator nach Pulfrich (Zeiss-Aerotopograph, Jena).

Abb. 36.
Stereometrische Doppelkammer DK 40
der Fa. Zeiss-Aerotopograph, Jena.

Abb. 37.
Stereometrische Doppelkammer der Firma Wild, Heerbrugg (Schweiz)
Basis: 40 cm.

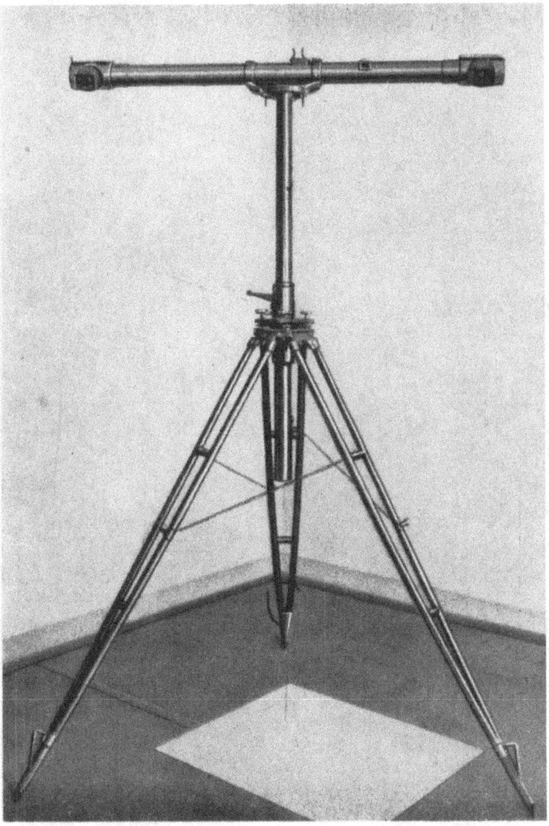

Abb. 38.
Stereometerkammer mit Basis 120 cm
der Fa. Wild, Heerbrugg (Schweiz), hochgekurbelt.

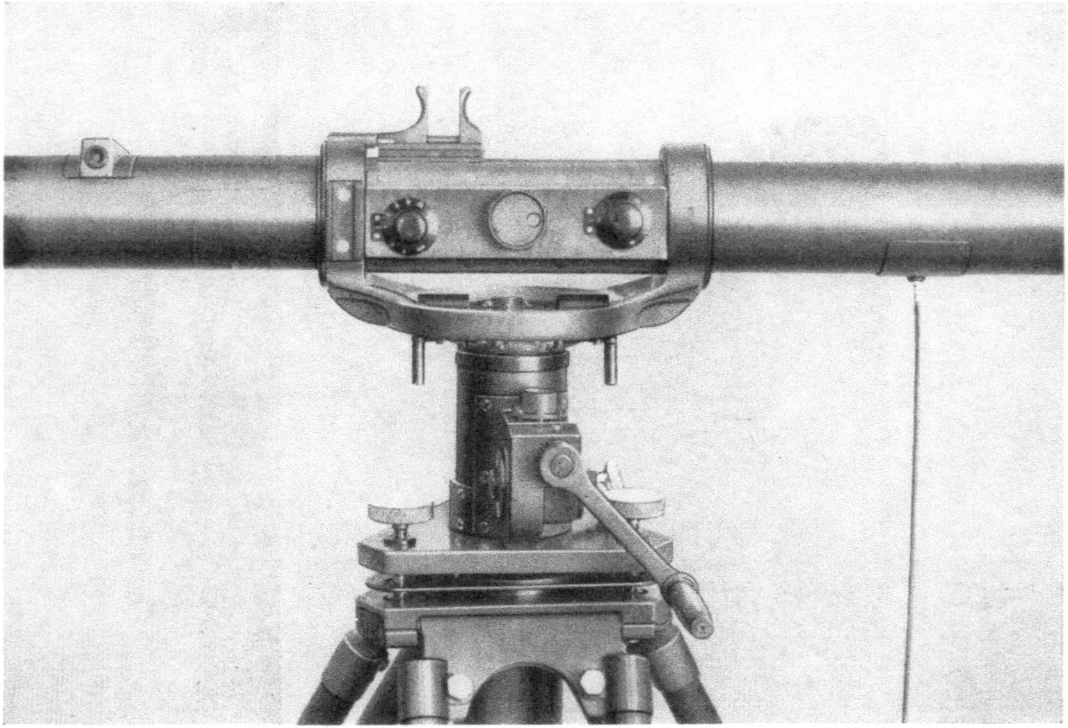

Abb. 39. Mittelteil der Stereometerkammer mit 120 cm Basis der Firma Heinrich Wild, Heerbrugg (Schweiz).

achsen nicht einander parallel sind, wird eine raumgetreue Wiedergabe bei Betrachtung im gewöhnlichen Stereoskop nicht vermittelt.

Ein anderer, nicht stereoskopischer Weg zur Feststellung von Höhenunterschieden sich kreuzender Schriftzüge, der des Zusammenhangs wegen hier mit erwähnt werden mag, ist folgender: Man montiert an das Mikroskop eine Kamera und macht nun Aufnahmen der Kreuzungsstelle in der Weise, daß man den Mikroskoptubus bei jeder Aufnahme, bei der tiefsterforderlichen Stellung beginnend, um einen Teilstrich hebt und jeweils photographiert. Das Schriftrelief wächst auf diese Weise aus der Ebene heraus (1). Man benutzt dabei also das Unvermögen des Mikroskops, Objekte verschiedener Höhenlage gleichzeitig scharf darzustellen, d. h. den geringen Tiefenschärfebereich mikroskopischer Objektive (2). Natürlich empfiehlt sich möglichst geringe Abblendung des Mikroskops zur Erzielung kleiner Schärfentiefe.

E. Locard hat vorgeschlagen, die Untersuchung so vorzunehmen, daß man die Papierfläche möglichst spitzwinklig zur Mikroskopachse bringt und nacheinander auf die beiden sich kreuzenden Striche an der Kreuzungsstelle scharf einstellt (3).

Über Probleme der Farbenstereophotographie vgl. die Aufsätze „Beitrag zur Theorie und Praxis der Farbenstereoskopie" von Lehmann in der Zeitschrift für wissenschaftl. Photographie, Photophysik und Photochemie, 1917, Heft 3 und 4, sowie „Stereo-Nahaufnahmen auf Colorfilm in der zahnärztlichen Praxis" von Dr. W. Pietsch in der von Dr. Gajewski redigierten Zeitschrift „Röntgenphotographie und medizinische Photographie", 1948.

Wird bei Betrachtung von Stereobildern gelegentlich die Einzeichnung von Bezugsnetzen, Schichtenlinien u. dgl. nötig, so genügt es, diese Einzeichnung in ein Doppelbild vorzunehmen. Man vermeidet dabei die durch die Einzeichnung oft auftretende Verunklarung des Bildes. In ähnlicher Weise kann man auch „Einschachtelungen" dadurch im Doppelbild festhalten, daß man die verschiedenen Stadien des Objektes in den beiden Teilbildern jeweils einzeln festhält, wobei natürlich insoweit der die unmittelbare Raumwirkung hervorrufende Stereoeffekt wegfällt.

Auf die verschiedenen Spezialmethoden zur Betrachtung von Stereobildern kann hier nicht eingegangen werden. Ausführlicher unterrichtet darüber und über Projektionsmethoden von Stereobildern etwa Schmehlik (4).

Hinsichtlich des heute sowohl für die Wiedergabe von Stereobildern durch Druck als auch durch Projektion ganz überwiegend benutzten „Anaglyphenverfahrens" sei nur auf das DRP. 176693 der Höchster Farbwerke verwiesen. Grundsätzlich kann man beim Anaglyphenverfahren zwei Wege gehen. Man kann entweder mit komplementär gefärbten Diapositiven arbeiten und diese übereinanderprojizieren oder übereinanderdrucken bzw. als Diapositive übereinandergelegt in der Durchsicht betrachten (sog. „subtraktive Farbenmischung"). Der andere Weg ist von d'Almeida bereits 1858 vorgeschlagen worden. Er beruht auf „additiver Farbenmischung"; man benutzt gewöhnliche Schwarz-Weiß-Negative, die man in komplementären Farben übereinander projiziert. In beiden Fällen muß natürlich der Betrachter eine entsprechend gefärbte „komplementäre Brille" benutzen, die bewirkt, daß von jedem Auge nur das ihm zugeordnete Bild gesehen wird, so daß der räumliche Eindruck zustande kommt.

---

(1) Türkel, a. a. O., Seite 23. Das Verfahren wird bereits von Voigtländer-Dennstedt, Seite 102, angedeutet.

(2) Kögel, Unsichtbare Strahlen, Seite 12.

(3) Dazu Tage-Jensen, Arch. f. Krim. **77**, 1 und Sommer, Phot. Rundschau 1928, Seite 466. Dagegen: Rechter, Rev. de droit pénal et de criminol. et arch. international de méd.-lég., Jahrg. 7 (1927), Nr. 2, Seite 145 (Referat von Buhtz in der Dtschen Zeitschr. f. d. ges. gerichtl. Medizin **11**, 186). Vgl. auch Eders Jahrbuch, Band 31, Teil II, Seite 357.

(4) Handb. d. biolog. Arbeitsmethoden, Lieferung 40.

Das Linsenrasterverfahren (1) vermittelt im Gegensatz zum Anaglyphenverfahren bei normaler beidäugiger Betrachtung ohne besonderes Betrachtungsgerät einen räumlichen Eindruck. Es würde also auch den Kriminalisten für Vorführungen etwa im Gerichtssaal usw. interessieren. In der Praxis hat es sich jedoch nicht durchsetzen können, weil sich bei den für die Stereophotographie in Frage kommenden geringen Filmmengen der technische Aufwand für die Erzeugung einer optisch einwandfreien exakten Linsenrasterung auf dem Schichtträger nicht lohnt. Auch in der Kinematographie konnte sich das Verfahren wegen seines hohen Licht- und Energiebedarfes nicht durchsetzen.

Die Betrachtung großflächiger Projektionen von Stereobildern ist jetzt, nachdem die Herstellung von Großpolarisatoren gelungen ist (2), nach dem alten Vorschlage Andertons (3) möglich: dabei werden die beiden Stereobilder mit linear polarisiertem Licht, dessen Schwingungsrichtung senkrecht zueinander steht, projiziert; der Betrachter benutzt eine Brille mit neutral-grauen Polarisatoren, die er so einstellt, daß jedem Auge das entsprechende Bild zugeführt wird. Im Gegensatz zum Anaglyphenverfahren, das mit komplementär gefärbten Teilbildern arbeitet, die durch eine Brille mit farbigen Gläsern betrachtet werden, ermöglicht das Andertonsche Verfahren insbesondere auch die Betrachtung farbiger Lichtbilder. Für die Kriminalistik mag diese Möglichkeit, stereoskopische Darbietungen einem größeren Kreise zugänglich zu machen, gelegentlich, etwa bei Demonstration vor Gericht, wertvoll sein (4).

Bei Demonstration von Stereobildern vor einer größeren Personenzahl ergeben sich viele grundsätzliche Schwierigkeiten. Insbesondere wird dabei ein richtiger Eindruck nur bei Stellung des Betrachters in (oder nahe) der Mittelachse der Projektion, streng genommen nur an einer einzigen Stelle vor dem Schirme, vermittelt; bei seitlicher Stellung treten ungleiche perspektivische Verzerrungen der Teilbilder auf und erschweren die räumliche Vereinigung (5). Lichtbilder müssen ganz allgemein aus dem Perspektivitätszentrum betrachtet werden. Die Nichteinhaltung dieser Forderung wird beim Stereobild deshalb als störend empfunden, weil sie da stets auch mit Tiefenverzerrungen des geometrischen Aufbaus des Raumbildes und oft mit falschem relativen Abstand der stereoskopischen Teilbilder verknüpft ist (6). Die angedeuteten Probleme spielen beim stereoskopischen Film, über den in letzter Zeit viel veröffentlicht worden ist (7), eine wichtige Rolle.

(1) Ausführlich beschrieben von Heymer, Agfa-Veröffentlichungen, Band 4, Seite 159.

(2) Über Einkristall-Polarisationsfilter der Fa. Carl Zeiss, Jena siehe z. B. M. Haase, Zeitschrift für technische Physik **18** (1937), Seite 69; über Polarisationsfolien der Fa. Zeiss-Ikon, Dresden, vgl. H. Sauer, VDI.-Zeitschrift **82** (1938), Seite 201.

(3) Londoner Feinmechaniker, erhielt für sein Verfahren 1891 das engl. Patent 11520.

(4) Für Contaxbilder existiert bereits ein entsprechendes Vorsatzgerät („Stereotar"): darüber O. Vierling, Kriminalistik, 17. Jahrgang (1943), Heft 9 und im „Stereosonderheft", Photographie und Forschung, Band 3, Heft 7.

(5) Darüber ausführlich U. Graf, Über die Verzerrungen beim plastischen Film, Jahresbericht der Deutschen Mathem. Vereinigung **52** (1942), Seite 83 und ders., Über das subjektive Erinnerungsbild bei der plastischen Projektion, Zeitschr. f. Instrumentenkunde **63** (1943), Seite 265. Eine gute Literaturzusammenstellung bringt U. Graf, Plastische Geländedarstellung durch „unechte" Anaglyphen, Peterm. Geograph. Mitt. **90** (1944), S. 157.

(6) O. Vierling, Kinotechnik **24** (1942), Nr. 10, S. 147.

(7) W. Selle, Der Sterofilm nach Iwanow, Foto-Kino-Technik, 1947, Nr. 3, 4, 5 und W. Selle, Stand und Aussichten des stereoskopischen Films, ebenda, 1938, Nr. 4.

2. Stereophotogrammetrie.

Ihre wichtigste Anwendung findet die Stereophotographie in der Stereophotogrammetrie. Sie ermöglicht den Grund- und Aufriß eines beliebig ausgeformten Objektes aus zwei von verschiedenen Standpunkten aufgenommenen Meßbildern abzuleiten.

Während nämlich bei der stereophotographischen Aufnahme die von den verschiedenen Objektpunkten ausgehenden Lichtstrahlen nach Durchgang durch das Objektiv auf der lichtempfindlichen Schicht abgebildet werden, bringt man bei Ausmessung stereoskopischer Bilder im Prinzip die Aufnahmekammern wieder in die gleiche gegenseitige Lage wie bei der Aufnahme, setzt die Negative in ihrer früheren Orientierung ein und durchleuchtet sie von rückwärts, so daß die Lichtstrahlen in umgekehrter Richtung Kamera, Objektiv und Raum durchlaufen (sog. „Umkehr des Strahlenganges"). Einander zugehörige Strahlen werden sich bei derartiger „Rückprojektion" paarweise im Raum in Punkten schneiden, die den Objektpunkten entsprechen. Man erhält also durch umgekehrte Zuordnung der beiden Bildstrahlen jeweils den geometrischen Ort eines Objektpunktes und kann so auf verschiedene Weise, nämlich graphisch, rechnerisch, durch optische Projektion, durch Projektion mit mechanischen Mitteln oder durch graphische Projektion punktweise das aufgenommene Objekt rekonstruieren (1). Verkleinert man bei der Rückprojektion den Abstand der beiden Kammern gegenüber ihrer Entfernung bei der Aufnahme (der sog. „Aufnahmebasis"), so verkleinert sich die Rekonstruktion im selben Maßstabe.

Die punktweise Ausmessung der Stereophotogramme erfolgt im Stereokomparator (Abb. 35). Man bringt dabei im Prinzip über jedem Teilbild nach dem Vorgange von Pulfrich einen mittels eines Kreuzschlittensystems parallel zur Bildebene beweglichen Zeiger mit einer geeigneten Marke an. Bei stereoskopischer Betrachtung verschmelzen diese beiden Marken, wenn sie in einer dem Bildhorizonte parallelen Verbindungslinie liegen, zu einer einzigen, im Raume schwebenden „Marke", die sich entsprechend der Verkleinerung oder Vergrößerung des Konvergenzwinkels der Augenachsen bei Verkleinerung des gegenseitigen Abstandes der Zeiger dem Betrachter zu nähern und bei Vergrößerung ihres Abstandes vom Betrachter zu entfernen scheint. Bei Verschiebung beider Zeiger parallel dem Bildhorizont unter Beibehaltung des Zeigerabstandes wandert die Marke in Richtung der Verschiebung, bei entsprechender Verschiebung parallel der Bildvertikalen verschiebt sich die Marke nach oben oder unten, wobei in beiden Fällen eine Änderung der Tiefenlage der Marke nicht eintritt, weil der Konvergenzwinkel der Augenachsen erhalten bleibt: das Wandern der Marke erfolgt dabei also in einer Ebene parallel zur Bildebene. Die Methode des Stereokomparators beruht nun darauf, die Raummarke an die jeweils auszumessenden Bildpunkte „heranzuführen" und so den stereoskopisch vermittelten

(1) Einzelheiten in den Aufsätzen „Photogrammetrie" von R. Hugershoff im Handwörterbuch der Kriminologie und von O. v. Gruber im Handwörterbuch der Naturwissenschaften. Genaue mathematische Ableitungen findet man u. a. bei Baeschlin-Zeller, Lehrbuch der Stereophotogrammetrie, bei Rube, Photogrammetrie und zuletzt bei R. Finsterwalder, Photogrammetrie. Eine geschlossene, anschauliche Darstellung der für die Kriminalistik in Betracht kommenden Nahbildmessung bringt K. Schwidefsky, Einführung in die Luft- und Erdbildmessung, 3. Aufl., Seite 55ff. Vgl. auch die auf Seite 27 angegebene Literatur.

räumlichen Eindruck gleichsam „abzutasten". Man bringt zur Ausmessung eines Stereophotogramms also bei stereoskopischer Betrachtung die an den beiden Zeigerspitzen angebrachten Marken in eine solche Lage, daß sie zu einer Raummarke verschmelzen, die an derselben Stelle zu liegen scheint wie der auszumessende Bildpunkt, den die Raummarke nach erfolgter Einstellung „aufsitzend" zu berühren scheint. Die Ablesung der Zeigerstellungen ermöglicht dann durch Messung rechtwinkliger Bildkoordinaten die Berechnung von Parallaxenunterschieden und damit die Ermittlung von Tiefenunterschieden des Aufnahmeobjektes in Richtung der Aufnahmeachsen.

Übrigens wird meist beim Stereokomparator und auch bei manchen Stereoautographen (s. u.) der Eindruck der „wandernden Marke" durch Relativverschiebung der Bilder zueinander mittels eines Kreuzschlittensystems unter den feststehenden Marken hervorgerufen, was den Vorteil hat, daß die Blickrichtung stets gleich bleibt. Vielfach bezeichnet man das andere Verfahren, bei dem die beiden Halbmarken (Zeigerspitzen) über den feststehenden Bildern verschoben werden, als „stereomikrometrisches" Verfahren: es verlangt mehr oder weniger konvergente Einstellung der Augachsen des Beobachters und strengt deshalb mehr an. In beiden Fällen wird aus der „stereoskopischen Parallaxe", d. h. aus der Differenz der beiden Bildabszissen, die Entfernung des zu bestimmenden Punktes vom Aufnahmeort abgeleitet und es gilt der Satz: „Je größer die Entfernung, desto kleiner die Parallaxe, und umgekehrt."

Das vorstehend geschilderte Verfahren führt somit zur punktweisen Ausmessung der Bildpunktkoordinaten und anschließenden rechnerischen Auswertung; es ist umständlich und zeitraubend. Für kriminalistische Zwecke kommt regelmäßig nur die Verwendung stereophotogrammetrischer „Zeichenmaschinen" (Autographen) in Frage, bei denen die optisch-mechanische Bildausmessung vollautomatisch erfolgt. Diese sehr komplizierten und entsprechend teueren Auswertegeräte (1) beruhen darauf, daß mit der vom Beobachter geführten Meßmarke (bzw. bei Relativbewegung der Bilder gegenüber den Meßmarken des Stereomikroskops mit den Bildern) ein Zeichenstift und ein Zählwerk in der Weise verbunden ist, daß der Zeichenstift mittels mechanischer oder optischer Lenker unmittelbar die Grundrißlage des am Modell eingestellten Objektpunktes im gewünschten Kartenmaßstab aufzeichnet und am Zählwerk seine Höhe über einer bestimmten Bezugsebene abzulesen ist. Sie zeichnen also bei Abtastung des Raumbildes mit der Meßmarke selbsttätig einen Plan des aufgenommenen Gegenstandes. Die Bedienung der Stereoautographen ist jedenfalls bei den für kriminalistische Zwecke konstruierten, nacherwähnten Geräten sehr einfach, sie setzt nur die Fähigkeit stereoskopischen Sehens voraus, die bei über 90% aller Normalsichtigen vorhanden ist. —

Die Bedeutung der stereoskopischen Bildausmessung liegt zunächst in ihrer hohen Genauigkeit und darin, daß jederzeit leicht eine Kontrolle bzw. eine Ergänzung der erfolgten Messung möglich ist. Ein weiterer Vorteil ist der, daß dabei eine vorhergehende genaue Identifizierung zusammengehöriger Bildpunkte nicht erforderlich ist. Mit der Verschmelzung zu einem Raumpunkt ist ihre Identität gleichsam automatisch festgestellt. Infolgedessen können stereoskopisch auch Objekte mit ziemlich strukturloser, einförmiger Oberfläche, wie etwa Heuhaufen, Schneeflächen, Straßendecken usw. ausgemessen (2) und in ihren „Formen und Gliederungen bis in

(1) Das erste derartige Gerät war der Stereoautograph nach v. Orel (1908).

(2) Eine gewisse Struktur muß die auszumessende Fläche auch hier aufweisen: die Anforderungen hinsichtlich Identifizierung zusammengehöriger Punkte in den beiden Teilbildern sind aber bei den stereoskopischen Verfahren sehr gering.

die äußersten Feinheiten studiert" werden (Niceforo). Selbstverständlich kann nur Ort und Form der aufgenommenen Gegenstände ausgemessen werden und auch das nur so weit, als die Einzelheiten auf den Bildern genügend klar erkennbar sind. Über die sonstige Beschaffenheit der dargestellten Objekte geben die Bilder nur beschränkt Auskunft: man wird etwa bei einem Autounfall oft nicht sichere Schlüsse über den Zustand der Straße (Rutschgefahr wegen Nässe usw.) ziehen können, und ob eine Tür abgeschlossen war oder nicht, zeigt das Lichtbild natürlich auch hier nicht.

Photogrammetrische Spezialgeräte für kriminalistische Zwecke, bei denen es auf sog. „Nahphotogrammetrie" ankommt, haben insbesondere die Firmen Heinrich Wild in Heerbrugg (Schweiz) und Zeiss-Aerotopograph G. m. b. H. in Jena entwickelt. Die Geräte sind einander ziemlich ähnlich (1).

Die als Aufnahmegerät dienende Stereometerkammer (Abb. 36—39) besteht aus einem Basisrohr, an dessen Enden die beiden optisch gleichwertigen photogrammetrischen Meßkammern mit parallelen, zur Basis senkrechten Aufnahmeachsen angeordnet sind (2). Die durch das Basisrohr starr miteinander verbundenen Kammern stehen daher stets genau im Normalfall zueinander. Sie können gemeinsam nach oben und unten um feste Winkelbeträge durch Drehen des Basisrohrs gekippt werden (abwärts: — 25°, — 15°; wagrecht: 0°; aufwärts: + 15°), wobei durch mechanische Übertragung die Neigung auf dem einen Negativ automatisch registriert wird. Diese Möglichkeit, die Aufnahmekammern zu kippen, ist besonders bei Unfällen, wo Fahrzeuge über Brücken oder steile Abhänge hinuntergestürzt sind, wichtig (3).

Das die Meßkammern tragende Basisrohr wird auf die Säule des Stativs aufgesetzt und kann bei gelösten Klemmschrauben durch Drehung der Säule,

(1) Die Geräte der Fa. Zeiss-Aerotopograph sind außer in den Druckschriften der Firma beschrieben im Internationalen Archiv für Photogrammetrie, Band 8, 1. Halbband, Seite 80. Den Zeiss'schen Kleinautographen beschreibt ausführlich R. Hugershoff in Bildmessung und Luftbildwesen, 1932, Heft 1 und K. Schwidefsky, Einführung in die Luft- und Erdbildmessung, Seite 55.

Eine genaue Beschreibung der Wildschen Geräte, die auf Anregung der Schweizerischen Gesellschaft für Photogrammetrie entwickelt worden sind, findet man bei Baeschlin-Zeller, Lehrbuch der Stereophotogrammetrie, Seite 322ff. und bei Zeller, „Emploie de la photogrammétrie pour la fixation de l'état des lieux en criminalistique" im „Bulletin de la Photogrammétrie" 1933, Heft 4. Vgl. weiter den Schweizer Landesbericht für den 4. Internationalen Kongreß für Photogrammetrie (Paris 1934), erstattet von K. Schneider im Internationalen Archiv für Photogrammetrie, Band 8, 1. Halbband, Seite 155 und Doležal, ebenda, Seite 217. Ferner Bildmessung und Luftbildwesen, 1932, Heft 2, Seite 744; 1933, Heft 1 und 4; Schweizer Zeitschrift für Vermessungswesen und Kulturtechnik, 1933, Nr. 1 und 11 und Heusser (Bern) in der „Internationalen Öffentlichen Sicherheit", Heft 7 vom 20. Mai 1936.

Vgl. auch C. Berchtold, Neue Geräte für Tatbestandsaufnahmen, insbes. bei Verkehrsunfällen, in der „Internat. Öffentl. Sicherheit", 1930, Heft 19 und das Referat über einen Vortragsabend über Photogrammetrie i. d. Kriminalistik, der von der Schweizerischen Gesellschaft für Photogrammetrie veranstaltet wurde (Bildmessung u. Luftbildwesen 1932, Seite 91) und den Bericht über die Kriminalphotogrammetrie auf der Frühjahrstagung der Schweizerischen Gesellschaft für Photogrammetrie (Bildmessung u. Luftbildwesen 1933, Seite 194).

(2) Daher die Bezeichnung „stereometrische Doppelkammer".

(3) Heusser (Bern) in der „Internationalen Öffentlichen Sicherheit", Heft 7 vom 20. Mai 1936.

die durch einen im Dreibeinstativ fest gelagerten Rohrstutzen geführt ist, gedreht werden, so daß also die Aufnahmerichtung bei unveränderter Stativstellung beliebig gewählt werden kann. Zur Erzielung besseren Überblicks kann das Basisrohr durch Hochkurbeln der Säule bis auf 2,5 m über den Boden hochgestellt werden. Das Stativ für die große Kamera wird zweckmäßig mit Stahlspitzen und verstellbaren Sicherungsketten versehen, um es auf Straßen mit festen, glatten Belägen und im Winter bei Vereisung sicher aufstellen zu können.

Unter jeder Aufnahmekammer ist ein Sucher angebracht. Die Bedienungsknöpfe sind zentral gelegen. Das genau gleichzeitige Auslösen der Compurverschlüsse, die Zeit- und Momentaufnahmen von 1 bis 1/300 Sek. gestatten, erfolgt automatisch mit einem abnehmbaren Drahtauslöser.

Die Brennweite der Kameraobjektive (1) beträgt etwa 9 cm. Die Bildweite ist unveränderlich, ein Fokussieren entfällt daher. Die erforderliche Tiefenschärfe wird durch Abblenden (f : 12 bis f : 36) erzielt.

Das Bildformat beträgt 6,5 mal 9 cm. Als Emulsionsträger werden Platten verwendet, die bei der Aufnahme durch eine besondere Vorrichtung durch Umlegen eines Hebels gegen einen Anlegerahmen gepreßt werden, damit der Abstand zwischen Objektiv und Platte genau fixiert wird und die Platten stets senkrecht zur optischen Achse liegen. Gleichzeitig mit der Aufnahme werden auf den Platten Marken für das Einpassen im Auswertegerät abgebildet.

Die Abbildungen 36—39 zeigen Einzelheiten der Stereometerkammern für kriminalistische Zwecke der Firmen Zeiss-Aerotopograph Jena und Heinrich Wild, Heerbrugg (Schweiz). Beide Firmen haben zwei Ausführungsformen entwickelt, die sich lediglich durch ihre Basislänge unterscheiden. Die Aufnahmekammer mit der Basis 40 cm hat einen Aufnahmebereich von 1,20 bis 6 m und wird besonders für Nah- und Detailaufnahmen im Innern von Gebäuden verwendet, während das Aufnahmegerät mit 120 cm Basislänge und einem Aufnahmebereich von 6 bis 100 m der Tatbestandsaufnahme im Freien dient (2). Wie schon bemerkt, entfällt bei der Aufnahme das zeitraubende Einstellen auf die Entfernung: die kurze Kamera gewährleistet Scharfabbildung von 1,20 bis 6 m, die große von 4 m bis unendlich.

Die Arbeiten mit derartigen stereophotogrammetrischen Doppelkammern, bei denen die exakte Einhaltung der Aufnahmebedingungen automatisch gewährleistet ist, ist außerordentlich einfach. Doppelkammern können aber nur für Zwecke der Nahphotogrammetrie, die für die Kriminalistik allein in Frage kommt, gebaut werden. Bei der immer wichtiger werdenden stereophotogrammetrischen Landesvermessung müssen regelmäßig erheblich größere Bereiche erfaßt werden. Man arbeitet also mit einer größeren Aufnahmebasis und kann nicht mehr zwei gleichartige Meßkammern miteinander durch eine starre Basis verbinden, sondern muß mit einer Einbildmeßkamera von zwei entsprechend gewählten Standpunkten aus nacheinander die beiden Aufnahmen anfertigen. Dabei muß natürlich die benutzte Basis genau gemessen und die Einhaltung der Aufnahmebedingungen durch besondere Orientierungsvorrichtungen gesichert werden.

Die von den Firmen Zeiss-Aerotopograph und Heinrich Wild geschaffenen Auswertegeräte für kriminalistische Zwecke (Nahphotogrammetrie) bauen auf dem Prinzip des oben besprochenen Stereoautographen auf und sind trotz ihrer komplizierten Konstruktion sehr einfach zu handhaben (3).

---

(1) Die Zeiss'sche Doppelkammer ist mit verzeichnungsfreien Weitwinkelobjektiven (Zeiss-Topogon) ausgerüstet.

(2) Früher baute Zeiss-Aerotopograph eine Doppelkammer mit der Basislänge 1 m, bei der das Plattenformat 9 mal 12 cm betrug.

(3) Die technischen Einzelheiten des Kleinautographen beschreibt allgemeinverständlich K. Schwidefsky, Einführung in die Luft- und Erdbildmessung, Seite 55 ff.

Sie bestehen (Abb. 40, 41) aus einem binokularen Betrachtungssystem, durch welches die eingelegten Negative in 8facher Vergrößerung und infolge der großen Aufnahmebasis übertrieben plastisch beidäugig betrachtet und als Raummodell gesehen werden. Im Strahlengange des Betrachtungsmikroskopes befindet sich eine räumlich gesehene Marke, bezüglich der das Modell mittels zweier Handräder und einer Fußscheibe entsprechend den drei Raumachsen des Meßsystems bewegt werden kann. Die Bewegung kann so ausgeführt werden, daß der Eindruck entsteht, als ob die Meßmarke stets gerade auf der Oberfläche des Modells aufsitzen würde. So lassen sich alle interessierenden Einzelheiten des Modells mit der Marke abtasten. Die Marke kann auch kontinuierlich entlang irgendwelchen Geländelinien (Straßenkanten, Schienen, Grenzen usw.) geführt werden, wobei immer die Grundrißbewegungen automatisch durch einen Zeichenstift aufgezeichnet und die Höhen jeweils direkt in Metern und Zentimetern an einem Zählwerk abgelesen werden. Man erhält also einen maßstabhaltigen Situationsplan mit punktweisen Höhenangaben. Die Kippung der Stereometerkammer bei der Aufnahme muß im Autographen durch Drehen des an zwei Stützen aufgehängten sog. „kippbaren Teiles" um den entsprechenden Winkel kompensiert werden. Der gewünschte Maßstab des aufgezeichneten Planes läßt sich in weiten Grenzen (1 : 10 bis 1 : 200) verändern, er entspricht dem Verhältnis der im Autographen eingeführten, variablen Basis zur Aufnahmebasis. Eine besondere Profilzeicheneinrichtung erlaubt das Zeichnen von beliebig gerichteten Profilen und Aufrissen; es können also durch die Ausmessung der Negative alle Einzelheiten ermittelt und im Grundriß, Aufriß oder Profilschnitt dargestellt werden, die für einwandfreie Festlegung des Sachverhaltes von Wichtigkeit sind. Selbstverständlich lassen sich auch g r ö ß e r e Geländestreifen, die von einer einzigen Stereoaufnahme nicht erfaßt werden, in der Weise aufnehmen, daß die Einzelauswertungen mehrerer aneinanderanschließender Aufnahmen dann nach örtlichen markanten Punkten (Telegraphenmasten, Bäumen, Pfählen usw.) zusammengeschlossen werden.

Da die photogrammetrischen Aufnahmen, stereoskopisch betrachtet, infolge ihrer „übertriebenen Plastik" eine sehr gute Orientierung ermöglichen, können sich die Beteiligten schnell ein klares, einwandfreies Bild vom Zustande des Tatortes verschaffen, bei dessen Beschreibung mit Worten oft Mißverständnisse vorkommen und aneinander vorbeigeredet wird. Die Betrachtung geeigneter Stereoaufnahmen des Tatortes vermittelt aber auch in vorzüglicher Weise einen Eindruck von der G e s a m t s i t u a t i o n und ist bei Aufdeckung sog. „S i t u a t i o n s f e h l e r" (oben Seite 24) oft außerordentlich förderlich.

In den kriminalistisch interessierenden Fällen handelt es sich immer um den Normalfall der Stereophotogrammetrie, mit horizontaler Standlinie und senkrecht zur Standlinie liegenden Objektivachsen der Aufnahmekammern, die gegebenenfalls (beide um denselben bekannten Winkel) gekippt sind: Entzerrung der Aufnahmen entfällt also. Die Ausmessung der Bilder mit den oben beschriebenen Kleinautographen ist daher einfach und rasch zu erlernen und bereitet keinerlei Schwierigkeiten.

Die G e n a u i g k e i t des stereophotogrammetrischen Verfahrens genügt allen Ansprüchen. Maßgebend für die Genauigkeit der Plandarstellung ist natürlich Aufnahmebasis und Entfernung des Objektes vom Aufnahmestandort: je größer die Entfernung wird im Verhältnis zur Basis des Aufnahmegerätes, um so kleiner wird der Winkel, den die Strahlen vom Gegenstand aus nach den beiden Objektiven einschließen und um so empfindlicher wird der

Distanzfehler. Ein 10 m langer Gegenstand kann aber mit den oben beschriebenen modernen Kleinautographen bei Verwendung einer Aufnahmekammer von 120 cm Basislänge bei 50 m Entfernung noch immer auf 1 bis 2 cm genau ausgemessen werden. Über die jetzt erreichte Schrumpfungsfreiheit des Aufnahmematerials, die für photogrammetrisches Arbeiten sehr wichtig ist, vgl. oben Seite 35. Die Schrumpfung des Plattenmaterials, das ja bei kriminalistischen Tatbestandsaufnahmen allein in Betracht kommt, ist sehr gering.

Die vorstehend beschriebenen Kleinautographen sind Auswertegeräte, die allen Ansprüchen genügen und entsprechend kostspielig sind. Es soll noch kurz auf das von der Firma Zeiss-Aerotopograph, Jena, hergestellte Spiegelstereoskop und Zeichenstereometer hingewiesen werden.

Das einfache und billige Gerät (Abb. 42), dessen Benutzung allerdings einige Vertrautheit mit den mathematischen Grundlagen der Stereophotogrammetrie voraussetzt, kann bei geringeren Ansprüchen zur Auswertung stereophotogrammetrischer Tatbestandsaufnahmen auch in der Kriminalistik gelegentlich Verwendung finden. Man kann damit nach dem oben erläuterten Prinzip der „wandernden Marke" die Bestimmung der Koordinaten in einer den beiden Meßbildern parallelen Ebene auf rein graphischem Wege mit Hilfe der Zeichenvorrichtung des Stereometers automatisch ermitteln (aufzeichnen), während die relativen Tiefenunterschiede des Aufnahmegegenstandes durch mikrometrische Messungen der Parallaxenunterschiede errechnet werden müssen. Die Bestimmung dieser Tiefenunterschiede, d. h. also der „Entfernung" von der Aufnahmebasis, ist daher zeitraubend. Die „innere Genauigkeit" des Zeichenstereometers bleibt aber nicht allzusehr hinter derjenigen moderner automatischer Kartiergeräte zurück. Sie hängt vom Aufwand an Zeit und auch von der Geschicklichkeit, die hier erforderlich ist, und außerdem von der Zahl der Kontrollpunkte ab, deren Entfernung von der Aufnahmebasis bekannt sein muß (die gemessenen Parallaxenunterschiede ergeben nur relative Tiefenunterschiede!). Sehr wichtig ist die möglichst exakte Einhaltung des sog. „Normalfalles der Stereophotogrammetrie", d. h. die Aufnahmeachsen müssen untereinander parallel und senkrecht zur Aufnahmebasis liegen. Abweichungen von dieser Annahme bedingen merkliche Verbiegungen des optischen Modells gegenüber der Wirklichkeit. Da die Einhaltung des Normalfalles bei Verwendung der vorbeschriebenen Stereometerkammern natürlich stets exakt gewährleistet ist, können derartige Aufnahmen mit dem Zeichenstereometer recht genau ausgemessen werden im Gegensatz zu den Senkrechtluftbildern, bei denen die Einhaltung des Normalfalles nicht so einfach ist und das Verfahren daher nur als Näherungsverfahren angesprochen werden kann (1).

Die von Niceforo schon 1909 empfohlene Anwendung der Stereophotogrammetrie für kriminalistische Tatbestandsaufnahmen veranschaulichen die Abb. 43 und 44. Es handelt sich dabei um einen vom Kantonalen Polizeikommando Bern mit den Wildschen Geräten aufgenommenen und ausgemessenen Verkehrsunfall, der außerordentlich kompliziert lag, wie schon die Abb. 43 a—d zeigen, nach denen der Plan Abb. 44 mit dem Wildschen Kleinautographen gezeichnet worden ist. Mit den vier stereophotogrammetrischen Aufnahmen hätte nötigenfalls auch sowohl ein Längsschnitt durch die abfallende Straße wie ein Querschnitt unschwer erstellt werden können.

---

(1) Vgl. dazu die Druckschrift „Stereopantometer" und „Spiegelstereoskop und Zeichenstereometer" der Fa. Zeiss-Aerotopograph G.m.b.H. Jena und ausführlich K. Schwidefsky, Einf. i. d. Luft- und Erdbildmessung, 3. Aufl. (1942); K. Rube, Photogrammetrie (1940) und H. Lüscher, Kartieren nach Luftbildern (Berlin 1937).

Das Instrument findet in erster Linie Anwendung bei Senkrecht-Luftbildern, bei denen also die Situationslinien bzw. die Formlinien durch entsprechende Führung der Raummarke entlang der Modelloberfläche automatisch aufgezeichnet werden, während die in Richtung der Aufnahmeachsen liegenden Höhenunterschiede aus den durch die Mikrometerablesungen sich ergebenden Parallaxendifferenzen errechnet werden müssen.

Abb. 40 a, b.
Kleinautographen mit Profilzeicheneinrichtung der Firma Zeiss-Aerotopograph, Jena.

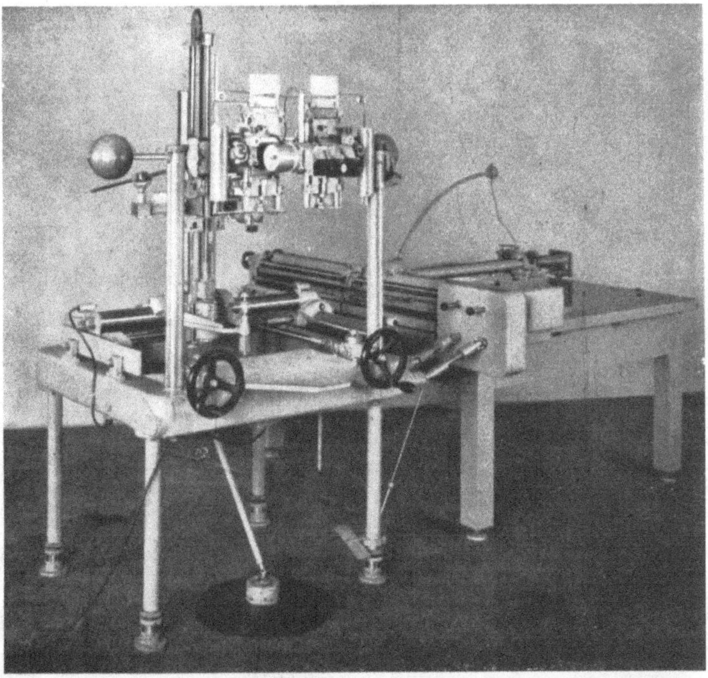

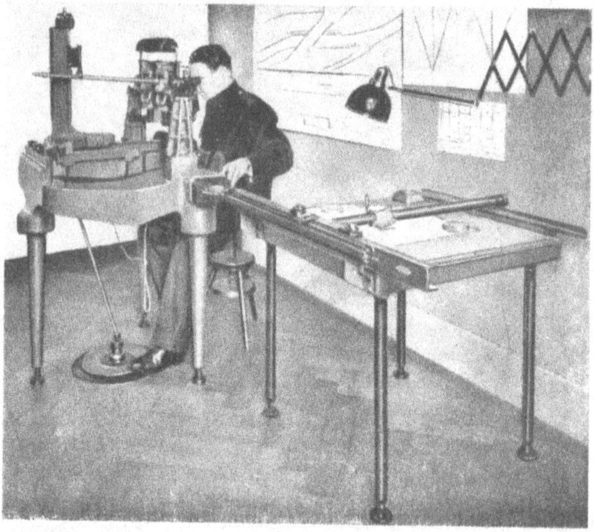

Abb. 41.
Wild-Autograph Modell A 4 für Nahphotogrammetrie.

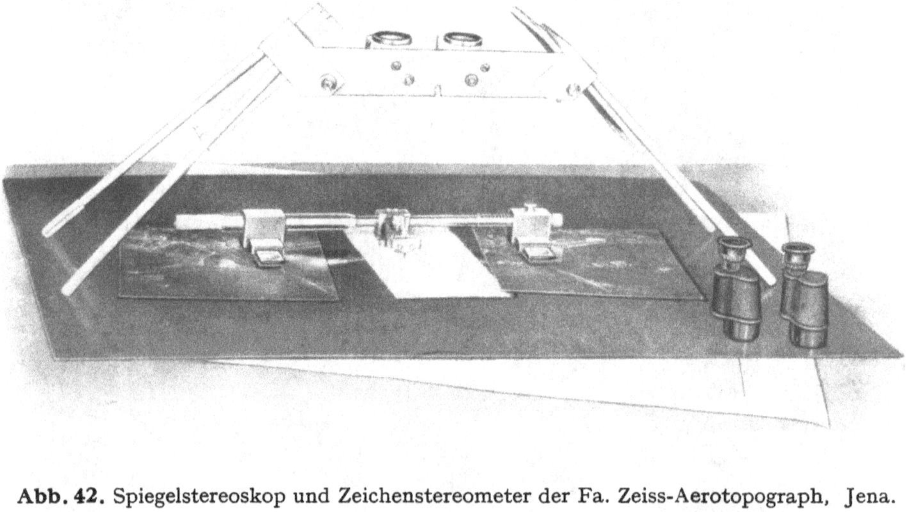

Abb. 42. Spiegelstereoskop und Zeichenstereometer der Fa. Zeiss-Aerotopograph, Jena.

Abb. 43 a bis d.

Stereophotogrammetrische Aufnahme eines Verkehrsunfalls durch die Berner Kantonalpolizei.
(Von den zusammengehörenden Stereobildern ist jeweils nur eins wiedergegeben.)

2459

Verkehrsunfall_______________

Wabern. 24. Juni 1934.

Masstab 1 : 200.

a. Fahrrichtung der ___________ mit Personenautomobil.
b. Rutschspuren des Automobils.
c. Ursprüngliche Lage des Autos. An dieser Stelle lagen zahlreiche Holzstücke und Gegenstände des Personenautomobils.
d. Blutlache vom Mitfahrer __________ herrührend.
e. Zahlreiche Gegenstände des Autos.
f. Standort des Autos beim Eintreffen der Polizei.
g. Stücke des zerbrochenen Lattenzaunes.

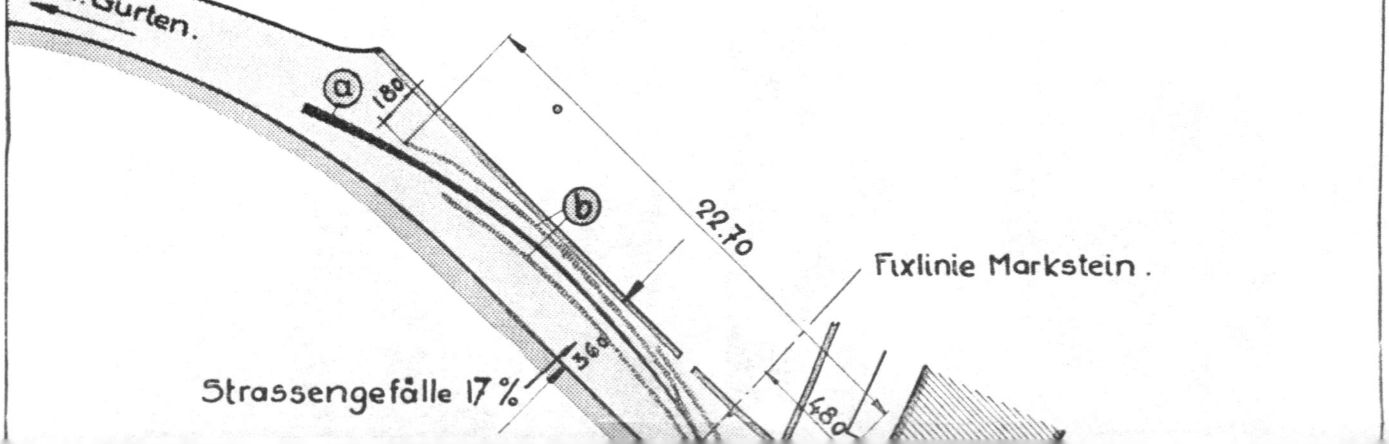

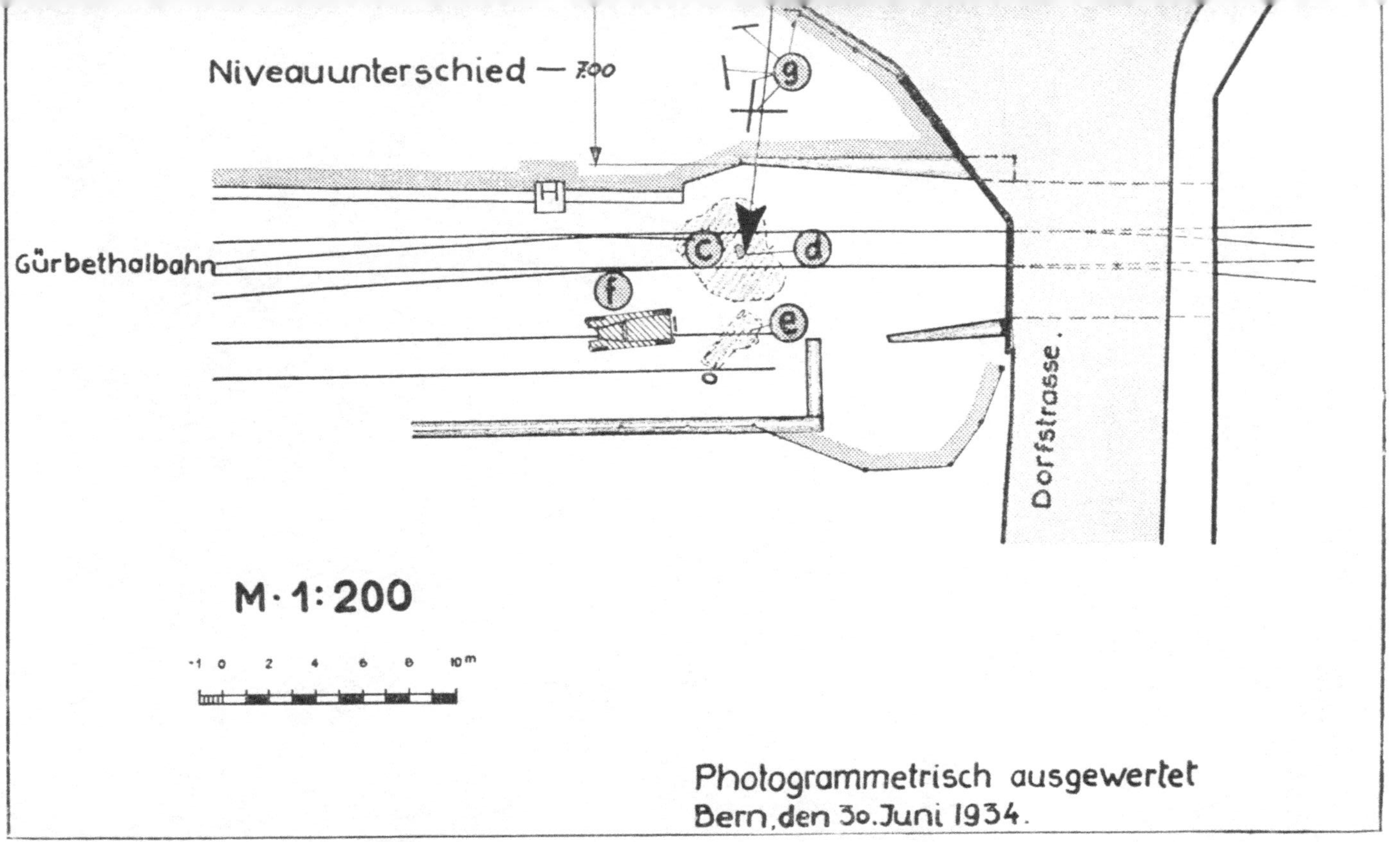

Abb. 44. Der nach den Stereophotogrammen Abb. 43 a—d gezeichnete Plan (ausgewertet mit dem Wildschen Autographen vom Kantonalen Polizeikommando Bern).

Das Beispiel zeigt eindringlich, wie außerordentlich zweckmäßig die Verwendung der Stereophotogrammetrie für kriminalistische Tatbestandsaufnahmen ist. In Europa ist die Schweiz bahnbrechend vorangegangen (1). Bereits im Frühjahr 1933 benutzte der Erkennungsdienst der Stadtpolizei Zürich die Wildschen Geräte und erstellte damit täglich etwa 3 Tatbestandsaufnahmen, meist von Verkehrsunfällen. Seit November 1933 verwendet auch die Kantonalpolizei Bern die Wildschen Geräte, die sich in der Praxis hervorragend bewährt und weiter eingeführt haben (2).

Gerade bei Verkehrsunfällen ist ja der „Kampf um den Tatbestand" regelmäßig eine höchst verwickelte Angelegenheit. Es kommt dazu, daß bei der polizeilichen Aufnahme solcher Tatbestände meist baldigst mit den Räumungsarbeiten begonnen und schnell gearbeitet werden muß, um die Straße wieder frei zu machen und Verkehrsstörungen zu vermeiden, daß die Beamten durch das neugierig herumstehende Publikum gestört werden und daß der Sachverständige im Laufe der Untersuchung oft Aufklärungen über Einzelheiten des Tatortzustandes verlangt, die auch ein tüchtiger Polizeibeamter nicht festgestellt hat. Das Photogramm hält demgegenüber auch in den kompliziertesten Fällen alle irgendwie nützlichen Einzelheiten lückenlos fest und gestattet jederzeit eine Wiederholung und Erweiterung der Ausmessung. Es kann dabei nicht nur die grundrißartige Rekonstruktion ausgeführt werden, sondern auch die Berechnung von Steigungen, Gefällen, Höhen und Tiefen, von Geländequerschnitten und allen möglichen Neigungen. Diese sichere Möglichkeit späterer maßstäblich genauer Rekonstruktion aller Einzelheiten des Tatortzustandes ist regelmäßig sehr wichtig, man denke nur etwa an die Schlüsse über wesentliche Einzelheiten des Verbrechens, die der Sachverständige aus Art, Größe und Richtung von Blutspritzern, Bremsspuren oder, bei Brandstiftungen, aus der Lage des Brandfleckes usw. oft ziehen kann. Da nur wenige direkte Messungen am Unfall- oder Tatort bei stereophotogrammetischer Aufnahme auszuführen sind, kann bei Verkehrsunfällen die Straße sehr rasch wieder freigegeben werden.

Das Paradestück der Einbildphotogrammetrie war, der Natur der Sache nach, ein „Mordzimmer", in dem alles wie Kraut und Rüben durcheinanderliegt. Glücklicherweise sind solche Kapitalfälle nicht so häufig. Die Möglichkeit stereophotogrammetrischer Tatortaufnahmen auch im Bereiche von 6 bis

---

(1) In Deutschland hat sich das Verfahren stereophotogrammetrischer Ausmessung trotz dahinzielender Anregungen des ehemaligen Reichskriminalamts in Berlin noch nicht in die breitere Kriminalpraxis einführen können, was bei dem hohen Stand unserer optisch-feinmechanischen Industrie um so verwunderlicher ist. Aus der Zeitschriftenliteratur vgl. etwa noch H. Härry, Verkehrsunfall u. Photogrammetrie, A.C.S.-Revue Nr. 6 vom 24. April 1932, H. Sarnetzky, Die Photogrammetrie i. d. Kriminalistik, Kriminal. Monatshefte 1934, Heft 2; H. Köhnle, Tatortaufnahmen, in der Zeitschrift „Das Raumbild" (Verlag Otto Schönstein, München) 1935, Seite 231 und ders., La photogrammétrie dans la criminalistique, Internat. Archiv für Photogrammetrie Band 8 (1937), Seite 377, und ebenda Seite 379 Amy et Sannié, La restitution des photographies de lieux de crime und v. Gruber, „Photogrammetrie entscheidet" im Bul. Fotogram. Agrim., Bukarest 1942, Seite 247. Über den Stand der kriminalistischen Anwendungen der Photogrammetrie in Deutschland vgl. auch den Bericht der Deutschen Gesellschaft für Photogrammetrie, „Photogrammetrie in Deutschland 1934—1938" (Landesbericht), Berlin 1938, auf Seite 19, 20 („Kriminalistik und Nahbildmessung").

(2) Dazu Heusser, Internat. Öffentliche Sicherheit, Heft Nr. 7 vom 20. Mai 1936.

100 m gestattet insbesondere ihre Verwendung bei Verkehrsunfällen (1) und es lohnt sich deshalb die Anschaffung derartiger allerdings noch kostspieliger Geräte für größere Kriminalbehörden unbedingt, wie auch das Schweizer Beispiel zeigt (2). Das bislang in Deutschland noch ganz allgemein angewandte Verfahren der Vermessung mittels Meßband (oder gar mit Schrittmaß!) und skizzenhafter Zeichnung muß als durchaus überholt und unzureichend endlich bei allen wichtigeren Fällen verschwinden.

Die Anschaffungskosten betrugen für den Kleinautographen rund 9000 RM, für eine stereometrische Doppelkammerausrüstung mit Basis von 40 cm und 120 cm etwa 7000 RM; die Doppelkammer nur mit Basis 40 cm oder 120 cm kostete je etwa 4100 RM (nach dem Stande von 1939). Dabei ist zu beachten, daß die Auswertung zentralisiert werden kann, so daß die Kosten für die Beschaffung des teueren Autographen für große Bezirke nur einmal aufzuwenden sind. Weitere Verbilligungen ließen sich vielleicht auch durch Zusammenarbeit mit den staatlichen Landesvermessungsbehörden erzielen. Das Bildformat der für geodätische Zwecke verwendeten Phototheodoliten zeigt nämlich die Tendenz, sich von dem bisher üblichen Standardformat 13 mal 18 cm ebenfalls auf das Format 6,5 mal 9 cm umzustellen, eine Folge der modernen feinkörnigen Emulsionen. Es lassen sich daher z. B. die Bilder des „Kleinen Phototheodoliten TA L" der Fa. Zeiss-Aerotopograph (Abb. 2) mit dem oben beschriebenen Kleinautographen auswerten. Da den Vermessungsbehörden vermessungstechnisch ausgebildetes Fachpersonal zur Verfügung steht, wäre die Auswertung dort in den besten Händen.

Die hohen Anschaffungskosten werden auch dadurch tragbar, daß die Versicherungsgesellschaften häufig photogrammetrische Pläne gegen Bezahlung erbitten (2): derartige objektive Unterlagen sind natürlich zur Regelung der zivilrechtlichen Schadenersatzansprüche von großem Werte. Bei Verkehrsunfällen stehen ja oft hohe Vermögenswerte (Renten usw.) auf dem Spiele und die Einführung moderner stereophotogrammetrischer Verfahren interessiert deshalb auch die zivilprozessuale Praxis außerordentlich.

Die vielseitigen kriminalistischen Anwendungsmöglichkeiten der Stereophotogrammetrie zeigt ein von Chavigny (3) gebrachtes Beispiel. Es handelte sich darum, festzustellen, ob mehrere Schrotkugeln, die einen Menschen verletzt hatten, von demselben Schuß herrührten. Die Ausmessung der stereoskopischen Aufnahme erwies, daß alle Einschußkanäle auf denselben Ausgangspunkt hindeuteten, also von demselben Schuß stammten. Auch für die Munitionsspurenuntersuchung ist die Stereophotogrammetrie herangezogen worden: Nach freundl. Mitteilung der Firma Zeiss-Aerotopograph hat Prof. v. Gruber im Jahre 1941 einen Schichtenplan des Bodens einer Patronenhülse in etwa 20facher Vergrößerung mit dem Kleinautographen ausgearbeitet (unveröffentlicht).

Schließlich soll noch auf einen Aufsatz von Matiegka und Pantofliček (4) hingewiesen werden. Sie sollten untersuchen, ob es sich bei Gebeinen, die man 1911 bei einer Nachgrabung in der Dekanatskirche zu Czaslau in Böhmen entdeckt hatte, um die Überreste des Hussitenführers Žižka (5) handelte. Es gelang ihnen, mit ziemlicher Wahrscheinlichkeit diese Feststellung zu treffen. Man wußte nämlich, daß Žižka von früher Jugend an einäugig war und später, 3 Jahre vor seinem Tode, auch das andere Auge verloren hatte. Die stereophotogrammetrischen Messungen an dem gefundenen Schädel stimmten nun nach dem Gutachten medizinischer Sachverständiger damit überein (Assymmetrie der Augen-

(1) Aber auch z. B., um die Einzelumstände und die Wirkung von Explosionen, Bränden, Einstürzen usw. festzuhalten.

(2) Müller, Arch. f. Krim. **98**, 189.

(3) Arch. f. Krim. **100**, 37.

(4) „Über die Identifikation der Gebeine Žižkas unter Anwendung der Stereophotogrammetrie", Internat. Archiv für Photogrammetrie, Band 4 (1913/14), Seite 28.

(5) Der 1424 an der Pest gestorben war und dessen Gebeine nach einer Volksüberlieferung während der Gegenreformation in der Dekanatskirche zu Czaslau verborgen worden sein sollten.

höhlendächer usw.). In der Veröffentlichung wird ausdrücklich betont, daß diese Feststellungen nur stereophotogrammetrisch zu treffen waren. Direktes Messen versagte Eine derartige Identifizierung von Gebeinen (anthropometrische Schädelmessungen u. dgl.) kann naturlich auch in der Kriminalistik gelegentlich wichtig werden (1)

II. KAPITEL.

Anwendungen der Photographie in der Kriminalistik, bei denen das latente Bild durch unsichtbare Strahlung hervorgerufen wird.

A. Allgemeines.

Die Empfindlichkeit photographischer Schichten über den spektralen Empfindlichkeitsbereich des menschlichen Auges hinaus ist von immer wachsender Bedeutung für die wissenschaftliche Photographie. Auch die Kriminalphotographie macht davon ausgedehnten Gebrauch. „Die große Differenzierungskraft des Auges, das im Vordergrundstehen der visuellen Erkenntnis, anderseits die große Überzeugungskraft alles visuell Festgestellten für den Richter und den Täter, haben von jeher die Tendenz begründet, die Grenzen des Feststellungsbereiches des Auges zu erweitern (2)."

Ein Vergleich zwischen den Vorgängen bei der Photographie und auf der Netzhaut des menschlichen Auges liegt nahe. Unser Auge ist infolge seiner optischen Ausrüstung im spektralen Bereiche des „sichtbaren" Lichtes erheblich empfindlicher als die photographische Schicht. So nimmt z. B. das menschliche Auge eine grüne Spektrallinie noch leidlich wahr, zu deren photographischer Festhaltung eine Belichtungszeit von etwa 30 Stunden nötig ist (3). Durch ihre Fähigkeit, die Lichteindrücke „anzureichern" (4), ist anderseits die photographische Schicht dem Auge überlegen, bei dem die photochemischen Veränderungen des Sehpurpurs durch physiologische Nachlieferungsvorgänge in kurzer Zeit wieder rückgängig gemacht werden.

Der zweifellos sehr verwickelte Ablauf des Sehvorgangs ist noch wenig erforscht. Die die Lichtempfindung hervorrufende Reizung des Sehnervs infolge des Einfalls von Licht auf die Zäpfchen und Stäbchen der Netzhaut (vgl. vorn Seite 83) wird durch photochemische Prozesse, die sich in diesen abspielen, hervorgerufen.

Genauere Untersuchungen liegen vor allem bei den Stäbchen vor. Diese enthalten im ausgeruhten Zustande den Sehpurpur, einen sehr lichtempfindlichen Wirkstoff mit einer Absorptionsbande, die von etwa 3600 Å bis 8000 Å reicht und ihre größte Tiefe

---

(1) Die Nordensonsche Netzhautkamera ist jetzt auch für stereoskopische Aufnahmen eingerichtet, man kann also die Messung der Netzhautkrümmung durchführen. Praktische Bedeutung hat ein darauf aufgebautes Identifizierungsverfahren für die Kriminalistik aber kaum, wie schon früher (Seite 22) erwähnt worden ist.

(2) Fischer, Physikalische Chemie, Seite 72.

(3) Beitrag von Fröhlich im Bericht über den VIII. internat. Kongreß für wissenschaftl. und angewandte Photographie, Dresden 1931, Seite 297.

Über die weitgehende Anpassungsfähigkeit unseres Auges an die wechselnde Leuchtdichte vgl. oben Seite 3.

(4) Vgl. vorn Seite 11, Anm 2

im Grünen hat. Der Sehpurpur besteht aus einem Farbstoff, dem Retinen, und einem Eiweiß als dessen Träger. Bei Belichtung zerfällt der Sehpurpur unter Trennung des Retinens vom Trägereiweiß in das Sehgelb. Bei weiterer Belichtung bildet sich das Sehweiß, bei dem sich das Retinen in den Wirkstoff Vitamin A verwandelt, das im Hellen in die Netzhaut wandert und von dort aus im Dunkeln den Sehpurpur wieder aufbauen kann. Die Vorgänge in den Zäpfchen sind vermutlich ähnlich, aber komplizierter.

Die Vorgänge in der lichtempfindlichen Schicht sind demgegenüber völlig andere: Es werden da bei Belichtung die in der Gelatineschicht eingebetteten Bromsilberkörner in um so größerer Zahl in Ag und Br dissoziiert, je mehr Lichtquanten ausreichender Energie von der Schicht absorbiert werden. Eine Rückbildung tritt nicht ein. Die dissoziierten Mengen sind zunächst noch so gering, daß eine Veränderung nicht sichtbar ist: erst im Entwickler setzt sich der Vorgang an den belichteten Stellen fort und führt zur Ausfällung größerer Silbermengen, die wegen ihrer feinen Verteilung in Gestalt kleiner Körner schwarz erscheinen. Das nicht dissoziierte AgBr wird im Fixierbad entfernt und es entsteht so ein Bild mit umgekehrten Helligkeitswerten, das „Negativ".

Die Empfindlichkeit unseres Auges, die etwa von 3900 Å bis 7800 Å reicht (vgl. dazu vorn Seite 9, 12), hat in Übereinstimmung mit der Energieverteilung des Sonnenspektrums ihr Maximum im Grünen. Reines Bromsilber absorbiert dagegen nur Strahlung $\lesseqgtr$ 4600 Å, die lichtempfindliche Schicht ist daher ursprünglich im sichtbaren Bereiche nur für blaues und violettes Licht empfindlich, spricht jedoch darüberhinaus auch, wie z. B. das Auge der Biene (die übrigens ebenfalls rotunempfindlich ist), auf ultraviolettes Licht an.

Es war deshalb eine Entdeckung von weittragender Bedeutung für die wissenschaftliche und technische Photographie, als H. W. Vogel 1883 Farbstoffe fand, mit denen es möglich ist, photographische AgBr-Schichten auch für längerwelliges Licht als $\lambda = 4600$ Å empfindlich zu machen. Bringt man nämlich bestimmte Farbstoffe, die längerwelliges Licht absorbieren und anderseits befähigt sind, die absorbierte Energie dem Silberhalogenid weiterzugeben, in engen Kontakt mit dem Bromsilbermolekül, so erstreckt man die Empfindlichkeit der photographischen Schicht in das Absorptionsgebiet dieser Farbstoffe. Derartige als „Sensibilisatoren" bezeichnete Farbstoffe sind zahlreich (1), z. B. sensibilisiert Erythrosin das AgBr für grünes Licht, Pinacyanol für rotes Licht und eine Reihe von Polymethinfarbstoffen für ultrarotes Licht.

Worauf diese Sensibilisation beruht, ist noch wenig geklärt. Sicher ist nur, daß der Farbstoff an der Oberfläche der einzelnen AgBr-Kristalle adsorbiert werden muß, wodurch sich die Absorptionsbande des Farbstoffes (möglicherweise unter Bildung eines Silbersalzes oder eines Bromids) etwas nach dem Rot verschiebt, so daß sich also das sensibilisierte Gebiet gegenüber dem Absorptionsgebiete des als Sensibilisator verwendeten Farbstoffes meist nach der Seite der längeren Wellen verschiebt.

Der Sensibilisator wirkt stets nur als selbst unverändert bleibender Überträger der Lichtwirkung. Bei der photographischen Sensibilisation wird durch den Akt der Lichtabsorption der absorbierende Stoff auf ein höheres Energieniveau gehoben und zu einer sonst nicht auftretenden Umsetzung befähigt. Um in dieser Weise zu wirken, muß der sensibilisierende Farbstoff aber stets an das Bromsilber adsorbiert sein und darf nicht etwa nur in der Gelatine gelöst sein.

---

(1) Kögel hat mit Sehpurpur Jodsilberplatten (nicht AgBr!) sensibilisiert. Die Sensibilisation ist natürlich keineswegs auf photographische Anwendungen beschränkt; man hat z. B. lebende Gewebe durch organische Farbstoffe (Eosin) sensibilisiert (Tappenheimer und Busck), so daß das vom Farbstoff absorbierte Licht schädlich auf das Gewebe einwirkte. Über sensibilisierte Lumineszenz vgl. die Arbeiten von S. Rothschild, Naturwissenschaften **20** (1932), Seite **850**; Physikalische Zeitschrift **35** (1934), Seite **557** und **37** (1936), Seite **757**. Ferner N. Riehl, Physik und techn. Anwendungen der Lumineszenz, Seite **93**.

Auf Einzelheiten kann hier nicht eingegangen werden (1). Es sei nur kurz hervorgehoben, daß nach dem oben Gesagten bei Erstreckung der Empfindlichkeit in das längerwellige Spektralgebiet des Sichtbaren und ins Ultrarot ein anderes Problem vorliegt als bei der Herstellung von Aufnahmematerial für ultraviolette Strahlung. Bei der Ultrarotsensibilisierung fehlt die Lichtempfindlichkeit des Halogensilbers in diesem Spektralgebiete (Grenze für AgBr schon bei etwa 4600 Å); die Sensibilisierung erfolgt in der oben besprochenen Weise durch Zusatz organischer Farbstoffe, wodurch die Empfindlichkeitsgrenze nach größeren Wellenlängen hin verschoben wird. Das Versagen der gewöhnlichen Handelsplatten im kürzerwelligen Ultraviolett hat dagegen seinen Grund nicht in mangelnder Empfindlichkeit des Halogensilbers, sondern in der mit abnehmender Wellenlänge immer stärker werdenden Absorption der ultravioletten Strahlen durch die in der Emulsion vorhandene Gelatine. Die äußerste Grenze für gewöhnliche Platten (und übrigens auch für die Quarzoptik) liegt etwa bei der starken Aluminiumlinie (1852 Å). Aber schon von 2300 Å ab stört die Absorption und auch die Fluoreszenz der Gelatine; bei 2000 Å ist die Belichtungszeit bereits auf das 200fache erhöht (2). Dementsprechend muß man — was umständlich ist — im kurzwelligen Ultraviolett Platten verwenden, die nur sehr wenig Gelatine enthalten (Schumannplatten). Eine andere Möglichkeit ist, die lichtempfindliche Schicht mit Substanzen (z. B. fluoreszierendem Paraffinöl) zu bestreichen, die bei ultravioletter Bestrahlung lumineszieren, wobei dann diese langwelligere Lumineszenzstrahlung das Bild hervorruft (Duclaux und Jeantet. Lyman ist so bis 580 Å vorgedrungen) (3).

Bis etwa 2300 Å ist, wie schon gesagt, die Benutzung besonderer oder besonders präparierter Platten nicht nötig: man verwendet da für ultraviolette Strahlung gewöhnliche, aber hart arbeitende Platten, weil erfahrungsgemäß die Kontraste im Bild um so mehr sinken, je kürzer die Wellenlänge des auf die Platte einwirkenden Ultraviolett ist. Selbstverständlich brauchen die Platten nicht orthochromatisch oder panchromatisch zu sein.

Das Arbeiten mit ultraviolettem Lichte führt mitunter zu einer Schädigung des Untersuchungsgegenstandes („Vergilbung"). Je kurzwelliger (energiereicher) die Strahlung ist, mit der gearbeitet wird, um so größer ist diese Gefahr der Ausbleichung, auf die Langenbruch aufmerksam gemacht hat. Er beobachtete, daß die anfänglich auf dem Photogramm sichtbar zu machenden, ausradierten Stellen eines Schriftstücks später infolge der bleichenden Wirkung langdauernder, intensiver Ultraviolettbestrahlung nicht

---

(1) Darüber und überhaupt über die bei der Photographie auftretenden photochemischen Vorgänge vgl. etwa J. Eggert, Lehrbuch der physikalischen Chemie, 7. Aufl., Seite 650ff. und Plotnikow, Allgemeine Photochemie, 2. Aufl. Ferner H. W. Vogel, Handbuch der Photographie, neu herausgeg. von Erich Lehmann; 1. Band, 1. Teil: Photochemie und Photographische Chemie, von W. Noddack und E. Lehmann. Aus der Zeitschriftenliteratur sei nur angeführt die Arbeit von W. Dieterle, H. Dürr und W. Zeh, Fortschritte auf dem Gebiete der Sensibilisatoren für Tiefrot und Infrarot in Deutschland seit dem Jahre 1918, Agfa-Veröffentlichungen Band 3, Seite 208.

(2) v. Angerer im Wien-Harmsschen Handbuch der Experimentalphysik, Band 1, Seite 433ff. Allerdings benutzt man in der Kriminalphotographie bisher meist nur langwelliges Ultraviolett. Im Gebiete der Röntgenstrahlung ist das gewöhnliche Aufnahmematerial aber wieder verwendbar, vgl. dazu unten Seite 110.

(3) So enthalten z. B. die für das kurzwellige UV bestimmten „Agfa-UV-Platten" in der Emulsion lumineszierende Stoffe

mehr lumineszierten (1). Die Photographie wird also in solchen Fällen gleichzeitig als Mittel zur Spurenkonservierung wichtig.

Die starke photochemische Wirkung des Ultravioletts verursacht natürlich auch photochemische Umsetzungen der Filterfarbstoffe, so daß UV-Filter der Gefahr der „Ausbleichung" besonders ausgesetzt sind.

Der von der Kriminalphotographie bisher benutzte ultraviolette Spektralbereich ist sehr klein und erreicht nicht die Grenze der Durchlässigkeit der Quarzoptik. Es kann dabei also gewöhnliches Aufnahmematerial verwendet werden. Bei Verwendung kürzerer Strahlung treten allerdings auch erhebliche neue Schwierigkeiten auf: man muß mit Flußspatoptik und im Vakuum arbeiten (2), weil auch die Gase das kurzwellige Ultraviolett absorbieren und im sehr kurzwelligen Ultraviolett ihre anomale Dispersion aufweisen. —

Röntgenstrahlen wirken auf die lichtempfindliche Bromsilberschicht ebenso ein wie sichtbares und ultraviolettes Licht. Da aber die Absorption der Röntgenstrahlen in der dünnen Bromsilberschicht sehr gering ist, genügt im allgemeinen die dadurch hervorgerufene Schwärzung nicht. Eine Erhöhung der Absorption durch „Färbung" der lichtempfindlichen Schicht ist nicht möglich (3). Man hilft sich daher heute durch Verwendung doppelseitig begossener Filme, bei denen also die Röntgenstrahlen zwei lichtempfindliche Schichten durchlaufen und somit die doppelte Absorption erreicht wird (4). Außerdem benutzt man Verstärkungsfolien, die unmittelbar an der Platte oder dem Film liegen und mit Substanzen versehen sind, die beim Auftreffen von Röntgenstrahlen bläulich fluoreszieren: durch diese im sichtbaren bzw. im angrenzenden langwelligen ultravioletten Spektralbereiche gelegene, photochemisch auf die Bromsilberschicht stark einwirkende Strahlung wird dann das Bild im wesentlichen hervorgerufen. Beim heute allgemein üblichen Arbeiten mit doppelseitig begossenen Filmen verwendet man meist sog. „Folienkombinationen", d. h. zwei Folien, von denen die eine auf die Vorderseite, die andere auf die Rückseite des Filmes gelegt wird. Die Vorderfolie ist dabei gewöhnlich dünner ausgeführt und enthält weniger Lumineszenzmaterial, damit die sie durchdringende Röntgenstrahlung nicht unnötig durch Absorption geschwächt wird. Die Verwendung von Verstärkerfolien hat allerdings stets eine Verschlechterung der Zeichenschärfe zur Folge (5).

---

(1) Arch. f. Krim. **108**, **105** (beim Arbeiten mit „unsichtbarer" Fluoreszenz, wobei lange Belichtungszeiten nötig waren). Vgl. dazu auch oben Seite **54**.

(2) Mit Flußspat (CaF_2) kommt man etwa bis 1215 Å.

Kürzlich ist es gelungen, im elektrischen Ofen große und optisch klare Einkristalle aus Lithiumfluorid synthetisch herzustellen, die bis zu 1100 Å noch durchlässig sind. Verwendung finden diese Optiken in der wissenschaftlichen Vakuumspektroskopie, die jetzt also erst von etwa 1100 Å ab mit Beugungsgittern arbeiten muß. Als Aufnahmematerial dienen insbesondere Agfa-Schumannplatten (von 1800 bis etwa 960 Å), zu deren Entwicklung ein Spezialentwickler erforderlich ist (darüber Arens, Agfa-Veröffentlichungen, Band 5, Seite 159).

(3) Dazu etwa A. Liechti, Röntgenphysik, Seite 181 ff.

(4) Die dabei infolge der Trennung der beiden Schichten durch den Schichtträger auftretende Parallaxe stört im allgemeinen bei den kriminalistischen Anwendungen nicht entscheidend.

(5) Dazu etwa J. Eggert, Gegenwärt. Stand d. photogr. Technik bei der Lichtstromaufzeichnung, Zeitschr. f. techn. Physik **12** (1931), 639; Hartmann, Verstärkerfolien, in Fortschr. Röntgenstrahlen **43** (1931), 758 und A. Küster, Über Körnigkeit und Auflösungsvermögen photogr. Schichten, Agfa-Veröffentlichungen Band **3**, Seite 93.

Über den derzeitigen Stand der zur Kontraststeigerung bei der Röntgenphotographie dienenden Verfahren berichtet zusammenfassend Marmet (1). Neben der Verwendung doppelseitig begossener Filme und der Anwendung von Verstärkungsfolien handelt es sich um die Ausnutzung des Becquereleffektes während der Entwicklung (2), um die Ausschaltung der Sekundärstrahlung durch Streustrahlblenden und schließlich um die Steigerung des Objektkontrastes.

Neuerdings ist auch über ein Spezialpapier, das „Ilford Kryptoscreen", berichtet worden (3). Es handelt sich um ein Aufnahmepapier für Röntgenstrahlen, dessen lichtempfindliche Schicht einen (nicht näher beschriebenen) feinkörnigen Leuchtstoff enthält. Das Papier besitzt bei verkürzter Belichtungszeit erhöhte Kontrastwiedergabe. Der gleiche Leuchtstoff wird auch für verbesserte Verstärkerfolien („Brytex") benutzt, die besonders in Verbindung mit dem vorerwähnten Fluoreszenzpapier eine wesentliche Abkürzung der Belichtungszeit ermöglichen sollen.

B. Kriminalistische Anwendungen der Röntgenphotographie.

Die Bedeutung der Röntgenphotographie für die Kriminalistik hat Türkel (4), Köhnle (5) und Liesabeths (6) zusammenfassend behandelt. Die Röntgenphotographie kann, abgesehen von der Wichtigkeit, die sie für die kriminalistisch ja sehr bedeutsame Materialprüfung (7) besitzt, gelegentlich dazu dienen, festzustellen, ob eine Person verdächtige Gegenstände (Perlen, Schlüssel, Juwelen usw.) verschluckt hat oder ob sich in der Wunde eines Verletzten Indiziengegenstände (abgebrochene Messerspitzen u. dgl.) finden. Mitunter empfiehlt es sich, durch Röntgenaufnahmen festzustellen, ob sich in der Leiche ein Geschoß befindet, weil man sonst oft nicht genau sagen kann, ob es sich bei den vorgefundenen Schußverletzungen um Ein- oder Ausschüsse handelt. Erst die Leichenobduktion würde darüber Klarheit schaffen (8). Die ägyptische Polizei verwendet die Röntgenphotographie bei der Bekämpfung des Rauschgifthandels. Die Rauschgifthändler lassen ihre Kamele oft kleine Silberkapseln verschlucken, die das Rauschgift enthalten. Das Vorhandensein solcher Metallkapseln wird mit Röntgendurchleuchtung festgestellt und auf der Röntgenphotographie festgehalten.

Wichtig ist die Röntgenphotographie für die Untersuchung des Inhalts verdächtiger Pakete, etwa im Zollverkehr. Die Dresdner Kriminalpolizei

---

(1) Marmet, Schwärzungskontrast und Strahlenkontrast bei Röntgenaufnahmen, Photogr. Ind. **41** (1943), Seite 65.

(2) Den Becquerel-Effekt (dazu vorn Seite 76) erhält man nämlich sehr stark, wenn man das übliche Aufnahmematerial mit Röntgenstrahlen vorbelichtet, dann mit rotem Lichte bestrahlt und zuletzt entwickelt: die Röntgenbilder können dadurch 3—4mal kräftiger werden.

(3) Metal Ind. London **60** (1942), 307.

(4) Phot. Korr. **62**, 78.

(5) Hans Köhnle, Das photogr. Bild als objektiver Zeuge vor Gericht (aus der medizinischen Klinik der Akademie Düsseldorf), in Bildmessung und Luftbildwesen, 10. Jahrg. (1935), Seite 101 ff. Köhnles Arbeit ist eine umfangreiche Literaturzusammenstellung auch von medizinisch-röntgenphotographischen Anwendungen, die für die Kriminalistik wichtig werden können, beigefügt.

(6) Liesabeths, Röntgenstrahlen und ihre Anwendung in der Kriminalistik, in „Kriminalistik", Band 10, Seite 225.

(7) Vgl. dazu Hulsebosch, Arch. f. Krim. **88**, **233**; Dtsche Zeitschr. f. d. ges. gerichtl. Medizin, Band 2, Seite 73.

Die Grundlagen der technischen Röntgenphotographie findet man in dem Buche von Eggert und Gajewski, Einführung in die techn. Röntgenphotographie.

(8) Dazu F. Pietrusky im Handbuch der biolog. Arbeitsmethoden.

hat damit schon vor dem ersten Weltkrieg auf ungefährliche Weise festgestellt, daß sich in einer Kiste eine Höllenmaschine befand. Auch „Nepperwürfel" hat man z. B. so entlarvt (1). Ob die vor Jahren im Laboratorium der Bundespolizei in Wien begonnenen Versuche, durchstrichene Bleistiftschrift auf dem Wege der Durchleuchtung mit weichen (langwelligen) Röntgenstrahlen sichtbar zu machen, zu einem Erfolge geführt haben, ist nicht bekannt geworden. In einem Briefumschlag befindliche Schriftstücke mittels Röntgenphotographie zu lesen ist nicht gelungen.

Für die Erforschung des Tatortes leisten transportable, überall anschließbare und betriebsfertige Röntgengeräte, wie z. B. die „Siemenskugel" oder entsprechende Spezialgeräte der Firmen C. H. F. Müller A.-G. und Koch und Sterzel gute Dienste: man kann mit ihnen etwa Möbel, Treppengeländerstangen oder Wände auf Aushöhlungen, in denen irgendwelche Sachen versteckt sein können, schnell untersuchen (2).

Gelegentlich kann die Röntgenphotographie eine Rolle spielen für den kriminalistischen Erkennungsdienst beim Nachweis der Personengleichheit, z. B. bei charakteristischen Knochenverletzungen u. dgl. Vorgeschlagen worden ist auch eine Methode der allgemeinen Personenfeststellung durch Röntgenbilder der Nase. Gegen den Vorschlag hat sich mit Recht Heindl (3) gewandt. Köhnle (4) bemerkt, daß durch Röntgenbilder der Stirnhöhle „einwandfrei die Identifizierung eines Verbrechers geschehen" könne. Für die kriminalistische Praxis wird das ebenfalls nur in ganz singulären Fällen bedeutsam werden: insbesondere hinterläßt eben der Täter am Tatort kein Bild seiner Stirnhöhle oder Nase (im Gegensatz zum Fingerabdruck!). Der vorgeschlagene Weg leidet also an demselben grundsätzlichen Mangel wie das früher erwähnte Verfahren einer Identifizierung auf der Grundlage der Netzhautphotographie (vorn Seite 22). Mehrfach (5) ist vorgeschlagen worden, durch Bestreichen der Haut mit Wismut gleichzeitig ein röntgenographisches Daktylogramm und ein Bild des Knochens zu erzielen. Heindl, der die Sache wohl als erster praktisch probiert hat, hält das Verfahren, das übrigens bis in die letzten Jahre immer wieder erneut erfunden und hartnäckig vorgeschlagen worden ist, mit Recht für die Kriminalistik für wertlos (6).

Die Echtheit von Perlen und Edelsteinen kann durch Röntgenphotographie oft geprüft werden. Z. B. absorbieren falsche Brillanten mit hohem Bleigehalt die Röntgenstrahlen stark. Gezüchtete Perlen unterscheiden sich von Naturperlen infolge ihres gedrechselten, parallel geschichteten Perlmutterkernes; sie zeigen beim Drehen der Perle verschiedene „Röntgenschattenbilder", während diese bei den radial aufgebauten Naturperlen in allen Durchleuchtungsrichtungen gleich sind (7).

---

(1) Arch. f. Krim. **83**, 276.
(2) Köhnle, Bildmessung und Luftbildwesen, 10. Jahrg. (1935), Seite 101.
(3) Arch. f. Krim. **91**, 190.
(4) Bildmessung und Luftbildwesen, 10. Jahrg. (1935), Seite 109.
(5) Kronecker, Die Röntgenaufnahme beider Hände, ein Vorschlag zur Ergänzung der Daktyloskopie, Deutsche Strafrechtszeitung **1** (1914), Seite 350; Nelken, Daktyloskopische Aufnahmen durch Röntgenstrahlen, Polizei **17** (1920), Seite 395; Béclère, La radiographie cutanée, Journ. de radiologie **4** (1920), Seite 145; Abeles, Dtsche Zeitschr. f. d. ges. gerichtl. Medizin, Band 11 (1928), Seite 86.
(6) Heindl im Arch. f. Krim. **107**, 39. Vgl. auch „Umschau" **44**, Heft 17 und 24.
(7) Vgl. dazu A. Dauvillier, Bull. Soc. Franc. de phys. Nr. 207 und H. Michel, Deutsche Goldschmiedezeitung 1926, Nr. 16 und 1928, Nr. 9.

Wichtige kriminalistische Anwendungen der Röntgenphotographie liegen auf dem Gebiete des Raritätenbetruges: man hat die Fälschung von Mumien (deren Aufwicklung natürlich nicht so ohne weiteres angängig war) nachgewiesen, man hat die Nachahmung von Bohrlöchern des Holzwurmes (Vortäuschung entsprechenden Alters) festgestellt und hat insbesondere so die Echtheit von Gemälden prüfen können (1): das Röntgenbild läßt ein durch das sichtbare Bild übermaltes Bild erkennen, es deckt weiter die für jeden Künstler charakteristische und unnachahmliche „Innenstruktur" (Pinselführung, Farbenauftrag) des Gemäldes auf (2). Für das Erscheinen verborgener Farbschichten auf der Röntgenphotographie ist die Tatsache wichtig, daß gerade die alten in der Malerei verwendeten Farbstoffe fast durchweg metallhaltig sind (Bleiweiß, Zinnober, Mennige, Chromgelb, Ocker, Kobaltblau). Da die Röntgenstrahlen beim Durchdringen der Farbschichten eines Gemäldes am stärksten von den metallhaltigen Farbstoffen (bestehend aus Elementen höheren Atomgewichtes) absorbiert werden, gelangen auf der Röntgenphotographie nur Farbschichten zur Abbildung, die aus solchen Farbstoffen bestehen. Die seit der Mitte des vorigen Jahrhunderts verwendeten Anilinfarbstoffe, welche durchweg aus Elementen niedrigeren Atomgewichtes (Kohlenstoff, Wasserstoff, Stickstoff) bestehen, lassen die Röntgenstrahlen dagegen fast völlig durch. Auf dem Röntgenbild von schon früher übermalten alten Gemälden erscheinen daher die Farbschichten des sichtbaren und des verborgenen Gemäldes übereinandergelagert, während das Röntgenbild von Gemälden, die erst in neuerer Zeit übermalt worden sind, nur die ältere, dem Auge verborgene Farbschicht zeigt: die neuzeitliche Übermalung absorbiert, weil sie aus organischen Farbstoffen besteht, die Röntgenstrahlen fast gar nicht (3). Chéron hat auf diese Weise nachgewiesen, daß ein dem Adrian van Ostade zugeschriebenes Bild eine moderne Fälschung war, die mit neuen Farben auf einem alten, einen Geflügelhof darstellenden Gemälde ausgeführt worden war. Kögel (4) schlägt vor, die Echtheitsprüfung von Gemälden dadurch zu ermöglichen, daß der Künstler Metallfolien mit bestimmten Eigenschaften benutzt, von denen er jeweils eine in das Gemälde eindrückt und die andere, zugehörige, irgendwo hinterlegt. Mittels Röntgenbildern kann man dann feststellen, ob die im Gemälde eingedrückte Folie der hinterlegten entspricht.

Zur Untersuchung von Gemälden werden oft Spezialröntgenröhren mit

---

(1) DRP. 289935. Vgl. dazu Petertil in Phot. Korr. **64**, **302**; Maurer in Phot. Korr. **64**, 200; Kögel, Arch. f. Krim. **80**, 87; Köhnle, Bildmessung und Luftbildwesen, 10. Jahrg. (1935), Seite 101ff. und ausführlich Müller-Skjold, Schmidt und Wehlte, Gemäldephotographie im Lichte verschiedener Wellen, in Zeitschr. f. angewandte Photographie, Band 1 (1939), Seite 125.

(2) Beispiele bei Eggert und Schiebold, Ergebnisse der technischen Röntgenkunde, Band 3 (1931) und bei Ch. Wolters, Die Bedeutung der Gemäldedurchleuchtung (Frankfurt a. M. 1938). Vgl. auch Jean Gabriel Goulinet, Beitrag zu den wissenschaftlichen Verfahren bei der Restaurierung von Gemälden, Mouseion **15** (1931), Seite 147. Bei sachgemäßem Vorgehen ist eine Schädigung des Bildes durch die Röntgenstrahlen nicht zu befürchten.

(3) „Fälschungen", Seite 80 (Beitrag Petertils).

(4) Phot. Korr. **55**, 217. Man kann auch daran denken, eine dünne Metallfolie zu zerreißen und die Identität durch Vergleich des Reißrandes mit dem Rande der hinterlegten Gegenfolie nachzuweisen. Dann muß natürlich für jedes Bild eine besondere „Gegenfolie" hinterlegt werden.

Wolframanode und Lindemannfenster verwendet, um durch besonders langwellige, weiche Strahlung den Bildkontrast möglichst zu erhöhen (1).

Eine entsprechende Untersuchung von Briefmarken mit Röntgenstrahlen scheint, wie auch B. Müller (2) mitteilt, noch nicht versucht worden zu sein. Die in Frage kommenden Farbschichten sind dabei natürlich außerordentlich dünn.

Über die Verwendung von Röntgenstrahlen für die Aufnahme des Prophetenpapyrus von Washington berichten H. C. Sanders und C. Schmidt (3).

Die auf normalem Wege hergestellte Doppelschichtröntgenaufnahme ist wegen des großen Materialverbrauches (Doppelschicht, Format usw.) verhältnismäßig teuer. Die Erfindung neuer, sehr hell leuchtender Röntgenschirme (ZnCdSAg-Schirme), durch die auch die kinematographische Photographie des Röntgendurchleuchtungsbildes möglich geworden ist, gestattet jetzt, die teuere Röntgenaufnahme durch Photographie des auf dem Röntgenschirm erscheinenden Bildes mit einer Kleinbildkamera zu ersetzen. Das erheblich billigere Verfahren, das bei Röntgenreihenuntersuchungen zur aktenmäßigen Festhaltung des Befundes bereits angewandt wird und auch kriminalistisch im Einzelfall wertvoll sein kann, liefert selbstverständlich unschärfere Bilder als die normale Röntgenphotographie (4). Die Verwendung der neuen „Zeiss-T-Optik" (oben Seite 25) wird dabei wertvoll werden können.

C. Kriminalistische Anwendungen der Ultraviolettphotographie.

1. Allgemeines.

Bei jeder Photographie, bei der die wirksamen Strahlen ultraviolett, also unsichtbar sind, treten Schwierigkeiten bei der Scharfeinstellung des Bildes auf. Über die verschiedenen Möglichkeiten der Scharfeinstellung wird unten im Zusammenhang mit der Besprechung der mikrophotographischen Verfahren mit reflektiertem Ultraviolett (Seite 121) berichtet.

Über Aufnahmematerial für ultraviolettes Licht vgl. oben Seite 109.

Falls man sich bei der Ultraviolettphotographie nicht auf längerwelliges Ultraviolett beschränkt, das vom Glas noch genügend durchgelassen wird (5), ist die Benutzung entsprechend kostspieliger Quarzobjektive nötig. Für kriminalistische Zwecke besonders geeignet sind die von der Fa. Carl Zeiss konstruierten, allerdings nur gering vergrößernden Quarzanastigmate. Sie besitzen eine Durchlässigkeit bis etwa 2000 Å und werden als chromatisch unkorrigierte und korrigierte Systeme gebaut (relative Öffnung

---

(1) Vgl. auch das Referat über einen Vortrag von Ledden-Hulsebosch über „Anwendungsmöglichkeiten der weichsten Röntgenstrahlen in der Kriminalistik", Dtsche Zeitschr. f. d. ges. gerichtl. Medizin **18** (1931), Seite 415.

(2) Fälschungen von Marken, Stempeln und Petschaften, im Handb. der biolog. Arbeitsmethoden, Abt. IV, Teil 12, 2. Hälfte, Seite 432.

(3) „Facsimile of the Washington Ms. of the Minor Prophets and the Berlin Frg.", Un. Mich. Stud. **21** (1927), 5.

(4) Dazu neuestens etwa R. Janker, Die Photographie des Leuchtschirmbildes, eine Methode der Röntgenreihenuntersuchung, Leipzig 1938; H. Franke, Angew. Chemie **52** (1939), Seite 192 und Phot. Rundschau u. Mitt. **67** (1930), Seite 330, 336 und Erwin Schopper, Agfa-Veröffentlichungen, Band 6, Seite 134ff. Ferner H. Holfelder und Berner, Stand und Aussichten der Kleinbildphotographie vom Röntgenschirm, Münchn. Med. Wochenschrift 1938, Nr. 38 und Nr. 47.

(5) Darüber oben Seite 59. Die Verwendung von Glasoptik hat aber den Nachteil, daß man unter starker Abblendung arbeiten muß, weil die üblichen Glasobjektive für das langwellige Ultraviolett nicht mehr genügend chromatisch korrigiert sind.

1 : 4,5; Brennweite 12 und 25 cm; gefaßt in Compur- bzw. Compound-Verschluß). Die nicht achromatisierten reinen Quarzobjektive haben naturgemäß einen starken Farbfehler, sie gewährleisten daher nur durch Herausfiltern enger Wellenlängengebiete eine gute Bildschärfe. Die achromatisierten Systeme (mit Quarz-Steinsalz-Linsen) haben dagegen im Wellenlängenbereiche von etwa 2600 bis 6500 Å eine restliche Schnittweitendifferenz von nur noch annähernd 1% der Brennweite, bei ihnen ist also die Fokusdifferenz zwischen sichtbaren und ultravioletten Strahlen weitgehend behoben, was natürlich für das praktische Arbeiten sehr wertvoll ist. Die Scharfeinstellung erfolgt zweckmäßig im blauen Lichte. In beiden Fällen handelt es sich um unsymmetrische Anastigmate aus drei freistehenden Linsen, von denen beim chromatisch korrigierten Quarzanastigmaten die mittelste aus drei Teillinsen besteht. Die Korrektion der Objektive ist so durchgeführt, daß sie beim Abbildungsmaßstab von etwa 1 : 5 für einen Bildwinkel von 36 bis 40° das Optimum ergeben. Die Bildkreise dieser Zeiss'schen Quarzanastigmate ersieht man aus der nachstehenden Tabelle:

Brennweite cm	Durchmesser des Bildkreises in cm bei voller Öffnung							
	für feine Arbeiten beim Abbildungsmaßstab				für gröbere Arbeiten beim Abbildungsmaßstab			
	1 : ∞	1 : 5	1 : 2	1 : 1	1 : ∞	1 : 5	1 : 2	1 : 1
12	6,5	7,5	9,5	13	8,5	11	13	17
25	13,5	16	20	27	18	22	27	36

Für kriminalistische Anwendungen der Ultraviolettmikroskopie ist sehr geeignet das UV-Mikrotar der Firma Carl Zeiss, das für die Wellenlängen 3140 und 4360 Å berechnet ist (Öffnungsverhältnis 1 : 5; Brennweite: 3 cm; num. Apertur: 0,1). Es ermöglicht allerdings nur Aufnahmen in verhältnismäßig kleinen Abbildungsmaßstäben, stellt aber an die Monochromasie der ultravioletten Strahlung nicht so hohe Forderungen, wie die für das kürzerwellige Ultraviolett konstruierten mikroskopischen Monochromatsysteme (vgl. Seite 117). Über die Verwendung Zeiss'scher Mikroskopapochromate mit Korrektionslinsen beim Arbeiten im langwelligen UV vgl. unten Seite 117.

Der Preis für die Zeiss'schen Quarzanastigmate betrug vor dem Kriege, wie zur Information angegeben sei,

für den Quarzanastigmaten 1 : 4,5, f = 12 cm in Compur 1/III . . . . 185 RM,
für den Quarzanastigmaten 1 : 4,5, f = 25 cm in Compound 4/X . . . . 600 RM,
für den chromat. korrig. Quarzanastigmaten 1 : 4,5, f = 12 cm in Compur 1/III 350 RM,
für den chromat. korrig. Quarzanastigmaten 1 : 4,5, f = 25 cm in Compound 4/X 900 RM.

Das UV-Mikrotar kostete 1939 250.— RM, das dazugehörige Beleuchtungsprisma 82.— RM.

Die auf Seite 117 besprochenen mikroskopischen Quarzmonochromate der Fa. Zeiss kosteten 1939:

Trockensystem . . . . 216 RM
Glyzerinimmersionen . . . . 432 bzw. 648 RM.

2. *Photographie mit durchfallendem Ultraviolett.*

Die gegenüber dem sichtbaren Spektralbereiche oft verschiedene Absorption im Ultraviolett ermöglicht in geeigneten Fällen bei „Durchleuchtung" mit ultravioletten Strahlen die Sichtbarmachung von visuell nicht erkennbaren Spuren und Unterscheidungsmerkmalen auf der Photographie.

Über solche Aufnahmen im durchfallenden Ultraviolett berichtet Mayer (1). Es ist ihm so gelungen, Überdeckungen mit tuscheähnlichen Stoffen (wie schwarzer Hektographentinte, dagegen nicht mit echter Tusche) zum Vorschein zu bringen; auch bei Übermalung von Tintenschrift mit derselben Tinte ist ihm das geglückt (2).

Naturperlen und Zuchtperlen können durch Ultraviolettphotographie unterschieden werden, weil ihre Durchlässigkeit für ultraviolette Strahlen verschieden ist (3).

Das unterschiedliche Verhalten solcher Perlen erklärt sich wohl aus der verschiedenen Größe der Aragonitlamellen, die bei dem infolge der krampfhaften Drüsenreizung durch das Einsetzen des großen Fremdkörpers beschleunigt erfolgenden Aufbau der Zuchtperlen keine Zeit zum Wachstum haben, während bei der Entstehung echter Perlen sich um einen kleinen Fremdkörper Hülle um Hülle langsam aufbaut. Auch die Menge des vorhandenen Conchyolins scheint eine Rolle zu spielen.

Die Mikrophotographie mit durchfallendem ultravioletten Lichte hat bisher — weil die üblichen kriminalistischen Untersuchungsgegenstände gewöhnlich nicht in Gestalt von dünnen Präparaten, sondern in ihrer ursprünglichen Form, also opak, vorliegen — im Gegensatz zur Mikrophotographie mit reflektiertem Ultraviolett in der Kriminalistik noch kaum unmittelbar Verwendung gefunden. Sie kann aber bei Lösung speziell kriminalistischer Fragestellungen und bei der engen Verknüpfung rein naturwissenschaftlicher Forschungsarbeit und kriminalistischer Anwendung jederzeit auch den Kriminalisten interessieren. Es soll daher kurz auf einige Grundprobleme eingegangen werden.

Die Verwendung ultravioletter Strahlung (4) bietet für die Mikroskopie zwei grundsätzliche Vorteile.

Man kann damit erstens feinere Einzelheiten erkennen. Nach der Abbeschen Theorie hat ja die Leistungsfähigkeit jedes Mikroskopes eine Grenze, die von der Wellenlänge des benutzten Lichtes abhängt: Als Projektionen im Sinne der geometrischen Optik werden nur solche Gegenstände abgebildet, deren Abmessungen den kritischen Betrag einer halben Wellenlänge mehrfach überschreiten. Bei Anwendung von Immersionssystemen größerer Apertur, durch die eine Verkürzung der Wellenlänge im Verhältnis der Apertur erreicht wird, läßt sich zwar das Auflösungsvermögen erhöhen, bei Monobromnaphthalinimmersionen erreicht man etwa 0,172 mμ. Man kann an das Problem der Erhöhung des mikroskopischen Auflösungsvermögens aber auch auf anderem Wege herangehen, nämlich durch Verwendung kurzwelligen Lichtes (5), wobei man dann bald darauf angewiesen ist,

---

(1) Schriftuntersuchung, Seite 488ff.

(2) Arch. f. Krim. **92**, **34**. Auch Haaruntersuchungen sind so möglich.

(3) Weber und Savic, Phot. Korr. **70**, **10**. Ferner Lerroux und Raub, Zeitschr. f. Physik **48** (1928), Seite 722 und Lerroux, Raub und Fröhlich, Zeitschr. f. Physik **50** (1930), Seite 307.

(4) George S. Haslam und C. H. Hall, Mikrophotographie mit größerem Auflösungsvermögen im Ultravioletten, Brit. Journ. Photogr. **77** (1930), 415; A. P. H. Trivelli, Mikrophotographie mit ultraviolettem Licht, Scient. Monthly **33** (1931), 175; Trivelli und L. V. Forster, Mikrophotographie mit der **365** mμ Quecksilberbogenlinie, Journ. opt. Soc. America **21** (1921), 124; Langenbruch, Arch. f. Krim. **99**, 1; J. E. Barnard, Practical photomicrography, 3. Ed., Arnold and Co., London 1936; F. F. Lucas, Die Mikroskopie mit ultravioletten Strahlen, Chim. et Industrie **40** (1938), 19.

Über die Technik des Gebietes orientiert im Überblick der Artikel von A. Köhler, Naturwissenschaften **21** (1933), 165.

(5) Darauf beruht auch die Leistungsfähigkeit des Elektronenmikroskopes: die mit der Elektronenbewegung verbundenen „Materiewellen" sind sehr kurzwellig. Das Auflösungsvermögen des Elektronendurchstrahlungsmikroskops reicht bereits bis etwa 10^{-8} cm, während das lichtoptische Mikroskop bei etwa 10^{-5} cm versagt.

statt der visuellen Betrachtung die photographische Platte zu benutzen. Schon bei Strahlung von 3660 Å ist die Helligkeitsempfindung und Sehschärfe unseres Auges zu gering. Lumineszíert der Untersuchungsgegenstand bei der Durchleuchtung mit ultravioletter Strahlung, so muß dieses Lumineszenzbild, das sich dem eigentlichen Mikroskopbild überlagern und es verunklaren würde, sauber herausgefiltert werden.

Neben der Erzielung hohen Auflösungsvermögens ermöglicht die Mikroskopie mit durchfallendem ultravioletten Licht in geeigneten Fällen die Erkennung von Einzelheiten des Untersuchungsgegenstandes, die im sichtbaren Lichte nicht festgestellt werden können. Falls diese nämlich das zur Durchleuchtung benutzte Ultraviolett verschieden von ihrer Umgebung absorbieren, differenzieren sie sich bei Ultraviolettdurchleuchtung und die Photographie deckt sie also auf.

Für die Kriminalistik wird regelmäßig das Arbeiten mit Ultraviolett zur Erzielung höheren Auflösungsvermögens nicht nötig sein. Die Ansprüche des Kriminalpraktikers hinsichtlich der mikroskopischen Auflösung sind bescheiden. Dagegen kann die Mikrophotographie im durchfallenden Ultraviolett auch für die Kriminalistik wichtig werden dadurch, daß dabei infolge der vom sichtbaren Spektralbereich abweichenden Absorption auf der Mikrophotographie Spuren und Einzelheiten des Untersuchungsgegenstandes sichtbar werden, die bei mikroskopischer Betrachtung im sichtbaren Spektralgebiete nicht erkennbar sind.

Bei Mikrophotographie im Ultraviolett muß man regelmäßig besonders korrigierte Objektive verwenden. Im ganz langwelligen Ultraviolett können noch bestimmte Zeiss'sche Apochromate in Verbindung mit Korrektionslinsen benutzt werden, die man in die Objektive von hinten einschraubt. Sie beseitigen gleichzeitig die Fokusdifferenz zwischen dem langwelligen UV und dem angrenzenden, noch sichtbaren Dunkelblau, so daß man dabei mit dunkelblauem Lichte einstellen kann. Sehr wertvoll ist für die Kriminalistik das UV-Mikrotar der Fa. Carl Zeiss, Jena (1), das bereits oben (Seite 115) erwähnt ist. Es ermöglicht allerdings nur relativ kleine Abbildungsmaßstäbe und genügt daher größeren Ansprüchen nicht mehr. Hinsichtlich der Mikroskopoptik im ultravioletten Gebiete treten dann grundsätzliche Schwierigkeiten auf. Während man nämlich im sichtbaren Spektralbereiche das Mikroskopobjektiv für zwei oder mehr Farben korrigieren kann (auch das UV-Mikrotar ist noch für die Wellenlängen 3140 und 4360 Å korrigiert), ist es bisher aus Mangel an geeigneten Werkstoffen nicht gelungen, für das Gebiet des kürzeren Ultraviolett achromatische Objektive herzustellen. Man ist daher auf die Benutzung von Monochromatsystemen (M. v. Rohr und A. Köhler, 1904) angewiesen, deren Linsen aus reinem geschmolzenen Bergkristall bestehen, das amorph, als Glas, erstarrt ist (sog. „Quarzglas"). Diese Monochromate, die also nur die Strahlen einer bestimmten Wellenlänge in einem Punkte vereinigen und daher stets sehr saubere monochromatische Strahlung verlangen, können grundsätzlich für jede beliebige Wellenlänge innerhalb weiter Grenzen berechnet werden; man korrigiert sie regelmäßig für die Wellenlängen 2750 oder 2570 Å, weil in diesem Spektralbereiche die verschiedenen Bestandteile tierischer und pflanzlicher Gewebe das Ultraviolett stark unterschiedlich absorbieren, so daß man ohne Färbung der Präparate arbeiten kann (2). Derartige Quarzmonochromate genügen allen Ansprüchen und sind entsprechend kostspielig. Sie bilden heutzutage ein wichtiges Rüstzeug insbes. der biologischen und physiologischen Forschung und ihre Korrektion ist daher im Hinblick auf die speziellen Absorptionsverhältnisse der organischen Gewebe vorgenommen. —

---

(1) Vgl. dazu A. Köhler, Über neue Systeme für Mikrophotographie und Projektion, Zeitschrift f. Instrumentenkunde, **55** (1935).

Mikrotare sind photographische Objektive von großem Öffnungsverhältnis und verhältnismäßig kleiner Brennweite für Aufnahmen bei geringen Abbildungsmaßstäben. Sie können im allgemeinen im zusammengesetzten Mikroskop nicht verwendet werden: das von ihnen entworfene Bild ist hervorragend eben, kann aber auch im Bereiche des sichtbaren Spektrums nicht subjektiv in seiner ganzen Ausdehnung betrachtet werden, sondern muß auf der Mattscheibe oder der Projektionswand eingestellt werden.

(2) Über Monochromatsysteme vgl. grundlegend A. Köhler und M. v. Rohr, Zeitschr. f. Instrumentenkunde **24** (1904) und A. Köhler, Zeitschr. f. wissenschaftl. Mikroskopie **21** (1904). Die Fa. Carl Zeiss, Jena, baut jetzt Quarzmonochromate als Trockensysteme und als Glyzerinimmersionen. Ihre numerische Apertur beträgt (bei den Trockensystemen) 0,20 und 0,35 (Brennweite: 16 bzw. 6 mm), bei den Glyzerinimmersionen 0,85 und 1,25 (Brennweite: 2,5 bzw. 1,7 mm). Die Grenze der förderlichen Vergrößerung ist hier gleich dem 1000—2000fachen der Apertur.

Die Verwendung von Monochromatsystemen bei der Mikrophotographie im Ultraviolett erfordert nach dem Vorgesagten streng monochromatische Strahlung. Da monochromatische UV-Strahler nicht existieren, dienen als Lichtquelle meist Funkenspektren, aus denen man durch spektrale Zerlegung die gewünschte Linie absondert (z. B. die Linie 2750 Å des Cadmium). Während nämlich im allgemeinen die Intensität einer Lichtquelle mit abnehmender Wellenlänge abnimmt, ist es bei dem zwischen zwei Metallelektroden überspringenden Entladungsfunken eines Kondensators gerade umgekehrt: wie Pflüger schon vor Jahrzehnten durch Messungen mit der Thermosäule nachweisen konnte, steigt beim Entladungsfunken die Strahlungsintensität mit abnehmender Wellenlänge. Besonders hohe Leistungen erreicht man mit rotierenden Elektroden (Zeiss). Über ein neues Verfahren zur sauberen Ausfilterung der Quecksilberlinie 2480 Å vgl. nachstehend.

3. Photographie mit reflektiertem Ultraviolett.

Die Methode der „Photographie mit reflektiertem Ultraviolett" (1) setzt voraus, daß die zu untersuchenden Gegenstände im ultravioletten Spektralbereiche merkbar verschieden reflektieren, also im Ultraviolett „verschiedenfarbig" sind bzw. daß sich Spuren von ihrer Unterlage im Ultraviolett abheben. So wirft z. B. der gewöhnliche, grauschwarz glänzende Bleistift das kurzwellige Ultraviolett von etwa 3140 Å an sehr stark zurück. Eine photographische Aufnahme im Ultraviolett zeigt daher einen solchen Bleistiftstrich auf einer das ultraviolette Licht nicht reflektierenden Unterlage als einen „weißen" Kreidestrich auf dunklem Grunde; im sichtbaren Gebiete kann das gerade umgekehrt sein (2). Wichtig wird das Verfahren offenbar dann, wenn beispielsweise die zu untersuchenden Schriftspuren sich im sichtbaren Gebiete von ihrer Unterlage nicht abheben, aber das Ultraviolett anders zurückwerfen als der Schriftträger. Auch das klassische Problem der Urkundenfälschung, nämlich die Frage, welcher Strich zuerst gemacht worden ist, kann die Reflexultraviolettphotographie mitunter lösen: ein Tintenstrich, der über Bleistiftschrift oder graphithaltigen Tintenschriftzügen verläuft, verhindert durch Überdeckung an der Kreuzungsstelle die sonst vorhandene Reflexion kürzerer Ultraviolettstrahlen von etwa 3140 Å an abwärts (3). Abb. 45 zeigt dafür ein Beispiel. Es handelt sich um eine nachträglich mit Bleistift nachgezogene Tintenschrift. Abb. 45a zeigt das Lichtbild dieser Unterschrift im gewöhnlichen Licht: es läßt sich nicht entscheiden, ob der Bleistiftschriftzug vor oder nach dem Tintenschriftzug gemacht worden ist. Dagegen zeigt die mit mittelwelligem Ultraviolett von etwa 3140 Å gemachte Abb. 45b deutlich, daß der (weiß abgebildete) Bleistiftschriftzug diese ultraviolette Strahlung überall zurückwirft, weil er später gemacht worden ist und deshalb die Tintenschrift vielfach überdeckt. Es war damit der Verdacht, daß die Unterschrift unter Benutzung einer Bleistiftvorzeichnung gefälscht

---

(1) Kögel, Unsichtbare Strahlen, Seite 17. Schon Mente hat über das Gebiet in der Zeitschrift für Reproduktionstechnik **15** (1913), Seite 42 und 58 berichtet: er hat bereits mit Quarzoptik gearbeitet.

(2) Mezger, Haslacher und Heeß im Arch. f. Krim. **85**, 248 und **86**, **74**.

Nebenher: Einen anderen Weg, insbesondere Graphitspuren hervorzuheben, hat Scheffer angegeben. Er benutzt die Tatsache, daß reflektiertes Licht linear polarisiert ist und bringt zwischen Gegenstand und Objektiv gekreuzte Nikols mit dem Ergebnis, daß z. B. die sonst silberglänzenden Graphitteilchen tiefschwarz sind. Beispiele bei Türkel, Atlas der Bleistiftschrift, Abb. 80 und 81. Dazu auch Bohne, Arch. f. Krim. **106**, **77** und **121**, und v. Ledden-Hulsebosch, Arch. f. Krim. **110**, **143**.

(3) Langenbruch, Arch. f. Krim. **99**, **15**; Chemiker-Zeitung vom 17. Mai **1930**, **53**. Jahrg. (1930) Nr. 40 und vom **3. 10. 1931**, **54**. Jahrg. (1931) Nr. 79.

worden sei, beseitigt, weil solchenfalls ja die Bleistiftschrift unter dem Tintenschriftzug liegen muß (1). Die Methode, bei der die achromatisierten Zeiss'schen Quarzanastigmate (oben Seite 114) sehr gut verwendbar sind, versagt auch bei ausradierter Bleistiftschrift regelmäßig nicht, weil meist an den nicht so gründlich ausradierten Stellen noch genügend Graphitablagerungen übrig bleiben, um partiell auf Reflexion prüfen zu können. Man kann also so auch den Nachweis von Bleistiftrasuren führen. Da es nicht gleichgültig ist, unter welchem Winkel die ultraviolette Strahlung auf das Graphitplättchen auffällt, ist das Verfahren experimentell nicht ganz einfach. Zweckmäßig ist senkrechte, d. h. in der Achse des Mikroskopes liegende Beleuchtung mittels eines Quarz-Vertikal-Illuminators oder mit dem Epikondensor W von Zeiss.

Die Anwendung der Photographie ist in diesen Fällen des sog. „direkten Ultraviolettbildes" natürlich rein explorativ, weil ja unser Auge das Ultraviolettbild nicht wahrnimmt.

Die von Kögel und sonst verwendete Strahlung liegt regelmäßig nicht unter 3000 Å. Man kann also gewöhnliches Plattenmaterial verwenden (vgl. oben Seite 109), muß aber mit Quarzoptik (2) arbeiten, soweit man sich nicht mit längerwelligem Ultraviolett begnügt, das vom Glas noch durchgelassen wird (3). Da jedoch die gewöhnlichen Glasobjektive für das langwellige Ultraviolett nicht ausreichend korrigiert sind, sind sie nur ausnahmsweise und unter starker Abblendung brauchbar. Falls man durch Abblendung den Farbfehler nicht genügend beseitigen kann, muß, soweit nicht die Scharfeinstellung des „Ultraviolettbildes" mit einer fluoreszierenden Mattscheibe erfolgt (s. unten Seite 121), stets beachtet werden, daß das ultraviolette Bild wegen der stärkeren Brechung kurzwelliger Strahlung näher zum Objekt liegt als das sichtbare Bild: man muß daher die Einstellung um einen entsprechenden Betrag (den man am einfachsten für das betreffende Objektiv durch Ausprobieren feststellt) korrigieren. Das entfällt natürlich bei Verwendung chromatisch korrigierter Quarzanastigmate (Seite 115).

Zur Orientierung arbeitet man gern mit ungefiltertem Ultraviolett. Im übrigen hängt die Wahl der Wellenlänge der Strahlung vom Zwecke der Untersuchung, vom Untersuchungsobjekt usw. ab. Kögel hat ein Verfahren angegeben, mit dem man hintereinander Aufnahmen in allen UV-Spektralbereichen der Lichtquelle machen kann (4). Arbeitet man mit Glasoptik, so ist zur Beleuchtung einigermaßen monochromatische ultraviolette Strahlung

---

(1) Langenbruch, Zentralblatt f. Graphologie, 2. Jahrg. (1932), Seite 126. Die Sache lag so, daß der Zeuge seine Unterschrift zunächst als echt anerkannte, dann aber auf Vorhalt des Gerichts, das ihn auf die Bleistiftschrift aufmerksam machte, langsam bis zur völligen Abstreitung seiner Unterschrift kam. Der Bleistiftschriftzug war dadurch auf die Urkunde gelangt, daß der Rechtsanwalt einer Partei die Unterschrift für seine Akten von seiner Bürogehilfin hatte „kopieren" lassen! Mit dem Mikroskop läßt sich die Frage, ob Bleistiftschrift mit Tinte überschrieben worden ist oder umgekehrt, in vielen Fällen nicht klären.

(2) Kögel, Unsichtbare Strahlen, Seite 83ff.; Arch. f. Krim. **79**, 1.

(3) So Dankwortt, Lumineszenzanalyse, Seite 81ff.

(4) Sog. „spektrostatisches Verfahren": Kögel, Unsichtbare Strahlen, Seite 137ff. Kögel, Unsichtbare Strahlen, Seite 91: „Ist unser Gegenstand so geartet, daß wir mit den Strahlen etwas tiefer in seine Struktur (Papierfaser u. dgl.) dringen wollen, so müssen wir Strahlen von 3660 Å benutzen, da solche von 3130 Å von den meisten Stoffen schon an ihrer Oberfläche stark absorbiert werden .... Wollen wir aber besonders Oberflächenaufnahmen durchführen, so werden wir mit Nutzen die Strahlen von 3130 Å wählen."

Vgl. auch Türkel, Atlas der Bleistiftschrift, Seite 40 und die Abb. 126 und 127.

erforderlich, weil sonst die Scharfeinstellung des Bildes nicht gelingt. Bei Benutzung der chromatisch korrigierten Quarzanastigmate von Zeiss (oben Seite 114), die von 2600 bis 6500 Å scharf abbilden, ist natürlich die Verwendung breiter Spektralbereiche zur Beleuchtung hinsichtlich der Scharfabbildung unschädlich. Auch da ist aber Beleuchtung mit monochromatischer ultravioletter Strahlung oft nötig: Ähnlich wie bei einfarbiger Beleuchtung im sichtbaren Spektralgebiete oft die Aufdeckung von Einzelheiten gelingt, differenzieren sich auch im Ultraviolettreflexbilde nicht selten Einzelheiten erst bei Bestrahlung mit einer sauber herausgefilterten Spektrallinie von ihrem Umfelde, das sie bei „offener" UV-Lichtquelle überblendet.

Natürlich liegen die Verhältnisse beim Arbeiten im ultravioletten Gebiete dadurch anders als beim Arbeiten mit sichtbarer Strahlung, weil unsere üblichen Ultraviolettlichtquellen durchweg ein Linienspektrum aufweisen im Gegensatz zu dem kontinuierlichen Spektrum unserer Lichtquellen für das sichtbare Gebiet.

Mitunter luminesziert der Untersuchungsgegenstand neben der Reflexion: er wirft z. B. die auffallende Strahlung von 3130 Å zurück und wird zugleich zur Lumineszenz von längerwelligem Lichte angeregt. Die photographische Platte würde beides registrieren und es können so Täuschungen verursacht werden, auch kann die ungenügende chromatische Korrektion das Bild unklar machen. Man muß dann, um ein reines Ultraviolettreflexbild zu erhalten, das Lumineszenzlicht (das ja auch noch im ultravioletten Gebiete liegen kann und dann unsichtbar ist!) durch Vorschalten eines geeigneten Filters zwischen Gegenstand und Objektiv zurückhalten.

Die Reflexultraviolettphotographie ist nicht auf ihr Ausgangsgebiet, die Schriftuntersuchung, beschränkt geblieben. Es gelingt mit ihr mancherlei andere Fälschungen, insbesondere im Kunsthandel, nachzuweisen (1). So reflektiert neues Glas im Gegensatz zu altem das ultraviolette Licht vollständig. Die Sichtbarmachung von Versteinerungen durch Bestrahlung mit ultraviolettem Lichte (3660 Å) ist Léon gelungen (2). Über die Aufklärung einer Banknotenfälschung mittels Ultraviolettphotographie berichtet Södermann (3). Man findet auch Vorschläge, auf diese Weise spiritistischen Betrügereien auf die Spur zu kommen.

R. Leonhardt berichtet (4), daß man Medien bei ihren Versuchen so photographiert, indem man das sich in dem dunklen Raum unbeobachtet glaubende Medium „durch ultraviolette Strahlen beobachtet, die es gestatten, mit empfindlichem Film Aufnahmen zu machen". In Eders Jahrbuch, Band 30, Seite 309, wird auf das 1911 erteilte DRP. 277106 hingewiesen: „Da die Geister mit Vorliebe nur in der Dunkelheit erscheinen, wirft man nach diesem Patent in die Gegend, wo sich der Geist aufhalten soll, ultraviolettes Licht eines elektrischen Bogens auf den Geist und gleichzeitig macht man eine photographische Aufnahme". Die Patentschrift bringt allerdings keinerlei Anwendung der beschriebenen Vorrichtung auf die „Geisterphotographie", als Anwendungsfall erscheinen vielmehr feindliche Schiffe.

Die Photographie mit reflektiertem Ultraviolett kann auch im Gebiete der Mikroskopie für opake Objekte angewandt werden, falls diese im Ultra-

---

(1) Vgl. „Fälschungen", Seite 86ff. und die — 1929 ausgegebene — österreichische Patentschrift Nr. 113812, ferner den Aufsatz von Maurer, Phot. Korr. 1929, 200 und Müller-Skjold, Schmidt und Wehlte, Gemäldephotographie im Lichte verschiedener Wellen, Zeitschr. f. angew. Photographie Band 1 (1939), Seite 125. Ferner Jürgens, Kriminal. Monatshefte 1931, Seite 173.

(2) R. Léon in „Natur und Museum", Band 63 (1934), Seite 361 und in Senckenbergiana, Band 16 (1933), Seite 24.

(3) Arch. f. Krim. **100**, 15.

(4) Umschau **1933**, Seite 242.

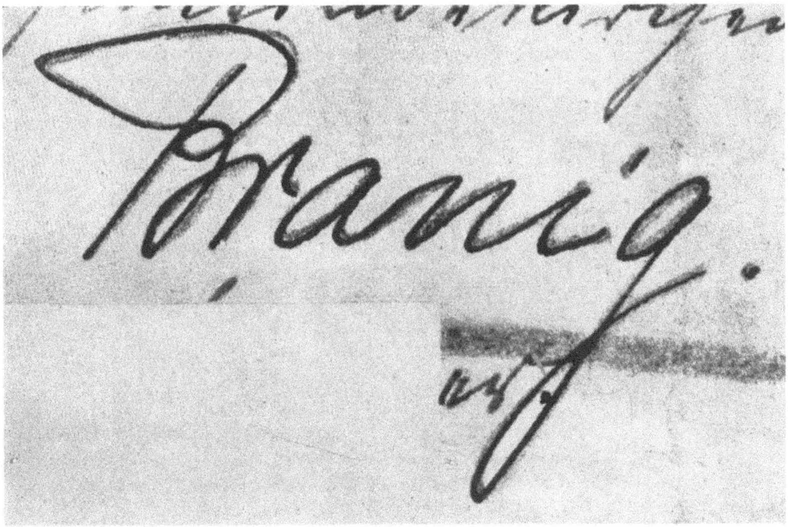

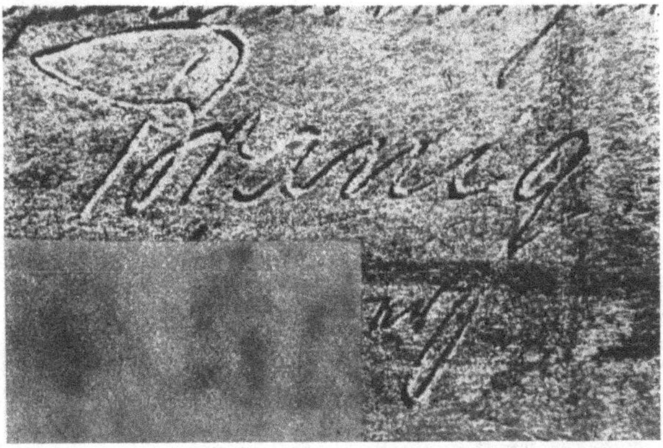

Abb. 45 a, b.

Oben: Mit Bleistift nachgezogener Tintenschriftzug, im sichtbaren Lichte photographiert. Man kann nicht erkennen, ob die Bleistiftschrift über oder unter der (dunklen) Tintenschrift verläuft.

Unten: Photographie mit mittelwelligem reflektierten Ultraviolett. Der Bleistiftschriftzug reflektiert überall das UV, weil er die (dunkle) Tintenschrift überlagert. Er ist also später gemacht.

(Nach H. Langenbruch, Zentralblatt für Graphologie, 2. Jahrg, 1932, Seite 123.)

Abb. 46. Infrarotdurchleuchtungsphotographie eines Briefumschlages mit Einlage.
(Phot. Nishgishi u. Milbayashi, Zagreb 1931; Agfa-Platte 730.)

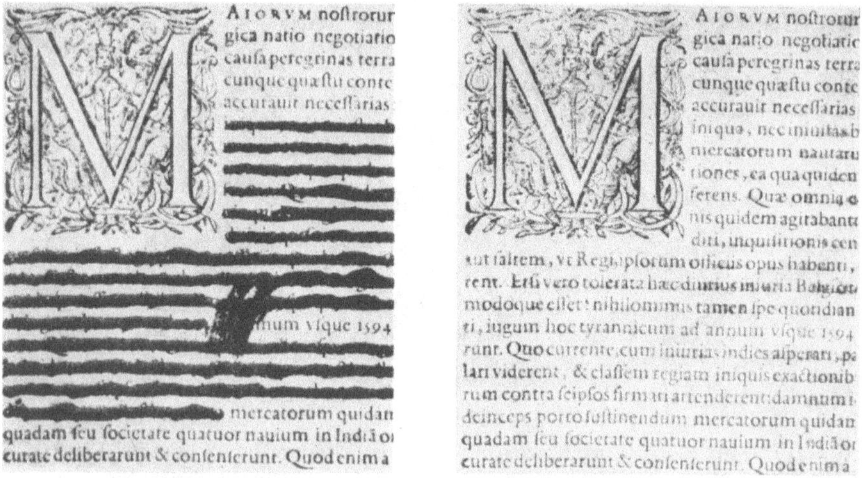

Abb. 47. Eine durch die spanische Inquisition durch Übermalen zensurierte Schrift ist im Infrarotbilde (rechts) lesbar.
(Phot. L. Bendikson, Hundington-Library, San Marino, Kalifornien.)

violett differenzierend reflektieren. Die Anwendung in der Kriminalistik war bisher gering. Erstmals hat darüber wohl Langenbruch (1) berichtet, der im Arch. f. Krim. **113**, 2 Näheres bringt.

Im ganz langwelligen Ultraviolett (3660 Å), das noch von der Glasoptik durchgelassen wird, kann man gewisse Zeiss'sche Mikroskopapochromate in Verbindung mit Korrektionslinsen verwenden. Dabei ist auch die Benutzung des Ultropak als Beleuchtungseinrichtung (oben Seite 65) mitunter wertvoll; insbesondere kann man damit den Untersuchungsgegenstand „partiell anleuchten" und so seine Struktur „schichtenweise" im direkten Ultraviolettreflexbild untersuchen (2). Mit der Spektrallinie 3130 Å kann man Ultraviolettreflexmikroaufnahmen, allerdings nur bei geringer Vergrößerung, mit dem Zeiss'schen UV-Mikrotar herstellen. Als Beleuchtungsfilter genügt dabei bei Benutzung der Quarzanalysenlampe schon das weiter unten eingehender besprochene Bäckströmfilter allein, es absorbiert hinreichend die Linie 3660 Å. Die von ihm sehr gut durchgelassenen Quecksilberlinien unter 3130 Å stören im allgemeinen nicht, weil das durch die Linie 3130 Å hervorgerufene Bild genügend auf die photographische Platte einwirkt, bevor noch die kürzeren Wellenlängen wirksam geworden sind. Man erhält also ideal kurze Belichtungszeiten.

Saubere Ausfilterung der dann allerdings stärker geschwächten Linie **3130** Å erzielt man durch eine Kombination von Bäckströmfilter und Schottglas UG **2**, wobei das UG-Glas das sichtbare Gebiet voll absorbiert (3) und die unter **3130** Å liegende Strahlung schwächt. Noch strenger arbeitet man mit der Linie **3130** Å bei Benutzung einer Kombination von UG 2 (1—2 mm) und GG 9 (0,2 mm) verkittet. Langenbruch empfiehlt diese Glaskombination als Beleuchtungsfilter für die UV-Reflexmikrophotographie mit dem Zeiss'schen UV-Mikrotar: das Schottglas GG 9 läßt zwar die Quecksilberlinie **3130** Å nur äußerst schwach durch und wird deshalb in sehr geringer Schichtdicke verwendet (0,2 mm), man arbeitet mit dieser Filterkombination aber trotzdem noch erheblich günstiger als mit dem früher vielfach verwendeten Quarz-Silberfilter. Die Spektrallinie **3130** Å kann man auch ausfiltern mit Bäckströmfilter und Schottglas GG **4**: das Bäckströmfilter absorbiert die langwelligere Strahlung ausreichend, während GG **4** das unter **3130** Å liegende Ultraviolett auslöscht (4).

Bei der Ultraviolettreflexmikrophotographie mit kürzerwelligem Ultraviolett (unter 3130 Å) ist die Verwendung monochromatischer Mikroskopobjektive erforderlich. Die Schwierigkeiten liegen dabei insbesondere in der Herstellung lichtstarker monochromatischer ultravioletter Strahlung, die auch hier, entsprechend dem oben (Seite 117) Gesagten, bei Verwendung monochromatischer Systeme nötig ist. Da man bisher geeignete Filter nicht kennt (5), blieb nur der Weg spektraler Zerlegung der Strahlung. Die dabei unvermeidliche große Lichteinbuße insbesondere durch Reflexion an den zahlreichen Glasflächen der Optik des Monochromators, dessen Lichtstärke ohnehin durch sein Öffnungsverhältnis begrenzt wird, erschwert jedoch die Scharfeinstellung des unsichtbaren Bildes (6). Man verwendet nämlich zur Einstellung ultravioletter Bilder regelmäßig einen Sucher (Quarz-

---

(1) Arch. f. Krim. **102**, 43.

(2) Langenbruch, Zentralblatt f. Graphologie, 2. Jahrg. (**1932**), Seite **123**.

(3) Im langwelligen sichtbaren Gebiete, beginnend etwa bei **6500** Å, läßt UG 2 die rote Strahlung schwach durch!

(4) Langenbruch, Arch. f. Krim. **108**, 105.

(5) Im sichtbaren Spektralbereich existieren annähernd monochromatische Lichtfilter, vgl. dazu insbes. oben Seite 55, 88.

(6) Die theoretisch sich aufdrängende Lösung, eine photographische Platte und zur Scharfeinstellung eine fluoreszierende Substanz zu benutzen, die nur für die fragliche

linsen mit Uranglasplatte und Lupe) und stellt das Bild visuell als Fluoreszenzbild ein. Dieses Verfahren versagt aber bei Verwendung kurzwelligeren, durch spektrale Zerlegung gewonnenen Ultraviolettlichtes infolge seiner Lichtschwäche und man ist daher darauf angewiesen, zunächst im sichtbaren Lichte scharf einzustellen und dann den Mikroskoptubus um den der Fokusdifferenz entsprechenden Betrag, den man durch praktisches Ausprobieren ermitteln und an der Teilung der Feinbewegung einstellen muß, zu senken. Dieses von Swingle angegebene Verfahren ist mühsam und umständlich (1). Langenbruch hat nun das Problem durch geschickte Aufeinanderabstimmung von Lichtquelle und Filter gelöst und hat streng monochromatisches Ultraviolett der Wellenlänge 2480 Å durch Filterung gewonnen, wobei der Lichtverlust gering ist. Er verwendet ein Bäckström-Filter (Nickel-Cobalt-Sulfat-Filter) (2) und ein Chlorgasfilter. Das erstere absorbiert praktisch alles sichtbare Licht und die langwellige Ultraviolettstrahlung bis etwa zu 3150 Å, das Chlorgasfilter absorbiert bei geeignetem Gasdruck etwa das Gebiet von 4000 bis 2800 Å, schließt also unter Überdeckung im langwelligen Ultraviolett an das Bäckströmfilter an. Langenbruch benutzt nun — und in dieser Abstimmung der Lichtquelle auf die Filterlücke liegt sein Kunstgriff — an Stelle der bisher üblichen Hochdruckquarzlampe als Lichtquelle eine Höchstdruckquarzlampe, deren Gasdruck er so hält, daß sie im Gebiete von 2540 bis etwa 2750 Å infolge Umkehrung insbesondere der sog. Resonanzlinie 2540 Å des Hg-Spektrums keine wirksame Strahlung aussendet. Es bleibt daher von dem von der Lampe ausgestrahlten und vom Quarz durchgelassenen Quecksilberspektrum nur die Linie 2480 Å übrig, und zwar so lichtstark, daß mittels des Suchers bequem visuelle Einstellung möglich ist. Nach Langenbruchs Bericht ist sogar Einstellung ohne Zuhilfenahme eines Suchers direkt auf einer fluoreszierenden Mattscheibe möglich. Langenbruch hat derartige, mit Strahlung von 2480 Å aufgenommene Mikrophotographien veröffentlicht (3).

Einen neuen Weg zur Einstellung ultravioletter Bilder hat Köhler angegeben. Er benutzt Korrektionslinsen, die die (fokusdifferenzfreie) Einstellung mit der grünen Hg-Linie (5460 Å) ermöglichen: Nach Umschaltung eines Prismas ist dann das Bild auf der Platte automatisch scharf eingestellt.

Über das vorstehend und sonst mehrfach erwähnte „Bäckströmfilter" soll noch einiges im Zusammenhang gesagt werden.

Es handelt sich um eine wässerige Lösung von $NiSO_4$ und $CoSO_4$, wobei das $CoSO_4$ dazu dient, die Durchlässigkeit im sichtbaren Spektralgebiete herabzusetzen. Um eine große Durchlässigkeit bis zu 2500 Å zu erhalten, kommt es darauf an, daß die verwendeten Chemikalien weitgehend eisenfrei sind; dazu gibt Bäckström (4) ausführliche Anweisungen (5).

Wellenlänge empfindlich ist, scheitert daran, daß es photographisches Aufnahmematerial oder Fluoreszenzschirme, die im Ultraviolett auch nur annähernd diesen strengen Bedingungen genügen, nicht gibt.

(1) Vgl. darüber A. Köhler, Swingles Einstellverfahren für die Mikrophotographie mit ultraviolettem Licht, Zeitschr. f. wissenschaftl. Mikroskopie **24** (1907), 360.

(2) Über das Bäckströmfilter vgl. nachstehend und unten II C 4.

(3) Arch. f. Krim. **113**, 2. Die Vergrößerung war dabei natürlich, wie bei kriminalistischen Anwendungen regelmäßig, gering. Über die Verwendung von Füllgasen bei Gasentladungslampen zur Erzeugung eines bestimmten, kleinen Spektralbereiches vgl. den Überblick bei Pirani, ATM. V 40.

(4) Bäckström, Arkiv för Kemi, mineralogi och geologi Bd. 13 A, 1940, S. 1.

(5) Bäckström, Ein Lichtfilter für das mittlere Ultraviolett, Naturwissenschaften 21. Jahrg. (1933), Seite 251. Über das Bäckströmfilter vgl. auch Meyer-Seitz, Ultraviolette

4. Photographie unsichtbarer Lumineszenz.

Arbeiten mit unsichtbarer, im Ultravioletten liegender Lumineszenz hat auf kriminalistischem Gebiete insbesondere Langenbruch ausgeführt (1). Er hat wohl auch 1941 die erste photographische Aufnahme reiner Ultraviolettlumineszenz veröffentlicht (2).

Langenbruch bestrahlte mit Wellenlänge 3130 Å und kürzer Urkunden und hat die so angeregte Lumineszenz, die im langwelligen Ultraviolett lag, sauber herausgefiltert und photographiert.

Langenbruch betont, daß die bekannte Kögel-Zeiss-Einrichtung (Abb. 27), also ein Quarzmonochromator, zur exakt monochromatischen UV-Beleuchtung des Objektes nicht ausreicht: es gelangt dabei stets noch Streulicht anderer Wellenlängen, insbesondere die Spektrallinie 3660 Å, auf das Objekt. Die so gewonnenen Bilder stellen daher Überlagerungen des direkten UV-Reflexbildes, das durch das zurückgeworfene Streulicht von 3660 Å hervorgerufen wird, mit der Abbildung des unsichtbaren Lumineszenzbildes dar. Langenbruch hat daher als Beleuchtungsfilter eine Kombination von Filtern benutzt, die die Gewähr bot, daß von dem Spektrum der als Lichtquelle benutzten Analysenquarzlampe lediglich die Linien 3130 Å und kürzer auf den Untersuchungsgegenstand gelangen konnten. Er arbeitete mit einem von der Fa. Zeiss zur Verfügung gestellten Bäckströmfilter, das folgende Durchlässigkeit zeigte:

Wellenlänge in Å	Durchlässigkeit in %
3340	4,5
3130	47,7
3020	55,5
2960	55,8
2800	57,0
2650	49,5
2530	51,6

Das Filter schnitt bei einer Schichtdicke von 5 cm alles sichtbare Licht genügend ab. Bei Vorschaltung eines 2 mm dicken Schottglases UG 5 oder eines 1 mm dicken Red purple Corex-Glases „A Nr. 986" genügte beim Bäckströmfilter eine Schichtdicke von 3 cm und es ergaben sich dann noch günstigere Durchlässigkeitszahlen im mittleren und kurzwelligen Ultraviolett.

Diese Filterkombination ist zwar keineswegs „monochromatisch", sie läßt aber kein Ultraviolett der Wellenlänge 3660 Å durch, so daß also bei Benutzung einer Quarzanalysenlampe die Quecksilberlinie 3660 Å und alle langwelligere Strahlung exakt ausgefiltert wird und nur Strahlung von 3130 Å an abwärts auf das Untersuchungsobjekt gelangt. Als Sperrfilter schaltete

---

Strahlen, Seite **118** ff. Dort überhaupt grundsätzliche Angaben und Zusammenstellungen hinsichtlich Filtern.

(1) Arch. f. Krim. **108**, 105. Ferner Mansfield, Kinotechn. Rundschau **1934**, Seite 201. Schon in der Chemikerzeitung vom 17. Mai 1930 hatte Langenbruch darauf hingewiesen, daß man Bilder der langwelligen UV-Lumineszenz bei Benutzung eines Quarz-Silberfilters als Beleuchtungsfilter, das nur die Quecksilberlinie 3130 Å (allerdings sehr schwach!) durchläßt, erhalten kann. Als Sperrfilter verwendete er damals eine Kombination von Schwarzfilter und leichtem Gelbfilter.

Über die Gefahr der „Ausbleichung" des Untersuchungsgegenstandes, der man jedoch meist durch einen Wechsel der Arbeitsmethode begegnen kann, vgl. oben Seite 54.

(2) Wiedergegeben vorn als Abb. 31 f.

Langenbruch vor die Photooptik eine Kombination des Schottglases UG 2 (1,5 mm) und des Schottglases WG 1 (1 mm), die er verkittete. Dieses Sperrfilter verschluckte alles sichtbare Licht (1) und alle Strahlung unter 3500 Å und ließ nur das Ultraviolett von etwa 3500 bis 4000 Å durch: die angeregte, im langwelligen UV liegende Lumineszenz wurde also unter Ausfilterung der sichtbaren Lumineszenz und unter Ausschaltung jeder Möglichkeit der Überlagerung eines Reflexultraviolettbildes photographisch festgehalten.

Als Optik diente ein achromatisches Zeiss'sches Quarz-Steinsalzobjektiv von 12 cm Brennweite, mit dem man durch Quarzvorsatzlinsen bei Abblendung auch kürzerbrennweitige Aufnahmen machen kann. Beim Arbeiten mit f = 12 cm, dem Öffnungsverhältnis 1 : 4,5 und natürlicher Größenwiedergabe betrugen die Belichtungszeiten weniger als 15 Minuten bei Beleuchtung mit einer Quarzlampe. Die Scharfeinstellung erfolgte im blauen Lichte.

Abb. 31 f zeigt eine von Langenbruch veröffentlichte Aufnahme „reiner ultravioletter Lumineszenz": man erkennt, daß dabei die einzelnen Papierfasern (Papierstruktur) und die Stellen deutlich hervortreten, die zwecks Entfernung von Schriftzeichen chemisch behandelt worden waren.

Mit Rücksicht auf die zahlreichen Fehlerquellen, die sich bei Lumineszenzaufnahmen ganz allgemein und beim Arbeiten mit unsichtbarer Lumineszenz im besonderen einschleichen können, soll bei jeder derartigen Untersuchung die experimentelle Anordnung genau angegeben werden. Wegen der Gefahr der Ausbleichung soll auch möglichst festgehalten werden, welchen Bestrahlungen der Untersuchungsgegenstand ausgesetzt worden ist. Obwohl einer Vergilbung meist durch einen Wechsel der Methode begegnet werden kann (was natürlich voraussetzt, daß der Sachverständige alle Arbeitsmethoden beherrscht und auch über die erforderliche experimentelle Ausrüstung verfügt!), ist stets als Grundsatz voranzustellen, daß der Sachverständige am Untersuchungsgegenstand keine überflüssigen Versuche mit Ultraviolettbestrahlung machen soll: bei Untersuchungen im ultravioletten Lichte muß immer — im Gegensatz zu den meisten anderen physikalischen Arbeitsmethoden — mit einer Veränderung (Ausbleichung) des Untersuchungsgegenstandes gerechnet werden.

Die Herstellung stärker vergrößerter Aufnahmen reiner ultravioletter Lumineszenz stößt auf besondere Schwierigkeiten. Zwar stellt Zeiss für zwei mikroskopische Apochromatsysteme Korrektionslinsen für das langwellige Ultraviolett her. Die Beleuchtung opaker Untersuchungsgegenstände, wie sie für die Kriminalistik regelmäßig in Betracht kommen (Urkunden usw.), kann jedoch mit dem gewöhnlichen Vertikalilluminator oder dem „Ultropak" nicht erfolgen, weil dessen Glasoptik das für die Anregung nötige kurzwellige Ultraviolett (3130 Å und kürzer) nicht durchläßt. Der Quarz-Vertikal-Illuminator hat den Nachteil, daß er — wie jeder Opakilluminator — die Hälfte des nutzbaren Strahlenganges versperrt. Das wird beim „Epikondensor W" von Zeiss (oben Seite 65) vermieden, der ohne Beschränkung auch im kurzwelligen UV benützt werden kann.

5. Spektrographie im Ultraviolett.

Die Spektralanalyse ist für die Kriminalpraxis von erheblicher Bedeutung. Als Anwendungsbeispiele seien etwa genannt die Analyse von Metalllegierungen zur Feststellung von Falschgeld, zur Identifizierung von Geschossen usw., die Prüfung von Lebensmitteln, Arzneien u. dgl. oder von Gewebeschnitten menschlicher Organe bei Verdacht von Vergiftungen und die Untersuchung von Wunden, die von Einschußstellen oder Schlägen mit metallischen Gegenständen herrühren.

Die Aufdeckung von Brandstiftungen ist dadurch gelungen, daß durch spektralanalytische Untersuchung die Gleichheit von Extrakten aus der

(1) Die Filterlücke im roten Spektralgebiete ist hier unwesentlich.

Brandasche mit Zündmaterial, das in der Nähe der Brandstelle in reinem Zustande gefunden worden war, nachgewiesen werden konnte.

Soweit sich die Spektralanalyse auf den sichtbaren Teil des Spektrums beschränkt, hat die Photographie vielfach nur deskriptive Bedeutung. Zum unentbehrlichen Untersuchungsmittel wird die Photographie aber bei spektralanalytischen Untersuchungen im ultravioletten Gebiete, wobei natürlich mit einem Quarzspektrographen gearbeitet werden muß. Diesbezügliche kriminalistische Anwendungsfälle sind nicht selten. So wird z. B. Silbergeld häufig durch Zumischung von Zinn gefälscht, das durch seine starken Spektrallinien 3262, 3283 und 3352 Å bei der Spektralanalyse nachweisbar ist. Zur Verbesserung des Klanges verwenden die Fälscher gern Antimon, das ebenfalls im Ultravioletten ein kräftiges Linienspektrum aufweist. Auch die im Ultravioletten liegenden kräftigen Silberlinien (3280, 3383 Å) sind bei der Untersuchung von Falschgeld oft wichtig.

D. Kriminalistische Anwendungen der Infrarotphotographie.

1. Allgemeines.

Die Infrarotphotographie (Ultrarotphotographie) arbeitet mit Strahlung, die längerwellig ist als die sichtbare Strahlung. Das Spektralgebiet der Infrarotphotographie umfaßt also etwa die Wellenlängen von 8000 bis 13500 Å. Oft spricht man jedoch schon bei Photographie mit Strahlung von über 7000 Å Wellenlänge von Infrarotphotographie, weil die Wirkung solcher langwelliger roter Strahlen (sog. „Tiefrot") mit derjenigen infraroter Strahlen bereits sehr große Ähnlichkeit hat.

Man kann die Bedeutung der Infrarotphotographie (1), die auch als „Wärmeschattenphotographie" bezeichnet wird (2), mit Eggert (3) auf zwei ausgezeichnete Eigenschaften ultraroter Strahlen zurückführen, nämlich einmal darauf, daß ultrarote Strahlen infolge ihrer größeren Wellenlänge in trüben Medien weniger abgebeugt werden als sichtbares Licht (4) und zweitens

(1) Plotnikow, Allgemeine Photochemie; Dankwortt, Photographieren mit infraroten Strahlen (Sammelband „Beiträge zur kriminalistischen Symptomatologie und Technik", Wissenschaftl. Veröffentlichungen des kriminal. Laboratoriums der Polizeidirektion Wien, Seite 147); Dieterle, Die Photographie im Infrarot, Phot. Korr. **66**, **309**; P. Kraft, Die Mikrophotographie mit infraroten Strahlen; Bericht über den VIII. Internat. Kongreß für Photographie, Seite **431** (Verlag J. A. Barth, Leipzig **1932**); G. Kögel, Zur Systematik der Infrarotaufnahme antiker und moderner Schriften, Phot. Korr. **1933**, Seite **33**; Brüning, Prakt. Anwendungen der Infrarotphotographie, Arch. f. Krim. **104**, **19**; Eggert, Stand der Infrarotphotographie, Agfa-Veröffentlichungen Band **3**, Seite **136** (dort findet man auch Angaben über das von der Agfa hergestellte Filmmaterial); Eggert, Fortschritte und Grenzleistungen in der Infrarotphotographie, Agfa-Veröffentlichungen Band **4** (**1935**), Seite **101** ff.; Reinert, Beiträge zur Technik der Infrarotphotographie, Zeiss-Nachrichten **1933**, Heft **4**; W. Meidinger, Infrarotphotographie (= Fortschr. d. Photographie, Band **2**); W. Clark, Photography by Infrared (aus dem Forschungslaboratorium der Eastman Kodak Comp.), 2. Aufl., New-York **1946**.

(2) So z. B. Plotnikow, Phot. Korr. **58**, **198** und sonst.

(3) „Über einige neue Anwendungen der Infrarotphotographie" in „Die Naturwissenschaften", 23. Jahrg. (1935), Seite 281.

(4) Dadurch wird übrigens nach den langen Wellenlängen hin eine Grenze gesetzt, weil längere Wellen bei gewöhnlicher Temperatur von allen Körpern bereits so stark ausgestrahlt werden, daß hierfür empfindliche Platten in kurzer Zeit verschleiern würden.

auf die Tatsache, daß Stoffe, die sich im sichtbaren Lichte in Farbe und Helligkeit völlig gleichen, das infrarote Licht häufig verschieden absorbieren oder zurückwerfen und infolgedessen auf einer Infrarotaufnahme verschiedene Schwärzung hervorrufen: Anfärbungen, die dem Auge absolut gleichfarbig und gleichhell erscheinen, können daher im infraroten Lichte photographiert durch recht verschiedene Grauwerte wiedergegeben werden, wobei die Wellenlänge des benutzten Ultrarot natürlich sehr wichtig ist.

Die Aufnahmetechnik bei Infrarotphotographie ist grundsätzlich einfach. Man filtert aus der Strahlung einer geeigneten Lichtquelle ultrarote Strahlung heraus (s. u.) und photographiert nun, wenn man die Untersuchung im reflektierten Ultrarot vornehmen will, den Gegenstand unter Verwendung von Ultrarotplatten. Das Ultrarotfilter kann man dabei vor dem Objektiv der Kamera anbringen oder kann es (als Folie) vor die Platte legen: den Untersuchungsgegenstand kann man dann mit gewöhnlichem starken Lampen- oder Tageslicht beleuchten. Bei Untersuchung im durchfallenden Ultrarot preßt man den zu untersuchenden Gegenstand (das Schriftstück usw.) einfach an die Ultrarotplatte an und belichtet nun mit Ultrarot, wobei man zur Vermeidung direkter Berührung von Objekt und Emulsion eine saubere Kollodiumfolie zwischenlegen kann. Die weitere Behandlung der Ultrarotplatten entspricht derjenigen gewöhnlicher Platten. Entwickelt wird im Dunkeln oder vorsichtig mit Spezialfilterlampen.

Hervorgehoben sei, daß Infrarotaufnahmen ganz allgemein unschärfer sind als Aufnahmen im sichtbaren Lichte. Es beruht das einmal auf der Tatsache, daß die verwendeten Objektive regelmäßig für das sichtbare Licht und nicht für das Infrarot korrigiert sind und daß der Ausgleich der Fokusdifferenz oft nur annähernd gelingt. Weiterhin werden aber die infraroten Strahlen in der photographischen Schicht besonders stark zerstreut, so daß die Abbildungsschärfe infolge des Auftretens eines großen Diffusionslichthofes leidet (sog. „Plotnikow-Effekt"). Eine Zerstreuung in verschiedenen Tiefen erfahren die infraroten Strahlen aber auch oft am Aufnahmegegenstand, weil neben dessen Oberfläche auch darunterliegende Schichten infolge des gesteigerten Durchdringungsvermögens der infraroten Strahlung diese reflektieren und so das Bild verunklaren.

Ultrarotaufnahmematerial wird in Deutschland von der Agfa hergestellt (1). Die Agfaplatten sind sensibilisiert für die Spektralbereiche um 7000, 7500, 8000, 8500, 9500 und 10500 Å herum. Die Platten für 7000 bis 8500 Å sind in zwei Emulsionsarten lieferbar, nämlich „hart" und „rapid". Die Emulsion „Hart" ist weniger empfindlich, hat eine steilere Gradation und feineres Korn. Die Emulsion „Rapid" ist empfindlicher, weist eine flachere Gradation und gröberes Korn auf. Außerdem stellt die Agfa einen 35 mm

---

Infrarotaufnahmematerial ist auch sonst nur kurz haltbar und verliert bald seine Empfindlichkeit. Die Haltbarkeit ist um so geringer, je langwelliger die spektrale Empfindlichkeit ist. Als Beispiel sei angeführt, daß eine von der Agfa herausgebrachte Plattensorte, die bis zu 13.600 Å empfindlich ist, in Spezialpackungen bei der Temperatur von fester CO_2 transportiert werden muß; sie hält sich bei dieser Temperatur etwa 6 Wochen.

(1) Über Agfa-Infrarotplatten „950" und „1050" vgl. Dieterle und Richter, Agfa-Veröffentlichungen Band 5, Seite 219. Über Erfahrungen mit Agfa-Infrarotmaterial vgl. auch Beil, Arch. f. Krim. **100**, 27.

Über Agfa-Platten für die wissenschaftliche Photographie berichtet zusammenfassend auch K. Weichmann und Hörmann-Schopper, Agfa-Veröffentlichungen Band 4, Seite 83 und Band 6, Seite 108. Vgl. auch oben Seite 7 Anm. 2.

breiten Infrarotfilm her, der sein Empfindlichkeitsmaximum um 7300 Å herum (also im „Tiefrot") hat und der „Agfa-Rapid"-Platte 700 entspricht (die Bezeichnung der Agfa-Infrarotplatten erfolgt nach dem Sensibilisierungsmaximum, wobei die Angaben in mμ erfolgen). Das Arbeiten mit Infrarotplatten, die für Wellenlängen über 11000 Å hinaus sensibilisiert sind, ist wegen ihrer geringen Haltbarkeit umständlich, für Zwecke der Kriminalphotographie kommt es kaum in Frage. Die verwendeten Spektralbereiche des Infrarot liegen bei unseren Anwendungen regelmäßig zwischen 7000 bis 9500 Å.

Auf die Fabrikation des Auslandes an Infrarotmaterial kann hier nur im Vorübergehen hingewiesen werden. Zu erwähnen sind etwa die Fa. Capelli in Ferrania (Italien), die insbesondere Material für die Bereiche von 7200 bis 8300 Å erzeugt, die Fa. Gevaert in Oude God (Belgien), die eine Platte mit dem Empfindlichkeitsmaximum um 8100 Å herausgebracht hat, ferner R. Guilleminot, Boespflug & Cie. in Paris mit der „Infragnit"-Platte (Maximum bei 8000 Å). In England ist die Ilford Limited in London führend, deren Plattenmaterial auch in Deutschland vielfach bevorzugt verwendet worden ist. Die Eastman Kodak Company in Rochester ist auf dem Gebiete der Infrarotphotographie wohl jetzt tonangebend; sie hat auch die ersten Infrarotplatten erzeugt, nachdem es ihr 1925 gelungen war, die neuen Farbstoffe Neozyanin und Kryptozyanin herzustellen (1). In Amerika ist weiterhin die Fa. Dupont de Nemours zu erwähnen.

Ultrarotstrahlungsquellen sind im allgemeinen leicht zu beschaffen (2).

Man kann einfach starkes Tageslicht benutzen. Vielfach wird von künstlichen Lichtquellen — abgesehen von dem früher viel benutzten „Nernststift" — die „Nitraphotlampe", eine gasgefüllte Halbwattlampe, etwa in der Stärke von 500 Watt in einem oder mehreren Stücken verwendet. Auch der Osram-Vacublitz ist gelegentlich praktisch. Vorteilhafter arbeitet man mit der oft in kleineren technischen Geräten eingebauten Wolfram-Wendellampe, die man überlastet (630 Watt statt 500 Watt). Ihre Ultrarotstrahlungsdichte beträgt für 10.000 Å etwa $12 \cdot 10^{-2}$ Watt/cm$^2 \cdot$ Å. Erheblich höhere Ultrarotstrahlungsdichten erreicht man mit dem Kohlelichtbogen.

Über den Betrieb des Kohlelichtbogens ist schon oben auf Seite 60 einiges gesagt worden. Der Reinkohlebogen ergibt bei voller Belastung (30 Amp.) und bei Verwendung von RW-Mira 10 mm Kohle etwa die doppelte Strahlungsdichte der überlasteten Wolframwendellampe, während der höchstbelastete Beck-Hochstrombogen (75 Amp.) bei Verwendung von 7 mm RW-Sola-Effekt-Kohle eine Ultrarotstrahlungsdichte von etwa $46 \cdot 10^{-3}$ Watt/cm$^2 \cdot$ Å ergibt (3), wobei alle Angaben für die Wellenlänge 10.000 Å gelten.

---

(1) Über neue Untersuchungen des Forschungslaboratoriums der Eastman Kodak Comp. auf dem Gebiete der Infrarotphotographie vgl. W. Clark, Photography by Infrared (2. Aufl. New-York 1946).

(2) Plotnikow veröffentlicht in seiner „Allgemeinen Photochemie" (Abb. 12) eine Infrarotaufnahme, die mit einem elektrischen Heizofen „belichtet" worden ist („Wärmeschattenphotographie"). Medizinische Infrarotstrahler sind zu langwellig.

(3) Finkelnburg und Schluge, Zeitschr. f. Physik **119** (1942), 206.

Die sehr problemreiche Physik der Hochstrombögen ist in den letzten Jahren insbesondere durch R. Seeliger (Greifswald) und W. Finkelnburg (Darmstadt, dann Straßburg) und ihre Mitarbeiter maßgeblich gefördert worden. In der Industrie haben u. a. die Siemens-Plania-Werke in Berlin-Lichtenberg und das Scheinwerferlaboratorium der Siemens-Schuckert-Werke in Nürnberg an den Problemen gearbeitet. Von neueren Veröffentlichungen seien nur hervorgehoben die Arbeiten von Finkelnburg, Zeitschrift f. Physik **112** (1939), 562; ders. in Kinotechnik **23** (1941), Seite 16; ferner Finkelnburg und Schluge, Zeitschrift f. Physik **117** (1941), 344 und ebenda **119** (1942), 206; F. Patzelt, Kinotechnik **22** (1940), Seite 91. Aus der umfangreichen ausländischen Literatur sei etwa

Durch Änderung der Dochtzusammensetzung läßt sich die Ultrarotausbeute wohl nur geringfügig steigern. Dagegen scheint der Versuch, eine Steigerung der Ultrarotstrahlungsdichte durch höhere Belastung und damit durch Erhöhung der Bogentemperatur herbeizuführen, aussichtsreich. Unter Berücksichtigung der Strahlungsgesetze des schwarzen Körpers errechnet man dabei für den erreichbaren Höchstwert der Beckbogenbelastung etwa den 10fachen Wert der Ultrarot-Strahlungsdichte der überlasteten Wolfram-Wendellampe. Neueste Versuche haben auch bewiesen, daß man einen Hochstromkohlebogen mit geringen Spannungen (ca. 30 Volt) mit guter Ultrarotausbeute betreiben kann. Besonders wenn man auch als Kathode eine Beckkohle mit Cersalzen verwendet, gelang der Betrieb an einer 28 Volt-Batterie ohne Schwierigkeiten; die Ultrarotstrahlungsdichte betrug dabei bei der vorgeschriebenen Leistung von 1000 bis 1200 Watt (7 mm-Bogen) etwa $30 \cdot 10^{-3}$ Watt/cm² · Å.

Die vorstehenden Angaben sollen nur zeigen, daß auch für die immer spezieller werdenden kriminalistischen Anwendungen der Ultrarotphotographie an den in den letzten Jahren gründlich durchforschten Hochstromkohlebogen als Ultrarotstrahler gedacht werden muß, wenngleich nicht übersehen werden darf, daß die Unterschiede der Ultrarot-Strahlungsdichte von Niederstrom- und Hochstrombogen viel geringer sind als die Unterschiede ihrer Strahlungsdichten im sichtbaren Spektralbereiche. Es ist das die Folge davon, daß diese Bögen Temperaturstrahler sind und daher entsprechend dem Planckschen Strahlungsgesetze ihre Ultrarot-Strahlungsdichte viel langsamer mit zunehmender Temperatur anwächst als ihre Strahlungsdichte im sichtbaren Spektralgebiete. Außerdem sind offenbar beim Hochstromkohlebogen die dem sichtbaren Spektralbereiche entsprechenden Strahlungsanteile gegenüber dem Ultrarot im Vergleiche zu den entsprechenden Planck-Kurven überhöht, so daß also das Absorptionsvermögen der leuchtenden Kraterfläche einschließlich der Dämpfe vom Sichtbaren zum Ultrarot hin merklich abfällt.

Eine starke Ultrarot-Strahlungsquelle ist auch die Caesiumhochdruckentladung (1). Ihr Intensitätsmaximum (100%) liegt bei 8520 Å, bei 14700 Å beträgt ihre relative Strahlungsintensität aber noch 87%. Im sichtbaren Spektralgebiete ist ihre Strahlung schwach (z. B. bei 6210 Å 18%).

Infrarotfilter werden von zahlreichen Firmen hergestellt. Es handelt sich, wenn man von den nacherwähnten Interferenzfiltern absieht, entweder um Gelatinefilter, die auch zwischen Glasplatten eingeschlossen werden können, oder um Massivglasfilter (2). Für einwandfreie spektroskopische Beschaffenheit garantieren auch hier die Fabrikate der Spezialfirmen, von denen als deutsche insbes. das Jenaer Glaswerk Schott & Gen. neben der „Agfa" und der „Lifa" erwähnt seien. Von ausländischen Firmen seien hervorgehoben die Eastman Kodak Company, Rochester N.Y., die die berühmten „Wratten-Filter" herstellt (3), die Ilford Limited in London (4) und die Fa. Wratten & Wainwright in London. Praktisch sind kombinierte Filter, die nach Art des Zeiss'schen Infrarotfilters aus einem Rot- und einem Violettfilter bestehen: für die Einstellung auf der Mattscheibe wird das Rotfilter benutzt, für die Aufnahme schaltet man das Violettfilter hinzu.

Viel verwendet wird das dunkelrote Zeiss-Ikon-Filter R 20. Bringt man

---

herausgegriffen V. Kitzel, Journ. techn. Physik Leningrad **10** (1940), Seite 795 und die zahlreichen Arbeiten im Journ. Soc. Mot. Pict. Eng. Über die spektrale Energieverteilung der Beckbogenstrahlung liegen neuere Messungen vor von Finkelnburg und Schluge, Zeitschr. f. Physik **119** (1942), 206 und von Bowditch und Downes, Journ. Soc. Mot. Pict. Eng. **25** (1935), 375, 383; **30** (1938), 400. Vgl. auch W. W. Coblentz, M. J. Dorcas und C. W. Hughes, Sci. Pap. Bur. Stand. **21** (1926), 535.

(1) Dazu H. Krefft, Zeitschr. f. Physik **77** (1932), 752.

(2) Zum Schrifttum über Strahlungsfilter vgl. oben Seite 55.

(3) Vgl. darüber die von der Eastman Kodak Co., Rochester N.Y. herausgegebene Liste „Wratten Light Filters".

(4) Dazu deren Druckschrift „Photography as an aid to scientific work" (London 1935).

das Filter unmittelbar vor der Platte (Agfa-Infrarot 800, 850 oder 950) an, so muß es natürlich deren Größe haben.

Vermutlich wird sich im Laufe der nächsten Zeit die Möglichkeit ergeben, einigermaßen monochromatische langwellige infrarote Strahlung durch die neuen Interferenzfilter der Fa. Jenaer Glaswerk Schott & Gen. zu gewinnen. Bisher stellte die Firma derartige Interferenzfilter für den Bereich zwischen **3900** und **7000** Å her. Nach freundlicher Mitteilung der Fa. können aber Interferenzfilter bis zu **15000** Å verwendet werden. Ob derartige Filter allerdings serienweise fabriziert werden können, ist derzeit noch unsicher. Ein inzwischen überholtes Merkblatt Nr. **7681** der Fa. Jenaer Glaswerk Schott & Gen. gab den Filterbereich bis **9000** Å an. Die Halbwertsbreite der Interferenzfilter im Bereiche von **5000** bis **9000** Å, deren Maximaldurchlässigkeit je nach der Sorte zwischen etwa 10 und **30**% schwankt, betrug danach je nach der Maximaldurchlässigkeit etwa **3**%, **4**% und **4,5**% der Wellenlänge des Maximums dividiert durch die Interferenzordnung des betreffenden Maximums. Ein solches Interferenzfilter erster Ordnung mit einer Maximaldurchlässigkeit von **20**% besäße also bei **9000** Å eine Halbwertsbreite von rund **360** Å.

Man muß bei Infrarotaufnahmen stets beachten, daß das photographische Objektiv regelmäßig für den sichtbaren Bereich und nicht für das ultrarote Gebiet korrigiert ist. Die Einstellung erfolgt bei Infrarotaufnahmen meist in weißem oder (besser) hellrotem Lichte, die Fokusdifferenz muß man gegebenenfalls nachträglich durch Verlängerung des Balgauszuges berücksichtigen. Bei kurzbrennweitigen Objektiven (bis etwa 7,5 cm) ist indessen die Fokusdifferenz gering, sie beträgt durchschnittlich etwa 1/200 der Brennweite, beim Zeiss-Tessar 7,5 cm also etwa $^1/_3$ mm, was bei Abblendung auf 1 : 11 schon unwesentlich wird. Für Infrarot berechnete photographische Objektive gibt es noch verhältnismäßig wenige; die Korrektion des „Solinear" der Agfa hat sich, ebenso wie die des Leitzschen (langbrennweitigen) „Telyt" als ausreichend im üblichen Ultrarot erwiesen. Die ersten für Infrarot korrigierten photographischen Objektive hat die Fa. Taylor, Taylor & Hobson in London entwickelt. Jetzt stellt z. B. auch die Fa. Ross Limited in London solche Spezialobjektive her.

Besonders für Fernaufnahmen vom Flugzeug aus sind, in erster Linie für militärische Zwecke, für Infrarot berechnete photographische Objektive im letzten Jahrzehnt entwickelt worden. So rüstet die Fa. Heinrich Wild, Heerbrugg (Schweiz) ihre Infrarotfernkammer mit dem Objektiv „Wild-Infrarot Triplet" (1 : 4,5; 75 cm Brennweite; Plattenformat 13 mal 18 cm) aus, das speziell für die Wellenlängen von 5000 bis 9000 Å sehr gut korrigiert ist, so daß also sowohl mit eigentlichen Infrarotplatten wie auch mit panchromatischem Material gearbeitet werden kann.

Bei Infrarotmikrophotographie arbeitet man regelmäßig mit kurzwelligem Infrarot (8000—9000 Å); das Aufnahmegerät unterscheidet sich dabei in nichts von der normalen mikrophotographischen Apparatur. Die Korrektion des benutzten Objektivs muß natürlich für den benutzten Teil des Spektrums noch ausreichen, um einwandfreie Abbildungen zu erzielen. Diese Forderung erfüllen nur die Apochromate, mit denen man also stets arbeiten sollte. Bei ihnen ist außerdem die Fokusdifferenz zwischen dem langwelligen, noch sichtbaren Tiefrot und dem zur Aufnahme benutzten anschließenden Infrarot so gering, daß man mit rotem Lichte einstellen kann. Für einige Zeiss'sche Mikroskopapochromate existieren auch Korrektionslinsen für Benutzung im Infrarot. Selbstverständlich ist das Auflösungsvermögen des Mikroskops beim Arbeiten mit Infrarot beträchtlich geringer als im sichtbaren Gebiete des Spektrums.

Die Infrarotphotographie hat erhebliche kriminalistische Bedeutung erlangt (1). Jedoch ist die Untersuchung im ultraroten Spektral-

(1) Einen Überblick gibt Plotnikow, Allg. Photochemie, Seite 20ff. Über Infrarotphotographie mit der „Contax" berichtet F. Scheminsky, Photographie u. Forschung Band 3, Heft 6, Seite 179 (August 1941).

gebiete, soweit sie photographisch geschieht, auf ein verhältnismäßig enges Spektralbereich beschränkt: die Empfindlichkeitsgrenze des Aufnahmematerials liegt schon bei etwa 13500 Å. Langwelligeres Ultrarot mit seinen besonderen Eigenschaften wird aber bereits auch für die Kriminalistik auf anderem Wege, nämlich durch Ausmessung mit der Thermosäule, nutzbar gemacht (1).

2. *Infrarotdurchleuchtungsphotographie.*

Bei Durchleuchtung mit ultraroten Strahlen wird Gebrauch gemacht von der größeren Durchdringungsfähigkeit des infraroten Lichtes, verglichen mit dem (kürzerwelligen) sichtbaren Lichte; außerdem ist dabei oft auch die vom sichtbaren Bereiche abweichende Absorption wichtig: Bei farbigen Pigmenten werden oft die Helligkeitswerte der Farben im Ultrarot ganz anders wiedergegeben als im sichtbaren Lichte.

Die Infrarotdurchleuchtungsphotographie hat vornehmlich in der kriminalistischen Urkundenuntersuchung Anwendung gefunden. Es gelingt z. B. bei Durchleuchtung mit Ultrarot, Briefe durch den Umschlag hindurch zu lesen, weil die infraroten Strahlen das Papier durchdringen, von den Schriftzügen aber oft anders absorbiert werden als vom unbeschriebenen Papier, so daß sich auf der Infrarotaufnahme die Schrift abhebt (Abb. 46). Dabei verschlucken Druckfarben, die Berliner Blau enthalten, die ultraroten Strahlen kräftig, während Indigo sie durchläßt; Ruß schirmt völlig ab (2). Durch ein infrarote Strahlung absorbierendes Umschlagfutter kann allerdings die Lesbarkeit der eingelegten Briefe leicht verhindert werden. Wie schon Niceforo erwähnt, genügt übrigens bisweilen Photographie des verschlossenen Briefes bei Durchleuchtung mit einer starken gewöhnlichen Lichtquelle (3). Auch Helwich (4) hebt hervor, daß man oft die in Briefumschlägen befindlichen Schriftstücke schon so „lesen" kann, daß man den Brief mit sichtbarem Lichte durchleuchtet und unter Vorschalten eines Rotfilters auf einer normalen panchromatischen Platte photographiert. Die dabei erforderlichen Belichtungszeiten sind aber sehr lange und das Verfahren versagt daher, wenn der zu untersuchende Brief schnell weitergegeben werden muß (etwa um zu vermeiden, daß der Empfänger Verdacht schöpft usw.).

In gleicher Weise gelingt es im durchfallenden Ultrarot Schrift, die durch Überkleben von Papierstreifen unsichtbar gemacht worden ist, ohne Ablösen der überklebten Streifen zu lesen oder radierte, übermalte und verblichene Schrift zu erkennen. Schriften, die vor Jahrhunderten der Zensur der spanischen Inquisition verfallen und dick übermalt worden waren, sind mittels Ultrarotdurchleuchtung klar photographiert worden (5) (Abb. 47). Sehr große

(1) Pawlowsky, Langwellige infrarote Strahlen in der Kriminalistik, Arch. f. Krim. **112**, 53.

(2) Eggert, Agfa-Veröffentlichungen Band **3**, Seite **143** ff. Dort auch die Wiedergabe zahlreicher solcher Infrarotaufnahmen.

Ein Beispiel auch bei Helwich, Die Infrarotphotographie, Abb. 42. Über die Ultraviolett-, Infrarot- und Farbfilterphotographie mit Kleinbildkammern (Contax) berichtet Tirion, Photographie und Forschung, Band 1, Heft 1 (April 1935), Heft 4 (Dezember 1935) und Heft 10 (Dezember 1936) und Band 2, Heft 1 (März 1937).

(3) Ein Beispiel dafür auch bei Tage-Jensen, Arch. f. Krim. **77**, 12.

(4) Infrarotphotographie, Seite 167.

(5) Dazu L. Bendikson, The Library Journal, March 15, 1933.

Unterschiede hinsichtlich der Absorption des ultraroten Lichtes bestehen z. B. zwischen Tusche und „Resonalschwarz G 139" oder „Patentdianilinschwarz E. B.", die alle im sichtbaren Lichte tiefschwarz sind. Übermalungen von Tuscheschrift mit Resonalschwarz werden daher bei ultraroter Durchleuchtung auf der photographischen Aufnahme „beseitigt" und Fälschungen, bei denen in den echten Textstellen Tusche, vom Fälscher aber das ganz gleichaussehende Resonalschwarz verwendet worden ist, deckt die Infrarotphotographie auf. F. Wittlich berichtet (1) über die Aufdeckung eines Paßschwindels. Es handelte sich um einen Reisepaß, auf dessen Vorder- und Rückseite mehrere Bruchstellen mit je 2 breiten Papierstreifen unter reichlicher Verwendung von Klebstoff überklebt waren; es bestand der Verdacht, daß dadurch ein Teil des Textes verborgen werden sollte. Die Ablösung der Papierstreifen war ohne Zerstörung des Papiers kaum möglich. Photographie im durchfallenden sichtbaren Lichte führte nicht weiter, dagegen konnte der Text unter den überklebten Papierstreifen im durchfallenden Infrarot photographiert werden. Schriftstücke, die einen Winter hindurch bis zur Schneeschmelze im Hochgebirge bei einer Leiche gelegen hatten und infolge der Durchtränkung mit den Verwesungsflüssigkeiten tiefdunkel und unlesbar geworden waren, konnten im Infrarotbild (Aufnahmematerial Agfa 850 Hart) gelesen werden (2).

Natürlich verhält sich auch das Papier je nach seiner chemischen Zusammensetzung verschieden, was für die Herstellung von Wertpapieren wichtig ist (3).

Es besteht z. B. die Möglichkeit, auf Banknoten einen Teil der Zeichnung in einer ultrarot absorbierenden, einen andern Teil in einer für das Auge zwar gleichaussehenden, jedoch ultrarotdurchlässigen Farbe auszuführen oder auf Wertpapieren ein nur im ultraroten Lichte zu erkennendes Geheimzeichen unterzubringen. Ferner kann man in einen ultrarotdurchlässigen Andruck ein im sichtbaren Lichte gleichdurchlässiges, jedoch ultrarot absorbierendes Zeichen hineindrucken, oder ein Zeichen aus einer ultrarot absorbierenden Substanz mit einer gleich aussehenden, jedoch ultrarotdurchlässigen Farbe überdrucken. So kann man beispielsweise in eine Infrarot reflektierende schwarze Fläche, die mit Chloraminschwarz bedruckt ist, ein Zeichen mit einer rußhaltigen, für das Auge durchaus gleichen Farbe eindrucken oder umgekehrt: auf der Infrarotphotographie erscheint dieses „Sicherungszeichen". In allen diesen Fällen ist das Fälschen wesentlich erschwert, denn das einwandfreie Vorhandensein dieser Echtheitszeichen läßt sich schnell und leicht durch eine Infrarotaufnahme feststellen (4). Von besonderer Bedeutung ist, daß schon ein ganz geringer, dem Auge noch nicht wahrnehmbarer Zusatz einer ultrarot absorbierenden Substanz zu einer für Ultrarot durchlässigen Farbe auf einer Infrarotaufnahme wahrnehmbar ist. Es genügt der

---

(1) Nord. Kriminaltekn. Tidskr. **7**, **169** (Referat im Arch. f. Krim. **104**, **241**).

(2) Wining, Arch. f. Krim. **104**, **19**.

(3) Vgl. dazu auch A. Fröhlich, Die Bedeutung der Infrarotphotographie für die graphische Industrie, Deutscher Drucker, **40**. Jahrg. (**1934**), Seite **291** (Referat darüber Phot. Korr. **1934**, Seite **171**).

(4) Für die Praxis des täglichen Verkehrs ist die Prüfung natürlich immerhin umständlich und oft nicht durchzuführen. Ungleich einfacher ist die Lumineszenzprüfung im Ultraviolett, die jeder Bankbeamte alsbald und unauffällig bei Hereinnahme von Banknoten usw. durchführen kann.

Zusatz von weniger als 1% einer ultrarot absorbierenden Substanz zu einer im sichtbaren Licht gleich aussehenden, aber ultrarot durchlässigen Substanz, um das Durchlässigkeitsvermögen des ursprünglichen Farbstoffes für ultrarotes Licht deutlich zu ändern (1).

Über Infraroteigenschaften von Farbstoffen sind im Forschungslaboratorium der Eastman Kodak Comp. neue Untersuchungen durchgeführt worden, über die W. Clark, Photography by Infrared (2. Aufl. New-York 1946) berichtet.

Weber und Splait haben im durchfallenden Infrarot den etruskischen Text, der sich auf der Binde einer etwa 5000 Jahre alten ägyptischen Mumie befand und der infolge der Harzverschmierung unleserlich war, gelesen (2). Überschmierte Stempel auf Marken sind so sichtbar gemacht worden (3), trübe gewordene Daguerreotypien hat man im Ultrarot klar photographiert (4). Bendikson hat im durchfallenden Infrarot die Schrift eines bei einer Feuersbrunst völlig verkohlten Dokumentes wieder zum Vorschein gebracht. Allerdings gelingt es oft, derartige verkohlte Schriftstücke bei bestimmtem Einfallwinkel im gewöhnlichen Lichte, wenngleich mühsam, mit freiem Auge zu entziffern, was auch Helwich bestätigt. Der Wert der Infrarotphotographie liegt also solchenfalls nicht in der Aufdeckung der Schriftspuren, sondern darin, daß man das Schriftstück, das meist vor dem Verfall steht, noch photographiert und als Beweismittel sichert.

Langenbruch (5) hat unsichtbare Tintenschrift auf verkohltem Papier durch intensive Bestrahlung mit kurzwelligem Ultraviolett im Lumineszenzbild sichtbar gemacht: es erfolgt dadurch in geeigneten Fällen eine ,,unsichtbare Ausbleichung" nur des Papiers, so daß sich die zunächst nur schwach sichtbare Lumineszenz der Schriftzüge bei ultravioletter Bestrahlung deutlicher abhebt. Er hält dieses Verfahren jedenfalls bei Eisengallustintenschrift für erfolgreicher als die Untersuchung verbrannter Urkunden mit Infrarot.

Auch Kohlenoxydvergiftungen machen sich durch gesteigerte Durchlässigkeit des vergifteten Blutes für ultrarote Strahlen auf der Infrarotphotographie bemerkbar. Das Verfahren ist sehr empfindlich. Es gelingt damit der Nachweis von CO auch in Fällen, bei denen der übliche Weg spektroskopischer Untersuchung mit sichtbarem Lichte versagt. Die Methode kann für die Kriminalistik wichtig werden: so ergibt sich z. B. bei Brandstiftungen mitunter die Frage, ob eine am Tatort aufgefundene Leiche zur Zeit der Entwicklung von CO noch gelebt, also noch geatmet hat (6).

Über die Untersuchung von Haaren mit der Infrarotphotographie, etwa zur Klärung der Frage, ob ein am Tatort gefundenes Haar vom Beschuldigten stammt, berichtet Boller (7). Das Verfahren kommt in Frage, wenn die zu untersuchenden Haare für sichtbare und ultraviolette Strahlen undurchsichtig sind, wie etwa schwarzbraune Haare oder sog. ,,kalt schwarze" Haare. Der Weg versagt grundsätzlich bei Silberfärbung, weil dann die aufliegende Metallkruste für die ultraroten Strahlen undurchlässig ist.

---

(1) Eggert, Naturwissenschaften, 1935, Seite 281.

(2) L. Splait und Weber, Rek. etrusk. Schriften, Arch. Ch. Pharm. **8** (1934), 104 und Plotnikow, Umschau, Jahrg. 38 (1934), Seite 478.

(3) Heß und Fetscher, Arch. f. Krim. **102**, 1; Beil, Arch. f. Krim. **100**, 184.

(4) Björn Svenonius, Nordisk Tidskrift för Fotogr. 1934, Heft 7, Seite 95.

(5) Arch. f. Krim. **114**, 1.

(6) Vgl. dazu Arch. f. Krim. **87**, Abb. auf Seite 10 links oben. Ferner Merkelbach, Infrarotabsorption und Photographie des normalen und des mit CO vergifteten Blutes, Schweiz. med. Wochenschrift **1935**, Weinbach, Zeitschr. exper. Med. **101** (1937) und Fröhlich u. Radenecker, Umschau, Jahrg. 39 (1935), Seite 505.

(7) Arch. f. Krim. **100**, 8 und Arch. f. Krim. **100**, 272.

Wertvolle Dienste leistet die Infrarotphotographie bei der Echtheitsprüfung. Naturperlen und Kunstperlen unterscheiden sich durch ihre verschiedene Ultrarotdurchlässigkeit (1). Auch die Untersuchung von Bildfälschungen gelingt so mitunter (2).

3. *Infrarotreflexphotographie.*

Die Untersuchung im reflektierten Infrarot ist für die Kriminalistik ebenfalls sehr wichtig.

Der Nachweis von Urkundenfälschungen gelingt damit nicht selten, weil die vom Fälscher verwendeten, auf Gleichheit für visuelle Betrachtung im sichtbaren Spektralgebiet abgestimmten Tinten und Schreibstifte das Ultrarot oft anders zurückwerfen als die echten Schriftzüge. Über Untersuchungen dieser Art, die im Institut für Gerichtliche Medizin und Kriminalistik der Universität Bonn durchgeführt worden sind, hat kürzlich W. Paulus eingehend berichtet (3). Graphit reflektiert infrarote Strahlen sehr gut: Schriftzüge, die mit reinen Graphitbleistiften geschrieben sind, treten daher auf der Infrarotaufnahme deutlich in Erscheinung. Auch Kopierstifte kommen im Infrarotbilde wegen ihres Graphitgehaltes gut zum Vorschein, während Tintenstiftschriften fast völlig unsichtbar sind. Im Gegensatz zum Kopierstifte, dessen Mine gewöhnlich aus Graphit, Methylviolett und verschiedenen Binde- und Füllmitteln besteht, setzen sich nämlich die Minen der sog. Tintenstifte außer aus den Füll- und Bindemitteln aus verschiedenen Anilinfarbstoffen zusammen. Tintenschriften verhalten sich auf der Infrarotreflexphotographie ebenfalls je nach der benutzten Tinte ganz verschieden. Die heute meist verwendeten Eisengallustinten treten, ebenso wie die nur noch wenig gebrauchten Blauholztinten (Rappentinte, Kaisertinte, Schultinte), im Infrarotbild gut hervor. Reine Anilintinten sind dagegen — ebenso wie Schriftzüge mit Tintenstift (s. o.) — auf der Infrarotaufnahme völlig oder fast völlig unsichtbar. Man kann daher den Nachweis von Vorzeichnungen mit Infrarotreflexaufnahmen erbringen, falls der etwa mit Bleistift dünn vorgezogene Schriftzug mit einer das Infrarot nicht zurückwerfenden Tinte oder mit Tintenstift nachgezogen worden ist: auf der Infrarotaufnahme tritt dann der Schriftzug stark zurück und es kommt im wesentlichen die meist nicht ganz abgedeckte Vorzeichnung zum Vorschein. Ein Beispiel dafür bringt Abb. 48. Oft sind Schriftzüge überstempelt und dadurch unklar: Fälscher wenden diesen Trick gern an, um — z. B. bei Unterschriftfälschung — die Nachprüfung der Echtheit zu erschweren. Es gelingt in solchen Fällen nicht selten, im Infrarotbilde das Stempelbild zum Verschwinden zu bringen und den Schriftzug deutlich sichtbar zu machen. Stempelfarben ohne Öl, wie sie regelmäßig für die im Geschäftsleben gebräuchlichen Gummistempel verwendet werden, werfen nämlich meist das Infrarot nicht zurück. Sie bestehen im allgemeinen, wenn man von Rußzubereitungen,

---

(1) K. Weber und Savić, Phot. Korr. **70**, 10.

(2) Zeitschr. f. angew. Photographie, Band **1** (**1939**), Seite 137; W. Clark, Photography by Infrared (2. Aufl. New-York **1946**).

(3) W. Paulus, Experimentelle Untersuchungen über das Verhalten von Stempelfarben und Schriften verschiedener Schreibstifte und Tinten im Infrarotbild, zugleich ein Beitrag zur Frage der Sichtbarmachung überstempelter Unterschriften, Arch. f. Krim. **111**, 121 und **112**, 42. Vgl. auch Fröhlich, Deutscher Drucker **1934**, Seite **291** und C. A. Mitchell, Infra-red rays in the examination of inks and pigments, in: The Analyst **60** (**1935**), Seite 454.

die dann auch sofort anders im Infrarot reagieren (1), absieht, aus Anilinfarben mit Glyzerin bzw. Glyzerinersatzstoffen. Eine diesbezügliche Untersuchung ergab nun, daß (in Übereinstimmung mit dem oben über Tintenstift- und Anilintintenschrift Gesagten) reine Anilinfarben in wässeriger Lösung im Infrarotbild nicht sichtbar sind, nur Fuchsin S reflektiert spurenweise. Ölhaltige Stempelfarben (2), wie sie für Metallstempel benutzt werden, sind dagegen im Infrarotbild gut sichtbar, vor allem gegenüber dem Briefmarkenbilde, das infolge der Verwendung von Anilinfarben im Infrarotbild stark zurücktritt (3). Die Abb. 49 und 50 veranschaulichen das Gesagte.

Paulus benutzte als Aufnahmeapparat den „Traut-Simplex" und als Lichtquelle zwei Jupiterlampen von je 500 Watt. Die Einstellung erfolgte mit Rotfilter. Als Aufnahmematerial bewährten sich sehr gut die Agfa-Platten 850 Rapid. Bei Blende 12,5 betrug unter Verwendung des Agfa-Filters Nr. 85 die optimale Belichtungszeit 30 Sekunden.

J. Rzymkowski teilt in den „Naturwissenschaften" (4) mit, daß die meisten Chromsalze ultrarote Strahlen (von etwa 7200 Å bis 8000 Å) gut zurückwerfen. Er weist auf die Möglichkeit hin, durch photographische Aufnahmen im reflektierten Ultrarot moderne Gemälde und sonstige Anstriche zu identifizieren und Fälschungen aufzudecken, weil erst seit etwa 1800 Chromverbindungen in der Malerei eingeführt sind. Über Infraroteigenschaften von Farbstoffen mit besonderer Berücksichtigung der Gemäldeprüfung vgl. auch den Bericht über die im Forschungslaboratorium der Eastman Kodak Comp. durchgeführten Arbeiten bei W. Clark, Photography by Infrared 2. Aufl. (New-York 1946).

Die z. B. für die Klärung, ob Selbstmord vorliegen kann, oft wichtige Frage, ob eine Schußverletzung durch einen „Nahschuß" verursacht ist, läßt sich regelmäßig dann entscheiden, wenn feststeht, ob an der Einschußstelle ein sog. „Schmauchhof" auftritt. Das Geschoß reißt nämlich die aus dem Laufe mitgeschleppten Pulverschmauchrückstände eine kurze Strecke mit fort und streift sie daher beim Nahschuß an der Einschußstelle ab (5). Die Sichtbarmachung solcher „Schmauchspuren" auf dunklem Untergrunde (schwarzer Stoff usw.) gelingt durch Photographie im reflektierten Infrarot, worüber Schwarz und Boller ausführlich berichtet haben (6). Das

---

(1) Eine solche Ausnahme bildet die schwarze Taifunstempelfarbe der Fa. E. Bayer, die offenbar infolge Rußbeimischung stark reflektiert.

(2) Paulus hat Erzeugnisse der Firmen Gutenberg und Gimborn untersucht. Die für Metallstempel verwendeten ölhaltigen Stempelfarben bestehen meist aus fetten, nicht trocknenden Ölen (z. B. Rizinusöl oder Olivenöl), als Farben werden fettlösliche Anilinfarben, wie Fettbraun, Fettrot usw., aber auch Ruß, Zinnober, Ultramarin verwendet. Die Reichspost benutzt gewöhnlich Metallstempel mit ölhaltigen Stempelfarben, die wohl auch Ruß enthalten. Die Poststempel sind daher im Infrarotbild im Gegensatz zur Briefmarke, die mit Anilinfarbe getönt ist, gut sichtbar (Beil, Arch. f. Krim. **100**, **184**).

(3) Paulus, Arch. f. Krim. **111**, 121 und Beil, Arch. f. Krim. **100**, 184.

(4) 23. Jahrgang, Seite 610. Paulus erwähnt (Arch. f. Krim. **111**, 124) beiläufig, daß Chromoxyd das Infrarot noch ganz leidlich zurückwerfe, Chromgelb dagegen auf der Infrarotreflexaufnahme überhaupt nicht mehr zum Vorschein komme. Methylgrün kam nicht, Schweinfurtergrün dagegen besonders deutlich zum Vorschein.

(5) Näheres bei Pietrusky im Handbuch der biolog. Arbeitsmethoden, Abt. IV, Teil 12, 2. Hälfte.

(6) Arch. f. Krim. **96**, 229 (aus dem Gerichtl.-Medizinischen Institut der Universität Zürich). Ferner Elbel, Dtsche Zeitschrift f. d. ges. gerichtl. Medizin, Band 28 (1937), Seite 359; Manczarski, ebenda Seite 366; Neumann, Phot. Korr. **74**, 151 und Danckwortt, Infrarotphotographie von schwarzen Farbstoffen, Zeitschr. f. angew. Photographie, Band 1, Seite 48.

Verfahren beruht darauf, daß Ruß, aus dem ja der Schmauchhof besteht, das Infrarot absorbiert, während der im sichtbaren Gebiet ebenfalls dunkle Stoff die infraroten Strahlen mehr oder weniger zurückwirft. Blutflecke, die an der Einschußstelle oft vorhanden sind, stören dabei nicht, weil Blut ebenfalls das Ultrarot gut zurückwirft. Die Verfasser geben als ungefähren Anhaltspunkt für die Belichtungszeit an, daß sie bei Verwendung von Agfa-Rapid 855 und Agfa-Filter Nr. 85 durchschnittlich hundertmal länger belichten mußten als eine gewöhnliche Platte von 12/10⁰ DIN-Empfindlichkeit ohne Filter und unter denselben Verhältnissen hätte belichtet werden müssen. Aus der Art der Ablagerung des Pulverschmauches an der Einschußstelle läßt sich — außer auf die Schußentfernung — mitunter auch auf das Kaliber, die Zahl der Züge und darauf schließen, ob ein Schuß aus einem gereinigten Lauf abgegeben worden ist oder nicht. Das in einem Gewebe erzeugte Loch eines Durchschusses ist z. B. regelmäßig kleiner als der Geschoßdurchmesser, weil die einzelnen Fäden und Fasern nach dem Durchschuß infolge ihrer Elastizität in ihre alte Lage zurückgehen. Während also aus dem Durchschußloch auf das Kaliber n i c h t geschlossen werden kann, entspricht der auf der Infrarotphotographie auch bei dunkler Unterlage und Blutflecken meist sichtbare Rußring an der Einschußstelle dem Geschoßdurchmesser. Die Züge des Laufes bilden sich um so deutlicher ab, je weniger gut der Lauf gereinigt war: das Geschoß reißt eben, während es sich sehr schnell durch den Lauf preßt, den in den Zügen klebenden Metall-, Pulver- und Ölstaub mit fort. Je länger daher ein Lauf ohne Reinigung beschossen wird, um so schmutziger wird er und um so dichter wird also der beim Einschuß abgelagerte Schmutzhof, so daß aus der Art dieses Schmutzhofes auch darauf geschlossen werden kann, welcher von m e h r e r e n nacheinander aus derselben Waffe abgegebenen Schüssen zuerst abgefeuert worden ist. Auch ein solcher Schmutzsaum tritt regelmäßig auf der Infrarotphotographie gut hervor. Er gestattet Schlüsse auf das Kaliber, die Zahl der Züge, ihre Radialwinkel zueinander usw. Allerdings sind derartige Untersuchungen n u r b e i N a h s c h ü s s e n möglich. Schon bei Entfernungen von 2 m nimmt die Intensität des abgestreiften Schmutzhofes an der Einschußstelle erheblich ab (1). Der von dem mitgerissenen Pulverschmauch erzeugte „Schmauchhof“ ist bereits bei kleineren Schußentfernungen regelmäßig nicht mehr nachweisbar. Stets ist übrigens das Auftreten solcher Schmauch- oder Schmutzspuren ein sicheres — und zwar d a s e i n z i g s i c h e r e — Kennzeichen für die Einschußstelle, die sich häufig von der Ausschußstelle schwer unterscheiden läßt.

Bewährt haben sich bei den Untersuchungen Hornungs (1) ebenfalls Agfa-Infrarotplatten 850 und 950 (bei Benutzung der „Contax II“ mit Sonnar 1 : 2, f = 5 cm in Verbindung mit dem Universalstativ). Als Aufnahmefilter diente das dunkelrote Zeiss-Ikon-Filter R 20. Als nicht geeignet erwies sich der „Agfa-R-Kleinfilm“. Die Belichtungszeiten betrugen bei Abblendung des Objektivs auf 1 : 16 und bei Benutzung einer selbstkonstruierten Beleuchtungseinrichtung, die aus 18 hintereinander geschalteten, ringförmig um den zu untersuchenden Gegenstand angeordneten Glühlämpchen zu je 3,8 Volt und 0,3 Ampere bestand, etwa 4 Sekunden.

F i n g e r a b d r ü c k e a u f s c h w a r z e m P a p i e r hat Huelke (2) dadurch „sichtbar“ gemacht, daß er das Papier mit Ruß einstaubte. Auf den Papillar-

---

(1) Darüber ausführlich Hornung, Beitrag zur Identifizierung von Feuerwaffen, in Photographie und Forschung, Band 3, Heft 3 vom Dezember 1939.

(2) Arch. f. Krim. **100**, 285. Fingerabdrücke auf angekohltem Papier zeigt gelegentlich einfache Infrarotreflexphotographie.

linienabdrücken haftet der Ruß gut und Infrarotreflexaufnahmen zeigen daher die Einzelheiten. Bei der paläohistologischen Untersuchung der Geiseltalfunde hat die Infrarotreflexphotographie entscheidend geholfen: Die Fundstücke waren zur direkten Aufnahme wenig geeignet, sie waren humusfarben, also dunkelrotbraun, und lagen auf einer ebensolchen Unterlage, von der sie sich daher nur wenig abhoben. Dagegen lieferte die Infrarotphotographie gute Ergebnisse, weil das Infrarot von dem durch Kohle gefärbten Untergrund anders zurückgeworfen wurde als von den Tierleichen (1). M. Jörg ist es gelungen, einen Verbrecher dadurch zu identifizieren, daß er mittels Infrarotphotographie eine durch künstliche Entzündung der Haut unsichtbar gemachte Tätowierung aufdeckte (2); er hat auch die unsichtbaren Spuren früherer Peitschenhiebe auf dem Rücken eines Menschen so sichtbar gemacht (3) (Abb. 51). Würgspuren und schwache Hautrötungen, wie sie z. B. beim Pistolenabschuß infolge Hautabschürfung durch den zurücklaufenden Pistolenlauf oft die Hand des Schützen zeichnen (4), sind mit der Infrarotphotographie noch nachweisbar, wenn das Auge nichts mehr wahrnimmt.

Es kann so auch indirekt der Täter belastet werden, an dessen Körper etwa die Spuren der Abwehr des Überfallenen nachgewiesen werden.

Versuche, mittels Infrarotphotographie unbemerkt den Täter zu photographieren, liegen nahe. Die Schwierigkeiten bestehen besonders darin, daß im allgemeinen die für Momentaufnahme erforderliche intensive Ultrarotbestrahlung nicht gelingt. Günstiger liegen die Verhältnisse in dieser Hinsicht, wenn der Täter an einem im voraus bekannten Orte, an dem starke Ultrarotstrahler verdeckt aufgebaut werden können, gleichsam vom Photographen „erwartet" werden kann. Das trifft oft zu bei der Infrarotphotographie zur Nachprüfung angeblich spiritistischer Phänomene (5), mit der sich auch Helwich befaßt hat. Er beschreibt eine transportable, in einem Handkoffer untergebrachte Apparatur zur unbemerkten Aufnahme von Infrarotbildern; als Lichtquelle diente ihm der „Osram-Vacublitz", dessen sichtbare Strahlung völlig abgefiltert wird („Dunkelblitzaufnahmen"). Die Sache ist indessen über das erste Versuchsstadium noch kaum hinausgediehen (6).

Auf die Möglichkeit von Infrarotaufnahmen in verfinsterten Räumen haben schon Plotnikow, Splait und Plantanida (7) hingewiesen. Eggert bringt (8) die Wiedergabe einer Szene aus einem im Finstern bei Infrarotbestrahlung aufgenommenen Film, die schon durch ihren Gegenstand die kriminalistischen Anwendungsmöglichkeiten andeutet (9).

(1) J. Weigelt in der Zeitschr. f. angew. Photographie, Band 3 (1941), Seite 89. Verwendet wurden Agfa-Rapid-Platten 850 und als Filter das Agfa-Filter Nr. 85. Über Infrarotaufnahmen von Pflanzenfossilien vgl. J. Walton, Nature **135** (1935), 265.

(2) Phot. Korr. **74**, 148.

(3) Phot. Korr. **74**, 54. Vgl. dagegen Zeiss-Nachrichten, 1. Folge, Heft 6 (1934), Seite 16: die Ultrarotaufnahme zeigte eine sichtbare Hautentzündung nicht.

(4) Über Spuren an der Schießhand nach Schuß mit Faustfeuerwaffen vgl. M. Zwingli, Arch. f. Krim. **108**, 1.

(5) Dazu vgl. etwa Oellrich, Arch. f. Krim. **109**, 86 und Helwich, Infrarotphotographie, Seite 168.

(6) Helwich, Infrarotphotographie, Seite 168.

(7) Fortschr. Röntgenstrahlen **38** (1928), Seite 531.

(8) Agfa-Veröffentlichungen, Band 3, Seite 150. Vgl. auch W. Dieterle, Photographie in der Dunkelheit, Phot. Korr. 1932, Nr. 6.

(9) „Taschendieb bei der Arbeit", aufgenommen am 5. März 1933 vor dem Deutschen Photo- und Kinohändlerbund in Leipzig.

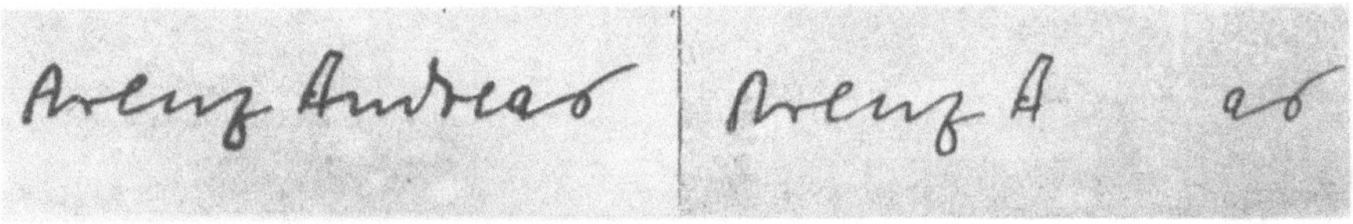

Abb. 48. Nachweis der Vorzeichnung eines Schriftzuges durch Infrarotphotographie. Der Name ist mit Ausnahme der Buchstaben „ndre“ in „Andreas“ zunächst mit Bleistift vorgezeichnet und dann mit Anilintinte nachgezogen worden.

Links: Photographie im sichtbaren Lichte.

Rechts: Photographie mit reflektiertem Infrarot. Die Bleistiftvorzeichnung reflektiert das Infrarot stark und kommt auf der Infrarotphotographie zum Vorschein. Der nicht mit Bleistift vorgezeichnete Teil der Unterschrift („ndre“) ist im Infrarotbild kaum sichtbar. (Nach W. Paulus, Arch. f. Krim. **112, 44**.)

a b c d e f g h

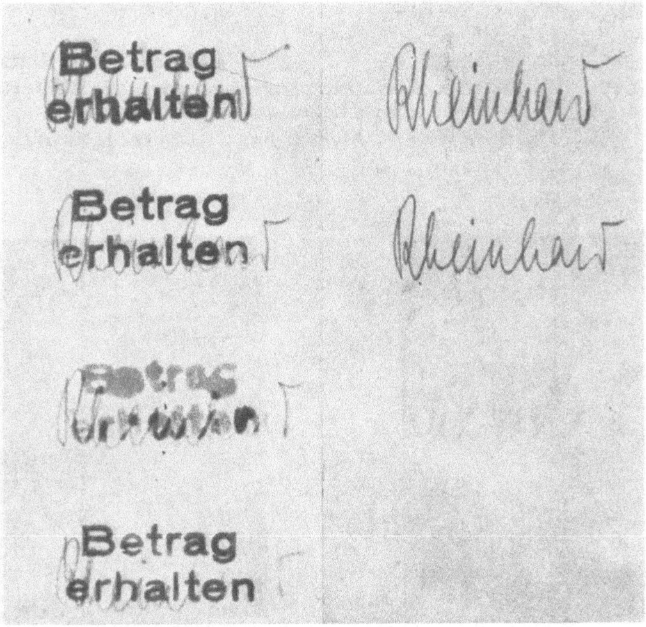

Abb. 49 a bis h. Infrarotreflexphotographie.

Links: im gewöhnlichen Lichte photographiert; rechts: im reflektierten Infrarot photographiert.

a, b: A. W. Faber-Kopierstift Castell 9116, überstempelt mit schwarzer Pelikanstempelfarbe ohne Öl;

c, d: Kurz-Kopierstift Genius 3512, überstempelt mit violetter Taifunstempelfarbe ohne Öl;

e, f: Koh-I-Noor-Tintenstift 1565, überstempelt mit roter Gutenbergstempelfarbe ohne Öl;

g, h: E. Faber-Tintenstift van Dyck 705, mittel, überstempelt mit blauer Gimbornstempelfarbe ohne Öl.

Die nicht ölhaltigen Stempel erscheinen auf dem Infrarotreflexbilde nicht. Die Kopierstiftschrift (b, d) ist, im Gegensatze zur Tintenstiftschrift, im Infrarotreflexbild sichtbar.

(Nach W. Paulus, Arch. f. Krim. **112,** 121.)

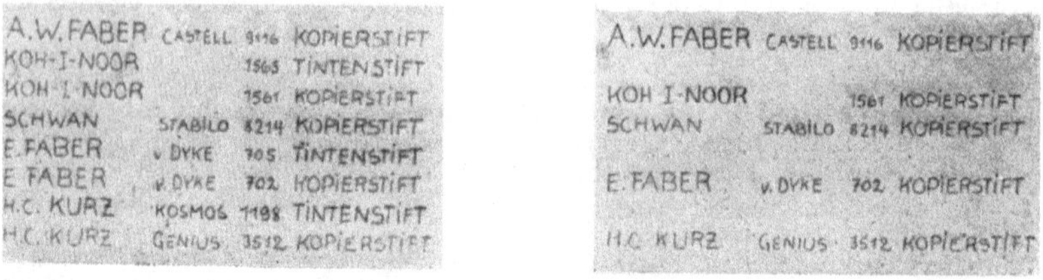

a) im gewöhnlichen Lichte. *b)* im reflektierten Infrarot.

Abb. 50 a, b. Auf der Infrarotreflexaufnahme verschwinden alle *Tintenstift*schriften, während die *Kopierstift*schriften deutlich sichtbar sind.

(Nach W. Paulus, Arch. f. Krim. **112**, 121.)

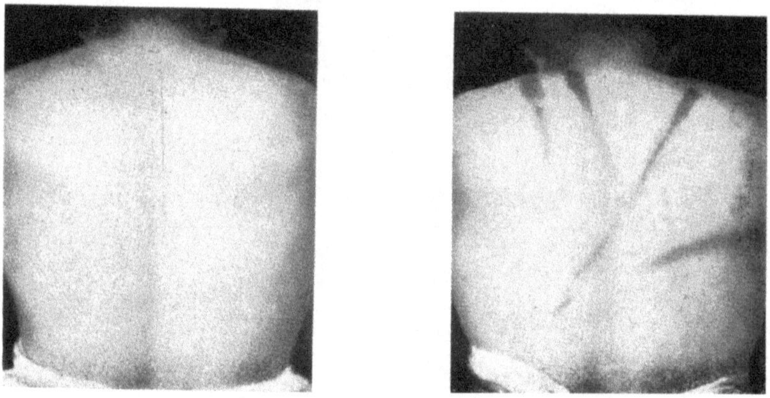

Abb. 51.

Sichtbarmachung von Peitschenstriemen, die im weißen Lichte unsichtbar sind, durch Infrarotreflexphotographie (Agfa-Platte 810).

(Phot. M. Jörg, Buenos-Aires.)

Schluß.

Bei den vorstehenden Anwendungen der Photographie war der Bildträger (mit Ausnahme des auf Seite 78 erwähnten Pigmentverfahrens) eine lichtempfindliche Halogensilberschicht. Es gibt nun eine Anzahl photographischer Kopierverfahren, die mit nicht vorpräpariertem bzw. anders vorpräpariertem Papier arbeiten. Diese Verfahren haben für die geheime Nachrichtenübermittlung praktische Bedeutung. Wenngleich derartige Anwendungen der Photographie nicht mehr kriminalistisch, sondern kriminell sind, so mag doch wegen des großen Interesses, das der praktische Kriminalist daran nehmen muß, kurz darauf hingewiesen werden (1).

Es genügt bereits holzschliffhaltiges Papier (Zeitungspapier und dgl.), um unter den klaren Stellen des Negativs nach intensiver Belichtung (mehrere Stunden im Sonnenlicht) eine schwache, kaum sichtbare Bräunung entstehen zu lassen. Durch Joddämpfe kommt das Bild deutlich zum Vorschein, ebenso durch Bestreichen mit 10%iger Silbernitratlösung oder photographischem Entwickler. Zu erwähnen sind weiter die Rauchkopien, der Kupferkopierprozeß von Obernetter, der auf der Lichtempfindlichkeit von Eisenchlorid bei Gegenwart von Kupferchlorid beruht, und das Blaueisendruckverfahren. Erhebliche Bedeutung für die geheime Nachrichtenübermittlung auf photographischem Wege haben auch die Verfahren des Öldruckes und des Bromöldruckes (2). —

Abschließend muß nochmals die bei der Verwendung von Photographien in der Kriminalistik stets nötige Vorsicht hervorgehoben werden. Es ist oben vielfach zutage getreten, daß man bei kritischer Prüfung nur sehr bedingt von „photographischer Treue" sprechen kann. Zahlreiche interessante Beispiele dafür hat zuletzt wieder Brüning zusammengestellt (3). Die Wiedergabe von Helligkeitsunterschieden ist, vom Fehlen der Farbwiedergabe ganz abgesehen, auch bei Anwendung entsprechender Filter und Platten nur selten durchweg treu, der „Gesichtswinkel" eines photographischen Objektives ist regelmäßig erheblich größer als der vom menschlichen Auge jeweils scharf erfaßte Gesichtswinkel (wir sehen „sukzessiv", indem unser Auge einen größeren Bereich „abtastet"), Auflösungsvermögen und Tiefenschärfe sind verschieden. Es wurde schon betont, daß die Erfolge der modernen wissenschaftlichen Photographie vielfach auf geschickter Benutzung dieser Tatsachen aufbauen. Besonders wichtig ist die Möglichkeit, auf dem photographischen Bilde willkürlich Einzelheiten zu unterdrücken oder hervorzu-

---

(1) Dazu J. Daimer, Arch. f. Krim. **77**, 109.
Die photographischen Methoden zur Sichtbarmachung von Geheimschriften finden in dem Beitrag „Unsichtbare Geheimschriften und deren Erkennung" von Langen und Nippe im Handbuch der biol. Arbeitsmethoden, Abt. IV, Teil 12, 2. Hälfte, Seite 285ff. Erwähnung.

(2) Vgl. J. Daimer, Arch. f. Krim. **78**, 245.

(3) Arch. f. Krim. **110**, 63. Brüning bringt u. a. Sportaufnahmen, bei denen (infolge der schnellen Bewegung) z. B. der Tennisschläger eines Tennisspielers nicht erscheint.

heben: durch Scharfeinstellen auf bestimmte Gegenstände, durch geeignete Wahl von Filtern, beim Kopieren usw. Ein oben nicht erwähnter Anwendungsfall davon ist die sog. Durchschnittsphotographie nach Galton (1) und überhaupt die in einzelnen kriminalistischen Anwendungen mehrfach erwähnte Photomontage, die auch für verbrecherische Zwecke (Bildfälschungen usw.) oft mißbraucht wird. Vor etwa 12 Jahren ging durch die deutsche Tagespresse die Mitteilung, daß der „Dekan der altertumswissenschaftlichen Fakultät an der New-Yorker Universität, Professor Dr. I. C. Kraemer", solche Kompositionsportraits historischer Persönlichkeiten des klassischen Altertums hergestellt habe. Die Leipziger Polizei hat auf diese Weise einmal aus ähnlichen Photographien anderer Personen das ungefähre Bild eines Posträubers „konstruiert", der daraufhin festgenommen werden konnte.

Man hat daher gesagt, daß, was in der Photographie sichtbar auftritt, eine reale Ursache im Objekt haben muß, nicht aber umgekehrt, was auf der Photographie nicht zu sehen ist, auch im Objekt nicht vorhanden sein könne. Denn die Photographie kann zwar unterdrücken und hervorheben, nicht aber willkürlich „hinzufügen". Selbstverständlich wird dabei von Plattenfehlern, Kopierfehlern und dgl. abgesehen.

Was bei verzeichnungsfreien Objektiven von der photographischen Treue übrigbleibt, ist die weitgehende geometrische Treue (2), auf der u. a. die photogrammetrischen Verfahren, die für die Kriminalistik Bedeutung erlangt haben, aufbauen.

Verzeichnungsfreiheit der Objektive ist zwar keineswegs grundsätzliche Voraussetzung für die photogrammetrische Verwertbarkeit der Bilder. Es können vielmehr bei geeigneter Anordnung auch Bilder mit beliebig großen Verzeichnungsbeträgen exakt ausgemessen werden, falls nur Größe und Verlauf der Objektivverzeichnung genau bekannt ist. Vielfach nimmt man derartige Verzeichnungen des Objektivs in Kauf um anderer Vorteile willen. Bei den für die Kriminalistik in Betracht kommenden Verfahren bevorzugt man aber aus praktischen Gründen verzeichnungsfreie Objektive, deren Bilder ohne die umständliche Kompensierung der Verzeichnung ausgewertet werden können.

Daß schließlich bei Wiedergabe der Erscheinungswelt die Schwarz-Weiß-Photographie nur ein unserem Auge allerdings sehr geläufig gewordener Notbehelf ist, wird klar erkannt werden, sobald sich die Farbphotographie allgemein eingeführt hat (3). Auf dem Gebiete der gerichtlichen Medizin ist

---

(1) Eders Jahrbuch, Band 29, Seite 342; Wolf-Czapek, Angewandte Photographie in Wissenschaft und Technik, Seite 21 (Teil IV).

Vgl. auch Groß, Handbuch, Seite 317 und Scheffer, Schriftvergleichung durch Typenbildung nach dem Kompositionsverfahren von Galton, Arch. f. Krim. 70, 157.

(2) Auch in dieser Hinsicht ist aber Vorsicht nötig: Bekanntlich verzerren sog. Weitwinkelobjektive, wie sie bei Gruppenbildern gern Anwendung finden, die Randpartien oft stark. Die Sache ist für Steckbriefphotographien wichtig, bei denen häufig mangels anderer Bilder Ausschnitte aus Gruppenbildern verwendet werden müssen. Hat dabei die fragliche Person am Rande gestanden, so ist sie verzerrt, ihr Gesicht erscheint zu breit, ihre Gestalt zu gedrungen auf der Photographie, worauf zuletzt wieder Heindl im Arch. f. Krim. 100, 71 aufmerksam gemacht hat.

(3) Dazu etwa Vogel, Kriminalistische Monatshefte, 1933, Seite 5ff. und kritisch Czursiedel, Dtsche Zeitschr. f. d. ges. gerichtl. Medizin, Band 29 (1938), Seite 271.

Über Farbphotographie bei Fluoreszenzerscheinungen vgl. oben Seite 69. Über Farbenstereoskopie vgl. Lehmann in der Zeitschr. f. wissenschaftl. Photographie 1927, Heft 3 und 4. Die Verwendung des Agfacolor-Neu-Filmes bei Mikroaufnahmen im polarisierten Lichte behandeln P. A. Thiessen und C. Stüber in der Zeitschr. f. angewandte Photographie, Band 1 (1939), Seite 2.

schon jetzt die Heranziehung der Farbenphotographie zur einwandfreien, die Nachprüfung der Diagnose ermöglichenden Festhaltung des Befundes etwa bei der Sektion mitunter unentbehrlich. Dasselbe gilt für die Lumineszenzphotographie. Die Farbphotographie wird sich zweifellos auch in der Kriminalistik weitgehend einführen. Es können heute bereits farbige Papierabzüge hergestellt werden, eine Möglichkeit, die in naher Zukunft ihre weitere Auswirkung erfahren wird (1). Die Leistungsfähigkeit des Aufnahmematerials zeigt eine Mitteilung von Lautenschlager (2), der bei einem nächtlichen Schadenfeuer mit der Contax II (Sonnar 1:2,8, Brennweite 5 cm, bei voller Öffnung, Belichtungszeit 0,5 sec) aus freier Hand unter Abstützung an einen Telegraphenmast auf Agfa-Color-Tageslichtplatte eine gut gelungene Farbaufnahme machte.

Besondere Schwierigkeiten bereitet die Farbphotographie nicht, abgesehen davon, daß für farbrichtige Wiedergabe der Belichtungsspielraum erheblich geringer ist als bei der Schwarz-Weiß-Photographie. Während man nämlich bei einem über- oder unterbelichteten Negativ in der Schwarz-Weiß-Photographie durch Verstärken oder Abschwächen oder durch entsprechende Papierwahl gewisse Fehler der Belichtung ausgleichen kann, ist derartige nachträgliche Korrektur einer fehlbelichteten Farbaufnahme nicht möglich: Bei Überbelichtung sind die Farben ausgeblaßt, während unterbelichtete Farbdiapositive zu dunkel sind. Wichtig ist natürlich bei Kunstlicht die richtige Wahl der Lichtquelle, die bei Mikroaufnahmen auch das Sehfeld völlig gleichmäßig ausleuchten muß, da schon der kleinste Lichtabfall zur Unterbelichtung und damit zur farbunrichtigen Wiedergabe der betreffenden Stelle führt, weil eben der Farbfilm viel präziser auf Helligkeitsunterschiede reagiert als der Schwarz-Weiß-Film. —

Die Bedeutung der naturwissenschaftlichen Kriminaluntersuchung, von der die im Vorstehenden behandelte Kriminalphotographie ein kleines, aber wichtiges Teilgebiet bildet, ist ständig im Wachsen. Sie hat unter Beiseiteschiebung der positivrechtlichen Regelung auch die deutsche Strafverfolgung erheblich umgestaltet. Unsere Strafverfolgungsgesetzgebung, die ebenso wie die der meisten Länder des europäischen Kontinentes auf den Grundsätzen des von Napoleon I geschaffenen französischen Strafprozesses aufbaut, ist der Bekämpfung insbesondere des modernen Berufsverbrechertums vielfach nicht mehr gewachsen. In die Lücke ist die Kriminalpolizei eingesprungen. Der Staatsanwalt, noch immer dem Namen nach der Herr auch derjenigen Teile des Strafprozesses, die die Verbrechensermittlung betreffen, wird häufig gegenüber der Kriminalpolizei in die Rolle des ausführenden Organs gedrängt, eine in vielem analoge Entwicklung zu dem oft diskutierten Verhältnis von Richter und Sachverständigem. Während nämlich die Kriminalpolizei ihre Arbeitsweise den Erscheinungsformen der modernen Kriminalität durch aktive Einbeziehung der Methoden der naturwissenschaftlichen Kriminaluntersuchung angepaßt hat und, wie billigerweise hinzugefügt werden muß, anpassen konnte, ist die Staatsanwaltschaft, die garnicht über technische Hilfsmittel verfügt, bei der Verbrechensermittlung immer mehr auf die Arbeit am grünen Tisch beschränkt worden. Ihr tatsächlicher Wirkungskreis ist also im Gegensatz zum Gesetz stark eingeschränkt worden.

---

(1) Das seit Jahren fertig entwickelte „Agfa-Color-Positivpapier", das der Allgemeinheit wegen des Krieges seinerzeit nicht zugänglich gemacht wurde, beschreibt W. Raths, Kinotechnik **24** (1942), Seite 151; Zeitschr. f. angewandte Photographie, Band 4 (1942), Seite 92 und Chem. Zeitung **66** (1942), Seite 461. Danach hergestellte Kopien wurden während des Krieges auf einer sehenswerten Wanderausstellung der Agfa gezeigt.

(2) Fritz Lautenschlager, Zeitschr. f. angew. Photographie, Band 3 (1941), Seite 38.

Energische Auflehnung gegen diese Entwicklung, deren kritische Betrachtung hier nicht hergehört, ist aus den Reihen der Staatsanwaltschaft verhältnismäßig selten erfolgt. Jedenfalls hat sich die Kriminalpolizei dadurch, daß sie die moderne naturwissenschaftliche Kriminaluntersuchung weitgehend in ihr Arbeitsgebiet mit einschloß, im Laufe der Zeit eine Stellung in der Strafverfolgung erkämpft, die weder unser Strafprozeßrecht noch unsere Gerichtsverfassung vorsieht und die Entwicklung drängt nach grundsätzlicher gesetzlicher Klärung. Daß bisher die Strafverfolgung nicht wesentlich gestört worden ist, ist der verständnisvollen persönlichen Zusammenarbeit der einzelnen Organe zu danken. Wo diese fehlt, bleiben erfahrungsgemäß erhebliche Störungen nicht aus.

Literaturverzeichnis.

Das nachstehende Schrifttumsverzeichnis enthält aus Gründen der Raumersparnis und der Übersichtlichkeit nur einen Teil der zitierten Bücher und Zeitschriften. Es ist unter dem Gesichtspunkte zusammengestellt, demjenigen, der sich über Einzelfragen orientieren will, die wesentlichere deutschsprachige Spezialliteratur und solche (oft auch dem Naturwissenschaftler nicht geläufige) Werke nachzuweisen, die allgemeine Grundlagen der wissenschaftlichen Photographie und Grenzgebiete der Kriminalphotographie behandeln.

C. Albrecht, Deutsches Schrifttum über Bildmessung und Luftbildwesen. Nachweis der wichtigsten Veröffentlichungen; Verlag Herbert Wichmann, Berlin-Grünwald 1938.

E. von Angerer, Wissenschaftliche Photographie, 3. Aufl.; Akademische Verlagsgesellschaft, Leipzig 1943.

—, Siehe unter Handbuch der Experimentalphysik.

Archiv für Kriminal-Anthropologie und Kriminalistik, begründet von Hans Groß (seit 1916: Archiv für Kriminologie), Band 1 (1899) ff.; Verlag von F. C. W. Vogel, später Springer-Verlag, Berlin.

Archiv für Kriminologie: Siehe unter Archiv für Kriminalanthropologie.

H. Aumann, Die technischen Methoden der Gemäldeuntersuchung im Museum; Sonderdruck aus der Festschrift zur Eröffnung des Kunstmuseums in Basel, 1936.

Baeschlin-Zeller, Lehrbuch der Stereophotogrammetrie; Verlag von Orell Füssli in Zürich 1934 (in neuer Auflage von Zeller, 1947).

J. E. Barnard, Practical photomicrography, 3. Ed.; Arnold and Co, London 1936.

A. von Barsy, Raumbild-Photographie; Technik und Gestaltung der Stereoaufnahme; Verlag von W. Knapp, Halle 1943.

Beiträge zur kriminalistischen Symptomatologie und Technik (Wissenschaftliche Veröffentlichungen des Kriminalistischen Laboratoriums der Polizeidirektion Wien); Verlag Ulrich Moser, Graz 1931.

M. Berek, Grundlagen der praktischen Optik. Analyse und Synthese optischer Systeme; Verlag Walter de Gruyter & Co., Berlin 1930.

Bericht über den VIII. Internationalen Kongreß für wissenschaftliche und angewandte Photographie, Dresden 1931. Herausgeg. von J. Eggert und A. von Biehler; Verlag Johann Ambrosius Barth, Leipzig 1932.

A. Bertillon, Die Gerichtliche Photographie; Verlag von W. Knapp, Halle 1895.

J. Bertrand et L. Justin-Besançon, La micrographie en lumière infrarouge; Paris, Masson & Cie. 1929.

A. von Biehler: Siehe unter Bericht.

Bildmessung und Luftbildwesen (Beihefte der „Allgemeinen Vermessungsnachrichten"), Jahrgang 1 (1925) ff.; Verlag H. Wichmann, Berlin - Bad Liebenwerda.

G. Bohne, Verwendung der Leica in der naturwissenschaftlichen Kriminalistik, in „Die Leica in Beruf und Wissenschaft" 2. Aufl.; Breidenstein Verlagsgesellschaft, Frankfurt a. M. 1942.

Bourinsky, La Photographie judiciaire, 1900.

K. Brandt, Das richtige Filter; Verlag von W. Knapp, Halle 1941.

British Journal of Photography.

Brüning: Siehe unter Handwörterbuch der Kriminologie und unter Harder.

„Camera", Illustrierte Monatszeitschrift für Freunde der Photographie und Kinematographie; Verlag C. F. Bucher A.-G., Luzern und Zürich, Jahrgang 1 (1922) ff.

W. Clark, Photography by Infrared. 2. Aufl., John Willy & Sons, Inc., New-York 16, 1946.

H. Cuisinier, La Pratique de la Photographie Stéréoscopique; Verlag von Paul Montel, 189, Rue Saint-Jacques, Paris V.

P. W. Dankwortt, Die Lumineszenzanalyse im filtrierten UV-Licht, 4. Aufl.; Akademische Verlagsgesellschaft, Leipzig 1940.

„Das plastische Bild", Zeitschrift der Deutschen Gesellschaft für Stereoskopie; Verlag Dr. Ferdinand Gebhard, Berlin (nur 1. Jahrgang 1928 erschienen).

Dennstedt und Voigtländer, Der Nachweis von Schriftfälschungen, Blut, Sperma usw. unter besonderer Berücksichtigung der Photographie; Verlag von Fr. Viehweg und Sohn, Braunschweig 1906.

Der Stereoskopiker, Monatliche Beilage der „Photographie für Alle" und Vereinsorgan der Deutschen Gesellschaft für Stereoskopie; Union Deutsche Verlagsgesellschaft, Berlin.

Deutsche Zeitschrift für die gesamte gerichtliche Medizin, Fortsetzung der Vierteljahresschrift für gerichtliche Medizin und öffentliches Sanitätswesen; 1. Band (1922) ff.; Verlag von Julius Springer, Berlin.

Die Dokumentation und ihre Probleme; Vorträge, gehalten auf der ersten Tagung der Deutschen Gesellschaft für Dokumentation (September 1942) in Salzburg; Verlag von Otto Harrassowitz, Leipzig 1943.

„Die Leica in Beruf und Wissenschaft": Siehe unter Stöckler.

Die Naturwissenschaften, 20. Jahrgang (1932), 21. Jahrgang (1933), 23. Jahrgang (1935); Verlag von Julius Springer, Berlin.

Die Photographie in Wissenschaft und Praxis. Ein Sammelwerk. Autorisierte deutsche Ausgabe von A. Hay; Verlag von Franz Deuticke, Leipzig und Wien 1929.

„Die Umschau", Jahrgang 1 (1897) ff.; Bechold Verlag, Frankfurt a. M.

J. Eggert, Einführung in die Röntgenphotographie, 5. Aufl.; Verlag von S. Hirzel, Leipzig 1936.

—, Lehrbuch der physikalischen Chemie, 7. Aufl. (gemeinsam bearbeitet mit Lothar Hock); Verlag von S. Hirzel, Stuttgart 1948.

J. Eggert und A. von Biehler: Siehe unter Bericht.

J. Eggert und Gajewsky, Einführung in die technische Röntgenphotographie; 2. Aufl.; Verlag von S. Hirzel, Leipzig 1945.

J. Eggert und Schiebold, Ergebnisse der technischen Röntgenkunde, Band 1ff.; Akademische Verlagsgesellschaft, Leipzig 1930ff.

Fr. Eichberg, Die Photogrammetrie bei kriminalistischen Tatbestandsaufnahmen; Verlag von W. Knapp, Halle 1911.

—, Ein neuer Apparat für kriminalistische Tatbestandsaufnahmen, Wien 1913; Selbstverlag des Verfassers.

„Ergebnisse der exakten Naturwissenschaften": Siehe unter P. Seeliger.

Euler: Siehe unter Handbuch der biolog. Arbeitsmethoden.

„Fälschungen"; Beiträge zur Phänomenologie, Symptomatologie und Diagnostik; herausgegeben von Siegfried Türkel (Wissenschaftl. Veröffentlichungen des Kriminalistischen Laboratoriums der Polizeidirektion Wien); Verlag von Ulrich Moser, Graz 1930.

L. Fink, Photographische Meßtechnik; Verlag von R. Oldenbourg, München 1940.

R. Finsterwalder, Photogrammetrie; Verlag Walter de Gruyter & Co., Berlin 1939.

H. Fischer, Die physikalische Chemie in der gerichtlichen Medizin und in der Toxikologie mit spezieller Berücksichtigung der Spektrographie und der Fluoreszenzmethoden (Arbeiten aus dem Gerichtlich-Medizinischen Institut der Universität Zürich); Verlag von A. Rudolf, Zürich 1925.

Fortschritte der Photographie, Band II, herausgeg. von E. Stenger und H. Staude (Ergebnisse der angew. physikalischen Chemie, Band VI); Akademische Verlagsgesellschaft, Leipzig 1940 (besonders die Beiträge von W. Meidinger, Infrarotphotographie, Röntgenphotographie; H. Lüscher, Stereophotographie; G. Stade, Mikrophotographie und M. Wolf, Lichtquellen für photographische Zwecke).

K. Franke: Siehe unter Handbuch der biolog. Arbeitsmethoden.

Gajewsky: Siehe unter Eggert und Gajewsky.

H. Gall: Siehe unter G. Wolff und H. Gall.

Goltdammers Archiv für Preußisches Strafrecht (begründet 1853; seit 1900 von J. Kohler, dann von Klee herausgegeben als „Archiv für Strafrecht und Strafprozeß"), 12., 60. und 67. Band; Verlag der Königl. Geheimen Oberhofbuchdruckerei (R. von Decken), Berlin.

A. Grabner, Beitrag „Fluoreszenz und Fluoreszenzmikroskopie" in „Das österreichische Lichtbild", herausgeg. von L. W. Rochowanski; Verlag von Heinz, Wien-Troppau-Leipzig 1933.

H. J. Gramatzki, Planetenphotographie; Verlag von F. Dümmler, Berlin und Leipzig 1937.

Grant: Siehe unter Radley und Grant.

Groß-Höpler, Handbuch für Untersuchungsrichter als System der Kriminalistik, 7. Aufl.; Verlag von J. Schweitzer, München 1922.

Groß-Seelig, Handbuch der Kriminalistik (im Erscheinen) = 8. Auflage des vorstehenden Großschen Handbuchs für Untersuchungsrichter, neu bearbeitet und ergänzt von Ernst Seelig; Verlag von J. Schweitzer, Berlin 1942.

O. von Gruber, Beitrag „Stereoskopisches Sehen" im Sammelwerk „Ferienkurs in Photogrammetrie"; Verlag von Konrad Wittwer, Stuttgart 1930.

M. Haase, Die Polarisationsfilter und das polarisierte Licht in der Photographie; im Handbuch der wissenschaftl. und angew. Photographie, Ergänzungswerk, 1. Band; herausgeg. von Kurt Michel, Verlag von Julius Springer, Wien 1943.

M. Haitinger, Fluoreszenzmikroskopie, Anwendung in Histologie und Chemie; Akademische Verlagsgesellschaft, Leipzig 1938.

—, Beitrag „Fluoreszenzanalyse" in „Chemisch-technische Untersuchungsmethoden", Ergänzungswerk zur 8. Aufl., herausgeg. von Jean d'Ans; Berlin 1939.

Handbuch der biologischen Arbeitsmethoden, herausgeg. von Emil Abderhalten,

Abt. II, Teil 2, 1. Hälfte; Verlag von Urban & Schwarzenberg, Berlin 1928:

Beiträge von

G. Kögel, Die äquimensurale Ultraviolett- und Fluoreszenzphotographie.

A. Köhler, Mikrophotographie.

Abt. IV, Teil 12, 2. Hälfte; Verlag von Urban & Schwarzenberg, Berlin 1934:

Beiträge von

H. Euler, Naturwissenschaftlich-kriminalistische Untersuchungen an Zähnen.

Langen und Nippe, Unsichtbare Geheimschriften und deren Erkennung.

R. M. Mayer, Die gerichtliche Schriftuntersuchung.

Merkel, Naturwissenschaftliche und kriminalistische Untersuchungen bei Verletzungen mit scharfen und spitzen Werkzeugen.

B. Müller, Untersuchungsmethoden zum Nachweis von Fälschungen von Marken, Stempeln und Petschaften.

F. Pietrusky, Die naturwissenschaftlich-kriminalistischen Untersuchungen bei Schußverletzungen.

Abt. V, Teil 10; Verlag von Urban & Schwarzenberg, Berlin 1935:

Beitrag von

K. Franke, Die Technik photographischer Aufnahmen bei mikroskopischen und fluoreszenzmikroskopischen Lebendbeobachtungen.

Handbuch der Experimentalphysik, herausgeg. von Wien und Harms; Akademische Verlagsgesellschaft, Leipzig 1926.

Band 1: Technik des Experimentierens, von E. von Angerer.

Band 20, Teil 1: Physiologische Optik, von A. König.

Handbuch der Lichttechnik. Bearbeitet von zahlreichen Fachgelehrten, herausgeg. von R. Sewig; Verlag von Julius Springer, Berlin 1938.

Handbuch der wissenschaftlichen und angewandten Photographie, herausgeg. von A. Hay und M. von Rohr; Verlag von Julius Springer, Wien 1929 ff., und Ergänzungswerk dazu (1943 ff.).

Handwörterbuch der gerichtlichen Medizin und naturwissenschaftlichen Kriminalistik, herausgeg. von Neureiter, Pietrusky und Schütt; Springer-Verlag, Berlin 1940.

Handwörterbuch der Kriminologie und der anderen strafrechtlichen Wissenschaften, herausgeg. von A. Elster und H. Lingemann; Verlag Walter de Gruyter & Co., Berlin 1935/36; Artikel „Photogrammetrie" von R. Hugershoff und „Photographie" von A. Brüning.

Handwörterbuch der Naturwissenschaften, 2. Aufl.; Verlag von Gustav Fischer, Jena 1931 ff.; Artikel „Photogrammetrie" von O. von Gruber, „Fluoreszenz" von Ley und „Ophthalmische Instrumente" von Hartinger.

Harder-Brüning, Die Kriminalität bei der Post; Verlag von W. Ernst & Sohn, Berlin 1924.

Hartinger: Siehe unter Handwörterbuch der Naturwissenschaften.

A. Hay, Sehen und Messen (Die geometrischen, physiologischen und physikalischen Grundlagen der Photogrammetrie, Stereoskopie und Stereophotogrammetrie); Verlag von Franz Deuticke, Leipzig.

O. Heckmann und H. Kienle, Photographische Photometrie nach der Halbfiltermethode, Nachrichten der Gesellschaft der Wissenschaften zu Göttingen, Mathem.-phys. Klasse, neue Folge, Fachgruppe II, 2. Band, Nr. 17; Göttingen 1937.

R. Heindl, System und Praxis der Daktyloskopie, 3. Aufl.; Verlag Walter de Gruyter & Co., Berlin 1927.

—, Polizei und Verbrechen (Die Polizei in Einzeldarstellungen, herausgegeben von Abegg, Band 4); Verlag von Gersbach und Sohn, Berlin 1926.

H. von Helmholtz, Handbuch der Physiologischen Optik, 3. Aufl., herausgeg. von A. Gullstrand, J. von Kries und W. Nagel; Verlag von Leopold Voß, Leipzig 1909, 1911.

O. Helwich, Die Infrarotphotographie und ihre Anwendungsgebiete, 2. Aufl.; Verlag von Dr. Heering, Harzburg 1937.

L. Hock: Siehe unter Eggert.

von Hübl, Die photographischen Lichtfilter; Halle 1927.

Ilford Limited, Photography as an aid to scientific work; Ilford Limited London 1935.

Internationales Archiv für Photogrammetrie, Organ der „Österreichischen Gesellschaft für Photogrammetrie" in Wien, herausgeg. von Eduard Doležal, von Band 7 ab von Baeschlin; Band 1 (1909) ff.; Verlag Carl Frommer, Wien-Leipzig.

G. Isert, Photographieren mit Infrarot; Halle 1941.

K. Jacobsohn, Das Arbeiten mit farbenempfindlichen Platten und Filmen; Union Deutsche Verlagsgesellschaft, Berlin 1929.

—, Theorie und Praxis der Hypersensibilisierung; Union Deutsche Verlagsgesellschaft.

Jahrbuch für Photographie und Reproduktionsverfahren, herausgeg. von Josef Maria Eder; Verlag von W. Knapp, Halle, Band 1 (1887) ff.

Jahresbericht der Photographie, Kinematographie und Reproduktionstechnik, unter Mitwirkung zahlreicher Fachgenossen herausgeg. von H. Frieser und H. Staude; Band 1 ff., Akademische Verlagsgesellschaft Leipzig 1938 ff.

R. Janker, Die Photographie des Leuchtschirmbildes, eine Methode der Röntgenreihenuntersuchung; Leipzig 1938.

Jenaer Farb- und Filterglas für Wissenschaft und Technik; Druckschrift der Fa. Jenaer Glaswerk Schott & Gen., Jena.

R. Jeserich, Chemie und Photographie im Dienste der Verbrechensaufklärung; Verlag von Georg Stilke, Berlin 1930.

A. W. Judge, Stereoscopic Photography, its application to science, industry and education; Chapman and Hall Ltd, London 1926.

B. Kenyeres, Sachliche Beweise bei der Klärung von Todesfällen; Verlag Walter de Gruyter & Co., Berlin 1935.

Kienle: Siehe unter Heckmann.

G. Kögel, Die Palimpsestphotographie; Verlag von W. Knapp, Halle 1915.

—, Die unsichtbaren Strahlen im Dienste der Kriminalistik (Wissenschaftliche Veröffentlichungen des Kriminalistischen Laboratoriums der Polizeidirektion Wien); Verlag von Ulrich Moser, Graz 1928.

G. Kögel, Siehe unter Handbuch der biolog. Arbeitsmethoden, unter Sitzungsberichte der Preußischen Akademie der Wissenschaften und unter Sitzungsberichte der Heidelberger Akademie der Wissenschaften.

A. Köhler: Siehe unter Handbuch der biolog. Arbeitsmethoden.

A. König: Siehe unter Handbuch der Experimentalphysik.

E. König, Die Praxis der Farbenphotographie, 5. Aufl., neu bearbeitet von Kurt Jacobsohn; Union Deutsche Verlagsgesellschaft, Berlin.

Kriminalistische Monatshefte (später „Kriminalistik"), Jahrgang 1 (1927) ff.

Kriminalistische Rundschau, 1. Jahrgang (1947).

Krumbacher, Die Photographie im Dienste der Geisteswissenschaften; Verlag von B. G. Teubner, Leipzig 1906.

Langen: Siehe unter Handbuch der biolog. Arbeitsmethoden.

von Ledden-Hulsebosch, Moderne Dokumentenuntersuchung (Probevorlesung); Amsterdam 1923.

Ley: Siehe unter Handwörterbuch der Naturwissenschaften.

A. Liechti, Röntgenphysik (mit Beiträgen von W. Minder); Verlag von Julius Springer, Wien 1939.

Lifa-Handbuch der „Lifa"-Lichtfilterfabrik, Augsburg, 1928.

E. Locard, L'enquête criminelle et les méthodes scientifiques (ins Deutsche übertragen von W. Finke unter dem Titel: Die Kriminaluntersuchung und ihre wissenschaftlichen Methoden; Kameradschafts-Verlagsgesellschaft, Berlin 1930).

Loock, Chemie und Photographie bei Kriminalforschungen, Düsseldorf 1909.

H. Löschner, Einführung in die Erdbildmessung; Verlag von Franz Deuticke, Leipzig 1930.

R. Luther, Photographie als Lehr- und Forschungsgegenstand, Antrittsvorlesung vom 1. Mai 1908; Verlag von W. Knapp, Halle 1909.

H. Lüscher, Kartieren nach Luftbildern; Verlag Mittler und Sohn, Berlin 1937.

—, Stereophotographie; Union Deutsche Verlagsgesellschaft, Berlin 1931.

—, Siehe unter Fortschritte der Photographie.

R. M. Mayer: Siehe unter Handbuch der biolog. Arbeitsmethoden.

Mechanical Engineering (Zeitschrift), Jahrgänge 1930 und 1932.

W. Meidinger: Siehe unter Fortschritte der Photographie.

H. Merkel: Siehe unter Handbuch der biolog. Arbeitsmethoden.

Meyer-Seitz, Ultraviolette Strahlen; Verlag Walter de Gruyter & Co., Berlin 1942.

H. Michel, Die künstlichen Edelsteine; Verlag W. Diebner, Leipzig 1926.

—, Nachahmungen und Verfälschungen der Edelsteine und Perlen und ihre Erkennung (Wissenschaftliche Veröffentlichungen des Kriminalistischen Laboratoriums der Polizeidirektion Wien); Verlag von Ulrich Moser, Graz 1926.

K. Michel, Die Grundzüge der Mikrophotographie, 2. Aufl.; Verlag von Gustav Fischer, Jena 1943 (= Zeiss-Nachrichten, Sonderheft 4).

Mitteilungen der Deutschen Gesellschaft für Stereoskopie (nur Jahrgang 1929 erschienen).

Mitteilungen der Preußischen Archivverwaltung, 1909, Heft 15.

„Mouseion", Bulletin de l' Office International des Musées; Paris, Office International des Musées; Band 15 (Jahrgang 1931).

B. Müller: Siehe unter Handbuch der biolog. Arbeitsmethoden.

Fr. L. Neher, Die Erfindung der Photographie; Kosmos-Verlag, Franck, Stuttgart 1938.

A. Niceforo, Die Kriminalpolizei und ihre Hilfswissenschaften; Verlag von P. Langenscheidt, Berlin-Lichterfelde 1909.

Nippe: Siehe unter Handbuch der biolog. Arbeitsmethoden.

F. Ollivier, La Topographie sans Topographes. Traité de Photogrammetrie (Revue d'Optique théoretique et instrumentale). Paris 1929.

„Optik". Organ der Österreichischen Gesellschaft für Stereoskopie, Wien-I, Graben 28.

A. S. Osborne, Der technische Nachweis von Schriftfälschungen, unter besonderer Berücksichtigung der Photographie; Deutsche Ausgabe von H. Schneickert; Verlag von W. Knapp, Halle 1921.

—, Questioned documents, second edition; Albany N-Y, Toronto, London 1929.

Fr. Paul, Handbuch der kriminalistischen Photographie; Verlag J. Guttentag, Berlin 1900.

Photographic plates for scientific and technical use; 6. Aufl., Eastman Kodak Co., Rochester N.Y. 1948.

Photographie und Forschung (Die Contax-Photographie in der Wissenschaft); Hausmitteilungen der Zeiss-Ikon A.-G.; Band 1 (1935) ff.

Photographische Korrespondenz, Band 1 (1864) ff.; Verlag Dr. O. Helwig, Wien (bis zu Band 62: Verlag der Photographischen Gesellschaft in Wien, bis zu Band 76: Verlag Julius Springer, Berlin-Wien).

Photographische Rundschau und Mitteilungen; Verlag Photographische Verlagsgesellschaft m. b. H., Halle.

Physikalische Zeitschrift, begr. von E. Riecke und H. Th. Simon, herausgeg. von P. Debye unter Mitwirkung der Physikalisch-Technischen Reichsanstalt; Verlag von S. Hirzel, Leipzig.

F. Pietrusky: Siehe unter Handbuch der biolog. Arbeitsmethoden.

J. Plotnikow, Allgemeine Photochemie, 2. Aufl.; Verlag Walter de Gruyter & Co., Berlin 1936.

Polizei-Praxis, Fachzeitschrift für die gesamte Polizei, herausgeg. im Einvernehmen m. d. Hessischen Staatsministerium des Innern, Wiesbaden; Verlag Heinrich Richard, Frankfurt a. M., 1. Jahrgang (1947) ff.

C. Pulfrich, Stereoskopisches Sehen und Messen; Verlag Gustav Fischer, Jena 1911.

J. A. Radley und J. Grant, Fluorescent analysis in ultra-violett light, 2. Aufl.; Chapman and Hall, Ltd., London 1936.

S. O. Rawling, Infra-red Photography; London, Blackie & Son, Limited 1934.

G. Reinert, Praktische Mikrophotographie; 2. Aufl., Verlag von W. Knapp, Halle 1940.

Reiß (Lausanne), La photographie judiciaire; 1903.

—, Manuel de police scientifique; Lausanne 1911.

Revue de droit pénal et de criminol. et archiv international de med.-lég., Jahrgang 5 (1925) und 7 (1927).

Revue française de Photographie et de Cinématographie.

N. Riehl, Physik und technische Anwendungen der Lumineszenz; Verlag von Julius Springer, Berlin 1941.

M. von Rohr, Die binokularen Instrumente, 2. Aufl. (Naturwissenschaftliche Monographien und Lehrbücher, Band 2); Verlag von Julius Springer, Berlin 1920.

J. J. Rorimer, Ultra-Violet rays and their use in the examination of works of art; New-York 1931.

K. Rube, Photogrammetrie (Handbuch für das Vermessungswesen, Band 4); Elsner-Verlag, Berlin 1940.

H. Schmidt, Das Fernobjektiv und die Vorsatzlinsen in der Porträt-, Genre-, Architektur- und Landschaftsphotographie, 2. Aufl.; Union Deutsche Verlagsgesellschaft, Berlin 1925.

H. Schneickert, Kriminaltaktik und Kriminaltechnik, 4. Aufl., Deutscher Polizei-Verlag, Lübeck-Berlin 1933; 5. Aufl., Verlag von Julius Springer, Berlin 1940.

K. Schwidefsky, Einführung in die Luft- und Erdbildmessung, 3. Aufl.; Verlag von B. G. Teubner, Leipzig 1942.

E. Seelig: Siehe unter Groß-Seelig.

Seitz: Siehe unter Meyer-Seitz.

P. Seliger, Beitrag „Photogrammetrie" in den „Ergebnissen der exakten Naturwissenschaften", herausgeg. von der Schriftleitung der „Naturwissenschaften", 6. Band, Seite 309ff.; Verlag Julius Springer, Berlin 1927.

Sitzungsberichte der Heidelberger Akademie der Wissenschaften, phil. hist. Klasse, XXXVII/14.

Sitzungsberichte der Preußischen Akademie der Wissenschaften, 1914.

G. Stade: Siehe unter Fortschritte der Photographie.

G. Stade und H. Staude, Mikrophotographie; Akademische Verlagsgesellschaft, Leipzig 1939.

H. Staude: Siehe unter G. Stade und H. Staude.

E. Stenger, Die Photographie in Kultur und Technik; Verlag von E. A. Seemann, Leipzig 1938.

H. Stöckler, Die Leica in Beruf und Wissenschaft, unter Mitarbeit erster Fachleute; 2. Aufl., Breidenstein-Verlagsges., Frankfurt a. M. 1942.

G. von Studnitz, Physiologie des Sehens; Akademische Verlagsgesellschaft, Leipzig 1940.

The photographic Journal, Vol. XLIX (1909) ff., London.

Transactions of the Medico-Legal-Society for the session 1929—1930; Cambridge, W. Heffer & Sons Ltd. 1931; Vol. XXIV, Beitrag von Ainsworth Mitchell, Forgeries and their detection (Seite 139 ff).

W. Trendelenburg, Der Gesichtssinn, Grundzüge der Physiologischen Optik; Springer-Verlag, Berlin 1943.

S. Türkel, Atlas der Bleistiftschrift (Wissenschaftl. Veröffentlichungen des Kriminalistischen Laboratoriums der Polizeidirektion Wien); Verlag von Ulrich Moser, Graz 1927.

—, Das Auge als Identifizierungsgrundlage (Wissenschaftl. Veröffentl. des Kriminalistischen Laboratoriums der Polizeidirektion Wien); Verlag von Ulrich Moser, Graz 1927.

W. Urban, Kompendium der gerichtlichen Photographie; Verlag von Otto Nemnich, Leipzig 1910.

W. Uyterhoeven und K. W. Hess, Elektrische Gasentladungslampen; Verlag von Julius Springer, Berlin 1938.

Verhandlungen der Berliner Physikalischen Gesellschaft im Jahre 1894, 13. Jahrgang herausgeg. von A. König; Verlag von J. A. Barth, Leipzig 1895.

Veröffentlichungen des Wissenschaftlichen Zentrallaboratoriums der photographischen Abteilung der Agfa, Band 1 ff.; Verlag von S. Hirzel, Leipzig 1930 ff.

H. W. Vogel, Handbuch der Photographie, neu herausgegeben von E. Lehmann; 2 Bände in 5 Teilen; Union Deutsche Verlagsgesellschaft, Berlin.

1. Band, 1. Teil: Photochemie und Photographische Chemie, von W. Noddack und E. Lehmann.

1. Band, 2. Teil: Fabrikation und Prüfung der photographischen Materialien, von W. Nauck und E. Lehmann.

2. Band, 1. Teil: Photographische Optik, von H. Harting.

2. Band, 2. Teil: Das Negativverfahren. Die Verfahren der Farbenphotographie. Die Verarbeitung kinematographischer Filme. Photographischer Maschinendruck in seinen verschiedenen Abarten. Von O. Mente, E. Lehmann und W. Nauck.

2. Band, 3. Teil: Das Kopierverfahren, von E. Stenger.

Voigtländer: Siehe unter Dennstedt und Voigtländer.

K. Walcher, Gerichtlich-medizinische und kriminalistische Blutuntersuchung; Springer-Verlag, Berlin 1939.

—, Siehe unter Handbuch der biolog. Arbeitsmethoden.

Werkgartner, Die Photographie in der gerichtlichen Medizin, im „Praktikum der Photographie für Mediziner" von A. Hay; Verlag von Julius Springer, Berlin 1930.

Wissenschaftliche Veröffentlichungen des kriminalistischen Laboratoriums der Polizeidirektion Wien: Siehe unter „Beiträge", „Fälschungen", G. Kögel, H. Michel und S. Türkel.

Witasek, Psychologie der Raumwahrnehmung des Auges; Leipzig 1914.

M. Wolf: Siehe unter Fortschritte der Photographie.

Wolf-Czapek, Angewandte Photographie in Wissenschaft und Technik; Union Deutsche Verlagsgesellschaft, Berlin 1911.

G. Wolff und H. Gall, Einführung in die Bildmessung (Mathematisch-naturwissenschaftlich-technische Bücherei, Band 35); Verlag von Salle, Frankfurt a. M. 1944.

Ch. Wolters, Die Bedeutung der Gemäldedurchleuchtung; Frankfurt a. M. 1938.

Wratten Light Filters; 17. Aufl., Eastman Kodak Co.; Rochestcr N. Y. 1945.

Zeiss-Nachrichten (Mitteilungen aus dem Zeisswerk Jena); Kommissionsverlag: Gustav Fischer, Jena.

Zeitschrift für angewandte Photographie in Wissenschaft und Technik, unter Mitwirkung des wissenschaftl. Zentrallaboratoriums der Agfa herausgeg. von Max Bodenstein; Verlag von S. Hirzel, Leipzig; Band 1 (1939) ff.

Zeitschrift für gerichtliche Schriftvergleichung, herausgeg. von H. Schneickert und Görtheim, Nr. 1 (1923) ff.

Zeitschrift für Physik, herausgeg. unter Mitwirkung der Deutschen Physikalischen Gesellschaft von Karl Scheel; Verlag von Julius Springer, Berlin.

Zeitschrift für Reproduktionstechnik, herausgeg. von Miethe und Mente; Verlag von W. Knapp, Halle; 9. Jahrgang (1907) ff.

Zeitschrift für Technische Physik, herausgeg. von der Deutschen Gesellschaft für Technische Physik; Verlag von J. A. Barth, Leipzig.

Zeitschrift für wissenschaftliche Photographie, Photophysik und Photochemie, herausgeg. von K. Schaum und H. Frieser; Verlag J. A. Barth, Leipzig.

Zeller: Siehe unter Baeschlin-Zeller.

Zentralblatt für Graphologie, herausgeg. von Niels Kampmann, Jahrgang 1 (1931) ff.

Sachregister.

Abdruckverfahren (Übermikroskopie) 42
Abrollen von Oberflächen 41, 48
Abziehen von Kollodiumhäutchen 41
Additionsmethode 76
Agfa-Correctostat-Papier 35
Allgemeiner Fall der Photogrammetrie 28
Anaglyphenverfahren 97
Andertonsches Verfahren 98
Anilinfarben, Verhalten im Infrarot 133, 134
— Verhalten bei Röntgendurchleuchtung 113
Aufdeckung von Situationsfehlern und „larvierten" Verbrechen durch Weitwinkelaufnahmen 24
— — — durch Stereophotographie 94
Aufkopieren eines Rasters zum Vergleich von Formen 51
Auflösungsvermögen 14, 15, 72
Aufnahmematerial für Farbaufnahmen 69, 138, 139.
— für Lumineszenzphotographie 55
— für Infrarot, Röntgenstrahlen und Ultraviolett 109ff., 122, 126
Augenhintergrundphotographie als Identifizierungsgrundlage 22
Ausbleichung durch Ultraviolett 54, 109, 123, 124
Ausfiltern des Lumineszenzbildes 59, 69, 86

Bäckströmfilter 121, 122, 123
Banknotenfälschungen 67, 90, 120, 131
Becquerell-Effekt 58, 73, 76, 111
Beleuchtungsfilter 56
Bernotar von Zeiss 48
Bertillons Einbildmeßkammer 31
Beweis „zu ewigem Gedächtnis" 18
Beweiswert von Photographien 4, 137
Bildfeldwinkel 7
Bildformat 13, 55; s. auch u. Kleinbildformat
Bildschwärzung und subjektive Helligkeit 5
Bildvertauschung 94
Bleichung durch Ultraviolett 54, 109, 123, 124
Bleistiftschrift, Kritzspuren 79
— Reflexion von Ultraviolett und Infrarot 118, 133
Blinkverfahren 94
Blutspurenphotographie 36, 45, 46, 70, 86
Bourinskys Additionsmethode 76
Briefmarkenuntersuchung durch Filterphotographie 85
— durch Infrarot 134
— durch Lumineszenzphotographie 67
— durch Röntgenphotographie 114

Caesiumhochdruckentladung als Ultrarotstrahler 128
Chemielumineszenzphotographie 69
Chemisch entfernte Schrift 66, 87, 124
Chemische Verstärkung 77
Contameter 14
Contax 13, 14, 64, 65, 91, 92, 135
Copex (Spezialpapier) 71

Daktyloskopie 46
Demonstration von Stereobildern 98
Deskriptive und explorative Photographie 2, 8, 9, 17, 45, 53, 89, 119
Detektivkammern 24
Diapositivmethode 77
Dispersionsfilter 88
Disproportionalität der Vergrößerung 7, 90
Distarlinsen 26
Dokumentation 72
Doppelbildmessung: s. u. Stereophotogrammetrie
Dunkelfeldaufnahmen 49
Durchlässigkeit von Glas für Ultraviolett 59
Durchleuchtung von Briefumschlägen mit Infrarot 130
Durchleuchtungsverfahren bei Kontaktphotographie 70
Durchschnittsphotographie nach Galton 138
Durchsichtige Spuren auf Glas usw. 49

Edelsteine und Perlen, Echtheitsprüfung 23, 112, 116, 133
Eichbergs Einbildmeßkammer 33
Eigenkontrolle durch Photographie 8, 18, 45
Einbildmessung: s. u. Einbildphotogrammetrie
Einbildphotogrammetrie 27ff.
— Genauigkeit 31, 34, 35
— geringe Verbreitung in der Kriminalpraxis 34
— Grundlagen 27ff.
— Spezialmeßkammern 31
Einschußkanäle, stereophotogrammetrische Ausmessung 106
Einteilung der kriminalistischen Anwendungen der Photographie 12, 13
Entzerrung bei der Photogrammetrie 28
Epikondensor W von Zeiss 65, 124
Erkennungsdienstliche Aufnahmen 19

Falschmünzerei 125
Farbenstereophotographie 97
Farbphotographie 69, 139
Filter: s. u. Bäckströmfilter, Dispersionsfilter, Interferenzfilter, Lichtfilter, Schottgläser
Filterphotographie 10, 55, 69, 85ff.
Filterultraviolett 64
Fingerabdruckphotographie 46ff., 135
Furchenphotographie 79
Fußspurenphotographie 46

Gasentladungslampen 62 ff.
Geheimschriften 66, 80, 137
Gemäldefälschungen 65, 113, 120, 133, 134
Gerichtliche Physik 1
Geschoßspuren 37 ff.
Gipsabformung zur Reflexvermeidung 44
Grenzen des sichtbaren Spektrums 10, 12
Grundempfindungstheorie von Young-Helmholtz 83

Haaruntersuchung 116, 132
Haltbarkeit der Negative und Kopien 19
Harzverschmierung im Infrarot 132
Hautentzündungen, Nachweis durch Filterphotographie 84
— Nachweis durch Infrarot 136
Heindlsches Quadrat 28 ff.
Helligkeitsunterschiede, Aufdeckung 72 ff.
Hoch- und Höchstdruckquecksilberdampflampen 63, 122
Hochstromkohlelichtbogen 61, 127
Höhenunterschiede sich kreuzender Schriftzüge 96

Identifizierung von Bißwunden 44
— von Edelsteinen 23
— von Gebeinen (stereophotogrammetrisch) 106
— von Munitionsspuren 37 ff.
— von Nägeln 37
— von Sachen 23
— von Werkzeugspuren 36
— von Wunde und Werkzeug 37
Identifizierung von Personen 19 ff.
— — durch Augenhintergrundphotographie 22
— — durch photogrammetrische Ausmessung der Netzhautkrümmung 22
— — durch Röntgenbilder der Nase oder Stirnhöhle ·112
— — durch röntgenographisches Daktylogramm 112
Infrarotphotographie 125 ff.
— Aufnahmematerial 108 ff., 126
— Beschränkung auf enges Spektralgebiet 130
— Durchleuchtung 130 ff.
— Filter 128
— Optik 129
— Reflexphotographie 133 ff.
— Strahlungsquellen 127
Interferenzfilter 89, 129
Internationales Bildformat bei der Verbrecherphotographie 13, 20
Isohelie 82

Kaliberfeststellung durch Infrarotphotographie 135
Kinematographische Kriminalphotographie 21, 41, 114, 136
Kleinautographen 102
Kleinbildformat bei erbbiologischen Untersuchungen 14
— bei Schriftprobensammlung 18
— bei Sektionen, Lokalaugenschein usw. 14
— beim Vergleichsmikroskop 40
— Billigkeit usw. 13, 25
— in der Signaletik 20
— verlangt gut planparallele Filter 13, 59
Kohlelichtbogen 60 ff., 127
Kohlenoxydvergiftungen 132
Kontaktphotographie 69, 70
Kontraststeigerung bei Röntgenphotographie 110, 111
— durch unsichtbare Anfärbung 53, 66
— durch Verzerrung der Helligkeitsunterschiede 74 ff.
Kopierstiftschrift 133
Kleinautographen 102
Kritzfurchen 79
Künstliche Basis bei Stereoaufnahmen 91 ff.
Kupfersulfatfilter 57, 62

Larvierte Verbrechen, Aufdeckung durch Photographie 24, 94
Leica 13, 14, 25, 30, 40, 92
Licht und Farbe 10
Lichtfilter 55, 56, 60, 85, 88, 121, 122, 128
Lifa-Filter bei Photographie von Blutspuren 86
Linsenrasterverfahren 98
Lumineszenzbetrachtungsmethode 77
Lumineszenzphotographie, sichtbare 52 ff.
— unsichtbare 123
Luminographie 71
Lupenaufnahmen 49

Materialprüfung durch Röntgenphotographie 111
Mentes Verfahren zur Kontraststeigerung 78
Mikrate 72
Mikrophotographie bei Lumineszenzuntersuchungen 64
— bei Spurenuntersuchungen 36 ff.
— mit durchfallendem Ultraviolett 116
— mit Infrarot 129
— mit reflektiertem Ultraviolett 115, 120
— stereoskopische 95
Mikrotar von Zeiss 115, 117
Mohrsches Salz (Flüssigkeitsfilter) 62
Monla-Lampe von Leitz 81
Monochromatisches Ultraviolett 57
Monochromatsysteme 117
Munitionsspurenuntersuchung 37 ff.
— stereophotogrammetrische 106

Nachprüfungsmöglichkeit von Gutachten 9, 18
Nachweis durch Filterphotographie 83ff.
Nahbildmessung 101 ff.
Nahschüsse 134, 135
Narben, Erkennung auf der Lumineszenzphotographie 67

Niederdruckquecksilberdampflampen 63
Normalfall der Photogrammetrie 28

Objektivität des Lichtbilds als Ursache von Unterschieden zwischen Wahrnehmung und Photographie 3
Ophthalmogramm 11
Optische Beseitigung der Grundfarbe 85

Panoramakammern 26
Papiersortenvergleich 67
Partielle Farbenblindheit lichtempfindlicher Schichten 85
Patronenhülsenuntersuchung 36, 106
Pausfälschungen 50, 86, 118, 133
Perlenuntersuchung 112, 116, 133
Personenaufnahmen 19ff.
Photogrammetrie: s. u. Einbildphotogrammetrie und Stereophotogrammetrie
Photographie als Ausdrucksmittel und als Forschungsmittel 17, 18, 23, 36, 45, 52
— als ,,bildliches Protokoll" 24
— als Hilfsmittel bei Protokoll und Urteil 18
— bei streifender Beleuchtung 79
— des Sichtbaren und des Unsichtbaren 9, 10
— im Dunkeln 120, 136
Photomontage 50, 138
Phototheodolite 26
Pigmentverfahren (Mente) 78
Pneumatikspuren 46
Polarisationsfilter 48
Poroskopie 49
Pringsheim-Gradenwitzsches Verfahren 75
Projektion von Stereobildern 98
Proportionale Vergrößerung beim Spurenvergleich 43
Protokoll durch Photographie 18, 24
Proxarlinsen 26
Pseudoskopischer Effekt 94
Psycho-physisches Grundgesetz 74
Pulfricheffekt 94

Quarzanastigmate von Zeiss 114, 119
Quecksilberdampflampen 62ff.

Radierungen 66, 87
Raritätenbetrug, Aufdeckung durch Infrarotphotographie 132
— — durch Röntgenphotographie 113
— — durch Ultraviolettphotographie 120
Raumbildphotographie 89ff.
Rauschgiftschmuggel 111
Reaktion auf Belichtung und Beleuchtung (Platte — Auge) 11, 75
Reflektographie 70
Reflexverhütung bei Photographie des Augenhintergrundes 22
Reflexverhütung bei Photographie feuchter und glänzender Organe 48
— bei Werkzeugen usw. 44
— durch Polarisationsfilter 44, 48

Reine ultraviolette Lumineszenz 124
Rekonstruktion durch das Lichtbild 8, 18, 36, 50, 105
Reliefdarstellung von Oberflächen, Lösungswege in der Übermikroskopie 42
— — nach Bohne (Kollodiumhäutchen) 41
— — nach Matwejeff (Abrollen auf Film) 41
— — nach Takko (galvanoplastisch) 42
Ringbeleuchtungen 44, 81
Röntgenphotographie 111ff.
Röntgenstereoskopie 95
Rotstiftschrift 86
Ruß, Verhalten im Infrarot 130, 135

Scharfeinstellung bei Ultraviolettphotographie 114, 121
Schartenspuren von Werkzeugen usw. 37ff.
Schichtuntersuchung durch partielle Ultraviolettbestrahlung 121
— durch Stereophotographie 96
Schmauchspuren bei Schußverletzungen 45, 46, 134
Schreibmaschinenschrift 51, 80, 90
Schriftreste, Lesbarmachen durch Verkleinern 14, 80
Schrumpfungsfreiheit 35, 104
Schumannplatten 109
Schußverletzungen 45, 106, 134
Schwärzungskurve 6, 75
Seitenverkehrtes Aufmontieren von Stereobildern 94
Selektive Heraushebung von Spuren 89
Sensibilisation 85, 108
Sicherung von Wertpapieren gegen Fälschung 23, 67, 131
Sichtbares Spektrum 10, 12
Situationsfehler, Aufdeckung durch Photographie 24, 94
Speichelschrift 80
Spektrographie 124
Sperrfilter 58
Spiegelung, Vermeidung durch Gipsabguß usw. 44
— Vermeidung durch Polarisationsfilter 20, 48
Spiritistische Betrügereien 120, 136
Spuren, Identifizierung von 8, 17, 36ff.
— in Höhlungen 43
— Photographie von 36ff.
Spurenkonservierung: s. u. Spurensicherung
Spurensicherung und Spurensuche 2, 8, 9, 17, 18, 36, 45, 53, 109, 132
Steckbriefliche Verfolgung 9, 17, 138
Steigerung der Raumwirkung durch vergrößerte Aufnahmebasis 92
Stereobetrachtung mit komplementärer Brille 97
Stereokomparator 99
Stereometerkammern und Auswertegeräte (Zeiss-Aerotopograph, Jena, und H. Wild, Heerbrugg) 101ff.

Stereomikrophotographie 95
Stereophotogrammetrie 99ff.
— Genauigkeit 100, 103
— Grundlagen 99ff.
— Spezialgeräte für kriminalistische Nahphotogrammetrie 101ff.
— Tatortaufnahmen 104
— Vorteile gegenüb. der Einbildmessung 27
— zur Untersuchung von Einschüssen, Patronenhülsen, Gebeinen 106
Stereophotographie 89ff.
Stereoskopischer Film 98
Stereoskopisches Sehen 90
Strahlungsquellen für Infrarot 127
— für Ultraviolett 60ff., 108
Streifende Beleuchtung 79ff.
Strukturunterschiede, Aufdeckung durch die Photographie 2
Systemfeststellung bei Schreibmaschinenschrift 51

Tataufnahmen, unbemerkte bzw. zufällige 24
Tatortphotographie 24ff.
— röntgenphotographische Erforschung 112
— stereophotogrammetrische 104
— stereoskopische 93ff.
Tätowierungen 67, 136
Täuschungsgefahr bei der Photographie 3, 4ff., 24, 137
T-Belag von Zeiss 25
Thermosäule 130
Tiefenschärfe 4, 26
Tonfilm 21
Tonwertrichtige Photographie 6
TPK 25 von Zeiss-Aerotopograph 26
Treue des Lichtbildes 3ff., 35, 138
Typenvergleich bei Schreibmaschinenschrift 51

Übereinanderkopieren zum Vergleich von Formen 50
Überlagerung von Schriftzügen 96
Übermalungen von Schrift usw. 86, 116, 130, 132
Übersichtsaufnahmen des Tatorts 24
Überstempelung 133, 134
Ultrarotphotographie: s. u. Infrarotphotographie
Ultraviolettphotographie 114ff.
— Aufnahmematerial 109
— Mikrophotographie 115, 116
— Mikrotar von Zeiss 115
— Quarzanastigmate von Zeiss 114
— Scharfeinstellung 121, 122
Ultropak 43, 65
Unbemerkte Photographie des Täters 24
Unproportionale Verstärkung von Helligkeitsunterschieden 74
Unsichtbare Anfärbung 53, 66, 124
Unsichtbare elektromagnetische Strahlung 9, 10, 107ff.
Unterlagen, durchsichtige, bei durchsichtigen Spuren 49
Unterschiede zwischen lichtempfindlicher Schicht und Augennetzhaut 3ff., 10, 11, 83, 137
Urkundenfälschungen: s. u. Urkundenuntersuchung
Urkundenuntersuchung durch Filterphotographie 86, 87
— durch Infrarot 130ff.
— durch Lumineszenzphotographie 66
— durch refl. Ultraviolett 118
— durch Röntgenstrahlen 114
— durch Vergrößerung oder Verkleinerung 14, 80
— durch Verzerrung der Helligkeitskontraste 75ff.
— Literatur 73

Verbrecherphotographie 19ff.
— stereoskopische 94
Vergleich der verbrecherischen Arbeitsmethode 18
— von Formen 50
— von Spuren usw. 36ff., 40
Vergleichsmikroskop 39
Vergleichsmikroskopische Aufnahmen 39ff.
— im Dunkelfeld 49
— Kritik 41
Vergrößerung und Verkleinerung 14, 80
Verkehrsunfälle, stereophotogrammetrische Tatbestandsaufnahmen 105
Verkohlte Urkunden 132
Verstärkerfolien bei Röntgenphotographie 110
Verstärkungsverfahren 73ff.
Vervielfältigung von Urkunden 70
Verzeichnung und Bildmessung 28, 138
Verzerrung von Helligkeitskontrasten 74
Vorsatzlinsen 26
Vorzeichnung von Schriftzügen 50, 86, 96, 118, 133

Wandernde Marke (Pulfrich) 99, 104
Wärmeschattenphotographie 125
Wasserschrift 80
Weber-Fechnersches Gesetz 74
Weitwinkelobjektive 25
Wild (Heerbrugg), Geräte für Nahphotogrammetrie 101ff.
Würgspuren 84, 136

Zeichenstereometer von Zeiss 104
Zeiss-Aerotopograph, Geräte für Nahphotogrammetrie 101ff.
Zeiss-T-Optik 25
Zeiss-Topogon 25
Zerlegung von Mischfarben 83
Zufällige Tataufnahmen 24
Zulässigkeit (rechtliche) der Verwendung von Photographien im Strafprozeß 15
Zylindrische Oberflächen 47

FSC
www.fsc.org
MIX
Papier | Fördert
gute Waldnutzung
FSC® C083411

Kolibri 360 GmbH
Ferdinand-Jühlke-Straße 7
99095 Erfurt, Deutschland
produktsicherheit@kolibri360.de